Ronald Lutz | Wolfgang Sartorius | Titus Simon
Lehrbuch der Wohnungslosenhilfe

Studienmodule Soziale Arbeit

Herausgegeben von Ria Puhl | Eberhard Raithelhuber | Regina Rätz | Wolfgang Schröer | Titus Simon | Steve Stiehler | Mechthild Wolff

Die Reihe „Studienmodule Soziale Arbeit" präsentiert Grundlagentexte und bietet eine Einführung in basale Themen der Sozialen Arbeit. Sie orientiert sich sowohl konzeptionell als auch in Inhalt und Aufbau der Einzelbände hochschulübergreifend an den jeweiligen Studienmodulen. Jeder Band bereitet den Stoff eines Semesters in Lehr- und Lerneinheiten auf, ergänzt durch Übungsfragen, Vorschläge für das Selbststudium und weiterführende Literaturhinweise.

Ronald Lutz | Wolfgang Sartorius |
Titus Simon

Lehrbuch der Wohnungslosenhilfe

Eine Einführung in Praxis, Positionen und Perspektiven

4., überarbeitete Auflage

Die Autoren

Ronald Lutz, Jg. 1951, Dr. phil., war Professor für die „Soziologie besonderer Lebenslagen“ an der Fakultät Angewandte Sozialwissenschaften der Fachhochschule Erfurt/University of Applied Sciences. Seine Arbeitsschwerpunkte sind Armut und soziale Benachteiligung, Sozialberichtsysteme, Transformationen der Hilfesysteme, Stadt und Raum, Internationale Sozialarbeit.

Wolfgang Sartorius, Diakon und Sozialpädagoge/Sozialarbeiter B. A., leitet als Geschäftsführender Vorstand die ERLACHER HÖHE in Baden-Württemberg; Vorstandsmitglied bei EBET e. V.

Titus Simon, Prof. Dr., Hochschullehrer i. R., freischaffend praxisforschend, publizistisch und schriftstellerisch tätig.

Dieses Buch ist erhältlich als:
ISBN 978-3-7799-3094-5 Print
ISBN 978-3-7799-5592-4 E-Book (PDF)

4., überarbeitete Auflage 2021

in der Verlagsgruppe Beltz · Weinheim Basel
Werderstraße 10, 69469 Weinheim

Herstellung: Ulrike Poppel
Satz: text plus form, Dresden
Druck und Bindung: Beltz Bad Langensalza GmbH, Bad Langensalza
Printed in Germany

Weitere Informationen zu unseren Autoren und Titeln finden Sie unter: www.beltz.de

Inhalt

Kapitel 1
Einleitung zur 4. Auflage

Die Wohnungslosenhilfe hat sich in den letzten Jahrzehnten von einem eher traditionell und fürsorglich agierenden Hilfesystem zu einer modernen Dienstleistung gewandelt, die in sehr differenzierten Leistungstypen wohnungslosen Menschen Angebote zur Bewältigung ihrer Probleme und Konflikte macht. Dabei geht sie von dem Gedanken aus, dass die Menschen selbst entscheiden, welche Hilfe sie für sich in Anspruch nehmen wollen.

Das damit verbundene Verständnis des Wohnungslosen als Bürgerin oder Bürger[1] hat alte und auch zum Teil stark stigmatisierende Entwürfe und Begriffe abgelöst. Aus Vagabunden, Wanderern, Pennern, Nichtsesshaften, Stadt- und Landstreichern wurden Menschen, die ohne Wohnung sind. Mit der Einführung des Begriffs des „alleinstehenden Wohnungslosen", der sich seit den 1990er Jahren in der Fachdebatte durchgesetzt hatte, wurde zugleich ein Denken verabschiedet, das die soziale Lage der Betroffenen unmittelbar mit ihren angeblichen Charaktereigenschaften verband, die ohne Prüfung und vorurteilsbehaftet unterstellt wurden.

So herrschte lange Zeit der „Mythos Nichtsesshaftigkeit" vor, der in wohnungslosen Menschen immer auch Verhaltensdefizite vermuten ließ und diese als „unstet und flüchtig" charakterisierte. Man sah „Nichtsesshaftigkeit" nicht vorrangig als Armutsfolge, sondern als Resultat einer individuellen Verhaltensstörung. Dieses Defizit, so jene These, die das Hilfesystem über lange Zeit prägte, sprach den Menschen die Fähigkeit ab, für sich selbst zu sorgen. Mitunter wurde angenommen, dass sie unfähig seien, rationale Entscheidungen zu fällen. Zwangsläufig mussten sie in einem beschützenden Rahmen betreut werden, was vorrangig in Form einer stationären Unterbringung realisiert wurde.

Mit eher sozialwissenschaftlichen Betrachtungsweisen, die in den siebziger Jahren anhoben, wurde dieses stark medizinisch und psychologisch geprägte Bild, das stark individualisierte und pathologisierte, durch neue Zugänge und Analysen allmählich abgelöst. Wohnungslosigkeit wurde immer mehr in engem Zusammenhang mit Armut und Wohnungsnot diskutiert und somit als Ausdruck einer sozialen Lage interpretiert, die von struktureller Ausgrenzung, Stigmatisierung und Unterversorgung charakterisiert ist.

---

1 Aus Gründen der Lesbarkeit wurden im vorliegenden Band nicht durchgängig männliche bzw. weibliche Schreibweisen gewählt.

Diese veränderte Sichtweise hatte Auswirkungen auf das System der Hilfe selbst. Die seit den siebziger Jahren einsetzende „Ambulantisierung“ hat nicht nur den Leistungstyp einer ambulanten Beratung neben die stationären Hilfen gesetzt. Es haben sich darüber hinaus noch weitere Optionen und Angebote entfaltet, die zu einem breiten Leistungsangebot für Wohnungslose führten. Auch ist der unpräzise Begriff „alleinstehend“ in der Fachdebatte dem Diskurs um Faktoren gewichen, die den Wohnungsnotfall auszulösen vermögen.

In diesem Buch, das vor allem für den Einsatz in der Lehre konzipiert ist, das aber auch ein Nachschlagewerk für Praktiker sein kann, soll die Vielfalt des Hilfesystems dargestellt werden. Dies geschieht auch in Auseinandersetzung mit den bis in die heutige Zeit fortwirkenden historischen Dimensionen der auf Arme gerichteten staatlichen Reaktionen. Ferner soll reflektiert werden, wie sich das Hilfesystem von seinen Anfängen bis heute entfaltete, welche Querbezüge es entwickelte und welche Diskurse hierzu geführt wurden. Dies schließt auch einen intensiven Blick auf seine rechtlichen Grundlagen ein.

In der historischen Rekonstruktion wird das Hilfesystem seit der sich im späten Mittelalter herausbildenden Armenfürsorge beschrieben, die sich über lange Zeit als ein gegenüber den Armen wirksames Kontrollsystem darstellte. Ein besonderes Gewicht wird dabei auf die Thematisierung von Wohnungslosigkeit im Nationalsozialismus gelegt, in dem nicht nur die Begriffe „Nichtsesshaftigkeit“ und „Asozialität“ entstanden. Der einzelne Wohnungslose wurde als „Fremdkörper“ begriffen, was zu einer systematischen „Ausmerzung“ führte, die sowohl Bestrafung als auch Ausrottung implizierte.

In einem Blick auf die Zeit nach dem Nationalsozialismus werden Kontinuitäten und Veränderungen vorgestellt, die sich schließlich seit dem Beginn der wissenschaftlichen Debatte über eine neue Armut in den siebziger Jahren in dem sich allmählich verändernden Hilfesystem abbilden. Dabei stehen vor allem die wohnpolitischen Ursachen von Wohnungslosigkeit im Vordergrund, sowie der Wandel von Erklärungsmodellen, die letztlich die Innovationen in der Fachdebatte begründeten.

Nach einer grundlegenden Einführung in die rechtlichen Grundlagen, die vor allem auch die durch das SGB II verursachten Neuerungen darstellt, wird die Soziale Arbeit mit Wohnungslosen im Überblick und in Einzelbetrachtungen zugänglich gemacht. Dabei werden die beiden zentralen Säulen der ambulanten und der stationären Hilfe ausführlich beschrieben und die in den letzten Jahren neu entstandenen Leistungstypen präsentiert. Schließlich wird ein spezifischer Blick auf die in den letzten Jahren gewachsene Geschlechtersensibilität des Hilfesystems geworfen.

Zur Abrundung werden Überlegungen zur Ausgestaltung einer zukünftigen Wohnungslosenhilfe hinterfragt sowie die Träger und Organisationen des Hilfesystems vorgestellt. Das Buch verfolgt dabei die Absicht, neben einer Einführung in die Wohnungslosenhilfe auch einen Beitrag zur Weiterentwicklung des Hilfesystems zu leisten, indem es neue Herausforderungen beschreibt und zugleich auch neue Ansätze vorstellt.

Die Wohnungslosenhilfe befindet sich seit einigen Jahren in einem grundlegenden Umbruch, für den gelegentlich sogar die Umschreibung „Krise" benutzt wurde: „Es ist nicht mehr zu übersehen, dass sich die Wohnungslosenhilfe nicht nur aktuell in der Krise, sondern auch am Scheideweg befindet" (Evers 1999, S. 83). Dies wurde und wird vor allem darauf zurückgeführt, dass sich die Hilfe zu lange am § 72 BSHG bzw. an §§ 67 ff. SGB XII orientiert habe und sich deshalb neu positionieren, neu strukturieren und neu ausrichten müsse.

Als Beleg hierfür wurde u. a. ins Feld geführt, dass die Zahl der Neuauftritte wohnungsloser Personen, die um Hilfe nachfragen, seit Jahren rückläufig sei, was auch auf besser greifende Wohnungssicherungsmaßnahmen zurück geführt wurde. Gleichzeitig aber würden die Wohnungsnöte der Menschen in einem viel umfassenderen Sinne wachsen. In diesem Zusammenhang ist der Begriff des Wohnungsnotfalles in die Debatte gekommen, der auch Anwendung auf Menschen findet, die in prekären Wohnverhältnissen leben.[2]

Die Wohnungslosenhilfe steht nach der Einschätzung der Autoren dieses Buches zudem als Teil des Wohlfahrtssystems unter Druck, der eine neue Legitimation ihrer Angebote und zugleich eine kritisch reflektierte Ausrichtung an betriebswirtschaftlichem und ökonomischem Denken verlangt. Zu erwarten ist, dass der Wohnungslosenhilfe als Folge anhaltender Migrationsbewegungen mittelfristig neue Zielgruppen erwachsen. Erste Hinweise aus der Praxis verdichten sich dahingehend, dass insbesondere in Sozialräumen mit geringen oder fehlenden Beratungsangeboten für Flüchtlinge damit zu rechnen sein wird.

Die geführten Debatten über eine grundlegende Innovation der Wohnungslosenhilfe führen zu Diskursen und werfen Fragen auf. Das Hilfesystem muss Positionen beziehen und bestimmen, inwieweit es sich den veränderten Rahmenbedingungen anpassen will und kann. Drei grundsätzliche Fragen sind zu beantworten:

- Soll sich die Wohnungslosenhilfe von ihrer bisherigen Klientel verabschieden?
- Wie wird sich Wohnungslosenhilfe neuen Zielgruppen öffnen?
- Sollen die methodischen Zugänge verändert werden?

2 In der Praxis (Stand 2020) werden die Begriffe Wohnungslosenhilfe, Hilfe in Wohnungsnotfällen und Wohnungsnotfallhilfe häufig synonym verwendet.

Diese Auseinandersetzung wird zudem von einer weiteren zentralen Frage nach dem Selbstverständnis überlagert, die sich in folgender These zuspitzt: Die Wohnungslosenhilfe muss sich zuallererst ihrer Rolle als Akteur vergewissern, der auf der Basis werteorientierter Leitbilder an der Lebensqualität jener arbeitet, die als extrem arm und ausgegrenzt begriffen werden müssen. Das sind neben anderen marginalisierten Gruppen die Wohnungslosen, jene Risikogruppe, die schon immer im Zentrum von auf Armut gerichteten Diskursen stand.

Die Kapitel des Buches sind als eigenständige Lehr- und Lerneinheiten konzipiert, sie enden alle mit weiterführenden Fragen und Hinweisen für das Selbststudium.

Mit der 3. Auflage dieses Lehrbuchs war eine umfangreiche Ergänzung und Aktualisierung verbunden. Neu eingefügt wurde ein Stichwortverzeichnis, das die Handhabung als Nachschlagewerk vereinfachen soll. Der Autorenkreis wurde um Wolfgang Sartorius erweitert, der als langjähriger Leiter eines Komplexträgers in Baden-Württemberg und als Mitglied im Vorstand der EBET (Ev. Bundesverband Existenzsicherung und Teilhabe, vormals: Ev. Obdachlosenhilfe in Deutschland e. V.) Erfahrungen und Einschätzungen aus der Hilfepraxis gem. §§ 67 ff. SGB XII beisteuert.

Nach relativ kurzer Zeit wurde eine neue, die nunmehr 4. Auflage dieses Lehrbuchs erforderlich, nachdem es einige Zeit vergriffen war. Mit dieser werden weitere Aktualisierungen und eine geringfügige Erweiterung vorgenommen. Insbesondere werden neue Gesetze berücksichtigt, die für die Wohnungslosenhilfe relevant geworden sind. Das Stichwortverzeichnis wurde aktualisiert. Zugleich wurden an einigen Stellen Kürzungen durchgeführt, um den Gesamtumfang nicht zu sehr auszuweiten. Am Grundkonzept, wonach die Kapitel des Buches in sich abgeschlossene Einheiten bilden, wurde nichts verändert.

Besonderer Dank gilt Sebastian Kirsch M. A., der erneut das Gesamtwerk mit hoher Sachkompetenz kritisch begleitet, durchgesehen und wertvolle Anregungen gegeben hat.

Kapitel 2
Zur Geschichte von Armut und darauf bezogener gesellschaftspolitischer Reaktionen

■ Armut und darauf bezogene gesellschaftliche Reaktionen korrelieren eng mit den Bedingungen der jeweiligen historischen Epochen. Dabei ist festzustellen, dass der Umgang mit Wanderarmen keine lineare Entwicklung genommen hat. Vielmehr lösten sich in der Geschichte liberale und restriktive Epochen ab. In diesem Kapitel wird dies über die Betrachtung der Geschichte der Armenfürsorge vom Mittelalter bis in die jüngere Zeit deutlich.

2.1 Historische Skizzen zur Armenfürsorge: Vom Mittelalter bis zur Neuzeit

Armut trat als Massenschicksal in allen Phasen der Menschheitsgeschichte auf. Im Unterschied zu den nomadisierenden Gesellschaften, in denen der Hilfsbedürftige nur bis zu einem bestimmten Maße unterstützt werden konnte und oftmals, um das Überleben der Gruppe nicht zu gefährden, hilflos zurückgelassen wurde, haben sich sowohl bäuerliche als auch urbane Gemeinwesen sowohl praktisch, als auch in ihren religiösen, politischen und philosophischen Reflexionen mit dem Umgang mit Armen und Hilfsbedürftigen beschäftigt. So werden in den schriftlichen Überlieferungen aller großen Religionen Beispiele des heilenden, fürsorglichen Umgangs mit Armen, Kranken und Obdachlosen übermittelt. Und da, wo die weltliche und die geistliche Macht im Verlauf der Geschichte in besonders auffälliger Weise verschwenderische Lebensweisen praktizierte, kam es gehäuft zu Protestbewegungen, deren gesellschaftlicher Gegenentwurf nicht selten an den Grundpfeilern der feudalen Ordnungen rührte, indem sie von den Vertretern der weltlichen und der geistliche Macht – die insbesondere im Mittelalter in Europa oftmals zusammenfiel – die Überwindung ihrer feudalen Macht und eine Orientierung am Typenideal eines Lebens in Tugend und Armut forderte. Im europäisch-christlichen Raum waren während des gesamten Zeitraums zwischen dem frühen Mittelalter und dem Beginn der Reformation, also etwa zwischen 7. und dem 15. Jahrhundert, große ketzerische Massenbewegungen zu verzeichnen, deren verbindendes Glied die Forderung nach einer „armen Kirche" war. Im frühen Mittelalter lagen die Schwerpunkte der Häresien in Byzanz und auf dem Balkan (Bogomilen, Paulikianer). Im Hochmittelalter verlagerten sich die Zentren der Ketzerbewegungen nach Westeuropa. Die als „Häresien" bezeichneten abweichenden Glaubenslehren der Katharer und Waldenser entwickelten sich in Frankreich und Italien zu Massenbewegungen (Erbstösser 1984, S. 10). Diese Kulturen der Armut gingen ab dem 12. Jahrhundert vermehrt aus dem städtischen Leben hervor. So besagt die Überlieferung, dass der Begründer der Waldenserbewegung, der Lyoner Kaufmann Waldes, sein Vermögen unter den Bedürftigen der Stadt verteilte, um anschließend als Wanderprediger den Armen im öffentlichen Raum zu predigen. Das Waldensertum breitete sich zwischen dem 13. und 15. Jahrhundert von Südfrankreich nach Spanien, Italien, Deutschland und Österreich aus und hatte seine Zentren in Katalonien, der Carcassonne, im Tal der Rhône sowie zwischen dem Oberrhein und der mittleren Donau.

Armenhilfe ist anthropologisch betrachtet eine Abkehr vom „Wolfsprinzip" und somit ein Ausdruck von Kulturentwicklung. In dem Maße, wie Armut und Besitzlosigkeit in allen entwickelten Religionen der verschiedenen Kulturkreise idealisierend überhöht wurde, sah man in der Mildtätigkeit einen Ausdruck von Tugendhaftigkeit, wobei schon früh zwischen ortsansässigen und ortsfremden Bedürftigen unterschieden wurde (Castell 2000). Die Schaffung von privater, kirchlicher oder staatlicher Armenfürsorge war allerdings das Ergebnis einer sich weiter differenzierenden Gesellschaft und setzte verstärkt ab dem Mittelalter ein. Besondere Bedeutungen erlangten die Entwicklung der Warengesellschaft in Europa zwischen dem 11. und 13. Jahrhundert sowie die komplexen Folgen einsetzender Urbanisierung.

Armut war häufig eine der Folgen gesellschaftlicher Umbrüche. Arme tauchten erstmals als „Verlierer der Erneuerung" auf. Als Gegenreaktion auf Erneuerung und Verstädterung sowie in erster Linie auf die Krise der Kirche wurden zahlreiche *Bettelorden* gegründet. Die städtische Welt des Geldes wurde aus ethisch-religiöser Sicht gebrandmarkt.

In dieser Phase erhielt auch die Armenfürsorge, welche sich bis jetzt in der Gabe individueller Almosen erstreckte, neue Qualität. Zu nennen sind hier Schenkungen des Geldhandels an Bruderschaften und die Entstehung von Stiftungen. Karitative Stiftungen nahmen im 12. und 13. Jahrhundert einen gewaltigen Aufschwung. An den Wegen der Pilger und Kreuzritter entstanden in dieser Zeit große Spitäler und Siechenhäuser, die von der Kirche verwaltet wurden. Die auch heute noch dominierende Rolle kirchlicher Trägerschaft Sozialer Arbeit hat hier ihre Wurzeln.

In dem Maße, wie im 14. Jahrhundert Zusammenhänge zwischen materieller Armut und sozialer Benachteiligung festgestellt wurden und in den weltlich-kirchlichen Diskurs Eingang fanden, differenzierte und modifizierte sich auch das Verständnis von Hilfe. Man begann nun zu unterscheiden zwischen *hospitalitas* und *liberalitas,* also zwischen Sozialfürsorge und Almosen.

Definition
hospitalitas: Wir nehmen alle auf – so der Gedanke der Spitäler an Pilgerwegen.
liberalitas: differenzierende Hilfe: Man unterscheidet zwischen Einheimischen und Fremden, „Ehrlichen" und „Unehrlichen", „Schamhaften" und „Unverschämten".

Das globale Almosen wurde nun abgelöst durch eine differenzierende Sichtweise von Hilfe, in welcher Zweckrationalität dominierte. Das kanonische Recht entwickelte subtile Unterscheidungen zwischen dem Nutzen des Almosens für den Wohltäter und den Beschenkten. Guido de Baysio schrieb in diesem Zusammenhang: Ein Akt der Nächstenliebe sei nur dann wirklich tugendhaft, wenn er mit Vernunft erfolge, „wenn er die Folgen sowohl für den Gebenden als auch für den Empfänger berücksichtige" (Geremek 1988, S. 38).

In der Armenhilfe wurde nun unterschieden zwischen der offenen Hilfe in Spitälern und der kollektiven Almosengabe. Bis zum frühen Mittelalter unterlag das Betteln in der Regel keiner gesellschaftlichen Ächtung. Die Almosengabe entsprach nicht der Logik rationeller Mittelverwendung, sondern war religiös motivierte Mildtätigkeit.

2.2 Zu den historischen Wurzeln der Entwicklung von Kontrollsystemen

Im Kontext des heutigen Bezuges von Sozialleistungen bemühen sich die Administrationen immer wieder von Neuem darum, dass die unberechtigte Erschleichung von Sozialleistungen – als „Klassiker" ist hier die Kontroverse um den realen oder vermeintlichen Doppelbezug des Barbetrages der Sozialhilfe durch alleinstehende Wohnungslose zu nennen – durch Kontrollen und spezifische Verfahren vermieden wird. Diese Kontrollbedürfnisse sind im Grunde genommen uralt. Schon im 13. Jahrhundert versuchte man mittels der Verteilung spezieller Marken zu verhindern, dass Doppel- oder Mehrfachbezug von Almosen stattfand.

In den Städten wurden Ordnungen der Almosenverteilung erlassen. Bettler und arme Bevölkerungsgruppen waren unterschiedlichen Formen der Kontrolle durch die Obrigkeit unterworfen. Selbst die globale Mildtätigkeit und die allumfassende Hilfe, wie sie von den Spitälern geleistet wurde, erfuhren im späten Mittelalter vielfältige Differenzierungen.

Nach und nach entstanden nun unterschiedliche Arten von Spitälern und es erfolgten Spezialisierungen der karitativen Funktionen:

Definition
Syndochium: Aufnahme/Unterkunft für Arme und Pilger
Procotrophium: Verköstigung von Armen
Gerontocomium: Altenunterkünfte
Orphanotrophium: Waisenhaus
Brephotrophium: Verköstigung von Kindern

Mit dieser Spezialisierung ging die Herausbildung einer „Hilfe auf Dauer" für bestimmte Gruppen einher, man spricht von den „besoldeten Armen" in den urbanen Zentren: Krüppel, Alte, chronisch Kranke. Die vormals generelle Offenheit der Spitäler wurde zunehmend eingeschränkt. Die Konzentration der Armenfürsorge in den städtischen Spitaleinrichtungen führte zum Ausschluss der Wanderbettler und anderer Ortsfremder. Dieses Gestaltungsprinzip hat eine lange Tradition in Europa und lässt sich bis ins frühe Mittelalter zurückverfolgen.

Aus aktuellen sozialpolitischen Debatten der letzten Jahre kennt man die Forderung nach, bzw. in wachsendem Umfang auch die Praxis der Armutsberichterstattung. Auch diese hat zahlreiche historische Vorläufer, etwa in Form von Untersuchungen der Agrargeschichte. Knechtschaft, Ernährungskrisen und Stadtflucht zogen häufig Proletarisierung und Verarmung nach sich. So berichtet Geremek (1988, S. 73 f.) von einer regionalen Untersuchung in der Picardie, wonach ausgangs des 13. Jahrhunderts 13 Prozent der Bevölkerung Arme und Bettler und 33 Prozent wirtschaftlich so schwach waren, dass jede Missernte für sie existenzgefährdend war.

In den Städten des Mittelalters waren vor allem die ungelernten, nicht in Zünften organisierten Arbeiter in einer Randlage. Diese Gruppe wurde durch die anhaltende Landflucht permanent vergrößert. Die Solidargemeinschaften der Zünfte waren ihnen generell verschlossen.

Frauen, die hilfs- und hauswirtschaftliche Funktionen erfüllten sowie jene, die Lohnarbeit anstrebten, waren hier am stärksten deklassiert. In den städtischen Gesellschaften des ausgehenden Mittelalters wirkte allein der Umstand herabsetzend, dass Frauen Lohnarbeit suchten. In den Gerichtsakten findet man häufig die stereotype Annahme, dass es zwischen Frauenarbeit und Prostitution einen Zusammenhang gebe.

Der Prozess der spätmittelalterlichen Urbanisierung war gekennzeichnet durch die Entstehung präziser sozialer Topographien, es kam zur Herausbildung von deutlich umrissenen Zonen der Armut und Zonen des Reichtums.

Mit der beginnenden *Neuzeit* nahm die Pauperisierung als Folge der Entstehung von Merkantilismus und Kapitalismus zu. Das verstärkte Auftreten von Nichtarbeitenden und Bettlern wurde nun zunehmend als abträglich für das öffentliche Wohl betrachtet. Der zeitgleiche Niedergang der bäuerlichen Welt als Folge eines Systemumbaus in der Landwirtschaft, Enteignung der Bauernschaft und der Zersplitterung des bäuerlichen Besitzes beschleunigte die Proletarisierung der Landbevölkerung.

In nahezu allen größeren Städten führten der Zuzug vom Lande sowie die wirtschaftlich-technischen Veränderungen der Produktion zum massenhaften Unterschreiten der Armutsschwelle. Eine 1688 von Gregory King in England veröffentlichte Armutsstudie rechnet 1,3 von 5,5 Millionen Einwohnern zur Kategorie der „Häusler und Armen".

Das massenhafte Auftreten nicht mehr integrierter Armer führte ab dem 16. Jahrhundert zu einer *Reform der Armenfürsorge,* die man als erste Ansätze einer Sozialpolitik im modernen Sinne bezeichnen kann. Etwa in Nürnberg und Straßburg kam es zu einer Zentralisierung der Armenfürsorge. Die Schaffung von Armenunterkünften und systematischen Lebensmittelverteilungen wechselten ab mit Notverordnungen, die eindeutig repressiven Charakter hatten. Erstmals kam es zu einer „Pädagogisierung der Armenfürsorge". Während die mittelalterliche Almosengabe nicht mit der Erwartung an eine Gegenleistung der Nehmenden verbunden war, sollten die nunmehr angewandten sozialfürsorglichen Strategien auf eine Verhaltensänderung ihrer Objekte abzielen. Insbesondere in als Folge von Missernten auftretenden Mangeljahren wurden Zwangsmaßnahmen ergriffen, um die Armen von den Städten fernzuhalten. Hierzu gehörte das Auspeitschen von „Vagabunden", die Heranziehung von Armen zu Fron- und Kriegsdiensten, Bettelverbote, die Bildung von „Armenkommissionen", und der Einsatz städtischer „Armenaufseher". Die jahrhundertelang geförderten oder zumindest geduldeten Almosengaben wurden im 17. Jahrhundert verboten und mit Geldstrafen belegt. Schließlich war die Schaffung von „Arbeitshäusern" – auch für Frauen – ein weiterer bedeutender Meilenstein in der Geschichte des öffentlichen Umgangs mit Armen. Hier kam es zu einer Verknüpfung von Arbeitszwang und Freiheitsentzug. Die neuen Konzepte verstanden sich als „Bändigung des Elends" durch die weltliche, die Stadtgemeinde.

Der Mythos von Armut, wie er sich insbesondere auch in der Blütezeit der Bettelorden herausgebildet hatte, war gebrochen. In deren gesellschaftlicher Bewertung wurde nunmehr die religiös geprägte Sichtweise von einer bürgerlich-zweckrationalen Interpretation abgelöst.

In der Geschichte des Armenhauswesens fällt auf, dass dessen repressive Wurzeln in besonderem Maße im puritanischen England sowie in den protestantisch gewordenen Ländern verbreitet waren. Zu nennen sind hier „Bridewall“ in London und das erste Arbeitshaus in Hamburg.

Katholische Arbeitshäuser entstanden in Köln, Münster, Paderborn, Würzburg und Passau erst im 18. Jahrhundert. Zu diesem Zeitpunkt gab es bereits an die 70 protestantische Arbeitshäuser in den deutschen Staaten.

2.3 Armut und Armenfürsorge im Absolutismus

Nach den Bauernkriegen in Deutschland (1525/26), Spanien, Frankreich, England und den Niederlanden, die allesamt im Kern die „sozialen Fragen ihrer Zeit“ zum Gegenstand hatten, sowie nach dem Dreißigjährigen Krieg (1618–1648) wurde Mitteleuropa von zwei gravierenden Armutswellen heimgesucht. Deren Folgen waren eine deutliche Dezimierung der Bevölkerung und eine Reduzierung des gesellschaftlichen Reichtums.

Der Merkantilismus des 17. und 18. Jahrhundert produzierte ein manufakturielles Frühproletariat. Dieses lebte nun zwar innerhalb der Städte, aber außerhalb der ständischen Ordnungen und war durchgängig besonders gefährdet, auf Armenunterstützung angewiesen zu sein. Diese gesellschaftliche Gruppierung war arm in dem Sinne, dass sie ausschließlich vom Verkauf ihrer Arbeitskraft lebte und ansonsten auf keinerlei Subsistenzmöglichkeiten zurückgreifen konnte. Die uns aus den Geschichtsbüchern überlieferten Ereignisse waren meist mit Hunger- und Teuerungskrisen verbunden. Nach Ende des Siebenjährigen Krieges war beispielsweise ein Drittel der Berliner Bevölkerung auf Leistungen der Armenfürsorge angewiesen, welche diesem Andrang kaum gewachsen war.

Nach dem Ende des Dreißigjährigen Krieges tauchten neue Bevölkerungsschichten unter den Armen auf. Neben den traditionell von Armut betroffenen Gruppen wiesen die Bettlerregister Veränderungen der sozialen Zusammensetzung der von Armut betroffenen Gruppen aus: Soldaten, Studenten, Schüler, entlassene Lehrer, Schreiber. Die Gruppe der Vaganten umfasste Menschen aus unterschiedlichen Ständen, gelegentlich sogar verarmte Adelige.

Die Armenhilfe dieser Zeit wurde zunehmend zu einem Sektor staatlicher oder kommunaler Verwaltungstätigkeit. Parallel hierzu entwickelte sich ein flächendeckendes Polizeiwesen, mittels dessen Druck auf Orts- und Wanderarme ausgeübt wurde. Weiterhin existierten kirchliche Einrichtungen oder auch private Stiftungen. Die Instrumente der Armenfürsorge in den verarmten Zonen Mitteleuropas wiesen sowohl Komponenten der Armenversorgung wie auch der Repression gegen Vaganten und Bettler auf:

- Erlass von Armenordnungen,
- zahllose Versuche, die Gassenbettelei durch Repressionen einzudämmen,
- unverändert bestanden stationäre Einrichtungen in Form von Spitälern, Waisen- und Arbeitshäusern,
- Herausbildung von Armenkassen,
- Schaffung von Almosenämtern.

Die Grundstruktur der neu geschaffenen Armenkassen bestand darin, dass neben einem Gremium ehrenamtlicher Honoratioren nun besoldete Armenpfleger tätig waren.

Es bildeten sich neue Strukturen der administrativen Ausgestaltung der Armenhilfe sowie Rahmenbedingungen für die Hilfegewährung heraus, die auch in späteren Epochen immer wieder im Mittelpunkt von Debatten über berechtigte oder unberechtigte Hilfe standen.

Entscheidendes Kriterium für die Unterstützungsberechtigung wurde die Arbeitsunfähigkeit. Geregelt waren derartige Gestaltungsprinzipien in den Armenordnungen der Städte und Kleinstaaten. So erließ Leipzig in rascher Abfolge zwischen 1671 und 1720 acht Bettel- und Armenordnungen, was auch Rückschlüsse auf die Wirkungslosigkeit der verschiedenen Anordnungen zulässt (Sachße/Tennstedt 1980, S. 109). Zunehmend wurde nun zwischen anspruchsberechtigten und nicht anspruchsberechtigten Hilfebedürftigen unterschieden:

- die Versorgung schloss lediglich die Stadtarmen ein,
- reisenden Bettlern und Vaganten wurde die Hilfe verweigert,
- deren Sesshaftwerden in den Städten galt es nach Möglichkeit zu verhindern.

Das Maß der Repression gegen Arme nahm zu. Besonders drakonisch waren die Maßnahmen, die ab dem 17. Jahrhundert in Frankreich ergriffen wurden. Eine enge Verknüpfung von Arbeitszwang und dem Gedanken der Separierung von Armen führte zu „Einschließungen von Armen". Präzedenzcharakter hatte der Versuch, die Pariser Bettler in Hospizen einzusperren, die unter dem Begriff „Hôpital des Pauvres Enfermez" („Spital der eingeschlossenen Armen") bekannt wurden (Geremek 1988, S. 275). An einem Stichtag wurden die fremden Bettler aufgefordert, die Stadt zu verlassen, die örtlichen Armen mussten eine Arbeit aufnehmen. Die anderen wurden in diesen „Armenspitälern", die eher den Charakter späterer Armenhäuser aufwiesen, eingeschlossen. In diesen Anstalten herrschten ganztägige Arbeitspflicht, prekäre sanitäre und gesundheitliche Verhältnisse sowie massive Gewalt. 1657 hatten alleine die Pariser Einrichtungen 6 000 Insassen.

Als weitere Maßnahme gegenüber dem „Bettler- und Vagantenwesen" wurden so genannte „Bettlerschübe" durchgeführt. Dabei wurden die zuvor zusammen getriebenen Armen zwischen den nach dem Dreißigjährigen Krieg entstandenen Kleinstaaten hin und her geschoben. Berüchtigt waren die österreichischen Bettlerschübe. Bei diesen wurden alle nichtösterreichischen Armen zweimal im Jahr gesammelt und in die Angrenzerstaaten ausgewiesen.

Erst Ende des 18. Jahrhunderts kam es im Zuge einer umfassenden *Reform der Armenfürsorge* zu einer Neukonzeption der Arbeitsverpflichtung sowie der Einführung des Prinzips der Ehrenamtlichkeit. Die Arbeitspflicht für alle arbeitsfähigen Armen wurde differenziert. Neben die Zucht- und Arbeitshäuser trat nun die offene Armenpflege. Ein Teil der Bedürftigen konnte zu Hause – also außerhalb einer Einschließung – einer Arbeit nachgehen.

Modellfunktion hatte die in dieser Epoche gegründete *Hamburger Armenanstalt*. Hier kam es zu einer Koppelung von Hausarmenpflege, Arbeitszwang und Arbeitserziehung. Vergleichbare Arbeitsanstalten entstanden nur wenig später auch in anderen Hansestädten, etwa in Lübeck und in Bremen. In der historischen Entwicklung des Armenwesens können seit dem ausgehenden Mittelalter folgende Gestaltungsprinzipien ausgemacht werden:

- Kommunalisierung: Im Zuge der Stärkung der Städte und Staaten und der Herausbildung von „Obrigkeit“ wurde die traditionelle Bindung der Armenfürsorge an die Kirche gebrochen, ohne dass zugleich die kirchliche Trägerschaft zahlreicher Einrichtungen aufgehoben wurde. Neben der staatlichen Wohlfahrt und kirchlichen Einrichtungen existierte weiterhin private Wohltätigkeit in Form von Spenden und Stiftungen.
- Rationalisierung: In dem Maße wie die Armutsproblematik als Folge von Kriegen, Nöten oder technisch-innovativen Entwicklungen eskalierte, wurde versucht, den Kreis der Empfänger mit Einschränkungs- und Zwangsmaßnahmen zu reduzieren. Rationalisierung bedeutete auch, dass ständig – meist erfolglos – nach Wegen gesucht wurde, die Armenfürsorge effektiver zu machen.
- Bürokratisierung: Armenfürsorge wurde – bis heute – zu einer dauernden Verwaltungsaufgabe. Selbsthilfe und genossenschaftliche Absicherung erlangten – auch unabhängig vom Niedergang der Stände und Zünfte – für die Armenhilfe immer weniger Bedeutung. Dabei dominierten die Elemente repressiver Kontrolle. Eine „Stadtteilorientierung“ durch Einteilung bestimmter Distrikte diente nicht der besseren Versorgung, sondern einer möglichst umfassenden Überwachung der Betroffenen.
- Pädagogisierung: Die sich zunehmend durchsetzende Arbeitspflicht für Arme diente nicht nur einer gewissen Verwertung der den Armen noch verbliebenen Ressourcen. Sie war vor allem auch Strategie gegen Müßiggang und Bettelei. Armut als „Nicht-Arbeit“ wurde damit zugleich gesellschaftlich ge-

ächtet. Der absolutistische Polizei- und Ordnungsstaat beruhte im Übrigen signifikant auf einem Ansatz der Disziplinierung der unteren Schichten. Zuchthaus und Arbeitshaus waren hierbei die neuen repressiven Instrumente einer disziplinierenden Gesellschaft.

Exkurs I: Subversive Wege in der Unterstützung Armer

Auch eine umfassende Militarisierung und Bürokratisierung der absolutistischen Gesellschaft konnte nicht verhindern, dass zumindest Teile der Bevölkerung, die noch nicht völlig deklassiert waren, in offener oder verdeckter Opposition zu Arbeitszwang und Disziplinierung standen. Zum einen wurde Bettlern trotz bestehender Verbote Almosen und Unterkunft gegeben. Die Einschließungen stießen auch auf Widerstände beim einfachen Volk.

Nicht selten führten drastische Kampagnen gegen Arme und Bettler zu Unruhen, die über die von Armut betroffenen Bevölkerungsteile hinausgingen. Im Zusammenhang der historisch-sozialen Entwicklung von Armut im 18. und 19. Jahrhundert sind auch die in Deutschland operierenden Räuberbanden zu erwähnen.

Das Bandenwesen wurde im 19. Jahrhundert im Zuge des Ausbaus der Verkehrsbeziehungen, insbesondere des Eisenbahnbaus, der Zunahme der Kreditwirtschaft sowie der Effektivierung von Polizei und Militär eingedämmt (Haasis 1984).

2.4 Armut und Armenhilfe im 19. Jahrhundert

Die Zahl der von Armut betroffenen Menschen nahm im 19. Jahrhundert drastisch zu. Neben politischen Motiven war die Armut weiter Bevölkerungsteile Hauptgrund für die massive Auswanderung, die nach 1830 in den deutschen Ländern in mehreren Wellen auftrat.

Die traditionellen Konzepte der Kommunen, mit denen sie das Armutsproblem in den Griff zu bekommen versuchten, erwiesen sich als nicht mehr erfolgreich. Verstärkt griffen sie nun zu Abwehrmechanismen, die unter anderem durch die preußische Gesetzgebung von 1842/43 legitimiert wurden:

- Versuch eines gesamtstaatlichen Bettelverbots,
- Eindämmende Regelungen der Zuzugsbedingungen für Arme,
- Unterstützungswohnsitzgesetz,
- Gesetz vom 6. Januar 1843: Bestrafung der Landstreicher, Bettler und Arbeitsscheuen.

Begleitet wurde die Umsetzung repressiver Strategien von der Implementierung staatlicher Beschäftigungsprogramme. Hilfsbedürftige wurden insbesondere im

Chaussee-, Straßen- und Eisenbahnbau eingesetzt. Mit den niedrigen Löhnen, die sie erhielten, konnte vielfach nicht einmal der Bedarf an Nahrung gedeckt werden. 1848/49 gab es im Gebiet des späteren Deutschen Reiches eine Million Wanderarbeiter ohne festen Wohnsitz. Die Reaktionen der deutschen Länder waren geprägt von diskriminierenden Inhalten. Nach Inanspruchnahme öffentlicher Hilfen waren Arme vom Reichstagswahlrecht ausgeschlossen. In Bayern waren Armenbehörden berechtigt, jederzeit die Wohnung von Armen zu betreten. In Sachsen unterstanden Arme einer besonderen Aufsicht der örtlichen Armenbehörden. In Württemberg wurden jene mit Haft oder Arbeitszwang bestraft, die aus realem oder angeblichem Mutwillen Bedürftigkeit herbeigeführt hatten. Zu diesen exemplarisch genannten staatlichen Sanktionen trat eine Vielzahl weiterer örtlicher Regelungen.

Mit dem in der Stadt Elberfeld (heute: Stadtteil von Wuppertal) begründeten und nach dieser benannten Elberfelder System (1853) verfestigte sich die Dualität zwischen offener Armenhilfe und Repression. Komponenten dieser „rationell organisierten Armenpflege" waren:

1. Ehrenamtlichkeit in der Armenhilfe: phasenweise kam es im kommunalen Raum zur Aktivierung einer großen Zahl freiwilliger Helfer und Helferinnen;
2. Individualisierung: kein Armenpfleger sollte mehr als 4 Familien oder allein stehende Arme zu betreuen haben;
3. Dezentralisierung: die Entscheidungen über zu ergreifende Maßnahmen erfolgten in den Bezirken;
4. Vermeidung von Dauerleistungen: die Bewilligungszeiträume waren extrem kurz, vereinzelt umfassten sie nicht mehr als 14 Tage;
5. Beschäftigung der Arbeitsfähigen durch Notstandsarbeit.

Das System wurde nach 1860 von zahlreichen Städten kopiert, erwies sich allerdings bis zur Jahrhundertwende als immer untauglicher, um die Armutsproblematik insbesondere in den großen Städten regulieren zu können. Es hatte jedoch den Effekt, dass einige Städte aufgrund der Aktivierung privater Hilfe ihre städtischen Kosten senken konnten.

Besondere *Hilfen für Wanderarme* wurden als Herbergen zur Heimat (1854) sowie in Gestalt von *Arbeiterkolonien* (nach 1883) eingerichtet. Insbesondere in den Großstädten entstand eine Vielzahl städtischer Massenasyle.

Das *Arbeitshaus* bestand über mehrere Jahrhunderte hinweg als repressives Instrument gegenüber arbeitsfähigen Armen. Vor allem in Preußen wurden schon seit dem Absolutismus Armenhäuser eingerichtet. In England wurde Mitte des 18. Jahrhunderts das Arbeitshausprinzip zum zentralen Element der Armenfürsorge. In den deutschen Ländern wurde der Unterbringung im Arbeitshaus kein Vorrang eingeräumt, sondern gleichrangig neben den anderen Formen der Hilfe und Unterdrückung zum Einsatz gebracht. Als „nachrangige Hilfe" kam es zur Armenhauseinweisung, wenn andere Formen kommunaler Armenhilfe versagten.

Eine Sonderform des Arbeitshauses war die *Korrektionsanstalt.* Damit sollte „Bettelei" und „Arbeitsscheu" mit strafrechtlichen Mitteln begegnet werden. Teilweise handelte es sich um integrierte Systeme mit den Abteilungen Zuchthaus, Gefängnis, Arbeitshaus, Abteilungen für Jugendliche und zur Zwangserziehung. In den meisten Arbeitshäusern erfolgte keine Differenzierung der Hilfebedürftigen, in der Regel herrschten so katastrophale Verhältnisse, dass Zuchthausstrafen der Einweisung ins Arbeitshaus vorgezogen wurden. So betrug beispielsweise die Sterblichkeit in den Arbeitshäusern Sachsens 14 Prozent. Über das Armenhauswesen des 19. Jahrhunderts können folgende Feststellungen getroffen werden:

- Entgegen der postulierten Zielsetzung war die Motivation zur Arbeitsaufnahme gering. Meist handelte es sich um eine extrem deklassierte und gesundheitlich angeschlagene Klientel.
- War das Arbeitshaus im Absolutismus in seiner Weise, wie produziert wurde, Modelleinrichtung, was die technisch-mechanische Entwicklung anging, so waren die Tätigkeiten, die Ende des 19. Jahrhunderts in Arbeitshäusern zu erledigen waren, antiquiert, oftmals auch aus ökonomischer Sicht sinnlos.
- Die Funktion des Arbeitshauses bestand zunehmend darin, als letzte Instanz zu fungieren, als ein Sammelbecken für im Prinzip nicht mehr oder nur schwer integrierbare Menschen.
- Damit erfuhr eine mangelnde sozialstaatliche Sicherung von Armen mittels des Armenhauswesens eine Kompensation durch Repression.

Die Einweisung in das Arbeitshaus hatte oftmals keine präzise gesetzliche Grundlage. Sie erfolgte häufig nicht als Strafe, sondern als Zwangsmittel. Die Einschließung im Arbeitshaus wurde nicht für einen bestimmten Zeitraum vollzogen, sondern bis zur Beseitigung der „Störung", zum Beispiel der bestehenden Obdachlosigkeit. Hingegen war für ortsfremde Vagabunden und Bettler die Beschäftigung in einem Arbeitshaus meist eine befristete Strafe. Schließlich war die Unterbringung in einem Arbeitshaus nach Ablauf einer Gefängnisstrafe als einer Form der „Korrektionshaft" möglich.

Exkurs II: Zur Entstehung von Caritas, Innerer Mission, jüdischer Wohlfahrtstätigkeit sowie der Unterstützungsvereinigungen der Arbeiterbewegung

Die sozialen Umwälzungen des 19. Jahrhunderts haben das bürgerlich-soziale Engagement in einer Weise belebt, dass es nicht nur Formen individueller Mildtätigkeit zeitigte, sondern auch zu institutionalisierter und organisierter Hilfe führte, deren kirchliche Ableger bis heute existent sind.

Die katholische Armenfürsorge, aus der Mitte des 19. Jahrhunderts die Gründung von *Caritasvereinen* hervorging, hatte ihren Ursprung in einer Art „Sinnkrise des Katholizismus", welche als Folge der umfassenden Säkularisierung des Jahres 1803 gesehen werden kann. Auf diese folgte seit etwa 1820 eine Reformphase. Laien und Priester wurden zum caritativen Engagement motiviert.

In den 40er Jahren des 19. Jahrhunderts erfolgten Stiftsgründungen zur Hausarmenpflege (Vinzenzstifte), Frauen aus zumeist bürgerlichen Schichten wurden zur praktischen Mildtätigkeit aktiviert (barmherzige Schwestern). Schließlich kam es in der zweiten Hälfte des 19. Jahrhunderts zu flächendeckenden Gründungen kommunaler Caritasvereine.

Adolf Kolping, welcher 1846 den ersten katholischen Gesellenverein gegründet hatte, plädierte aus drei Gründen für die Einrichtung von *Gesellen-Hospizen*, zu deren Einrichtung es nach 1852 kam. Nach dem Zerfall der zünftigen Ordnungen hatte sich das Elend der Gesellen und Jungarbeiter zu einem Massenproblem entwickelt, religiöse Bindungen nahmen ab und der zunehmenden „sozialistischen und kommunistischen Aufstachelung" sollte ein anderes, christlich begründetes Hospiz-Modell entgegengestellt werden.

Eine zeitgleiche Entwicklung nahmen die evangelischen Bestrebungen zur Milderung der Armut. Einzelnen Initiativen in den Notzeiten nach 1813 folgte 20 Jahre später die Gründung von Rettungshäusern für verwahrloste Kinder. 1833 wurde das Raue Haus in Horn bei Hamburg durch Johann Hinrich Wichern gegründet, das als Modell für die Einrichtungen weiterer *Rettungsanstalten* fungierte. Es folgte die Gründung von Brüder- und Diakonissenhäusern, welche Diakone und Diakonissen für soziale Tätigkeiten ausbildeten. Diese wirkten auch in der Armenpflege, die Diakone waren zum Teil auch als „qualifizierte" Gefängnisaufseher tätig. 1848 entstand der *Centralausschuß für die innere Mission* der evangelischen Kirche als Vorläufer des Diakonischen Werkes. Hier erfolgte die Koordinierung der unterschiedlichen pflegerischen und sozialen Aktivitäten auf evangelischer Seite.[3]

3 Um diese rein pflegerischen und sozialen Aktivitäten ging es Wichern nicht. Ihm ging es um die „gesamte Arbeit der aus dem Glauben an Christum geborenen Liebe", um eine zu Christus hin rettende Liebestätigkeit.

Es folgte die Gründung von *Stadtmissionen* in größeren Städten. Diese wirkten als Koordinierungsgremien unterschiedlicher lokaler Aktivitäten. Im Unterschied zur katholischen Kirche hatte der *Centralausschuß* starken Einfluss auf die Sozialgesetzgebung des Deutschen Reiches nach 1871. Die ab 1852 vorgenommene Gründung von evangelischen Herbergen für wandernde Handwerksgesellen durch Clemens Theodor Perthes war von ähnlichen Motiven geleitet wie die Einrichtung der Gesellen-Hospize durch Kolping. Primäres Ziel war es, dem „religiösen und sittlichen Verfall" entgegen zu wirken. Früher als auf katholischer Seite wurden durch Vertreter der Inneren Mission *Herbergen zur Heimath, Naturalverpflegungsstationen* und ab 1882 *Arbeiterkolonien für Wanderarme* gegründet.

Die Quellen zur Entwicklung der *jüdischen Wohlfahrtspflege* sind weitgehend verschüttet und werden – trotz einer bescheidenen neuen Forschungstätigkeit in diese Richtung – auch heute in der sozialgeschichtlichen Darstellung weitgehend verdrängt. Auffällig ist, dass Zielsetzungen und Programme jüdischer Wohlfahrtstätigkeit – im Unterschied zu Caritas und Innerer Mission – nicht an der „religiösen Rettung" bzw. der Missionierung ihrer Klientel ausgerichtet waren.

Es ist jedoch überliefert, dass in nahezu allen größeren jüdischen Gemeinden so genannte *Wohlfahrtsämter* gegründet worden sind. Insgesamt waren über die jüdischen Wohlfahrtsorganisationen zu Beginn des 20. Jahrhunderts um die 200 000 Mitglieder aktiviert.

Bereits im 19. Jahrhundert kam es zur Gründung von Landesverbänden, z. B. dem Landesverband für israelische Wohlfahrtspflege in Württemberg. Erst 1917 erfolgte mit der Einrichtung der *Zentralwohlfahrtsstelle der deutschen Juden* die Gründung einer Dachorganisation. Jüdische Persönlichkeiten wie Paul Levy, Alice Salomon und Helene Simon haben wichtige Beiträge zur Entwicklung einer professionellen Sozialarbeit geleistet.

Eine besondere Bedeutung erlangten ab Mitte des 19. Jahrhunderts *politisch-solidarische Hilfen der Arbeiterbewegung.* Diese richteten sich insbesondere an die Mitglieder der aus der Sozialdemokratie hervorgegangenen Solidargemeinschaften. Nach 1868 entstanden Vorformen gewerkschaftlicher Organisation durch die Gründung von berufsbezogenen *Gewerksgenossenschaften* und *Unterstützungsvereinen.* Mit Blick auf die größer werdende Zahl wandernder Arbeiter und Handwerksgesellen wurden – zumeist im städtischen Raum – offen oder verdeckt sozialdemokratisch ausgerichtete Herbergen gegründet (exemplarisch hierzu: Riebl/Kuhn 1979).

2.5 Armutsentwicklungen im Kaiserreich und in der Weimarer Republik

Die allgemeine wirtschaftliche Entwicklung in der zweiten Hälfte des 19. Jahrhunderts führte zu modifizierten Formen von Armut. Statt Elendslagen in Form des Pauperismus – einer mit Hunger und Nahrungslosigkeit verbundenen Variante der Armut – trat in den Zyklen moderner wirtschaftlicher Krisen ein „systemproduziertes" Massenelend auf, dessen Kennzeichen das Entstehen einer „industriellen Reservearmee" war. Die Entdeckung und Analyse der spezifisch proletarischen Formen von Armut ist vor allem die Leistung der marxistisch geprägten Theoretiker. Derartige Differenzierungen waren der bürgerlichen Wissenschaft und der kirchlich geprägten Armenhilfe fremd.

Exkurs III: Marxistischer Armutsbegriff
Absolute Armut wird in der marxistischen Theorie nicht nur als materieller Mangel, sondern als völliger Ausschluss von der Entwicklung gesellschaftlichen Reichtums verstanden, der als Folge der Trennung von Arbeit und Eigentum gedeutet wird. Die Ausgrenzung von Arbeit führt zu unmittelbarer Unterstützungsbedürftigkeit. Armut ist damit nicht individuell verschuldet und hat keine „unmoralischen" Ursachen, die in der Person oder im Handeln des Verarmten liegen.

„Der tiefste Niederschlag der relativen Übervölkerung endlich behaust die Sphäre des Pauperismus. Abgesehen von Vagabunden, Verbrechern, Prostituierten, kurz dem eigentlichen Lumpenproletariat, besteht diese Gesellschaftsschicht aus 3 Kategorien:

1. Arbeitsfähige. Man braucht die Statistik des englischen Pauperismus nur oberflächlich anzusehen, und man findet, daß seine Masse mit jeder Krise schwillt und mit jeder Wiederbelebung des Geschäfts abnimmt.
2. Waisen- und Pauperkinder. Sie sind Kandidaten der industriellen Reservearmee und werden in Zeiten großer Prosperität rasch und massenhaft der aktiven Arbeiterarmee einverleibt.
3. Verkommene, verlumpte, Arbeitsunfähige" (Marx 1867, Ausgabe 1969, S. 365).

Die traditionelle Armenpolitik wurde nun ergänzt durch staatliche Sicherungssysteme, die vorwiegend auf die Arbeiterschaft gerichtet waren und den „Gefährdungen der proletarischen Existenz" entgegenwirken sollten. Die als „Bismarck'sche Sozialgesetzgebung" bekannt gewordene Form sozialer Sicherung basierte auf dem Prinzip des bis heute existenten Kassenwesens, das letztendlich die von Armut Bedrohten zur Selbstfinanzierung von Risikoabsicherungen anhalten sollte.

Das eigentliche Armenwesen – die Unterstützung der Nichtversicherten – sank noch stärker nach unten und wurde zunehmend weniger staatliche, sondern Kernaufgabe kommunaler Fürsorge. Ergänzung fand Armenfürsorge weiterhin in privaten und kirchlichen Aktivitäten.

Im Ersten Weltkrieg gingen die Formen proletarischer Armut zurück. Dagegen wuchs eine allgemeine Kriegsarmut, die geprägt war durch weit reichende Versorgungsmängel, Notverordnungen und Bezugsregelungen für lebensnotwendige Dinge. Armenfürsorge war weiterhin kommunale Aufgabe, die immer unvollständiger erledigt werden konnte, da die Kommunen nun zusätzlich Aufgaben der Kriegswohlfahrtspflege, Erwerbslosenunterstützung sowie Unterstützungsleistungen für Kriegsbeschädigte zu finanzieren hatten.

Mitte der 20er Jahre besserte sich die Situation der Städte und Gemeinden etwas. Eine Reihe von Kommunen war sogar in der Lage, sich während der Inflation zu entschulden (Simon 1989). Dieses kurze „Hoch" endete mit der Weltwirtschaftskrise. Arbeitslosenunterstützung und Wohlfahrtspflege sprengten die Haushalte insbesondere der Großstädte. In den Wintern 1929/30 und 1930/31 verstärkte sich die finanzielle Notlage der Gemeinden aufs äußerste.

Ende 1931 war kaum eine Stadt mehr in der Lage, den immer zahlreicher werdenden Erwerbslosen das äußerste Minimum zu geben. Auch mit der erst 1927 eingeführten Arbeitslosenversicherung konnte aufgrund des zeitlich geringen Vorlaufs keine bedarfsgerechte Unterstützung geleistet werden. Strenge Bedürftigkeitsprüfungen und Kürzungen der Leistungen waren die Folge.

Durch die preußische Notverordnung vom 14. September 1931 wurde die kommunale Selbstverwaltung außer Kraft gesetzt. Die Verwaltungen waren berechtigt, alle Maßnahmen zum Ausgleich der Gemeindehaushalte unabhängig von den Entscheidungen der Gemeindevertretungen durchzuführen. Kommunale Sozialpolitik war am Ende.

Exkurs IV: Kirchliche Konzepte der Armenfürsorge im Kaiserreich

Die neuzeitliche kirchliche Armenpflege hatte ihren Höhepunkt in der relativ kurzen Spanne zwischen der Gründung des Deutschen Reiches im Jahr 1871 und der 1933 erfolgten Machübernahme durch die Nationalsozialisten. In dieser Phase wurden auf Initiative der beiden großen Kirchen nicht nur zahlreiche Einrichtungen der Armen- und Wohnungslosenhilfe geschaffen, sondern auch stärker als zuvor und danach auf die Sozialgesetzgebung Einfluss genommen.

Für den Umgang mit Wohnungslosen wurden Ende des 19. Jahrhunderts die konzeptionellen Überlegungen *Friedrich von Bodelschwinghs* (1831–1910) handlungsleitend:

1. Angebot von Arbeit an alle Arbeitslosen und Arbeitsfähigen als „Geschenk freier Barmherzigkeit“ in den stationären Arbeiterkolonien.
2. Ein enges Netz von Naturalverpflegungs-Stationen, welches die Arbeitslosen vor dem Zwang zum Betteln schützen sollte … „und der seßhaften Bevölkerung eine vollkommene Beruhigung gewährt, jeden fremden Bettler abzuweisen …“.

Für Bodelschwingh war Arbeit ein „untrügliches Mittel, die unwürdigen von den würdigen Bettlern zu unterscheiden“.

Ohne dies konzeptionell gewollt zu haben, wurden die Arbeiterkolonien jedoch vor allem zu einer letzten Zufluchtsstätte der besonders deklassierten Bevölkerungsschichten: der Vagabunden, der Perspektiv- und Hoffnungslosen – derer, die am wenigsten die Voraussetzungen für eine Eingliederung mit sich brachten. Arbeiterkolonien verkamen zu Verwahranstalten für nur schwer eingliederungsfähige, gesundheitlich angeschlagene Wohnungslose, die sich in diesen oftmals jahrzehntelang aufhielten.

Die Gründung der Arbeiterkolonien ging – wie schon bereits die der ersten Einrichtung in Wilhelmsdorf bei Bielefeld – zumeist auf das Zusammenwirken von privater und kirchlicher Initiative, auf die Einrichtung von Stiftungen oder auf Schenkungen zurück. Als historische Beispiele können der „Brandenburgische Provinzialverein zur Bekämpfung des Vagabundentums“ oder der „Verein für Arbeiterkolonien in Württemberg“ genannt werden

Die Rolle der kirchlichen Armenpflege wurde ferner in besonderer Weise von *Gerhard Uhlhorn* (1826–1901) geprägt. 1878 zum Abt von Loccum gewählt, war er ein entschiedener Verfechter eines Nebeneinanders von öffentlicher und freiwilliger Armenpflege. Freiwillige Armenpflege könne verstärkt individualisieren, während öffentliche Armenpflege eher generalisierende Maßstäbe habe: „Je mehr die Armenpflege individualisiert, desto besser ist sie.“

Kirchliche Armenfürsorge war somit auch Reaktion auf reale oder vermeintliche Gefährdungen der obrigkeitsrechtlichen Gesellschaftsordnung. Aus Armut und Wohnungslosigkeit resultierende Probleme wurden in extremer Weise individualisiert. Diese Betrachtungsweise vermied weitgehend Konflikte mit den Herrschenden. In der konfliktfreien Interaktion mit den dominanten gesellschaftlichen Gruppen sicherte die Kirche ihren Besitzstand.

2.6 Armenfürsorge und Verfolgung „Asozialer" während des Nationalsozialismus

1932 waren 5 Millionen Menschen arbeitslos, eine weitere Million waren „sonstige Fürsorgeempfänger". Mit Familienangehörigen lebten somit 12 bis 13 Millionen Menschen in prekären Verhältnissen. Nach Schätzungen von Paul Gerhard Braune, dem Geschäftsführer des deutschen Herbergsvereins, befanden sich 1933 etwa 500 000 Menschen wohnungslos als „Wanderer" auf den Straßen (Ayaß 1987, S. 276). Das System der Armenhilfe wurde keineswegs bruchlos verändert, vieles wurde von den Nationalsozialisten übernommen, wie z. B. das System der Arbeiterkolonien. Hinzu traten allerdings aus dem Faschismus resultierende Prinzipien, die in die theoretischen Begründungen sowie die Praxis der Armenfürsorge Eingang fanden. Mit der besonderen Betonung der Volksgemeinschaft ging die Problematisierung von Wert und Unwert für eben diese Volksgemeinschaft einher. Nach 1933 wurde eine eher politisch-bewusste Problematisierung von Armut abgelöst durch Gleichgültigkeit. Öffentliche Auseinandersetzungen über Armut wurden nur noch in enger Orientierung an Fragen des Nutzens geführt. Arme, Arbeitsunfähige wurden als „wertlose" Personen stigmatisiert, die auf Kosten besserer Teile der Volksgemeinschaft unterhalten werden mussten.

Die Strategie der bislang die Politik mit prägenden Kirchen lag darin, ihre Hilfe durch die Bereitstellung von Arbeit und den Nachweis der wenigstens relativen Nützlichkeit von Armen zu legitimieren. Eine offensive Parteinahme gegen die anstehenden Sanktionen unterblieb weitgehend. Ein Teil der sozialpolitisch Tätigen billigte die Maßnahmen des Nationalsozialismus. So verlangten die Vertreter der deutschen Landesfürsorgeverbände anlässlich einer Tagung am 20. Januar 1933 die „Bekämpfung der gegenwärtigen Bettler- und Landstreicherplage" und hielten polizeiliche und strafrechtliche Verfolgung für unerlässlich. Besonderer Wert wurde auf Maßnahmen gelegt, die der Aussonderung der „Asozialen" aus den Wanderströmen dienten.

Auf Erlass des preußischen Innenministeriums wurden im September 1933 unter der Bezeichnung „Bettlerwochen" Razzien durchgeführt, bei denen Tausende von Wanderarmen festgesetzt wurden. Allein in Württemberg wurden in dieser Phase rund 5 000 Personen verhaftet, in Arbeitshäuser überführt oder auf andere Weise mit Strafen belegt. Im Reichsgebiet wurden über 100 000 Menschen festgenommen. Die Fachverbände standen diesen Maßnahmen zumindest nach außen hin überwiegend positiv gegenüber (exemplarisch hierzu: Braune 1933, 1936; Billigkeit 1935; Spelmeyer 1936; allesamt in: Scheffler 1987).

Konsequent angewandt wurde nunmehr der § 361 StGB, der Schutzhaft für die Wanderarmen vorsah. Diese Strafnorm entstammte noch dem Strafrecht der Weimarer Republik, war aber vor 1933 nur sporadisch umgesetzt worden. Durch den 1934 in das Strafrecht eingefügten § 42d konnte eine zweite Arbeitshauseinweisung auf unbestimmte Zeit, gegebenenfalls lebenslänglich, erfolgen (Ayaß 1987, S. 276).

Eine Zeitlang hatte es den Anschein, dass nach einer Phase des drakonischen Durchgreifens eine reichseinheitliche Regelung für Wanderarme in Umsetzung gelangen könnte, wie sie in Bayern Gültigkeit hatte:

- Jüngere Wanderarme wurden in den Arbeitsdienst geschickt.
- Die anderen hatten ein Wanderbuch zu führen und konnten auf festgelegten Routen Herbergen und Wanderhöfe anlaufen.
- Wer kein Wanderbuch führte, galt automatisch als „krimineller Landstreicher" und musste mit Verhaftung rechnen.
- Kranke, Arbeitsunfähige und wohnungslose Alkoholiker wurden in Anstalten verwahrt und nach 1938 in Konzentrationslager überführt.

Dieses Prinzip wurde nach 1938 in Bayern beendet und entgegen der Erwartung der Fachverbände nicht reichsweit ausgedehnt. Mit dem Anlauf der Kriegsvorbereitungen wurden Arbeitskräfte knapp. Die Nationalsozialisten unterbanden nun auch das „geordnete" Wandern. Im Juli 1938 wurde im gesamten Staatsgebiet die „Aktion Arbeitsscheu Reich" durchgeführt. Die Arbeitsfähigen wurden zwangsvermittelt oder in den Arbeitsdienst integriert, die anderen – etwa 11 000 – verhaftet und nachfolgend in Konzentrationslager überführt. Die Verhaftungsaktionen des Jahres 1938 waren der Beginn der systematischen Vernichtung (Ayaß 1987, S. 277).

Nun setzte sich auch das Bild von der „pathologischen Wandererpersönlichkeit" durch. Der Begriff des „Nichtsesshaften" gelangte von nun ab vermehrt zur Anwendung, entnommen der Schrift: „Der nichtseßhafte Mensch", die in Zusammenarbeit des Bayrischen Innenministeriums und des Bayrischen Landesverbandes für Wanderdienst 1938 herausgegeben wurde. Mit dem Begriff der Nichtsesshaftigkeit eng verbunden waren „Asozialität" und „Gemeinschaftsfremdheit".

Das „Gesetz zur Verhütung erbkranken Nachwuchses" wurde nun auf die Wanderarmen angewandt, was Sterilisation, Isolierung oder Vernichtung zur Folge hatte.

Einrichtungen der inneren Mission machten sich schuldig. In der Wanderfürsorge fanden sich Bündnispartner und Vollstrecker dieser Politik. So hat zum Beispiel die Leitung der heute noch existierenden Arbeiterkolonie Käsdorf doppelt so viele „Asoziale" zur Sterilisation vorgeschlagen als letztendlich Eingriffe von den NS-Medizinern vorgenommen wurden.

Mit dem Beginn des Krieges wurde das Wandern unterbunden. Dies hatte auch damit zu tun, dass kein Raum für Saboteure, Deserteure und Spione gegeben sein sollte.

Die als „Asoziale" in die Konzentrationslager eingelieferten Gefangenen trugen den „*Schwarzen Winkel*". Wie viele der als „asozial" eingestuften Personen der Vernichtung anheimfielen, ist unbekannt. Niemand hat nach ihnen gefragt. 1938 wurden allein in das Konzentrationslager Buchenwald 11 500 erwachsene „Asoziale" eingeliefert. Die Träger des schwarzen Winkels wiesen in den Lagern die höchste Sterblichkeit auf. Ihre skandalöse Behandlung hielt auch nach 1945 an. Die wenigen Überlebenden waren bis 1988 von Wiedergutmachungsleistungen ausgeschlossen, da sie weder politisch, rassisch noch religiös Verfolgte waren. Mit derartigen Urteilen wurde das Verfolgungskonzept gegenüber „Asozialen" nach 1945 nachträglich sanktioniert.[4]

Der Begriff „Nichtsesshafter" war bis Ende des 20. Jahrhunderts gebräuchlich und wurde erst allmählich als Fachbegriff abgelöst. Das Bild vom „unsteten, flüchtigen Menschen", der außerhalb der bürgerlichen Ordnung lebt, bestand fort und wurde erst in der Reformdebatte der 1970er Jahre zurückgedrängt. Noch das 1970 von Aderhold veröffentlichte Standardwerk zur Nichtsesshaftenhilfe bezog sich in seinen begründenden Darstellungen auf die NS-Schrift „Der nichtseßhafte Mensch".

2.7 Gesellschaftliche Entwicklungen und Armenhilfe nach 1945

Die Jahre zwischen 1945 und 1948 waren geprägt durch Notstand und ein relatives Egalitätsprinzip auf der Basis von Rationierung und Zwangsverwaltung von Ressourcen. Wanderarmut war als Kriegsfolgeproblem wieder stärker verbreitet. Armenhilfe gestaltete sich in den ersten Jahren nach dem zweiten Weltkrieg vornehmlich als kommunale Zwangsbewirtschaftung von Brennstoff, Nahrungsmitteln, Bekleidung und Wohnraum.

Trotz der nachhaltigen Notstandslagen nach dem zweiten Weltkrieg hat das Thema „Armut" im Rahmen der Geschichtsbetrachtung sowie der Sozialpolitik nie eine echte Chance gehabt, zum Mittelpunkt gesellschaftlicher Auseinandersetzungen zu werden. Dies hatte mehrere Gründe. Zunächst hat sich in den 1950er Jahren der Mythos herausgebildet, dass die Armut im eigenen Land

---

4 Nach Angaben des Bundesministeriums für Finanzen erhielten bis 2011 noch 174 als „Asoziale" verfolgte NS-Opfer Einmalzahlungen von 2 500 Euro, ferner 17 „Arbeitsverweigerer", 30 „Arbeitsscheue" und ein „Landstreicher" (Herms 2016, S. 86).

überwunden und nur noch das Problem der Dritten Welt und einiger marginaler Gruppen in der BRD sei.

Arme wurden als die „Fußkranken" einer prosperierenden Gesellschaft (Müller 1983) angesehen, deren Existenz nicht selten als Abwehr- und Abgrenzungsmechanismus innerhalb der arbeitenden Gesellschaft zur Wirkung gebracht wurde.

Prägend für diese Zeit war, dass unter Etiketten wie „Soziale Marktwirtschaft" und „Nivellierte Mittelstandsgesellschaft" eine Restauration der politischen und sozialen Verhältnisse eingetreten ist (Krafeld 1984, S. 165).

In den 1960er Jahren dominierten nun Werte wie „Anpassung", „Unterordnung", „alte Tugenden" wie „Fleiß", und „Bejahung von Autoritäten". Zugleich brachen immer wieder Stellen auf, an denen die Doppelmoral vor dem Hintergrund der nicht aufgearbeiteten Geschichte des deutschen Faschismus sichtbar wurde.

Jugend – als Seismograph für Verkrustungen und Unstimmigkeiten – war auf dem Wege zu den Ereignissen, die als „Jugend- und Studentenunruhen" in die Annalen der Geschichte von Jugend eingingen. Die darin aufkeimende Wertedebatte wurde noch heftiger, als der soziale Kitt namens „Wirtschaftswunder" brüchig wurde. Erste Strukturkrisen einzelner Branchen waren bereits in den Jahren 1962/63 zu verzeichnen. 1967 kam es zur ersten Rezessionskrise der noch jungen Bundesrepublik.

Wohnungslosenhilfe kam nach kurzen Zwischenphasen, in denen die noch bestehenden Einrichtungen auf unterschiedliche Weise genutzt wurden, wieder als Instrument für den Umgang mit deklassierten alleinstehenden Wohnungslosen zum Tragen.

Auf dem Gipfel der Vollbeschäftigung Ende der 50er Jahre ging man davon aus, dass Fürsorge da anzusetzen hätte, wo durch persönliche Hilfe und die auf die Besonderheit des Einzelfalls abgestellten Beratungs- und Hilfsmittel der Notlage eines Menschen beizukommen wäre. Solche Vorstellungen hatte auch der Gesetzgeber, als er 1961 das Bundessozialhilfegesetz (BSHG) in Kraft setzte. Das BSHG sollte nicht für typische Armutsrisiken gelten, sondern für Einzelfälle und persönliche Schicksale. Die bis dahin typischen Armutsrisiken sollten durch die moderne Wirtschafts- und Sozialpolitik gemeistert werden. Vor diesem Hintergrund wurde Armut zunehmend wieder als individuell begründeter Tatbestand betrachtet. Noch bis 1967 war die zwangsweise Unterbringung Wohnungsloser nach § 73 BSHG möglich. Erst 1974 wurde der Straftatbestand der Bettelei und Landstreicherei aus dem StGB beseitigt. 1978 versuchte der Deutsche Städtetag letztmalig – vergeblich – dem aufkommenden Stadtstreicherproblem durch die Anregung strafrechtlicher Ahndung und verordneter Therapie zu begegnen.

Übungsfragen

- Welche ambivalente Bedeutung hatte Armut in den mittelalterlichen Gesellschaften?
- Welche Differenzierungen der Armenhilfe setzten im Mittelalter ein?
- Welche Instrumente der Armenfürsorge kennt man ab dem ausgehenden 17. Jahrhundert in Europa?
- Im 19. Jahrhundert traten in Europa dramatische Armutsentwicklungen auf. Welche Gründe können hierfür ausgemacht werden?
- Auf welche Impulse ging im 19. Jahrhundert die Gründung der (Vorläufer der) Wohlfahrtsverbände zurück, die wir heute kennen?
- Was kennzeichnete die kirchliche Armenpflege im Kaiserreich?
- Nennen Sie die wichtigsten sozialgesetzgeberischen Neuerungen zwischen 1945 und 1961.

Vorschläge für das Selbststudium

- Geschichte der Armut
- Historische Wurzeln von öffentlichen Kontrollsystemen
- Zur Geschichte der Wohlfahrtsverbände

Zum Weiterlesen

Dokumentation: Fürsorge im Nationalsozialismus, in: Gefährdetenhilfe, Heft 4/1987

Dokumentation: Neue Armut – Alte Armut. 100 Jahre EFN 1886–1986, in: Gefährdetenhilfe, 4/1986

Kiebel, H. u. a.: … und führet sie in die Gesellschaft, Erlach 1991, S. 93ff.

Künstlerhaus Bethanien (Hrsg.): Wohnsitz: Nirgendwo. Vom Leben und vom Überleben auf der Straße, Berlin 1982

Scheffler, J. (Hrsg.): Bürger und Bettler. Materialien und Dokumente zur Geschichte der Nichtseßhaftenhilfe in der Diakonie, Bielefeld 1987

Kapitel 3
Zur Entwicklung des Armutsbegriffs und der Armenhilfe nach 1970

■ Der gesellschaftliche Umgang mit Armut und davon betroffenen Menschen war und ist einem durchgängigen historischen und sozialen Wandel unterworfen. In diesem Kapitel sollen die Modifikationen des Armutsbegriffs dargestellt werden, die sich in den letzten vier Jahrzehnten vollzogen haben. Ferner werden Strategien skizziert, die in den letzten beiden Jahrzehnten mit dem Ziel der Armutsbekämpfung zur Anwendung gelangten.

3.1 Paradigmenwechsel im Verständnis von Armut

Der seit den 50er Jahren gefestigte Mythos von der *Marginalität* von Armut wurde bis in die 90er Jahre des letzten Jahrhunderts nicht von den zahlreichen Armutsstudien erschüttert, die ab den 50er Jahren vorgelegt wurden und denen zufolge ein hohes Armutspotential in der BRD existierte. Neu entfacht wurde diese Diskussion durch die 1976 vorgelegte Studie von Heiner Geißler, der damals – noch als CDU-Oppositionspolitiker – der sozialliberalen Koalition vorrechnete, dass in Folge ihrer verfehlten Politik 5,8 Millionen Bürger in Armut leben würden.

Bei der Bestimmung von Armutsgrenzen und Armutsbegriffen ist es unmöglich, eine allgemeingültige, objektive Bestimmung vorzunehmen. Armut ist geschichtlich und regional durch unterschiedliche Relationen zwischen „arm“ und „reich“ bestimmt.

Ein Ansatzpunkt für die Identifikation von Armutslagen ist die Orientierung am durchschnittlichen Lebensstandard der Gesellschaft. Das Problem der Bestimmung von Armut beinhaltet mehr als die Frage nach der Höhe des Einkommens. Arm in umfassendem Sinne ist, wer aufgrund seiner wirtschaftlichen Lage von den „normalen“ Lebensvollzügen und Aktivitäten der Menschen in seiner jeweiligen Gesellschaft ausgeschlossen ist. Die verschiedenen Faktoren von Armut neigen dazu, sich gegenseitig zu verstärken. Die Ärmsten haben häufig die schlechteste Gesundheit und die schlechteste Wohnung. Sofern sie beschäftigt sind, haben sie die schlechtesten Arbeitsbedingungen, was wiederum ihr Einkommen und ihre Gesundheit negativ beeinflusst. Kinder aus armen Familien neigen zu schlechten Schulleistungen, aus denen wiederum wesentlich schlechtere Chancen in der Zukunft resultieren.

So strittig wie die Diskussion um das Ausmaß der Armut ist auch die Armutsdefinition, für die es in der sozialpolitischen Diskussion eine Vielzahl von Vorschlägen gibt. Gebräuchlich sind Begriffe wie *relative, subjektive* und *absolute* Armut.

Unter *relativer* Armut wird üblicherweise der Sachverhalt bezeichnet, dass Haushalte ein geringeres Einkommen und einen geringeren Lebensstandard haben als Haushalte einer Vergleichsgruppe. Der Begriff der *subjektiven* Armut nimmt die Selbsteinschätzung der Betroffenen zum Maßstab. *Absolute* Armut liegt nach dem üblichen Sprachgebrauch vor, wenn eine Person oder ein Haushalt nicht über den Mindestlebensstandard verfügt, den man als Mindesterfordernis eines menschenwürdigen Daseins betrachtet. Dabei ist strittig, wo die Grenze zwischen einem noch eben menschenwürdigen und einem bereits menschenunwürdigen Dasein zu ziehen ist. Im Unterschied zu anderen definitorischen Ansätzen handelt es sich beim Begriff der *absoluten Armut* um eine relativ stringente Definition, die vorrangig physische Bedürfnisse berücksichtigt. Auch wenn man als Ansatzpunkt den Mangelzustand versteht, der es nicht erlaubt, die physische Existenz dauerhaft zu sichern, bleiben Definitions- und Abgrenzungsprobleme. Trotz der Vielschichtigkeit des Problems ist es allgemein üblich, eine am verfügbaren Einkommen orientierte „Armutsschwelle" zu definieren. Staatliche Instanzen – und so auch die Bundesregierung sowie alle nachfolgenden mit Armutsfragen betrauten Verwaltungen – setzten in der Vergangenheit den Maßstab für die Grenze zur Armut beim Unterschreiten eines Einkommens an, das Anspruch auf Sozialhilfe auslöste. Diese Grenzziehung wurde damit begründet, dass die Sozialhilfe eine bedarfsgerechte Mindestversorgung garantiert. § 1 BSHG begründete ein Bedarfsdeckungsprinzip. Bedarfsdeckung wurde hierbei verstanden

a) im Sinne der Unerheblichkeit der Ursache der Notlagen,
b) im Sinne der Soforthilfe,
c) im Sinne des Gesamtgrundsatzes.

Hierbei kann wiederum unterschieden werden zwischen einem *sozio-kulturellen* und einem *biologischen Existenzminimum.* Das sozio-kulturelle Existenzminimum soll eine gewisse Normalität der Lebensführung sicherstellen, das, was man auch *Teilhabe am Leben in der Gemeinschaft* nennt. Der Begriff ist natürlich wiederum nur eine relative Größe, er verortet sich aus unterschiedlichen Herangehensweisen und Wertmaßstäben.

Als Kriterium kann herangeführt werden, dass die Mindestabsicherung so gestaltet sein muss, dass sie dem Hilfeempfänger die Wiedereingliederung in normale Lebensverhältnisse ermöglicht, bzw. diesen dabei fördert. Das sozio-kulturelle Existenzminimum wird in zwei Ansätzen näher beleuchtet, nämlich im *Ressourcen-* und im *Lebenslagenansatz.*

Der Begriff der *Ressource* bezieht sich im Wesentlichen auf materielle Güter. Der Mangel an Ressourcen wird verstanden als Mangel an Einkommen, Vermögen, Arbeit, staatlichen Transferleistungen und privater Unterstützung.

Der *Lebenslagenansatz* geht über den Ressourcenansatz hinaus, indem er immaterielle Dimensionen in den Zusammenhang mit Existenzsicherung einbringt: Elemente der Zufriedenheit, Interaktionsverhalten sowie ausreichende materielle Bedingungen, um angemessene soziale Bezüge herstellen und aufrechterhalten zu können.

Armut wird in diesem Zusammenhang eher als Folge unterschiedlicher, zusammenwirkender Faktoren verstanden, als ein *Komplex multipler sozialer Deprivation.* Ein Element dieses sozio-kulturellen Existenzminimums ist ein *biologisches Existenzminimum.* Dieses ist auch Verfassungsgrundsatz, nämlich durch den Artikel 2 Abs. 1 GG, in welchem das Grundrecht auf Leben und körperliche Unversehrtheit garantiert wird. Dieses biologische Existenzminimum ist weitgehend identisch mit den Leistungen, die im alten § 12 BSHG als *Leistungen des notwendigen Lebensunterhalts* beschrieben wurden: ausreichende, vollwertige Ernährung, Unterkunft, Kleidung, Wäsche, Körperpflege, Energie, Heizung, Hilfen bei Krankheit, Schwangerschaft, Behinderung, Alter und Pflegebedürftigkeit.

In der Fachdiskussion hat sich allmählich die Einschätzung durchgesetzt, dass mit der Gewährung von Sozialhilfe die Grenze der Armut „nach oben" nicht mehr überschritten wird. Sozialhilfeempfänger galten somit in der Regel als „arm", dies aus folgenden Gründen:

- Zu Beginn der 80er Jahre wurde die Zusammenstellung des nach dem damaligen Warenkorbmodell zugrunde gelegten Warenkorbs von den damaligen Preissteigerungen abgekoppelt.
- Zum gleichen Zeitpunkt wurde das behördliche Ermessen im Zuge der Spargesetzgebung zu Beginn der 80er Jahre zu Lasten der Hilfeempfänger erweitert.

Eine andere, für die sozialpolitische Debatte sinnvollere Definition ist seit über 40 Jahren innerhalb der Europäischen Gemeinschaft gebräuchlich. In einem EG-Kommissionsbericht von 1981 wird die Armutsschwelle wie folgt definiert: Arm sind diejenigen Personen, die über weniger als 50 Prozent des durchschnittlichen Nettoeinkommens pro Kopf in dem jeweiligen Land verfügen können. Diese Bestimmung der Armutsgrenze war seinerzeit politisch mutig, weil sie die Zahl der Armen deutlich erweitert. Armutsuntersuchungen der EG stellten in Orientierung an der 50-Prozent-Grenze bereits Ende der 1980er Jahre eine Zahl von rund

45 Millionen Armen in der EG fest. Bei der Verabschiedung des 2. Programms zur Bekämpfung der Armut in der EG wurde in Anlehnung an diese 50-Prozent-Grenze ein Armutsbegriff gewählt, der sich eher am Begriff der *relativen* Armut orientiert:

Definition
„Unter dem Begriff der Armen sollen Personen, Familien und Personengruppen verstanden werden, deren Mittel (materiell, kulturell und sozial) so begrenzt sind, dass sie von der minimal akzeptablen Lebensweise des Mitgliedslandes, in dem sie leben, ausgeschlossen sind.“

Entsprechend den jeweils gezogenen Grenzen von Armut wurden in der Armutsdebatte der 80er Jahre die Zahlen der von Armut Betroffenen unterschiedlich bestimmt. Der Deutsche Städtetag ging davon aus, dass 7 Prozent der Bevölkerung als arm zu bezeichnen waren. Man addierte zur Zahl der Sozialhilfeempfänger nochmals die gleiche Menge „verdeckter Armer“ und kam so auf die Summe von 4,2 Millionen armer Menschen in der Bundesrepublik. Heiner Geißler ging bereits einige Jahre zuvor (1976) von einem zehnprozentigen armutsbetroffenen Bevölkerungsanteil aus, also von etwa 6 Millionen Menschen. Roth (1979) errechnete 14 Prozent (8,5 Millionen). Schließlich führte die Orientierung an der – damals noch strittigen – EG-Definition (50 Prozent) zur Bestimmung eines von Armut betroffenen Bevölkerungsanteils von 17 Prozent, was rund 10 Millionen Arme in der Bundesrepublik bedeutete. Von Armut betroffen waren damals in erster Linie:

- Familien mit mehreren Kindern,
- Alleinerziehende,
- alte Menschen mit geringem Rentenanspruch, insbesondere Frauen,
- eine zunehmende Zahl von Landwirten,
- sich in der Ausbildung Befindende,
- Kranke und Behinderte,
- Arbeitslose, insbesondere Langzeitarbeitslose.

3.2 Die Debatte um die „neue Armut“ nach 1977

In seiner Studie „Armut im Wohlfahrtsstaat“ rechnete Heiner Geißler (1976, 1980) der damaligen sozialliberalen Regierung vor, dass durch ihre verfehlte Politik 5,8 Mill. Bundesbürger in Armut leben, ohne den vom Staat garantierten

Anspruch auf Sozialhilfe in Anspruch zu nehmen. Im Gegensatz zu den bis dahin publizierten Studien von Elsner/Proske (1953), Schwarz/Weidner (1970) und Gräser (1970) führte Geißler die Ursache von Armut nicht mehr auf den Lohnarbeiterstatus zurück. Sein zentrales Argument lautete: Kein Bürger ist nur deshalb arm, weil er Arbeiter ist. Armut ist für Geißler vorrangig ein Problem der Nichtorganisierten und der Nichtproduzenten. Der bis dahin in allen Armutsstudien immer wieder betonte Zusammenhang von Armut und Lohnarbeiterstatus und die Thematisierung von „Armut und Reichtum“ wird im Konzept der „neuen sozialen Frage“ als irrelevant angesehen. *Neue Merkmale* von Armut sind: weibliches Geschlecht, Alter und Kinderreichtum. Ein besonderer Verdienst von Geißler besteht darin, dass er auf das wichtige, bis dahin immer wieder kaschierte Problem der Nichtinanspruchnahme von Sozialleistungen aufmerksam gemacht hat. 1981 belegt eine Untersuchung des Kölner Instituts für Sozialforschung, dass 52 von 100 sozialhilfeberechtigten Haushalten ihre Ansprüche auf staatliche Unterstützungsleistungen nicht wahrnehmen. Die offiziellen Sozialhilfestatistiken geben somit seit Einführung des BSHG ein unzureichendes Bild über den tatsächlichen Umfang von Armut wieder. Unter den häufig ihre Ansprüche nicht geltend machenden „verschämten Armen“ lassen sich zwei Hauptgruppen herausarbeiten:

- Familien mit mehreren Kindern,
- Alte, insbesondere allein stehende Frauen.

Die *Nichtinanspruchnahme* ist – im Unterschied zum *Sozialhilfe- und ALG-II-Missbrauch* – allerdings zu keinem Zeitpunkt ein herausragendes Thema in der Medienberichterstattung oder in politischen Debatten gewesen. Die These vom Missbrauch sozialer Leistungen kehrt in der Geschichte der Armenhilfe ständig wieder. In den 1980er und 1990er Jahren waren neben dem Begriff „*Asylbetrüger*“ die These vom „*Sozialleistungsbetrüger*“ und der Begriff „*Sozialschmarotzer*“ besonders populär.

Frühere wie aktuelle Missbrauchsdebatten standen immer in eklatantem Widerspruch zu den tatsächlichen Größenordnungen. Über die Missbrauchsquote liegen in verschiedenen Ländern – auch für die BRD – verschiedene empirische Studien vor. Sie variiert üblicherweise – je nach Leistungsart – zwischen 1 und 3 Prozent.

Die ab der zweiten Hälfte der 1970er Jahre geführte Armutsdebatte hat *neue Dimensionen* herausgearbeitet. Hierzu gehörte eine neue *Bestimmung von Armutsrisiken.* Die allmähliche Transformation der Wirtschaft setzte immer wieder neue Bevölkerungsgruppen dem Armutsrisiko aus. Ende der 1970er, anfangs der 1980er Jahre und durchgängig seit dem Beitritt der DDR in den Geltungsbereich der BRD war das Thema der „Jugendarbeitslosigkeit" virulent. Das letzte Jahrzehnt des 20. Jahrhunderts stand unter dem Einfluss vermeintlich oder tatsächlich überraschender Ereignisse. Nun waren Bevölkerungsgruppen neu von Armut betroffen, die dies zuvor so nie vermutet hätten. Zusätzliche Probleme ergaben sich aus der Transformation der Institution Familie. Auch das reproduktive System ist Wandlungen unterworfen. Ein Zeichen hierfür ist die steigende Anzahl allein erziehender Eltern. Mittelweile – und nachhaltig verstärkt durch die sich in Europa vollziehenden Umbrüche in der Arbeitswelt – ist die Gruppe der Langzeitarbeitslosen nicht nur sehr viel umfangreicher geworden. Die Betroffenen waren und sind aufgrund der Entwicklungen auf dem Arbeitsmarkt, ihrem oft schon fortgeschrittenen Alter und ihrer im Durchschnitt schlechteren beruflichen Qualifikation kaum noch vermittelbar. Dies ist nicht nur ein Problem der wiedervereinigten Bundesrepublik. Untersuchungen aus Frankreich, aus Spanien und der so genannte „Cecchini-Bericht" der Europäischen Gemeinschaft bestätigten diesen Trend bereits Mitte der 1990er Jahre.

Gegenstand der Debatte wie auch der einschlägigen Forschung waren nun auch die *Erscheinungsformen von versteckter Armut.* Das gesamte Ausmaß von Einkommensarmut konnte aufgrund der Dunkelfeldproblematik noch nie ausreichend erfasst werden. Es hat in den letzten 40 Jahren verschiedene Versuche gegeben, das Dunkelfeld der *verschämten Armut* etwas zu erhellen. Obwohl die Details erheblich variieren, kommen die Untersuchungen (zum Beispiel Hartmann 1981) zu dem Ergebnis, dass lediglich 50–60 Prozent aller Anspruchsberechtigten ihre Ansprüche realisieren. Als Gründe für den „Verzicht" werden vorrangig genannt:

- Angst vor Stigmatisierung und Diskriminierung bei Inanspruchnahme,
- mangelnde Information über Art und Umfang des Anspruchs,
- Angst vor Regressansprüchen gegenüber Verwandten,
- schlechte Erfahrungen mit Behörden,
- Gefühle der Ohnmacht und Hilflosigkeit gegenüber Ämtern,
- im ländlichen Raum: Zentralität bzw. Ferne der Sozialbehörden.

Ein weiterer Forschungsgegenstand waren die Schwellen, die beim Versuch der Realisierung von Ansprüchen zu überwinden sind. Diese sind in unserer Gesellschaft unterschiedlich hoch. Wolf Wagner hat bereits 1982 das Bild vom „Matthäus-Prinzip" bei der Realisierung gesellschaftlicher Transferleistungen gesprochen: „Wer hat, dem wird gegeben werden." Zu unterscheiden sind hierbei:

1. Gesellschaftliche Schwellen. Als wesentliche Schwelle in unserer Gesellschaft wirkt die weit verbreitete Leistungsideologie. Jeder hat für seine Existenz selbst zu sorgen, hat Verarmung durch Leistung und/oder Verzicht zu verhindern. Die Angst vor Diskriminierung hängt sehr stark vom Grad der Anonymisierung der Lebenssituation der Armutsbetroffenen ab: „Der lebt von der Fürsorge."

2. Informationsschwellen. Über staatliche Leistungen im Allgemeinen und Sozialhilfe im Besonderen bestanden seit jeher vielfältige Informationsdefizite, die durch Falschmeldungen aller Art verstärkt werden. Insbesondere die Angst vor Regressansprüchen ist unausrottbar. So meinten noch 1974 70 Prozent der in einer Untersuchung (Bujard/Lange 1975) befragten alten Menschen, dass die Sozialhilfe von den Enkeln zurückgefordert werden kann. Lokale Untersuchungen zur Altenhilfeplanung kamen auch nach 1995 zu ähnlichen Ergebnissen. Am stärksten wirken solche Filterungsprozesse gerade bei alten Menschen oder den so genannten „Working Poor". Auch der Umstand, dass im Jahr 2006 nur etwa drei Viertel der Menschen, die Ansprüche auf ALG II bzw. Sozialgeld haben, tatsächlich auch Leistungen bezogen, ist neben anderen Hinderungsgründen auf mangelnde Kenntnisse und Information zurückzuführen.

3. Administrative Schwellen. Die Filterwirkung administrativer Schwellen ist mehrschichtig. Im Gegensatz zu den Eingriffsbehörden ist die Sozialadministration „passiv institutionalisiert". Der Sozialhilfeträger ist zwar vom Gesetz her verpflichtet, unmittelbar nach Bekanntwerden der Notlage tätig zu werden. Er verhält sich in der Praxis dennoch häufig eher *reaktiv und abwartend*, was zur Folge hat, dass die vitaleren, unerschrockenen und erfahrenen Anspruchsberechtigten ihre Ansprüche besser durchsetzen.

Eine erhebliche administrative Schwelle besteht in der *aktuellen Struktur* sozialer Administration. Wenn die Bürgermeisterämter als Außenstellen von Kreissozialämtern kleinstädtisch-ländlich geprägter Landkreise fungieren, dort schlecht ausgebildete VerwaltungsmitarbeiterInnen entweder unzureichend beraten oder häufig an die Kreisstadt verweisen, bleibt so mancher begründete Anspruch auf der Strecke. Die in Folge der „Hartz-Gesetze" entstandenen Kalamitäten werden an anderer Stelle aufgegriffen.

Im Alltag lassen sich diese Schwellen nicht eindeutig auseinander halten. Sie überlagern sich. Ferner entstehen Rückkoppelungsprozesse zwischen administrativer und gesellschaftlicher Ebene. Im Zusammenhang mit der „Entdeckung der neuen Armut" wurden unterschiedliche *Strategien der Bekämpfung von Armut* diskutiert:

1. *Anti-Segmentations-Politik:* Dieses Konzept umfasst ein Bündel von Maßnahmen, die sich auf eine Öffnung der Zugänglichkeit zu den Leistungssystemen

beziehen. Zentraler Ansatz ist die Herstellung eines hohen und stabilen Beschäftigungsniveaus.

2. *Veränderung der Konstruktionsprinzipien sozialer Sicherungssysteme:* Hierzu gehört die seit den 1980er Jahren geführte, in den letzten Jahren wieder neu aufgeflammte Grundsicherungsdebatte. Deren zentrales Gestaltungsprinzip ist die Abkoppelung der zum Lebensunterhalt notwendigen Leistungen vom Arbeitsmarkt.
3. *Strategien, die bei der Veränderung der sozialen Leistungssysteme ansetzen:* In der Vergangenheit sind hierzu zahlreiche Gestaltungsvorschläge entwickelt und zum Teil auch umgesetzt worden, etwa
   - die Verwirklichung der gesetzlichen Informationspflicht,
   - die Einführung bedarfsorientierter Regelleistungen,
   - der Abbau der administrativen Schwellen durch Maßnahmen wie Dezentralität der Dienste, Bürgerbüros usw.,
   - die Flexibilisierung von Öffnungszeiten,
   - der Abbau der Sprachbarrieren,
   - die Gestaltung von Räumlichkeiten in einer Weise, die die Anonymität der Betroffenen besser gewährleistet.
4. *Selbsthilfedebatte:* Heutige Diskurse um bürgerschaftliches Engagement haben ihre Wurzeln in der Selbsthilfedebatte der 1970er und 1980er Jahre. Über Selbsthilfe, so die Grundidee, kann eine bessere Berücksichtigung der Interessen von Betroffenen gewährleistet werden.
5. *Aktivitäten der Europäischen Union:* Im Vordergrund stehen bei dieser Strategie kompensatorische Maßnahmen für jene Bevölkerungsgruppen, die durch den Binnenmarkt benachteiligt werden, wobei noch in den frühen 1990er Jahren in allen Papieren, die die Kommission dem Ministerrat vorgelegt hat, optimistisch eine kurze Dauer der Übergangsphase betont wurde. Armut wurde als ein vorübergehendes Phänomen gesehen, das innerhalb der Europäischen Union über kurz oder lang erfolgreich bekämpft werden kann. Mittlerweile hat sich hier ein Paradigmenwechsel vollzogen, was sich auch an zahlreichen Programmen zeigt, die innerhalb der EU mit dem Ziel der mittelbaren bzw. der unmittelbaren Armutsbekämpfung aufgelegt wurden. Diese reichen von Fördermaßnahmen für als „arm“ definierte Regionen bis hin zu Programmen, die sich spezieller Gruppen der von Arbeitslosigkeit betroffenen Bevölkerung annehmen und solchen, die zur Wohnumfeldverbesserung beitragen sollen.
6. Seit 2007 erfolgte eine Fokussierung auf Bildung, lebenslanges Lernen, berufliche Integration und Anpassung erwerbsfähiger Personen an sich verändernde Arbeitsmärkte: „There are similar programmes for school pupils and teachers, for trainees in vocational education and training, and for adult

learners in the Lifelong Learning Programme 2007–2013. These programmes are designed to encourage a wider knowledge of other countries and to spread good practices in the education and training fields across the EU" (Vergl.: EACEA 2020) Für die ESF-Förderperiode 2014–2020 wurden drei thematische Ziele ausgegeben,, aus denen sich die (teils für die Soziale Arbeit bedeutsamen) Förderschwerpunkte ableiteten (www.esf.de, Zugriff 28. 3. 2020):

- Ziel A: Förderung nachhaltiger und hochwertiger Beschäftigung und Unterstützung der Mobilität der Arbeitskräfte,
- Ziel B: Förderung der sozialen Inklusion und Bekämpfung von Armut und jeglicher Diskriminierung,
- Ziel C: Investitionen in Bildung, Ausbildung, und Berufsbildung für Kompetenzen und lebenslanges Lernen.

3.3 Aktuelle Armutsentwicklungen

Seit der Wiedervereinigung ist in Deutschland die Schere zwischen extremem Wohlstand und Armut weiter auseinandergegangen als in allen anderen westeuropäischen Ländern. Die Gründe sind vielfältig. Armuts- und Reichtumsgefälle zwischen Ost- und Westdeutschland spielen ebenso eine Rolle, wie der Rückgang regulärer Beschäftigungsverhältnisse, der Umbau des Wohlfahrtsstaates, der zunehmend unkontrollierter und ungehinderter fließende Kapitalverkehr und der Umstand, dass Wirtschaftswachstum in den letzten Jahren immer seltener zu mehr dauerhafter Beschäftigung geführt hat.

Nach Darstellung der Bundesagentur für Arbeit lebten Ende 2005 über 7 Millionen Menschen von staatlichen Transferleistungen, darunter 2,7 Millionen Kinder und Jugendliche unter 25 Jahren. 2,54 Millionen Arbeitslose gab es im Oktober 2016. Doch mit rund 6,9 Millionen lebten mehr als zweieinhalbmal so viele Menschen in Deutschland von Arbeitslosengeld oder Hartz-IV-Leistungen, darunter rund zwei Millionen Kinder und Jugendliche. Denn nur ein Teil derer, die staatliche Unterstützung benötigen, gilt auch als arbeitslos im Sinne der Statistik.

Im Februar 2020 gab es knapp 2,4 Millionen Arbeitslose gemäß der Statistik der Bundesagentur für Arbeit (BA). Gleichzeitig lebten aber nahezu 6,5 Millionen Menschen von Arbeitslosengeld und/oder Hartz-IV-Leistungen. Rund 957 000 Menschen bezogen Arbeitslosengeld und rund 5,57 Millionen Menschen lebten in einem Hartz-IV-Haushalt, einer so genannten Bedarfsgemeinschaft, darunter knapp 1,8 Millionen Kinder und Jugendliche unter 18 Jahren (Januar 2020) (www.o-ton-arbeitsmarkt.de, Zugriff 01. 06. 2020).

Über einen Zeitraum von 2005 bis 2020 betrachtet, gab es durchaus deutliche Schwankungen und zu einem erheblichen Teil auch Wechsel der Personen im jeweiligen Leistungsbezug. Aber bei einem reinen Zahlenvergleich 2005–2020 erstaunt, dass die Gesamtzahl der Leistungsbeziehenden im Arbeitslosengeld und im Hartz-IV-Leistungsbezug lediglich um 0,5 Millionen Menschen gesunken ist, obwohl die Dekade 2010–2019 durch eine extrem günstige Arbeitsmarktentwicklung und prosperierende Wirtschaftsdaten gekennzeichnet war.

Die hohe Konstanz bei der Zahl der Leistungsbeziehenden ist als Indikator dafür zu werten, dass sich Armutsprofile verschoben haben. Selbst im wirtschaftsstarken Baden-Württemberg ist in den Jahren 2008–2012 im Vergleich zu 2003–2007 das Risiko einer wiederkehrenden oder gar dauerhaften Armutsgefährdung erheblich gestiegen (vgl. Statistisches Landesamt Baden-Württemberg 2015). Die Gleichsetzung von Leistungsbezug nach SGB II und Lebenslage Armut ist dahingehend wohlbegründet, als in der Regel die Armutsgefährdungsschwelle (60 % vom Median des Nettoäquivalenzeinkommens) durch den Leistungsbezug nur in seltenen Ausnahmefällen (etwa bei hohen, tatsächlich erstatteten Kosten der Unterkunft v. a. in Großstädten) überschritten werden kann.

Im 2. Armuts- und Reichtumsbericht der Bundesregierung wird in Orientierung an den jetzt zugrunde gelegten einheitlichen europäischen Maßstäben davon ausgegangen, dass Einkommensarmut dann vorliegt, wenn die betreffenden Haushaltseinkommen weniger als 60 Prozent des Mittelwertes der laufend verfügbaren Äquivalenzeinkommen ausmachen. Das Nettoäquivalenzeinkommen wird ermittelt als Pro-Kopf-Einkommen, das über die neu erstellte OECD-Skala bestimmt wird. Nach diesem Verständnis waren in Deutschland im Jahr 2007 zwischen 10 und 13 Millionen Menschen von Armut betroffen, was deutlich über dem Niveau von 8 Millionen liegt, welches in der „Unterschichtdebatte" des Jahres 2006 Erwähnung fand. Seit 2007 lag die Armutsrisikoquote je nach Datengrundlage relativ konstant zwischen rund 14 und 16 Prozent (vgl. 4. Armuts- und Reichtumsbericht der Bundesregierung 2013). Für das Jahr 2014 konstatiert der Paritätische Armut auf hohem Niveau von 15,4 Prozent. Rechnerisch sind das etwa 12,5 Millionen Menschen (vgl. Der Paritaetische 2016).

Leider konstatiert der Wissenschaftliche Beirat des Bundesfinanzministeriums 2017: Die Einkommen der Haushalte, die zu den unteren zehn Prozent auf der Einkommensskale zählen, sind in den vergangenen 25 Jahren zurückgefallen (vgl. Stuttgarter Zeitung, 1. 3. 2017). Die große Kluft zwischen Arm und Reich droht nach Einschätzung der früheren Sozialministerin Andrea Nahles das Vertrauen in die Demokratie zu untergraben. Dies sei das Ergebnis des 5. Armutsberichtes, der entgegen der Ankündigung im März 2017 noch nicht vorlag. Nahles spricht von „verfestigter Ungleichheit" und der Kluft bei den Vermögen. Die vermögendsten zehn Prozent der Haushalte besäßen demnach inzwischen mehr als die Hälfte des gesamten Nettovermögens in Deutschland, die unteren 50 Prozent dagegen nur noch ein Prozent (vgl. Stuttgarter Zeitung, 24. 03. 2017).

Die aktuelle Einkommensverteilung (Nettoäquivalenzeinkommen) in Deutschland bestätigt die Nahles'sche These von der „verfestigten Ungleichheit". Mit 0,311 hat der Gini-Koeffizient 2018 einen Rekordwert erreicht (destatis.de, Zugriff vom 15. 05. 2020).[5]

Plastischer als dieser abstrakte Wert zeigt sich die Verfestigung von Ungleichheit etwa an der Zahl und der Bezugsdauer der Leistungsbeziehenden im SGB II: Zwei von drei Hartz-IV-Beziehenden waren im Dezember 2019 bereits zwei Jahre oder länger im Bezug. Obwohl insgesamt weniger Personen Hartz-IV-Leistungen erhielten, hat der verfestigte Leistungsbezug gegenüber 2018 anteilig zugenommen. Rund zwei Drittel (67 Prozent) der knapp 5,28 Millionen Hartz-IV-Empfänger in Deutschland war im Dezember 2019 bereits seit mindestens zwei Jahren abhängig von der staatlichen Sozialleistung. Über ein Drittel (43 Prozent) der Regelleistungsberechtigten war sogar vier Jahre oder länger hilfebedürftig (www.bagw.de, Zugriff vom 16. 05. 2020).

3.4 Sars-CoV-2: just a moment in 2020?

a. Auswirkungen auf wohnungslose und einkommensarme Bürger/innen

Die Auswirkungen von Sars-CoV-2 auf einkommensarme Menschen sind beträchtlich. So wurde z. B. – sachgerecht aus medizinischer und epidemiologischer Sicht – dringend empfohlen, auf Händehygiene besonderen Wert zu legen, die Hände also vielfach täglich mit Seife unter fließendem Wasser zu waschen und ergänzend Händedesinfektionsmittel zu verwenden. Ebenso wurde für eine Nies- und Hustetikette geworben, zu der unabdingbar jeweils frischen Papiertaschentücher und häufig gewaschene, frische Kleidung gehören. Dem Grunde nach sind dies einfach zu befolgende Empfehlungen. Aber wie sollen Personen, die ohne festen Wohnsitz sind und daher zwangsläufig ohne Sanitäreinrichtungen sind, ihre Händehygiene laufend sicherstellen, zumal wenn Tagesstätten, öffentliche Lokale, Toiletten usw. teils oder vollständig geschlossen sind? Woher nehmen einkommensarme Personen das Geld, um sich ständig mit frischen Papiertaschentüchern und Handdesinfektionsmitteln zu versorgen? Insoweit gingen viele gutgemeinte Ratschläge an der Lebenswirklichkeit der Armutsbevölkerung vorbei. Dies betraf an erster Stelle ca. 678 000 Menschen (Jahresgesamtzahl 2018) ohne Wohnung (www.bagw.de, Zugriff vom 29. 03. 2020). Zu den psychosozialen Auswirkungen gehört auch die Verschärfung von sozialer Isolation mit der Folge

---

5 Der Gini-Koeffizient ist eine Maßzahl zwischen 0 und 1 zur Beschreibung der Ungleichheit einer Verteilung. Je ungleicher die Verteilung ist, desto näher liegt der Wert bei 1. Bei Gleichverteilung hat der Gini-Koeffizient den Wert 0.

einer Zunahme an depressiven Erkrankungen bis hin zu Angststörungen, die es manchen Betroffenen im Unterschied zur Normalbevölkerung nicht mehr möglich machen nun zur Normalität zurück zu kehren.

Hinzu kam eine andere Erschwernis für einen erheblichen Teil der einkommensarmen Menschen im Land. Für sie kumulierten plötzlich mehrere Dimensionen der Lebenslage Armut zu einem unheilvollen Konglomerat negativer Wirkmechanismen:

- Nach dem 16. März 2020 wurde sukzessive die niederschwellige Versorgungsinfrastruktur bestehend aus Tafelläden und Mittagstischen, Tagesstätten und Aufenthalten für obdach- und wohnungslose Personen weitgehend geschlossen. Soziale Teilhabemöglichkeiten reduzierten sich gegen null. Es sind aber einkommensarme und insbesondere Menschen in Wohnungsnot dringend auf niederschwellige Versorgungssysteme angewiesen, und zwar in mehrfacher Hinsicht: als Schutz- und Aufenthaltsräume, die zugleich Dusch-, Bekleidungs- und Wäschepflegemöglichkeiten bieten.
- Zugleich wurden die sozialen Interaktionsebenen weitgehend auf Telefonie und sog. „soziale" Medien und damit in digitale Räume verlegt; Teilhabe daran setzt technisches Equipment voraus, über das insbesondere lebensältere, einkommensarme Personen häufig nicht verfügen und zudem seltener die digitale Kompetenz besitzen, um sich umfassend organisieren zu können.
- Die Lebenslage Armut wirkte nun verstärkt in ihrer materiellen Dimension, weil die seit ihrer Einführung 2005 stets sehr knappe Grundsicherung darauf gründet, dass preisgünstige Infrastrukturen ein auskömmliches Leben erst ermöglichen. Ein Großteil der durch die Schließungen betroffenen Menschen gehört zu den höchst vulnerablen Gruppen, die besonders geschützt werden müssen. Ganz wesentliche Kristallisationspunkte und Orte preisgünstiger Versorgung drohten zum Erliegen zu kommen, im Grunde gerieten weite Teile der NGO-Versorgungsinfrastrukturen an Grenzen oder wurden unwirksam.

Die in Anbetracht des sich abzeichnenden „Shutdowns" erwartbaren Folgen wurden bereits frühzeitig in der „Coronakrise" von Expert/innen antizipiert und in die politische Debatte um geeignete Hilfen für die Armutsbevölkerung eingebracht. Insbesondere wurde gefordert, „(dass) Grundsicherungsbeträge für alle Leistungsbeziehenden kurzfristig und unbürokratisch erhöht werden, damit einkommensarme und wohnungslose Menschen im Rahmen der Corona-Pandemie nicht zusätzlich benachteiligt und abgehängt werden" (www.erlacher-hoehe.de, Zugriff vom 28. 3. 2020).

Lediglich an einer Stelle gab es für von Wohnungslosigkeit bedrohte Personen eine erhebliche Verbesserung. „Wohnungen und Geschäftsräume dürfen nicht gekündigt werden, wenn es durch die Corona-Krise zu Verzögerungen der Mietzahlungen kommt. Das Gleiche gilt auch für die Strom-, Gas- und Telefonanschlüsse." (ebenda)

In der Retrospektive ist anzuerkennen, dass der Gesetzgeber schnell agierte und weitrechende Maßnahmen auf den Weg brachte, um einen Großteil der Bevölkerung und insbesondere die Wirtschaft vor den Folgen der „Corona-Krise" zu entlasten. Leider galt dies nicht oder nur eingeschränkt für einkommensarme und insbesondere nicht für wohnungslose Menschen: Wer ohne Wohnung ist profitiert nun mal nicht von temporär verbessertem Kündigungsschutz. Somit wurde die vielzitierte „Schere zwischen arm und reich" ein Stück weiter gespreizt und die Einkommensunterschiede nach unten größer, die Ungleichheit erneut verfestigt.

b. Eingeschränkte Grundrechte

Wenn und solange sich Soziale Arbeit als Menschenrechtsprofession versteht, kommt sie nicht umhin, Eingriffe in Grundrechte, die zwar in den Bundesländern verschieden ausfielen, aber insgesamt in einer Weise Bürgerinnen und Bürger betrafen wie nie zuvor in der bundesdeutschen Geschichte, zu problematisieren. Problematisch dabei waren nicht nur Eingriffe in bürgerliche Freiheitsrechte an sich. Vielmehr wurden einzelne Bevölkerungsgruppen stärker als andere eingeschränkt und damit massiv diskriminiert.

So erließ z. B. Baden-Württemberg am 07. 04. 2020 Ausgangsbeschränkungen für Bewohnerinnen und Bewohner von Einrichtungen nach § 6 Absatz 1 + 2 CoronaVO und § 23 Abs. 3 Satz 1 Nr. 1 und 3 bis 5 IfSG, dies sind Alten- und Pflegeheime sowie teilstationäre Einrichtungen für Menschen mit Pflege- und Unterstützungsbedarf oder mit Behinderungen (Staatsministerium Baden-Württemberg 2020). Dies betraf zeitweilig auch Menschen in Einrichtungen der Wohnungslosenhilfe und bedeutete konkret:

Bewohnerinnen und Bewohner von Einrichtungen nach § 6 Absatz 2 Corona VO dürfen die Einrichtungen nur bei Vorliegen triftiger Gründe verlassen. Dies sind insbesondere:

1. die Inanspruchnahme medizinischer Versorgungsleistungen (z. B. Arztbesuch, medizinische oder psychotherapeutische Behandlungen) sowie der Besuch bei Angehörigen helfender Berufe (z. B. Physiotherapeuten), soweit dies medizinisch dringend erforderlich ist,
2. Versorgungsgänge für die Gegenstände des täglichen Bedarfs (z. B. Lebensmittelhandel, Getränkemärkte, Tierbedarfshandel, Brief- und Versandhandel, Apotheken, Drogerien, Sanitätshäuser, Optiker, Hörgeräteakustiker, Banken

und Geldautomaten, Post), soweit der Bedarf nicht durch die Einrichtung gedeckt wird,

3. Bewegung an der frischen Luft, allerdings ausschließlich alleine oder mit einer weiteren Person und ohne jede sonstige Gruppenbildung; sofern ausreichend Möglichkeit zur Bewegung an der frischen Luft auf dem Gelände der Einrichtung gegeben ist, darf das Gelände der Einrichtung nicht verlassen werden.

c. Forderungen für Wohnungsnotfallhilfe nach Corona

Aus dem Geschilderten ergeben sich Forderungen für eine „Wohnungsnotfallhilfe nach Corona“. Die Weiterentwicklung der Hilfesysteme hat in einer Weise zu geschehen, dass bei künftigen Krisen die Versorgung einer höchst vulnerablen Bevölkerungsgruppe nicht schlechter gelingt, als die Versorgung der Wohnbevölkerung. Im Einzelnen kann dies u. a. bedeuten:

- Schutz vor Wohnungslosigkeit durch verbesserte Wohnbaupolitik, die Wohnungslosigkeit quantitativ reduziert.
- Systematische Bedarfserhebung durch umfassende Bedarfserhebung/Bundesstatistik.
- Angemessene Regelsätze in der Grundsicherung.
- Die „seuchenfest“ verbesserte, lokale Infrastruktur in niederschwelligen Versorgungssystemen.
- Verbesserte sächliche und materielle Standards in den „klassischen“ Strukturen der Wohnungslosenhilfe.
- Verpflichtender Ausbau von hygienischen Standards in kommunalen Notunterkünften, die auch im Epidemie- bzw. Pandemiefall genügen.

Der Blick auf den letztgenannten Punkt verdeutlicht, dass die Situation in vielen kommunalen Obdächern skandalös, teils himmelschreiend ist. Besonders im ländlichen und kleinstädtischen Raum ist diese Thematik bei vielen Kommunen unbeliebt. Dass die ordnungspolitische Verpflichtung zur Vermeidung von Obdachlosigkeit eindeutig besteht, wird dabei mancherorts geflissentlich ignoriert oder in einer Weise umgesetzt, die nicht mit Art 1 GG vereinbar ist. So hat bereits im Jahr 2015 das VG Augsburg entschieden, dass einer obdachlosen Einzelperson ca. 10 qm zur Verfügung stehen sollten – vielerorts ist dies 2020 in der Praxis bei weitem nicht der Fall.

Dabei gibt es zwei Problemebenen. Zudem einen sind rechtlich keine verbindlichen Standards definiert. Es wird mit unbestimmten Rechtsbegriffen wie „einfach, zweckmäßig“ agiert. Was aber ist zweckmäßig in den Zeiten einer Epidemie, wenn nicht Unterbringung in Einbettzimmern, eine Raumausstattung die es mindestens ermöglicht, sich regelmäßig zu waschen, zu duschen und alle weiteren Hygienemaßnahmen umzusetzen, die der Gesetzgeber empfiehlt oder anordnet? Teils berichten Praktiker/innen, dass selbst über die Frage, ob Bett, Tisch und Stuhl zu einer „einfachen, zweckmäßigen" menschenwürdigen Unterkunft gehören mit Bürgermeistern gestritten werden müsse.

Dies führt zur zweiten Problemebene, der in diesem Zusammenhang mangelhaften Wahrnehmung der Rechtsaufsicht. Das Ordnungsrecht beinhaltet gesetzliche Pflichten, deren Einhaltung Bürgerinnen und Bürger erwarten dürfen. Wo dies nicht geschieht, sind die aufsichtführenden Behörden gehalten, geltendes Recht durch Anordnungen umzusetzen.

Selbstverständlich werden sollte in Deutschland spätestens nach den Erfahrungen mit der Corona-Pandemie eine systematische, auf bundesländerspezifische und verpflichtend in allen Stadt- und Landkreisen durchzuführende Wohnungsnotfallhilfeplanung als Bestandteil der Sozialplanung. Diese langjährige Forderung der Wohlfahrtspflege und ihrer Verbände ist dringend umzusetzen – auch, um bei künftigen, vergleichbaren Ereignissen sicherzustellen, dass Epidemien nicht weiterhin nach dem Satz von Ulrich Beck wirken, wonach „Not hierarchisch" sei (DIE ZEIT 15/2020, S. 3) in dem Sinne, dass Angehörige unterer sozialer Schichten aufgrund von häufigeren Vorerkrankungen, schlechteren Wohnverhältnissen und Einkommensarmut stärker gefährdet sind, als Menschen in besserer materieller Lage.

Fazit: In der Summe muss es darum gehen, durch Prävention in einem umfassenden Sinn höchst vulnerable Menschen zu schützen und zugleich die „Resilienz der Strukturen" soweit sicherzustellen, dass bei künftigen Krisen keine Wiederholung des in der Corona-Pandemie erlebten Desasters für viele wohnungslose und einkommensarme Menschen droht. Dazu gehört unabdingbar der signifikant verbesserte Zugang zu mietvertraglich abgesichertem Wohnraum, der – so banal das klingen mag – der Schlüssel zu einer wirksamen „Wohnungsnotfallhilfe nach Corona" werden muss.

3.5 Wohnungslose als Opfer rechtsextremer Gewalt und als Objekte rechtspopulistischer Instrumentalisierung

Wanderarmen wurde in allen Epochen mit Vorurteilen und Ausgrenzung begegnet. In Deutschland erfolgte eine für die Betroffenen lebensbedrohliche Zuspitzung im Zuge der faschistischen Gleichschaltung von Fürsorge und Wohlfahrtspflege. Geprägt von der Intention, „höherwertiges" von „unwertem" Leben unterscheiden zu wollen, wurde das bereits in den 1920er Jahren aufgekommene

Bild von der „pathologischen Wandererpersönlichkeit" Standardzuschreibung. Das im Dritten Reich begründete Label „Nichtsesshafter" blieb bis Ende des 20. Jahrhunderts gebräuchlich. Ihm wohnt das Bild vom „unsteten, flüchtigen Menschen" inne, der außerhalb der bürgerlichen Ordnung lebt. Der eng damit in Beziehung stehende Begriff der „Asozialität" fand später auch Eingang in die Deutungs- und Handlungsmuster der DDR. Abweichendes Verhalten wurde als individuelle Dysfunktionalität verstanden (Zeng 2000). Diese und andere Formen der Stigmatisierung trugen und tragen unverändert dazu bei, dass Wohnungslose als Menschen betrachtet werden, die lediglich einen „minderen Wert" besitzen, was in der Zuspitzung zu einer Vielzahl an Gewalttaten bis hin zu zahlreichen Morden geführt hat.

Wie viele Menschen in den letzten Jahrzehnten Opfer rechtsextremer Gewalt geworden sind, ist nicht präzise auszumachen. Schon immer divergierten die Angaben von Ermittlungsbehörden und Opferberatungsstellen. Dies gilt insbesondere für wohnungslose Opfer, deren Wege und Aufenthaltsorte nicht immer auszumachen und deren Begegnungen oftmals flüchtig sind.

Ein für die Jahre 1986 bis 2019 vorgenommene vollständige Auswertung der Zeitschrift „wohnungslos" (bis 1994: „Gefährdetenhilfe") zeitigt nur eine geringe Anzahl an Fundstellen, in denen die BAG Wohnungslosenhilfe oder andere AutorInnen auf Gewalt gegen Wohnungslose hinweisen (Simon 2020). Specht-Kittler (1994, S. 32) konstatiert für den Zeitraum zwischen 1989 und 1993 126 Morde an Wohnungslosen. Davon geschahen 67 innerhalb der Wohnungslosenszene. In 59 Fällen handelte es sich um außenstehende Täter. Sechsmal konnte ein rechtsextremer Hintergrund nachgewiesen werden, bei weiteren fünf Fällen wurde er vermutet (ebenda). Erst sechs Jahre später legte die BAGW (2000, S. 40) eine weitere Übersicht vor, wonach zwischen 1989 und 2000 mindestens 107 wohnungslose Menschen von außerhalb der Wohnungslosenszene angesiedelten Tätern getötet worden sind.

Für die erste Hälfte der 1990er Jahre wurde vom gehäuften Vorliegen einer „menschenverachtend-rechtsextremen Grundhaltung" ausgegangen, ohne dass dies weiter quantifiziert werden konnte. (ebenda).

In einer weiteren Pressemitteilung verweist die BAGW (2017, S. 27) auf wenigstens 17 wohnungslose Gewaltopfer im Jahr 2016 und beziffert die Zahl der zwischen 1989 und 2016 nachgewiesenen Fälle mit wenigstens 502. Verwiesen wird ferner auf die Studien der IKG der Universität Bielefeld, die unter den (damals) 179 Todesopfern rechtsextremer Gewalt seit 1990 in etwa 20 Prozent aller Fälle das Vorliegen von Wohnungslosigkeit annahmen (ebenda).[6] In wel-

6 Die ermittelten Zahlen beruhen auf der systematischen Auswertung von Presseberichten. Von einer Dunkelziffer ist auszugehen.

chem Umfang rechtsextreme Motive zugrunde lagen, wird in dieser Darstellung ebenso wenig deutlich wie in dem derzeit aktuellsten Forschungsbericht (Pollich 2017).

Überwiegend handle es sich um *hate crimes* jüngerer männlicher Personen (ebenda, S. 71). Als gängige Motive werden „pure Lust an Gewalt“ und ein „allgemeiner Hass auf soziale Problemgruppen“ identifiziert (ebenda, S. 72).

Ein rechtsextremer Hintergrund wird von Ermittlungsbehörden und Gerichten trotz vorhandener Indizien häufig dann ausgeschlossen, wenn die Täter noch jünger und nicht in die Strukturen des organisierten Rechtsextremismus eingebunden waren.

Neben akuter Gewaltausübung kam es in jüngster Zeit vermehrt zur Instrumentalisierung von Armut und Wohnungslosigkeit durch Rechtspopulisten und Rechtsextreme.

Ein Mitarbeiter der „Treberhilfe Dresden“ äußerte sich im Rahmen einer Veranstaltung gegenüber einem der Autoren dieses Bandes irritiert über Personen, die bei der Abgabe ihrer Kleiderspende darauf bestanden, dass die gespendeten Dinge nicht an Flüchtlinge, sondern an „verarmte deutsche Bürger“ ausgegeben würden. Hinter dieser Praxis steht ein „Deutsches Hilfswerk“, das u. a. mit dem rechtsextremen „Zentralversand“ in Beziehung steht. Derartige Aktivitäten haben seit 2015 massiv zugenommen. Gezielt werden Geflüchtete und zugewanderte EU-Arme als jene stigmatisiert, die von den „Systemparteien“ gegenüber deutschen Bedürftigen bevorzugt würden. Die AfD hat in dieser Diktion auf kommunaler, Landes- und Bundesebene zahlreiche Anfragen in den Parlamenten gestellt. Es gibt offen rechtsextreme Unterstützungsvereine, wie die NPD-nahe „Aktion deutsche Winterhilfe“ in Bautzen oder die „Soziale Aktion Sachsen“ (Simon 2020). In Berlin agiert der „Verein Hand in Hand“, in dem sich die bekannten Rechtsextremisten Jens Wilke und Alexander Kurth an führender Stelle betätigen (Becker 2019).

Eindeutig am rechten Rand vernetzt und von dem Pegida-Aktivisten Ingolf Knajder geleitet, sich aber einen gutbürgerlichen Anstrich gebend, richtete der Verein „Dresdner Bürger helfen Dresdner Obdachlosen e. V.“ mehrfach Weihnachtsessen für Dresdner Obdachlose in der neuen Dresdner Ballsportarena aus. Stets ausgeschlossen blieben Geflüchtete und andere Migranten.

Übungsfragen

- Welcher Paradigmenwechsel vollzog sich nach 1970 im Verständnis von Armut?
- Welche gesellschaftlichen Gruppen sah man seit Mitte der 1970er Jahre vorrangig einem Armutsrisiko ausgesetzt, welche aktuell?
- Was umschreibt der Begriff „verschämte Armut“?

- Welche Umstände tragen dazu bei, dass Bürgerinnen und Bürger ihnen zustehende Sozialleistungen nicht realisieren?
- Wieso ist es geboten, bei Leistungsbeziehenden gem. SGB II i. d. R. von der Lebenslage Armut auszugehen?
- Welche Dimensionen der Armut in Deutschland stehen im Fokus, wenn von „verfestigter Ungleichheit" die Rede ist?
- Welche Aspekte europäischer Förderpolitik bieten Ansatzpunkte für eine innovative Soziale Arbeit?
- Welche Folgen hatte die „Corona-Krise" 2020 im Hinblick auf niederschwellige Versorgungssysteme, welche für einkommensarme Menschen?
- Welche Zusammenhänge zwischen Stigmatisierung und Opferstatus können für wohnungslose Menschen festgestellt werden?

Vorschläge zum Selbststudium

- Armutsbegriff
- Strategien zur Armutsbekämpfung
- Demontage des Sozialstaates
- Soziale Ungleichheit
- Auswirkungen der „Corona-Krise" 2020
- Hasskriminalität
- Obdachlosenpolizeirecht

Zum Weiterlesen

Butterwegge, C.: Hartz IV und die Folgen. Auf dem Weg in eine andere Republik?, Basel 2015

Butterwegge, C.: Armut, Köln 2016

Die Bundesregierung der Bundesrepublik Deutschland (Hrsg.): Vierter Armuts- und Reichtumsbericht für die Bundesrepublik Deutschland, Berlin 2013

Huinink,J./Schröder,T.: Sozialstruktur Deutschlands, Konstanz 2008

Ruder, K.-H.: Obdachlosenpolizeirecht, in: Gillich, S./Keicher, R./Kirsch, S. (Hrsg.): Alternativen zu Entrechtung und Ausgrenzung, Freiburg 2019

Sartorius, W./Weth, H.-U. (Hrsg.): Rechtsstaat, Markt und Menschenwürde. Herausforderung Armut und Migration, Freiburg 2016

Kapitel 4
Zum Verhältnis von Armut, Arbeits- und Wohnungslosigkeit

- Armut und Arbeitslosigkeit potenzieren das Risiko des Eintretens prekärer Lebenslagen, aus denen Wohnungslosigkeit resultieren kann. In diesem Kapitel sollen die jeweiligen Zusammenhänge und die möglichen Risikopotentiale dargestellt werden. Ferner werden die Grundzüge wohnpolitischer Entwicklungen beschrieben.

4.1 Das Bedingungsgefüge zwischen Arbeitslosigkeit und Armut

Die seit Mitte der 1970er Jahre gestiegene und seither nicht wirkungsvoll bekämpfte Arbeitslosigkeit hat zu einer Erhöhung des Armutsrisikos geführt. Arbeitslose sind in besonderem Maße von Armut bedroht. So erhält der einzelne Arbeitslose seit Jahren sukzessive weniger Unterstützung. Dies aus folgenden Gründen:

- Seit Beginn der 1980er Jahre wurden die Anwartschaftszeiten mehrfach geändert, was dazu geführt hat, dass immer weniger Betroffene Arbeitslosengeld, statt dessen immer mehr die geringere Arbeitslosenhilfe, bzw. seit 2005 das vom früheren Erwerbseinkommen unabhängige, pauschalierte Arbeitslosengeld II erhielten.
- In den letzten 25 Jahren wurden die Leistungen durch eine Vielzahl an „Regulierungen" gekürzt.
- Als Folge des über 20 Jahre anhaltenden kontinuierlichen Anstiegs der Zahl der Langzeitarbeitslosen reduzierte sich für viele die Unterstützung als Folge von Dauerarbeitslosigkeit.
- Mit den 2003 vorgelegten und schließlich zum 1.1.2005 realisierten Plänen der Bundesregierung zu einer Angleichung von Arbeitslosenhilfe an das Niveau der Sozialhilfe erreichte diese Entwicklung einen vorläufigen unrühmlichen Tiefpunkt, dessen rechtliche und praktische Fragestellungen im Kapitel 5 erörtert werden.

Armut ist – entgegen den Postulaten von Teilen der modernen Soziologie – nicht das fatale Resultat von bunten, brüchiger und heterogener werdenden Lebensverläufen oder der Individualisierung und Pluralisierung von Lebensstilen. Spätestens in den 80er Jahren wurde auch in Deutschland wieder feststellbar, dass ein gleichermaßen unausweichlicher wie enger Zusammenhang zwischen der Dramatik von Armut und einer wachsenden Dynamik des Weltmarktes besteht (Simon 2000, S. 14). Dass sich Formen „alter Armut" weiter verbreitet haben, wurde bereits seit längerem – mit methodisch begründeten Einschränkungen – aus den seit den 60er Jahren kontinuierlich gestiegenen Fallzahlen des Sozialhilfebezugs dargestellt. Zwischen 1980 und 1995 stiegen die Bruttoausgaben der Sozialhilfe von 12 auf 56 Milliarden DM und die Zahl der EmpfängerInnen aller Leistungsarten von 2 auf mehr als 5 Millionen Bürgerinnen und Bürger (Simon 1996, S. 12). Niedrig (1997, S. 6) berechnete für das Jahr 1996 annähernd 6 Millionen Hilfeempfänger, darunter 4,6 Millionen als „Sozialhilfeempfänger im engeren Sinne" und 1,3 Millionen Menschen als Bezieher von Hilfen in besonderen Lebenslagen. Die Bruttosumme blieb annähernd gleich, obwohl nunmehr frühere Aufgaben der Sozialhilfe durch die Pflegeversicherung abgefangen wurden und rund eine halbe Million Menschen Unterstützung nach dem Asylbewerberleistungsgesetz erhielt. Immer häufiger ist Arbeitslosigkeit die Hauptursache für das Notwendigwerden von Sozialhilfebezug. Von den für das Jahr 1997 registrierten 1,5 Millionen „Bedarfsgemeinschaften" (Haushalten mit dem Bedarf der Hilfe zum Lebensunterhalt) wurde von etwa einem Drittel der HLU-Bedarf vorrangig mit Arbeitslosigkeit begründet.

Der Anteil derer, die Leistungen der BfA bzw. seit 1.1.2005 ALG I beziehen, nahm seit 1980 kontinuierlich ab. In den 1970er Jahren waren dies noch über 80 Prozent aller arbeitslos gemeldeten Menschen, 1988 bezogen nur noch 65 Prozent der registrierten Arbeitslosen Unterstützung. Dieser Anteil ist trotz verschiedener – durch die unterschiedlichen Förderprogramme der letzten Jahre bedingten – „Zwischenhochs" bis zum Jahr 2005 weiter gesunken. Bei der Bestimmung der Gesamtzahl der Arbeitslosen ist von einer steigenden, so genannten „stillen Reserve" auszugehen, also solchen Betroffenen, die von der Arbeitsverwaltung nicht registriert werden und somit auch keine Leistungen erhalten. Bereits 1982 hat das Nürnberger Institut für Arbeits- und Berufsforschung diese Personengruppe mit 832 000 beziffert. 1985 ging man von einer stillen Reserve von einer Million aus. Knapp 20 Jahre später wird von rund 1,5 bis 2 Millionen „versteckten" Arbeitslosen ausgegangen. Nicht berücksichtigt sind hierbei jene Menschen, die nach 1990 in großer Zahl vorzeitig in den Ruhestand abgeschoben wurden.

Schon 1985 wurden bundesweit 2,5 Millionen Arbeitslose registriert. In diesem Jahr hatte man erstmals errechnet, dass die während eines laufenden Jahres zumindest kurzzeitig von Arbeitslosigkeit betroffene Personengruppe als Folge von Wiederbeschäftigung und neu auftretender Arbeitslosigkeit rund doppelt so groß ist. Damit kann für das Jahr 2006, zu dessen Beginn (April 2006) die Zahl der Arbeitslosen mit 4,7 Millionen angegeben wurde, davon ausgegangen werden, dass im Verlauf dieses Jahres 9 bis 10 Millionen Menschen von Arbeitslosigkeit betroffen waren. Auf dem Arbeitsmarkt vollziehen sich somit bedeutende, stabile Umschlagprozesse, die in erheblichem Ausmaß auch wiederholte Arbeitslosigkeit zulassen. Trotz der guten volkswirtschaftlichen Ergebnisse der Jahre 2009 bis 2011 bleiben Armutsrisiken bestehen. Zwar sank die offizielle Zahl der Arbeitslosen im Sommer 2019 auf unter 3 Millionen. Jedoch ist die Zahl der prekär Beschäftigten mittlerweile auf 7 Millionen angestiegen. Aus dieser Lebenslage resultieren unverändert Risiken, wohnungslos zu werden.

Dramatisch zugenommen hat nach der Jahrtausendwende die Jugendarbeitslosigkeit. Lag die Zahl der arbeitslosen Jugendlichen und jungen Erwachsenen unter 25 Jahren im Jahr 1999 noch bei 447 000 (Bundesinstitut für Berufsbildung, in: Simon 2003, S. 6), so waren es im April 2003 knapp 600 000 („Süddeutsche Zeitung“ vom 3. April 2003). Bei der Zahl der Jugendlichen und jungen Erwachsenen ohne Ausbildungsplatz war von August 2004 auf August 2005 ein Anstieg von 97 000 auf 141 000 zu verzeichnen (Statistisches Bundesamt 2005). Im Oktober 2006 erreichte die Zahl der erfolglosen Lehrstellenbewerber einen neuen Rekordwert seit 1990. Die demographische Entwicklung hat dazu beigetragen, dass sich die Lage am Lehrstellenmarkt für die jüngeren Bewerber entspannt hat. Außen vor bleiben jetzt vor allem die so genannten „Altfälle“, also junge Erwachsene, die in früheren Jahren kein Beschäftigungs- oder Ausbildungsverhältnis am ersten Arbeitsmarkt erlangt haben. Gleichwohl hatte im Jahr 2015 die Zahl der gemeldeten Ausbildungsplätze und die Zahl der Bewerberinnen bei der Bundesagentur für Arbeit annähernd einen Gleichstand erreicht. Rechnerisch und theoretisch konnte somit nahezu alle Ausbildungswilligen ein Ausbildungsplatz angeboten werden (Bundesagentur 2015). Darin drücken sich v. a. demografische Veränderungen aus – die Zahl ausbildungsplatzsuchender, junger Menschen hat stark abgenommen.

Die Gründe für die *besonderen Armutsrisiken von Arbeitslosen* liegen auf der Hand. Die Langzeitarbeitslosigkeit hat sich trotz der mittlerweile günstigeren Konditionen am Arbeitsmarkt seit 2008 nahezu unverändert auf einem Niveau von über einer Million Menschen verfestigt. Seit den 1980er Jahren wurden die Zeiträume, für die den Betroffenen Arbeitslosengeld und nachfolgend Arbeitslosenhilfe gewährt wird, im Prinzip in fast jeder Legislaturperiode zumindest einmal weiter verkürzt. 1975 waren 10 Prozent der gemeldeten Arbeitslosen ohne Leistungsbezug, 1983 waren es schon 28,5 Prozent, 1988 rund 35 Prozent und 2010 waren es knapp 50 Prozent. Schon 1983 wurde erstmals die Laufzeit der Arbeitslosenhilfe reduziert. Die Folgen der Arbeitslosigkeit sind Dauerprobleme, die bis zur Höhe der späteren Rente von Bedeutung sind.

Der in den 80er Jahren aufgekommene Begriff von der „neuen Armut“ wird deshalb auch in dem Sinne gebraucht, dass durch Arbeitslosigkeit bedingte Armut sich auf Gruppen erstrecken kann, die früher gesicherte Positionen mit einem weit über der Armutsgrenze liegenden Einkommen eingenommen haben. Lompe (1987) fasste diese Entwicklung in der Einschätzung zusammen:

> „War die Population der alten Armut in der Regel dadurch gekennzeichnet, dass sie arbeitsunfähig, krank und/oder alt war, so ist die der neuen Armut vor allem arbeitsfähig, arbeitslos und zum großen Teil jung.“

Im Kontext der Familienhaushalte bedeutete dies, dass vermehrt junge Menschen und andere nicht Verdienende am Einkommen von Familienmitgliedern partizipieren mussten. Die Benachteiligung in der Einkommenshierarchie ist mit zunehmender Familiengröße seit 1982 überproportional gestiegen. Der Einkommensausfall bei Arbeitslosigkeit des Haushaltsvorstandes ist in der Regel größer als bei anderen Personen. Psychosoziale Verelendungssymptome wie z. B. Sucht und andere manifeste Verhaltensauffälligkeiten nehmen bei Kindern und Jugendlichen zu. Dies geht nicht nur, aber auch auf Armutsfolgen zurück. Andere Ursachenzusammenhänge liegen in Zukunftsängsten, Vernachlässigung und Gewalterfahrungen.

4.2 Stichwort Kinderarmut

Gemäß Art. 27 UN-KRK hat jedes Kind ein Recht auf einen angemessenen Lebensstandard. Dafür die materiellen Voraussetzungen zu schaffen ist zwar primär Verpflichtung der Eltern bzw. Personensorgeberechtigten, aber die der Konvention beigetretenen Vertragsstaaten müssen die Eltern dabei unterstützen. Sie tun dies u. a., indem sie ggf. auch materielle Leistungen zur Verfügung stellen, da die Dimension des (Familien-)Einkommens hinsichtlich eines angemessenen Lebensstandards von Kindern, der körperliche, seelische, soziale, Bildungs- und weitere Aspekte umfasst, von zentraler Bedeutung ist.

War 1994 jedes zehnte Kind in der Bundesrepublik auf Sozialhilfeleistungen angewiesen, so war bereits vier Jahre später jeder sechste Empfänger von Sozialhilfe ein Kleinkind (Jost 1998, S. 4). Die größte und weiterhin stark ansteigende Altersgruppe der Sozialhilfeempfänger waren bis 2004 Kinder unter 15 Jahren. 1993 waren dies 1,5 Millionen Kinder. Von diesen waren wiederum rund 730 000 unter 7 Jahre alt. Rechnet man noch die 300 000 jugendlichen Sozialhilfeempfänger hinzu, so waren bereits 1994 von allen Sozialhilfeempfängern annähernd 31 Prozent Minderjährige (Niedrig 1995, S. 291). Zwei Jahre später machten die

Minderjährigen unter den Sozialhilfeempfängern bereits 38 Prozent aus. (Niedrig 1997, S. 9).

Ende 2004 waren bereits 40 Prozent aller Sozialhilfeempfänger unter 18 Jahre alt. Damals bezogen über eine Million Kinder Sozialhilfe. In der Bundesrepublik war Mitte 2010 jedes siebte Kind auf soziale Transferleistungen angewiesen. Mittlerweile hat sich die Befürchtung realisiert, dass über das neue Instrument ALG II weitere 500 000 Bedürftige hinzugekommen sind. Ende 2014 galten 19 % der Kinder unter 18 Jahren als arm. Dabei waren die Lebensverhältnisse in Deutschland in Bezug auf Kinderarmut sehr heterogen, von der verfassungsrechtlich gebotenen Gleichheit der Lebensverhältnisse und Lebenschancen konnte längst nicht mehr die Rede sein. Gemessen am Anteil der Hartz-IV-Beziehenden reichte die Spanne von 7,2 % in Bayern bis zu 33,2 % der Kinder in Berlin. Damit lebte 2014 jedes dritte Kind in Berlin unter 15 Jahren von sogenannten Hartz-IV-Leistungen (vgl. Parität 2016, S. 35). Aber Armut ist nicht nur ein monetäres Problem. Arme Kinder sind in der Bildung und an kultureller Teilhabe benachteiligt. Kinder aus Armutsfamilien machen seltener Abitur und erwerben seltener einen Hochschulabschluss. In einzelnen Bundesländern haben nur Eltern mit Job Anspruch auf einen ganztägigen Kita-Platz. Arme Kinder werden öfter krank. Obwohl sich arbeitslose Eltern öfter zu Hause aufhalten, werden insbesondere die Jungen in ihrer Entwicklung beeinträchtigt, da sie die Arbeitslosigkeit des Vaters als Autoritätsverlust erleben. Besonders riskant im Hinblick auf die Lebenslage Armut leben Kinder von Alleinerziehenden. Der Anteil der Alleinerziehendenhaushalte, die Leistungen nach dem SGB II beziehen, liegt mit 40 % fast viermal so hoch wie der Durchschnitt aller Haushalte (Stand 2014, (vgl. Parität 2016, S. 31)). Diese hohe Quote blieb auch in den Folgejahren mit günstigen Konditionen am Arbeitsmarkt stabil.

Was die Lebensverhältnisse von Kindern und Jugendlichen angeht, so zielt der Begriff „New Under-Class" auf jene 10 bis 20 Prozent der Heranwachsenden, die schon in das soziale Abseits geraten sind oder massiv Gefahr laufen, dahin zu gelangen. Gemeint sind Kinder und Jugendliche aus Armutsfamilien, mit schlechter Bildung, Schulabbrüchen (starke Zunahme in den neuen Ländern) oder nicht mehr marktfähigen Schulabschlüssen und jene, die in der Vergangenheit und in der Zukunft nie am ersten Arbeitsmarkt angekommen sind, die häufig die bekannten Warteschleifen durchlaufen haben. Die mittels der „Hartz-Gesetze" implementierten Instrumente, die mit dem Ziel der Rationalisierung der Hilfen sowie der Schaffung von Anreizen für eine beschleunigte Arbeitsaufnahme auf den Weg gebracht worden sind, haben erhebliche Auswirkungen auf die Lebensverhältnisse von Kindern und Jugendlichen in sozialen Problemlagen.

Unter dem Strich verschlechtern sich durch Hartz IV die Lebensverhältnisse vieler Kinder und Jugendlicher auch dann, wenn man berücksichtigt, dass einkommensschwache Familien einen Zuschlag zum Kindergeld erhalten. Dem steht nämlich entgegen:

- Junge Erwachsene unter 25 Jahren, die sich nicht ausreichend um Eingliederung bemühen – ein offener Rechtsbegriff –, erhalten kein Arbeitslosengeld II, sondern nur die Kosten für Unterkunft und Heizung.
- Seit August 2006 erhalten Arbeitslose unter 25 Jahren, die im Haushalt der Eltern leben, nur noch den um ein Fünftel gekürzten ALG-II-Regelsatz.
- Mit der Absenkung des ALG II auf Sozialhilfeniveau wuchsen zusätzlich hunderttausende Kinder und Jugendliche in Armutslagen auf. Erwerbstätige, die zum Teil mehrere Jahrzehnte Beiträge zur Arbeitslosenversicherung geleistet haben, fallen bereits nach drei Jahren Arbeitslosigkeit auf ein Einkommensniveau, das noch nicht einmal dem Stand der Sozialhilfe im Jahr 2004 entspricht. Hiervon sind insbesondere Lebensgemeinschaften mit Kindern betroffen. Armut, soziale Ausgrenzung und mangelnde Chancengleichheit für die Kinder der betroffenen Haushalte sind die Folge.
- Der auf Sozialhilfeniveau abgesenkte Bezug von ALG II erschwert auch deshalb die Absicherung der sozio-ökonomischen Existenz, da den mit dem erwerbsfähigen Hilfeempfänger in einer Bedarfsgemeinschaft Lebenden ein eigenständiger Zugang zur traditionellen Hilfe zum Lebensunterhalt verwehrt ist. Selbst zur Realisierung ihrer Ansprüche auf das „Sozialgeld“ sind sie auf eine Antragstellung durch den Haushaltsvorstand angewiesen.
- Auch der zwingend vorgeschriebene Mechanismus, wonach Beziehern des ALG II die Leistung in der ersten Sanktionsstufe für drei Monate um 30 Prozent gekürzt wird, macht Kinder auf jeden Fall zu Mitbetroffenen, auch wenn ihr Sozialgeld bzw. ihr Kinderzuschlag selbst nicht angetastet werden (bereits: Simon 2006, S. 158).

Kinder mit Migrationshintergrund werden bei der Schulbildung systematisch benachteiligt. 20 Prozent verlassen die Schule ohne Abschluss. Deutschland ist unter den hoch entwickelten Ländern das Land mit der höchsten Quote an Jugendlichen, die keinen Schulabschluss erwerben.

Von den nichtdeutschen Jugendlichen, die bis zum 20. Lebensjahr noch keinen Ausbildungsplatz gefunden haben, gelangen noch ganze 9,2 Prozent zu einem späteren Zeitpunkt in eine betriebliche Ausbildung.

Auch wenn sich als Folge der Geburtenrückgänge sowie der ungebrochenen Abwanderung junger Menschen eine Entspannung am Arbeits- und Ausbildungsmarkt vollzogen hat, so bleibt eine der gravierendsten Veränderungen der Arbeitsgesellschaft bestehen: der Wegfall so genannter „Einfacharbeitsplätze“ für ungelernte Arbeiter wird mit hoher Wahrscheinlichkeit nicht mehr kompensiert werden. Dies hat zur Konsequenz, dass insbesondere sozial benachteiligte und individuell beeinträchtigte Personen massiv von Dauerarbeitslosigkeit, Perspektivlosigkeit und den bekannten psychosozialen Folgewirkungen bedroht oder betroffen sein werden. Der Anteil meist jüngerer Frauen, die in prekären Armutslagen leben, ist steigend. Dabei sind bei Frauen Formen verdeckter Obdachlosigkeit häufiger, als eine im Sinne einer „Straßenkarriere" ausgelebte Form öffentlich wahrnehmbarer Obdach- oder Wohnungslosigkeit.

Immer mehr Menschen geraten in die Schuldenfalle. Konnte 1996 davon ausgegangen werden, dass zwischen 1,5 und 1,8 Millionen privater Haushalte als überschuldet galten (Simon 1996, S. 17), so waren es knapp 3 Jahre später nach Angaben der Arbeitsgemeinschaft der Verbraucherverbände (AgV) bereits 2,6 Millionen. 2016 wurde die Zahl von 4 Millionen überschritten und ging bis Anfang 2020 nicht wesentlich zurück. Ende 2019 waren in rund 4 Millionen Haushalten knapp 7 Millionen Erwachsene überschuldet (de.statista.com, Zugriff 12.06.2020)

Als eine Folge der Corona-Pandemie wurde die Situation von Familien in der gesellschaftlichen Debatte neu in den Focus genommen und damit auch deren materielle Situation. Das „Bündnis Kindergrundsicherung" forderte 2019 anlässlich seines zehnjährigen Bestehens die Einführung einer Kindergrundsicherung. Es ging davon aus, dass fast 3 MIO Kinder – das ist jedes fünfte Kind in Deutschland – als arm gelten und forderte deshalb wiederholt Mut zu einer Gesamtlösung. Die Kindergrundsicherung „setzt sich aus der Höhe des sächlichen Existenzminimums (417 Euro) und dem Freibetrag für die Betreuung und Erziehung bzw. Ausbildung (BEA) (220 Euro) zusammen. Dieses Existenzminimum muss für alle Kinder als garantiertes Kinderrecht gelten, nicht nur für diejenigen Kinder, deren Eltern Steuern zahlen können. Unser Vorschlag lautet, künftig alle Kinder mit einer Kindergrundsicherung in Höhe von 637 Euro monatlich abzusichern. Damit wird der grundlegende Bedarf, den Kinder für ihre Entwicklung benötigen und den das Bundesverfassungsgericht festgestellt hat, aus öffentlichen Mitteln gedeckt. Die Höhe unserer Kindergrundsicherung orientiert sich dabei am aktuellen soziokulturellen Existenzminimum und soll stetig an die Inflationsrate angepasst werden" (www.kinderarmut-hat-folgen.de, Zugriff vom 16.05.2020). Die Umsetzung dieser grundlegenden Neuordnung der Lebenslage aller Kinder lässt auf sich warten.

4.3 „Les Misérables" – das Elend der Sanktionspraxis

Mit SGB II hat seit 2005 eine massive, flächige Sanktionspraxis Einzug gehalten, die für unter 25-Jährige zum 1. April 2011 nochmals verschärft wurde (§ 31a

Abs. 2 SGB II). Jährlich werden bis zu einer Million Leistungsberechtigte sanktioniert. Sanktionen treffen Hartz-IV-EmpfängerInnen, die einen Termin beim Jobcenter versäumen, eine Maßnahme nicht antreten oder ein Jobangebot als nicht zumutbar ablehnen. Sie müssen mit empfindlichen Kürzungen des Arbeitslosengeldes II bis hin zur völligen Streichung rechnen. Besonders hart wird mit Arbeitslosen unter 25 Jahren verfahren. Ihnen kann das Jobcenter schon mit der zweiten Sanktion den Regelsatz komplett streichen. Bereits bei einer 30-prozentigen Kürzung kommt es zu gravierenden Problemen. Waren des täglichen Bedarfs und Rechnungen können nicht mehr bezahlt werden. Sanktionen führen zunehmend in existenzgefährdende Armut und Wohnungslosigkeit. Aber es gibt bisher keinen wissenschaftlichen Beleg für positive Effekte von Sanktionen auf die Leistungsberechtigten! Mit dem Anspruch einer entwickelten, reifen Zivilgesellschaft sind Sanktionen als Umgangsform des Staates mit seinen Bürgerinnen und Bürger schwer in Einklang zu bringen. Das Sozialgericht Gotha hat mit einem Urteil (S 15 AS 5157/14) grundsätzliche Zweifel daran geltend gemacht, dass eine Kürzung der Grundsicherung durch Sanktionen verfassungsrechtlich zu rechtfertigen ist. Das Gericht legte dem Bundesverfassungsgericht die Fragen zur Entscheidung vor, ob eine Kürzung von mehr als 30 Prozent mit dem Recht auf ein menschenwürdiges Existenzminimum vereinbar ist, ob durch Sanktionen im SGB II gegen das „Recht auf Leben und körperliche Unversehrtheit" verstoßen wird und ob Sanktionen gegen die Berufsfreiheit verstoßen. In einem Beschluss kommt das Gericht zu folgendem Ergebnis: „§ 31a i. V. m. § 31 und § 31b SGB II verstoßen gegen Art. 1 Abs. 1 i. V. m. Art. 20 Abs. 1 GG, Art. 2 Abs. 2 S. 1 GG, Art. 12 Abs. 1 GG. Sie sind nicht verfassungskonform auslegbar. Die Minderung des Regelbedarfs durch Sanktionen stellt eine erhebliche Abweichung vom verfassungsgemäßen Zustand dar. Diese Abweichung überzieht den Gestaltungsspielraum des Gesetzgebers und führt zu einem normativen Fehlbetrag im Sinne einer verfassungsrechtlichen Beschwer" (vgl. diakonie.de).

Im Januar 2018 fand die von Betroffenen und ihren Unterstützer*innen lange erwartete Anhörung beim Bundesverfassungsgericht statt. In der Folge erging am 5. November 2019 ein Urteil (BVerfG 1 BvL 7/16), das die Höhe der Sanktionen im SGB II grundsätzlich begrenzt. Wesentliche Aussagen des Urteils sind in Leitsätzen zusammengefasst (www.bundesverfassungs-gericht.de, Zugriff vom 16. 05. 2020):

> „Die zentralen verfassungsrechtlichen Anforderungen an die Ausgestaltung staatlicher Grundsicherungsleistungen ergeben sich aus der grundrechtlichen Gewährleistung eines menschenwürdigen Existenzminimums (Art. 1 Abs. 1 in Verbindung mit Art. 20 Abs. 1 GG). Gesichert werden muss einheitlich die physische und soziokulturelle Existenz. Die den Anspruch fundierende Menschenwürde steht allen zu und geht

selbst durch vermeintlich ‚unwürdiges' Verhalten nicht verloren. Das Grundgesetz verwehrt es dem Gesetzgeber aber nicht, die Inanspruchnahme existenzsichernder Leistungen an den Nachranggrundsatz zu binden, also nur dann zur Verfügung zu stellen, wenn Menschen ihre Existenz nicht vorrangig selbst sichern können, sondern wirkliche Bedürftigkeit vorliegt.

Der Gesetzgeber kann erwerbsfähigen Menschen, die nicht in der Lage sind, ihre Existenz selbst zu sichern und die deshalb staatliche Leistungen in Anspruch nehmen, abverlangen, selbst zumutbar an der Vermeidung oder Überwindung der eigenen Bedürftigkeit aktiv mitzuwirken. Er darf sich auch dafür entscheiden, insoweit verhältnismäßige Pflichten mit wiederum verhältnismäßigen Sanktionen durchzusetzen.

Wird eine Mitwirkungspflicht zur Überwindung der eigenen Bedürftigkeit ohne wichtigen Grund nicht erfüllt und sanktioniert der Gesetzgeber das durch den vorübergehenden Entzug existenzsichernder Leistungen, schafft er eine außerordentliche Belastung. Dies unterliegt strengen Anforderungen der Verhältnismäßigkeit; der sonst weite Einschätzungsspielraum zur Eignung, Erforderlichkeit und Zumutbarkeit von Regelungen zur Ausgestaltung des Sozialstaates ist hier beschränkt. Prognosen zu den Wirkungen solcher Regelungen müssen hinreichend verlässlich sein; je länger die Regelungen in Kraft sind und der Gesetzgeber damit in der Lage ist, fundierte Einschätzungen zu erlangen, umso weniger genügt es, sich auf plausible Annahmen zu stützen. Zudem muss es den Betroffenen tatsächlich möglich sein, die Minderung existenzsichernder Leistungen durch eigenes Verhalten abzuwenden; es muss also in ihrer eigenen Verantwortung liegen, in zumutbarer Weise die Voraussetzungen dafür zu schaffen, die Leistung auch nach einer Minderung wieder zu erhalten."

In Folge des Urteils entschied Bundesarbeitsminister Hubertus Heil (SPD), Kürzungen des Existenzminimums um mehr als 30 Prozent nicht mehr zuzulassen. Indes bleibt abzuwarten, welche Konsequenzen der Gesetzgeber aus der Entscheidung des BVerfG zieht, wenn er Sanktionsmöglichkeiten teilweise neu regelt. Es ist jedoch zu vermuten, dass sie nicht alle Hoffnungen der durch Sanktionen beeinträchtigten Menschen erfüllen wird (vgl. Sartorius/Weth 2016, 90). Bereits im Normenkontrollverfahren 2017 (1 BvL 7/16) nahm Diakonie Deutschland im Schreiben an das Bundesverfassungsgericht 2017 zur Frage der Verfassungsmäßigkeit von Sanktionen wie folgt Stellung:

„... 1. Das Grundrecht auf die Gewährleistung eines menschenwürdigen Existenzminimums ist sowohl im Grundgesetz wie auch im internationalen Recht verankert und verpflichtet den Gesetzgeber, sicherzustellen, dass jeder Mensch das für seine Existenz Erforderliche erhält. Nach dem Verständnis des deutschen Rechtes hat der Staat nur das Existenznotwenige abzusichern. Dies umfasst sowohl das für die physische Existenz als auch für das Leben in der Gesellschaft unbedingt Notwendige. Gerade weil das

Verfassungsrecht sich auf die Absicherung des Unbedingt Notwendigen beschränkt, sind Regelungen, die dieses Mindestmaß nicht definieren, sondern eine finale Minderung dieser Leistung vorsehen, grundsätzlich bedenklich.
2. Verfassungsrechtlich verankerte Leistungsrechte bedürfen der Konkretisierung durch den Gesetzgeber, der die Existenzsicherung in den Gesamtrahmen der Sozialpolitik einfügt. Insbesondere muss der Gesetzgeber die Voraussetzungen für die Bedürftigkeit und anerkannte Bedarfe beschreiben. Allerdings darf dies nicht dazu führen, dass arbeitsmarktpolitische Zielsetzungen verfassungsrechtliche und sozialstaatliche Verpflichtungen überlagern. Bei den §§ 31 ff. SGB II ist es zu einer solchen Überlagerung gekommen, bei der die Durchsetzung von arbeitsmarktpolitischen Vermittlungszielen die Verpflichtung zur Gewährleistungen eines menschenwürdigen Existenzminimums überlagert.
3. (…)
4. Die Erfahrungen aus der Beratungspraxis weisen auf grundsätzliche Probleme bei der Gewährleistung von Grundrechten hin. Personen mit einem besonderen sozialarbeiterischen Beratungsbedarf, z. B. in Folge von psychischen Problemen, Suchterkrankungen, starken persönlichen Schwierigkeiten, funktionalem Analphabetismus oder interkulturellen Verständigungsproblemen, werden besonders häufig mit Sanktionen belegt. Viele dieser Probleme ließen sich mit einer angemessenen Beratung, Vermittlung oder auch Beratung über sinnvolle Vermittlungsziele insgesamt vermeiden. Strukturelle Schwierigkeiten bei der Sicherstellung von wirkungsvollen Vermittlungsmaßnahmen durch die Leistungsträger dürfen nicht auf die Leistungsberechtigten verlagert werden.
5. Die verfassungsrechtliche Prüfung des Sanktionsregimes ergibt, dass das gegenwärtig vom SGB II vorgesehene Sanktionsregime weder geeignet, noch erforderlich, noch angemessen ist. Es stellt insgesamt einen unverhältnismäßigen Eingriff in das Grundrecht auf Gewährleistung des Existenzminimums dar“ (vgl. info.diakonie.de, Zugriff vom 05. 04. 2020).

4.4 Weiterführende Bemerkungen über den Zusammenhang zwischen Arbeitslosigkeit und Armut

Die letzten Jahrzehnte haben deutlich gemacht, dass Angebot und Nachfrage von Arbeitskräften historisch nur im Ausnahmefall übereingestimmt haben. Ununterbrochene Vollbeschäftigung ist heute nicht mehr der Regelfall einer Arbeitnehmerkarriere. Selbst bei Männern haben weniger als zwei Drittel sechs Jahre kontinuierlich in einem Vollbeschäftigungsverhältnis gearbeitet. Hier liegt auch ein Kernproblem der Sozialpolitik, da diese unverändert lohnarbeitszentriert von der Fiktion des Normalarbeitsverhältnisses ausgeht.

Für die Analyse des Zusammenhangs von Arbeitsmarkt und Verarmungsrisiko ist zum einen von Interesse:

- Die Hierarchisierung von Teilmärkten; es bestehen relativ fest voneinander abgeschottete Segmente, ein immer kleiner werdender *primärer Arbeitsmarkt*, gekennzeichnet von hohen Löhnen, guten Arbeitsbedingungen, Beschäftigungssicherheit, innerbetrieblicher Qualifikation und Aufstiegschancen und auf der anderen Seite zahlenmäßig immer umfangreicher werdende *„disponible Belegschaftsanteile"*, die die Funktion einer „konjunkturellen Reservearmee" auf der Basis von „Jedermann-Qualifikationen" erfüllen.
- Die Frage, wie ausgeprägt die Mobilität zwischen den einzelnen Segmenten ist und wie unterschiedlich die Chancen der Arbeitnehmer sind, vom zweiten in das erste Segment, bzw. generell in den Arbeitsmarkt Zugang zu finden.

Wenn man davon ausgeht, dass der Arbeitsmarkt die zentrale Verteilungsinstanz von *materiellen und symbolischen Gütern* darstellt, so sind hier auch zahlreiche Interessensgegensätze erkennbar.

4.5 Wohnpolitische Ursachen von Obdach- und Wohnungslosigkeit

Als von verschiedenen Verbänden der Wohnungslosenhilfe im Herbst 1987 in Frankfurt eine zentrale Veranstaltung zum „UNO-Jahr der Wohnungsnot" durchgeführt wurde, verhallten die auf hiesige Verhältnisse bezogenen Forderungen der Teilnehmer und Teilnehmerinnen weitgehend ungehört. Nicht viel anders verhielt es sich mit Appellen der Verbände zu Beginn des 21. Jahrhunderts. So postulierte in einer Erklärung der Evangelische Bundesfachverbandes Existenzsicherung und Teilhabe e. V. (EBET) 2015 zur aktuellen Situation von Menschen ohne Wohnung in Deutschland, dass die Wohnungslosigkeit in Deutschland wieder zunähme. Prognostiziert wurde bis 2018 ein Anstieg auf mehr als eine halbe Million Menschen. Bezahlbare Wohnungen und Unterstützung für die Helfenden würden dringend benötigt. Der soziale Wohnungsbau, vor allem in Ballungsräumen, müsse schnell und massiv wieder aufgenommen werden (vgl. Diakonie-Text 4.2014).

„In Deutschland fehlen 4 Millionen Sozialwohnungen" bringt das renommierte Eduard-Pestel-Institut in Hannover (vgl. www.pestel-institut.de, Zugriff vom 11. 12. 2016) den Sachverhalt Ende 2016 auf den Punkt und konstatiert weiter:

- Nur jeder fünfte finanzschwache Haushalt hat derzeit überhaupt die Chance, eine Sozialmietwohnung zu bekommen. Wir errechneten einen aktuellen bundesweiten Bedarf von rund 5,6 Millionen Sozialwohnungen. Derzeit sind allerdings lediglich 1,6 Millionen auf dem Wohnungsmarkt verfügbar.
- Bei den Sozialwohnungen klafft eine enorme Lücke. In den vergangenen zehn Jahren sind im Schnitt 100 000 Sozialwohnungen pro Jahr vom Markt verschwunden, dies ist eine dramatische Entwicklung. Wenn der Aderlass bei den Sozialwohnungen sich mit diesem rasanten Tempo fortsetzt, dann werden wir bereits 2017 die 1,5-Millionen-Marke unterschreiten.
- Verantwortlich dafür ist einerseits die Tatsache, dass immer mehr Wohnungen aus der Mietpreisbindung heraus fallen. Andererseits werden gegenwärtig nur rund 30 000 Sozialwohnungen mit Preis- oder Belegungsbindungen in den Markt gebracht, davon nur noch rund 10 000 neu gebaute Sozialmietwohnungen. Um wenigstens den aktuellen Bestand von 1,6 Millionen Sozialwohnungen zu halten, braucht man jährlich mindestens 130 000 neue Wohneinheiten.

Im Fazit kommt das Institut zum Schluss: „Deutschland braucht einen ‚Masterplan für den sozialen Wohnungsbau'. Hier sind der Bund, die Länder und die Kommunen gleichermaßen gefordert“ (ebenda).

Ein wirksamer Masterplan ist Anfang 2020 nicht in Sicht, wenngleich das der zuständige Minister Seehofer wohl anders bewerten würde: „Die Bundesregierung hat seit März 2018 eine Vielzahl von Maßnahmen eingeleitet, um den Wohnungsbau zu intensivieren und die Bezahlbarkeit des Wohnens zu sichern. Beim Wohngipfel am 21. September 2018 im Bundeskanzleramt wurden diese mit Ländern und Kommunen abgestimmt und im Ergebnis eine gemeinsame Wohnraumoffensive verabschiedet“ (www.die-wohnraumoffensive.de, Zugriff vom 02. 06. 2020).

Dagegen lautet die ernüchternde Bilanz des Prognos-Studienautors Thomas Koch beim Wohnungsbautag 2019: „Wir kommen aber nur in eine Zielerreichung von 75 Prozent. Und der Druck ist im Mietwohnungsbau mit am größten. Es fehlt einfacher, bezahlbarer Mietwohnraum. Und insbesondere bei den Sozialwohnungen ist es am größten. Es gibt Bedarfszahlen, die von 80 000 Sozialwohnungen ausgehen pro Jahr und praktisch schaffen wir gerade mal 25 000, 26 000 in den letzten Jahren. Das heißt, wir liegen hier nur bei einer Zielerreichung von 33 Prozent“ (www.deutschlandfunk.de, Zugriff vom 02. 06. 2020)

4.5.1 Problemindikator Wohnungsmarkt

Vielerorts können Menschen ihr Menschenrecht auf angemessenen Wohnraum nicht mehr angemessen verwirklichen (vgl. Lutz u. a. 2017; Lebuhn 2017). In München kann sich eine Familie mit einem Durchschnittseinkommen keine Wohnung mehr leisten. Vor allem in Mittelzentren sind Preise regelrecht „explodiert". Sofern diese Standorte einer Hochschule sind, besteht regelmäßig eine große Konkurrenz vor allem um kleine Wohnungen. Wohnungslose Menschen sind auch deshalb fast chancenlos beim Wettbewerb um das knappe Gut Wohnraum. Ein weiterer, ganz erheblicher Faktor ist politisch begründet, denn die sträfliche Vernachlässigung des Themas Sozialer Wohnungsbau in den letzten 20 Jahren ist eindeutig mitursächlich für die Wohnungsnot vieler Menschen.

Dabei ist das Thema Wohnungsnot in Westdeutschland keineswegs auf Ballungsräume konzentriert, wie beispielhaft am mit Ausnahme der Großstadt Pforzheim ganz überwiegend ländlich-kleinstädtisch geprägten Raum Nordschwarzwald deutlich wird. Dort hat Prognos 2019 im Rahmen einer Wohnraumstudie für den Regionalverband Nordschwarzwald differenzierte Bevölkerungs- und Haushaltsvorausberechnungen für die Region Nordschwarzwald bis zum Jahr 2040 erstellt. Es wird gemäß der Hauptvariante der Haushaltsprognose in der Region Nordschwarzwald im Zeitraum 2017 bis 2040 ein zukünftiger zusätzlicher Wohnraumbedarf von 22 600 Haushalten zu erwarten sein. Die Zahl der Wohnhaushalte wird gemäß der Hauptvariante der Haushaltsprognose in der Region von 266 400 im Jahr 2017 auf 289 000 im Jahr 2040 steigen und damit um 8,5 %, wobei das Wachstum in den nächsten zehn Jahren, also bis 2030, besonders dynamisch verlaufen wird (Regionalverband Nordschwarzwald 2019). Es gilt nun für die Akteure in der Raumschaft darauf zu drängen, dass bei den zu planenden Baumaßnahmen wohnungslose Menschen angemessene Berücksichtigung finden. Dass auch das Land Baden-Württemberg den Bedarf erkannt hat und seit 2017 jährlich 250 MIO Euro für soziale Wohnbauförderung bereitstellt, ist positiv zu bewerten.

Sozialer Wohnungsbau, der diese Personengruppen und ihre Bedarfe ausreichend berücksichtigt, wäre dabei einer der entscheidenden Schritte. Aber 2018 wurden bundesweit nur 27 040 geförderte Sozialwohnungen neu gebaut. Das sind nur 809 Wohnungen mehr als 2017. Demnach verharrt der soziale Wohnungsbau in Deutschland auf niedrigem Niveau, während alljährlich geförderte Wohnungen aus der Mietpreisbindung fallen und dann zu Marktmieten vermietet werden, spätestens Neuvermietung. Nach Einschätzung des Mieterbundes wären jährlich rund 80 000 zusätzliche Sozialwohnungen nötig, um den Bedarf zu decken. Noch bis 2017 war der soziale Wohnungsbau sogar rückläufig (www.haufe.de, Zugriff vom 23.07. 2020).

Die Wohnungsfrage ist hierzulande erneut eine entscheidende soziale Frage geworden, nachdem sie dies – vorrangig in Westdeutschland – bereits in den 1990er Jahren gewesen war.

Das Wohnungsproblem – die zentrale Ursache für Obdach- und Wohnungslosigkeit – wurde von den politisch Verantwortlichen bis vor kurzem entweder nicht erkannt oder geleugnet. Jahrelang dominierte im Zeichen der Wende der Mythos vom Funktionieren einer vorwiegend privatwirtschaftlich ausgerichteten Wohnungspolitik. Die mit der Vermietung bezweckte Verwertung des investierten Kapitals funktioniert nur bei einer anhaltend hohen und zahlungskräftigen Nachfrage bei gleichzeitig begrenztem Wohnungsangebot.

Um auch Bewohnergruppen mit geringem Einkommen ausreichend mit Wohnraum zu versorgen, sind vielfältige sozialpolitisch motivierte Eingriffe in den freien Wohnungsmarkt, primär durch sozialen Wohnungsbau, erforderlich. Die *Ursachen* von Wohnungsnot für einkommensschwache Bürgerinnen und Bürger sind allgemein bekannt. Sie liegen letztendlich in den Strukturbedingungen unserer Wohnpolitik sowie in der Einkommensentwicklung bestimmter Haushaltsgruppen bei gleichzeitigem Fehlen einer ausreichenden sozialstaatlich motivierten Wohnungswirtschaft.

Dies wird daran deutlich, dass sich die aktuell auftretende Form der Wohnungsnot von den Engpässen früherer Epochen – etwa von jenen nach dem Zweiten Weltkrieg – in zwei Punkten unterscheidet:

- Der Wohnungsmarkt war noch nie so ausgeglichen.
- Der Versorgungsstandard war noch nie so hoch.

Parallel zu den Entwicklungen auf dem Arbeitsmarkt vergrößern sich die schichtenspezifischen Disparitäten in der Wohnungsversorgung. Es hat sich – analog zu anderen Versorgungsbereichen – eine Mangellage unterer sozialer Gruppen herausgebildet, welche sich an folgenden Größen ablesen lässt:

- Phasen eines ausgeglichenen sowie eines nicht ausgeglichenen Verhältnisses von Angebot und Nachfrage wechseln sich ab und verzeichnen einen wellenförmigen Verlauf mit steigender Wohnungsnot seit Mitte der 1980er Jahre, einem Abflauen nach 1993 und einer erneuten – vorerst auf westdeutsche Ballungsräume begrenzten – Verknappung nach 2002.
- Der Bestand an preisgünstigen Altbauwohnungen wurde in Westdeutschland nach 1975 und in den neuen Bundesländern nach 1992 fortlaufend verringert.
- Einkommensschwache Bewohner wurden kontinuierlich aus den innerstädtischen Wohngebieten der Großstädte und seit 1985 auch zunehmend in Kommunen mit 40–100 000 Einwohnern verdrängt.

- In den alten und den neuen Bundesländern vollzog sich – historisch bedingt – eine ungleichzeitige Entwicklung. Während in westdeutschen Ballungsräumen seit Beginn des neuen Jahrtausends Wohnungen wieder zu einem knappen und teuren Gut wurden, verzeichnete Ostdeutschland um die Jahrtausendwende einen durchschnittlichen Leerstand von mehr als 20 Prozent, welcher bis 2006 über aus öffentlichen Mitteln finanzierte Abrissprogramme auf 14 Prozent verringert wurde. In den Jahren 2005 bis 2010 wurden über 100 000 Wohnungen abgerissen. Damit wurde zur Stabilisierung der Renditen aus Immobiliengeschäften mit enormer öffentlicher Förderung vor allem eine Verknappung preisgünstigen Wohnraums vorgenommen.
- Urbane Großsiedlungen verzeichneten als Folge des vermehrten Zuzugs von sanierungs- und modernisierungsbetroffenen Mietergruppen, Ausländern, Aus- und Umsiedlerfamilien bei gleichzeitigem Wegzug finanzkräftiger Bewohnergruppen eine zunehmende sozialstrukturelle Entmischung. Dieser Prozess kennzeichnete die Entwicklung westdeutscher Großsiedlungen seit den 1970er Jahren und wiederholte sich seit Mitte der 1990er Jahre in den ostdeutschen Plattenbausiedlungen.

Eine Mikroanalyse der Entwicklungen zeigt, dass Wohnraumunterversorgung weitere Ursachen hat:

- Mit dem Wohlstand wuchs der Bedarf an Wohnfläche. Der für die alte BRD seit 1989 ermittelte Durchschnittswert von 36,5 Quadratmeter hat sich bis 2015 trotz gestiegener Nachfrage und ökonomischen Krisenszenarien auf 45,9 Quadratmeter Wohnfläche pro Person erhöht.
- Haushalte mit Kindern werden zur Minderheit. Die Zahl der Single-Haushalte stieg bis 2015 auf über 41 % aller Haushalte. In Städten wie Freiburg lebt in jeder zweiten Wohnung ein Single-Haushalt.
- Wirtschaftliche und soziokulturelle Faktoren sowie organisatorisch-rechtliche Hemmnisse vergrößern die Disparitäten. Hierzu gehört, dass alte Menschen über Jahrzehnte in zu großen Wohnungen bleiben und auch keine akzeptierten Formen des Wohnungswechsels installiert werden konnten. Hierzu gehört auch, dass viele bauwillige Familien aufgrund der Finanzierungsprobleme oft spät bauen und die für eine mehrköpfige Familie geplanten Eigenheime schon nach wenigen Jahren von den Kindern verlassen werden. Die auf Familienwohnen zugeschnittene Wohnfläche wird über viele Jahre nicht angemessen genutzt.
- In die alten Bundesländer kamen seit 1989 über 7 Millionen Zuwanderer. Die Szenarien, die sich auf Bevölkerungsentwicklungen im Zusammenhang mit der geplanten Erweiterung der Europäischen Gemeinschaft beziehen,

schwanken in ihren Prognosen zwischen drei und zehn Millionen weiteren Zuwanderern.

- Zu verweisen ist ferner auf das nahezu völlige Versagen der Politik. 1986 sah der damalige Wohnbauminister Schneider einen Wohnungsüberschuss in der Größenordnung von einer Million – wohl eine der gravierendsten Fehleinschätzungen der Nachkriegspolitik. Mitte der 1990er Jahre wurde die Wohnbauförderung nahezu eingestellt, was die nach 2002 auftretenden Kalamitäten des Wohnungsmarktes für weniger begüterte Schichten weiter vergrößert hat. Die unter dem Primat der Stadtentwicklung angelegten Abrissprogramme in den Städten Ostdeutschlands hatten neben positiven städtebaulichen Wirkungen zur Folge, dass besonders preisgünstiger Wohnraum vernichtet wurde.
- Zu nennen sind des Weiteren: ein völlig unzureichender sozialer Wohnungsbau, der Rückgang kommunaler Investitionen aufgrund der wachsenden wirtschaftlichen Probleme der Kommunen, die Erleichterungen der Umwandlung von Altbaumietwohnungen in Eigentum (Grundsatzentscheidung des gemeinsamen Senats der obersten Gerichtshöfe der BRD), was nach Untersuchungen der TU München allein in München zu einer jährlichen Umwandlung von 9 000 Wohnungen und damit zur Umstrukturierung ganzer Wohnviertel führt.
- Unter Beibehaltung der seither gültigen wohnpolitischen Maximen müssten jährlich 500 000 neue Wohnungen gebaut werden. Diese Quote ist selbst im „Rekordjahr" 1992 um 200 000 unterschritten worden.
- Datenlage und Forschungsstand über Wohnungslosigkeit in Deutschland sind vergleichsweise bescheiden. Es wäre deutlich mehr möglich und machbar durch eine systematische Wohnungsnotfallberichterstattung, die von allen Bundesregierungen bislang verweigert wird.
- Es gibt erheblichen Forschungsbedarf zur Dynamik von Wohnungslosigkeit, wobei dem Zuzug von Flüchtlingen besonderes Augenmerk gelten muss. Bezeichnend ist, dass die Bundesregierung im Januar 2019 „keinen vollständigen Überblick" über das Ausmaß der Obdachlosigkeit in Deutschland hatte; dies verwundert insoweit nicht, als die jahrzehntealte Forderung nach einer bundesweiten Wohnungsnotfallstatistik bis dahin nicht realisiert worden war (vgl. www.evangelisch.de, Zugriff vom 29. 04. 2020).
- Im Jahr 2019 legte die Bundesregierung erstmals einen Referentenentwurf des Bundesministeriums für Arbeit und Soziales zu einem Gesetz zur Einführung einer Wohnungslosenberichterstattung (Wohnungslosenberichterstattungsgesetz) vor; dies wurde von den Wohlfahrtsverbänden grundsätzlich begrüßt. Allerdings zeigte der Referentenentwurf erhebliche Schwächen: Verschiedene Gruppen Wohnungsloser werden in der geplanten Berichterstattung nicht erfasst. Dies betrifft ausgerechnet die Gruppe der in den prekärsten Verhält-

nissen lebenden Menschen, die nicht mit einer Unterkunft, welcher Art auch immer, versorgt sind.

- Weitere Gruppen werden von dem vorgelegten Referentenentwurf ebenfalls nicht erfasst: Menschen, die temporär ohne Mietvertrag bei Freunden oder Bekannten untergeschlüpft sind wie der gesamte Bereich des ambulant betreuten Wohnens. Diese Personen sind nicht akut wohnungslos, bedürfen aber wohnbegleitender Unterstützung. Sie machen einen beträchtlichen Anteil von Ratsuchenden in den Beratungsstellen der Wohnungsnotfallhilfen aus.

Angaben zur Entstehung der Wohnungslosigkeit oder weiteren sozialen Notlagen sollen nach dem Referentenentwurf nicht erhoben werden, obwohl diese für eine angemessene Politik relevant wären. Insbesondere als Grundlage für sozialpolitisch fundierte Entscheidungen sind belastbare Informationen über das Ausmaß von Wohnungslosigkeit – in einem weiter gefassten Verständnis – in der gesamten Bundesrepublik unerlässlich. Ziel sollte sein, die am meisten ausgegrenzten Personen quantitativ insoweit zu erfassen, dass daraus beispielsweise wohnungspolitische Maßnahmen abgeleitet werden können ebenso wie Maßnahmen zur Weiterentwicklung der Hilfesysteme für Menschen in besonderen sozialen Schwierigkeiten insgesamt. Immer mehr EU-Mitgliedstaaten entwickeln nationale Strategien gegen Wohnungslosigkeit, davon ist Deutschland noch ein gutes Stück entfernt.

Anfang 2019 entwickelte sich insofern eine bemerkenswerte Dynamik, als das Thema „Enteignung von Großvermietern“ von einigen Gruppierungen als Ultima Ratio auf die politische Agenda lanciert wurde. Unter Berufung auf Art. 14 GG setzte eine kontrovers geführte Debatte in den Medien ein, die im Kern daran erinnerte, dass Eigentum eben auch dem Gemeinwohl zu dienen habe. Damals gehörten der Firma „Deutsche Wohnen“ rund 112 000 Wohnungen in Berlin, hinzu kommen gut 50 000 Einheiten in anderen Ballungsräumen. Seitdem immer mehr Menschen aus dem In- und Ausland zum Studieren oder Arbeiten in deutsche Großstädte zogen, stehen bei den Konzernen kaum noch Wohnungen leer, sie können die Mieten regelmäßig erhöhen, und da in Nullzins-Zeiten zudem viele Investoren Immobilien kaufen wollen, gewinnen die Großvermieter kräftig an Wert (Süddeutsche Zeitung vom 08. 04. 2019)

In dem Maße, wie es den Lobbyisten der Wohnungswirtschaft gelang, den deutschen Wohnungsmarkt „für den internationalen Wettbewerb fit zu machen“, verschwanden die Komponenten eines sozialen Wohnungsbaus, der gerade Schwächere schützt.

Betrachtet man die handlungsleitenden Orientierungen der in diesem Praxisfeld agierenden Akteure und nimmt Ausblick auf die Zukunft der deutschen Wohnungspolitik, so wird deutlich, dass die bereits mit den Instrumenten „Soziale Stadt" und „Stadtumbau Ost" vorgenommenen Akzentsetzungen ihre Fortsetzung gefunden haben. Statt vorrangig auf rechtliche und ökonomische Interventionen zu setzen, die das Bauen forcieren und die rechtliche und ökonomische Position von Mietern, Eigenheimerwerbern und insbesondere der prekären Gruppen am Wohnungsmarkt zu stärken, erlangen Instrumente zur Wohnumfeldverbesserung eine größere Bedeutung. Welche Folgen die zu geringe Wohnbauförderung für die schwächeren Einkommensgruppen hat, ist seit einigen Jahren erkennbar.

Bereits Wirkungen zeigt der Sachverhalt, dass seit Januar 2005 auch für bisher Arbeitslosenhilfeberechtigte die bislang in der Sozialhilfe üblichen Angemessenheitskriterien für Unterkunftskosten gelten. Längstens für 6 Monate sollten in der Regel die Mehrkosten, die die üblichen Obergrenzen der Unterkunftskosten übersteigen, vom zuständigen Träger als Bedarf berücksichtigt werden (§ 22 Abs. 1 Satz 2 SGB II). Wichtig ist diese Regelung vor allem für diejenigen erwerbsfähigen Hilfeberechtigten, denen ein Umzug in eine preiswertere Wohnung nicht sofort möglich ist (§ 22 Abs. 1 Satz 2 SGB II).

Erhält jemand Leistungen für die Unterkunft nach SGB II oder SGB XII, so besteht kein Anspruch auf Wohngeld nach dem Wohngeldgesetz (§ 1 Abs. 2 Satz 1 Nr. 1, 2 WoGG). Das heißt im Klartext: Wer eine zu teure, bzw. zu große Wohnung hat, wird die überschüssigen Kosten selbst tragen, untervermieten oder in eine „angemessene" Wohnung umziehen müssen. Folgen der Neuregelung sind ein verstärkter Nachfragedruck auf das Wohnungsmarktsegment mit „angemessenen" Wohnungen, ein verstärkter Trend zur Segregation und verminderte Integrationschancen für bereits wohnungslose Haushalte.

Auch der Trend zur Segregation und zur Konzentration einkommensschwacher Haushalte in bestimmten Wohnvierteln, in denen solche Wohnungen verfügbar sind, nimmt seit Jahren zu (bereits: Forschungsverbund „Wohnungslosigkeit und Hilfen in Wohnungsnotfällen" 2005, S. 94).

Am Wohnungsmarkt benachteiligte Frauen (siehe auch Kapitel 11.1)

Eine am Wohnungsmarkt beeinträchtigte Gruppe sind wohnungslose Frauen, auch wenn ihr Anteil im Hilfesystem bisher deutlich geringer als derjenige der Männer ist. Einige wenige Fakten zeichnen ein Bild, das alles andere als erfreulich ist, nachfolgend mit Focus aus Baden-Württemberg ausgeführt:

- In Deutschland sind Stand 2018 ca. 100 000 Frauen wohnungslos (www.faz.net, Zugriff vom 20.07.2019). Der Frauenanteil im Hilfesystem der freien Träger stieg deutschlandweit von 2011 auf 2017 um 4,8 % und liegt aktuell bei 27,0 % (www.bagw.de, Zugriff vom 24.04.2019).

- In Baden Württemberg erreichte die Zahl der in Einrichtungen der Wohnungslosenhilfe um Hilfe suchenden Frauen mit 3 316 einen noch nie dagewesenen Höchststand und stieg damit in den vergangenen 10 Jahren um fast 50 % an, das Verhältnis zu den Männern stieg um 4 % auf insgesamt 27 % (vgl. Liga der freien Wohlfahrtspflege in Baden-Württemberg e. V. 2019).
- Darüber hinaus befinden sich unter den ordnungsrechtlich untergebrachten Menschen in Baden-Württemberg ca. 3 500 und damit gut 31 % Frauen (vgl. Ministerium für Arbeit und Sozialordnung, Familie, Frauen und Senioren Baden-Württemberg 2015).

Exkurs V: Wohnbau für Wohnungslose

Die organisierte Wohnungslosenhilfe kann in der Bundesrepublik für sich in Anspruch nehmen, im Verlauf der letzten 40 Jahre eine Reihe zukunftsweisender Vorschläge für die Ausgestaltung der Hilfe unterbreitet zu haben. Dabei reicht das Spektrum von differenzierten Formen ambulanter Maßnahmen bis hin zur Schaffung von Arbeitsmöglichkeiten.

Das Problem der Wohnraumunterversorgung für sozial schwache Gruppen kann durch die Träger der Wohnungslosenhilfe nicht gelöst werden. Dennoch wurden vor dem Hintergrund des Versagens der öffentlichen Hände seit den 1990er Jahren eine Reihe modellhafter Projekte initiiert, die in gezielte Wohnbauprogramme für Wohnungslose mündeten. Zwischenzeitlich gibt es vielerorts beispielhafte Projektierungen von bezahlbarem, zumeist Einfachwohnraum. Dabei sind die Konzepte sehr unterschiedlich und reichen von einzeln, in den Bestand eingestreuten Wohnungen bis hin zu Wohnanlagen für 20 oder mehr Parteien. Beide Varianten und weitere Modelle haben Vor- und Nachteile und müssen jeweils im konkreten Kontext des Bedarfs im jeweiligen Gemeinwesen betrachtet werden. Daraus abgeleitet sind Strategien und Methoden zur Wohnraumschaffung zu entwickeln, denen allen eines gemeinsam ist: Nur bei Zurverfügungstellung von Investitionszuschüssen können am Ende preiswerte Wohnungen entstehen, die für Menschen mit niedrigem Budget aufgrund der lokalen Mietobergrenzen langfristig bezahlbar bleiben. Dies gilt in gleicher Weise für den Ansatz des „housing first“, der seit einiger Zeit erprobt und in der Fachdebatte durchaus kontrovers diskutiert wird. Hierbei erhalten Menschen bedingungslos eine Mietwohnung und können dann individuell passende Hilfen in Anspruch nehmen, wenn sie das möchten.

Übungsfragen

- Welches sind die besonderen Armutsrisiken von Arbeitslosen?
- In welcher Weise sind arme Kinder in der Bildung und an kultureller Teilhabe beeinträchtigt?
- In welchem Zusammenhang wird der Begriff „New Under-Class" verwendet?
- Gehen Sie der Frage nach, in welcher Weise die so genannten „Hartz-Gesetze" die Lebensverhältnisse von Kindern und Jugendlichen beeinträchtigen.
- Auf welche Ursachen geht die Wohnraumunterversorgung für finanzschwächere Mietergruppen zurück?
- Was wären angemessene Strategien, um von Wohnungslosigkeit bedrohte Bevölkerungsgruppen besser mit Wohnraum abzusichern?

Vorschläge für das Selbststudium

- Entwicklung der Arbeitslosigkeit nach 1949
- Zusammenhänge zwischen Arbeitslosigkeit und Armut
- Wohnpolitik

Zum Weiterlesen

Bundesarbeitsgemeinschaft Wohnungslosenhilfe: Wohnraumbeschaffung durch Wohnungsbau. Bestelladresse: BAG Wohnungslosenhilfe, Postfach 130148, 33544 Bielefeld

Schader-Stiftung (Hrsg.): Wohnungspolitik in Deutschland. Positionen. Akteure. Instrumente. Verfasst von: B. Egner/N. Georgakis/H. Heinelt/R. C. Bartholomäi, Darmstadt 2004

www.pestel-institut.de

Prognos AG: Wer baut Deutschland? Inventur zum Bauen und Wohnen 2019. https://www.prognos.com/uploads/tx_atwpubdb/20190509_Inventur_zum_Bauen_und_Wohnen_2019_-_PROGNOS-Wohnungsbau-Studie.pdf, aufgerufen 06.07.2020

Kapitel 5
Vom Wandel der Erklärungsmodelle für Wohnungslosigkeit

■ Deutungen von Wohnungslosigkeit sind eng mit dem Stand der Entwicklung allgemeiner Gesellschaftstheorien verkoppelt. Eine besondere Relevanz erlangten auch Erklärungsmodelle, die, auf das Individuum zentriert, Armut und Wohnungslosigkeit als einen selbst verschuldeten Zustand interpretierten. Dieses Kapitel vermittelt eine Übersicht über die Erklärungsmodifikationen der letzten 130 Jahre.

5.1 Erklärungsversuche von „Nichtsesshaftigkeit" zwischen 1880 und 1975

Die Entdeckung von Phänomenen der Armut durch die Wissenschaften ist noch relativ jung, wobei der Aspekt des Selbst-Verschuldet-Habens im Unterschied zu mittelalterlichen Interpretationen stark im Vordergrund stand. Gianmaria Ortes, von Marx (1867, 1969) für den bedeutendsten Ökonomen des 18. Jahrhunderts gehalten, schrieb:

> „Der Reichtum einer Nation entspricht ihrer Bevölkerung und ihr Elend entspricht ihrem Reichtum. Der Fleiß der einen ist die Ursache des Müßiggangs der anderen. Die Armen und die Müßiggänger sind ein unausweichliches Produkt der Reichen und Fleißigen."

Dem entgegen stand die gesellschaftliche Realität in vielen Ländern Europas. So zogen im 18. und 19. Jahrhundert zum Beispiel in Württemberg in Krisenzeiten zwischen 20 und 30 Prozent „auf Bettel" durchs Land. Nichtsesshaftigkeit und mobile Lebensweise wurden als mögliche Form der Armenexistenz gesellschaftlich akzeptiert. Die vorindustrielle Sozialmoral argumentierte nach dem paternalistischen Gesellschaftsmodell und wies Vaganten und Bettlern einen festen Ort insbesondere in der ländlichen Gesellschaft zu.

Die im 2. Kapitel dargestellte Herausbildung staatlicher Regelungen hatte auch zum Ziel, bis dato relativ autonome Unterschichtgruppen zu erfassen und umzuerziehen. Die Argumentation administrativer Ordnungsmaßnahmen war infolge einer stärkeren Polarisierung zwischen Besitzenden und Besitzlosen geprägt durch das Schlagwort „öffentliche Sicherheit". Damit wurde zugleich eine deutliche Trennung mobiler Bevölkerung in legal Reisende und illegal Umherziehende vorgenommen. Kirchliche und staatliche ordnungspolitische Vorstellungen ergänzten sich, da Wanderarmut als Gefahr für die soziale Ordnung und zugleich auch für die geistige Vormachtstellung der Kirche angesehen wurde. Denn unter der Masse der Wandernden kursierten sozialromantische und sozialistische Ideen und ein moderner materialistischer Zeitgeist.

Der Marxismus sah Armut und Wanderarmut nicht als individuell verschuldete Notlage an, sondern als Folge wirtschaftlicher und gesellschaftlicher Prozesse. Die Erzeugung des Pauperismus betrachtete er als eine Existenzbedingung der kapitalistischen Produktion. Marx sieht im Pauperismus die Existenzform der relativen Überbevölkerung. Er unterscheidet vier Formen von „Paupers" (Marx 1867, 1969; siehe auch Exkurs III, S. 26):

- Arbeitsfähige, die aufgrund der Knappheit an Arbeit keine feste Beschäftigung erhalten,
- Kinder, die aufgrund der Notlage mit Betteln und Gelegenheitsarbeiten ihre Existenz sichern müssen,
- Arbeitsunfähige,
- „Lumpenproletariat".

Marx definiert das Elendsmilieu als das „Invalidenhaus der aktiven Arbeiterarmee und das tote Gewicht der industriellen Reservearmee" (ebenda). In Folge der Massenarbeitslosigkeit, die nach 1870 aus der „Gründerkrise" der bis dahin prosperierenden industriellen Revolution resultierte, wurde 1872 durch die gemäßigte Fraktion der so genannten „Kathedersozialisten" der „Verein für Sozialpolitik" gegründet. Aus dieser Gruppe heraus formierte sich eine bürgerliche Armenforschung, die neben den bis dahin dominanten kirchlichen Kreisen Impulse für eine intervenierende Sozial- und Wirtschaftspolitik setzte und Einfluss auf die Bismarck'sche Sozialgesetzgebung nahm.

Zu nennen ist insbesondere *Clemens Theodor Perthes*. Seine 1843 erstellte Dokumentation der sozialen Lage von Wanderarbeitern begründete nicht nur die moderne Armenforschung in Deutschland, sondern führte zum Anstoß für die Gründung der ersten und nachfolgenden Herbergen zur Heimat. Für das Jahr 1843 dokumentierte er 30 000 Wandernde, die in Berlin, und 8 000, die in Bonn Station machten. Perthes beschrieb sehr genau die Verelendung der Handwerkergesellen und sah zugleich in ihnen ein politisches Unruhepotential:

> „Vor 10 Jahren [gemeint ist die Zeit vor 1848] war die wandernde Handwerksbevölkerung zugleich der Herd, auf welchem manch politischer Gifttrank gebraut ward, der

> von hier aus schnell in weite Kreise des Volkslebens verbreitet wurde." (Perthes 1856, in Scheffler 1987, S. 24)

Perthes verweist hier auf das Phänomen, dass umherziehende Wanderarbeiter insbesondere in der Landbevölkerung relativ akzeptiert und deren Erzählungen sowie kulturelles Leben als bereichernde Beiträge betrachtet wurden. In zahlreichen Reden und Schriften begründet er die Notwendigkeit für die vermehrte Schaffung von Herbergen zur Heimat. Die wenigen verbliebenen Zunfthäuser bezeichnete er als Orte der Verrohung, der Trunksucht und der Verwahrlosung, in Krankenanstalten und Arbeitshäusern sei ein Konglomerat von armen Bevölkerungsgruppen zusammengeballt, denen unter den gegebenen Bedingungen keine wirkungsvolle Hilfe geleistet werden kann.

Die Betroffenen waren unverändert den alten, aber auch neuen, teilweise subtilen Stigmatisierungen ausgesetzt. Man differenzierte nun zwischen

- „schuldhaft Versagenden",
- „Nicht-Arbeitswilligen",
- „Nicht resozialisierungswilligen Delikttätern",
- „Nichtseßhaften Vagabunden",
- „Nicht entwöhnungs- oder entzugswilligen Vagabunden".

Probleme von Armut und Wohnungslosigkeit wurden in extremer Weise individualisiert, wodurch Konflikte mit den Herrschenden vermieden werden konnten.

Friedrich von Bodelschwingh, der als Begründer des Konzeptes „Hilfe zur Selbsthilfe" oder – noch aktueller – von „aktivierender Fürsorge" gesehen werden kann, gründete 1882 in Wilhelmsdorf bei Bielefeld die erste „Arbeiterkolonie". Gemäß seinen Leitsätzen „Arbeit statt Almosen" und „Wenn wir barmherzig sein wollen, müssen wir hart sein" schuf er eine Anlage mit Symbol- und Modellcharakter: in karger Gegend, abgeschieden von den Städten und Verkehrswegen, erhielten die „Kolonisten" nur Unterkunft und Verpflegung, wenn sie Arbeiten in der Landwirtschaft, der Kultivierung von Ödland oder – wie gut 15 Jahre später bei der Anlage der Kolonie Freistatt – bei der Torfgewinnung übernahmen. Ein zweites Standbein der Nichtsesshaftenhilfe sah Friedrich von Bodelschwingh in einem engen Netz von Naturalverpflegungsstationen,

> „…welches die Arbeitslosen vom Zwang zum Betteln schützt … und der sesshaften Bevölkerung eine vollkommene Beruhigung gewährt, jeden fremden Bettler abzuweisen" (Scheffler 1987, S. 275 ff.).

Trotz seiner rigiden Praxis hatte von Bodelschwingh ein erstaunlich differenziertes Bild von den Wanderarmen. Insbesondere grenzte er sich von den damals dominanten Veranlagungstheoretikern ab. Er stellte deutlich heraus, dass Wanderarmut das fatale Resultat des Niedergangs des Handwerks und der Rationalisierungsfolgen der industriellen Revolution darstellte (G. von Bodelschwingh 1922, S. 226 ff.). Gleichwohl differenzierte er durchgängig zwischen arbeitsamen und arbeitsscheuen Wohnungslosen:

> „Es gibt unter den Landfahrern böse und gute, arbeitsscheue und arbeitsuchende; und das beste Scheidewasser, beide voneinander zu trennen, ist das Angebot strammer Arbeit" (F. von Bodelschwingh 1901, in: Scheffler 1987, S. 170).

Auch mit seinen Erklärungen zur Sozialisation und zur Gewohnheitsbildung unter den subkulturellen Bedingungen des Vagabundenmilieus grenzte sich Friedrich von Bodelschwingh von den Veranlagungstheoretikern der damaligen Zeit ab:

> „In den Gefängnissen und Korrektionshäusern selbst aber saßen gewohnheitsmäßige Vagabunden zusammen mit jungen Burschen, die zum ersten Mal verurteilt waren und nun von den alten Kunden in all die Geheimnisse und all den Schmutz des eigentlichen Vagabundenlebens eingeweiht wurden" (G. v. Bodelschwingh 1922, S. 230).

Vagabundentum wurde somit als das Produkt von Armut und Sozialisationsbedingungen gesehen. Geeignete Mittel zur Besserung lagen in der Herauslösung aus dem Vagabundenmilieu und in der Bereitstellung von Arbeitsgelegenheiten. Im krassen Gegensatz hierzu standen die nach 1900 aufkommenden Theorien über das Vorliegen einer „Wandererpersönlichkeit". Ausgangspunkt hierfür waren damals aktuelle medizinisch-psychiatrische Erkenntnisse. Die mobile Existenz der Vagabunden wurde als Folge eines pathologischen Wandertriebes gedeutet, der als „Poriomanie" bezeichnet wurde. Mit dem Einzug der Psychiatrie in die Wanderfürsorge glaubte man mit einer quasi wissenschaftlich-kausalen Logik den „Persönlichkeitsdefekten" der Wanderer auf die Spur zu kommen. Die Problematik wurde nun im Individuum lokalisiert und primär diesem zur Last gelegt. Das Wandererdasein galt nun noch stärker als zuvor als Folge abnormer Persönlichkeitsbildung, bei der sich die „asozialen Eigenschaften einer Person in asozialem Verhalten ausdrücken" (Geiger 2004, S. 176). Die Nähe zu sozialhygienisch begründeten Handlungsaufträgen war somit bereits geschaffen.

In den 1920er Jahren rangen unterschiedliche politische und soziale Strömungen um die Vorherrschaft. Aufgrund der wirtschaftlichen Depression wurde Wanderarmut zum Massenphänomen. Einen außerordentlichen Umfang nahm die Wanderfürsorge für Jugendliche an. Vor diesem Hintergrund konkurrierten in dieser Zeit unterschiedliche Erklärungsmodelle über das Phänomen Wanderarmut. Während auf der einen Seite die Konstruktionen von der „arbeitsscheuen" und „pathologischen" Persönlichkeit überdauerten, traten nun auch vermehrt Deutungen zutage, die am sozialen Elend der damaligen Zeit anknüpften:

> „Die Ursache zu dieser außerordentlichen Steigerung liegt in dem Wohnungselend und in der Wirtschaftskrise. Die meisten der jugendlichen Wanderer befinden sich wegen Arbeitsmangels auf der Wanderschaft" (Stadtarchiv Frankfurt/Main, in: Frankfurter Verein für Soziale Heimstätten 1986, S. 34).

In den Wirren der 1920er und 1930er Jahre entstanden auch Ansätze einer politischen Selbstorganisation der Vagabunden mit dem Namen „Bruderschaft der Vagabunden", die sich um die lange Zeit in Stuttgart lebende Person Gregor Gog und die Zeitschrift „Der Kunde" formierte. Die Vagabundenexistenz wurde von den Protagonisten als Ausdruck revolutionärer Praxis gesehen:

> „Eine Sonne scheint für alle … Die kommunistische exekutive Weltgesetzgebung, geboren aus dem Blut des toten und des lebenden Proletariats … Der Vagabundismus ist nicht Selbstzweck, er ist ein Charakter und eine Mission. Aber gerade der Vagabundismus ist es, der konsequent das totale Ergebnis der Sesshaftigkeit beurteilen kann. Wir tragen eine Anerkennung ihrer Kultur in uns, doch wir rütteln – nein wir rammen das System dieser Sesshaftigkeit um, das System der Ausbeutung aller Stadt- und Dorfkerkersträflinge: der Ausbeutung des Proletariats" (R. Geist 1929, in: Trappmann 1980, S. 117).

Exkurs VI: Sozialrevolutionäre Wanderer, Bruderschaft der Vagabunden und Vagabundenkunstausstellung

Als eine Folgeerscheinung der ökonomischen, sozialen und psycho-sozialen Verelendung und Verunsicherung sowie der Enttäuschung, die vielen die gescheiterte Revolution bereitete, entstand nach 1919 eine Vielzahl kleinerer Zirkel mit utopistischen, sozialschwärmerischen und -reformerischen Ideen, die eine besondere Attraktivität auf Teile der verunsicherten jungen Generation ausübten. Zu erwähnen sind hier beispielsweise: die „Neue Schar", die unter ihrem Führer Friedrich Muck-Lamberty im Sommer 1920 durch Thüringen zog, wobei an vielen Stationen gesungen und öffentlich getanzt wurde, sowie die „Aktion Weltenwende" um den späteren Verfasser des Romans „Stalingrad", Theodor Plivier, deren Aktionsfeld ebenfalls in Thüringen lag.

Hermann Hesse beschreibt die Sinnkrise der Nachkriegszeit in seiner Erzählung „Die Morgenlandfahrt" (Hesse 1932, 1973):

„... unmittelbar nach dem Ende des großen Krieges war unser Land voll von Heilanden, Propheten und Jüngerschaften, von Ahnungen des Weltendes oder Hoffnungen auf Anbruch eines Dritten Reiches. Erschüttert vom Kriege, verzweifelt durch Not und Hunger, tief enttäuscht durch die anscheinende Nutzlosigkeit all der geleisteten Opfer an Blut und Gut, war unser Volk damals manchen Hirngespinsten, aber auch manchen echten Erhebungen der Seele zugänglich, es gab bacchantische Tanzgemeinden und wiedertäuferische Kampfgruppen, es gab dies und jenes, was nach dem Jenseits und nach dem Wunder hinzuweisen schien."

Desorientierungen nach den historischen und individuell als traumatisch erlebten Ereignissen, die radikale Infragestellung der alten Ordnungen sowie auch der Mangel an attraktiven beruflichen und ökonomischen Alternativen ließ nicht nur die berühmte Künstlerkolonie im schweizerischen Ascona, sondern eine Vielzahl „alternativer" Lebensgemeinschaften entstehen, die insbesondere auf junge Menschen eine größer werdende Faszination ausübten:

„Nach dem Weltkrieg änderte sich die Situation in den Verlierer-Staaten völlig. In Deutschland brach selbst die Elite der bildungsbürgerlichen Jugend aus den von der Vätergeneration vorgezeichneten Lebensbahnen aus, hunderte – meist kurzlebige – ruraler Siedlungskommunen schossen da um 1920 aus dem Boden, und gleichgültig, ob die Ideologie anarchistisch, kommunistisch oder völkisch war, so einte sie doch alle der Glaube an die bevorstehende Wende, der Exodus aus der zum Untergang verdammten Großstadt" (Linse 1982, S. 194).

Gregor Gog, einer der Initiatoren des Stuttgarter Vagabundenkongresses im Jahr 1929, malte in einer zeitgenössischen Betrachtung des Schicksals des „Malervagabunden" und späteren Kunstprofessors Hans Tombrock ein Stimmungsbild über die Befindlichkeit der jungen Generation:

„Die Jugend, die aus dem Irrsinn des Krieges zurückkehrte, war angefüllt mit einem dumpfen, tierischen Haß gegen die Gesellschaft. Und wenn auch alles im Unklaren schwamm und verschwamm, das Gestern, Heute und Morgen – eins wußten wir jungen Menschen mit Bestimmtheit: nie war eine Jugend so betrogen und vergiftet worden" (Gog 1938 in: Trappmann 1980, S. 238).

Lebensreformerische alternative Gehversuche vermengten sich mit Elementen des Wandervogels und der neu entstehenden linken und rechten Ideologien.

Ein anderer, meist proletarischer Teil der Jugend, dem aus sozialen Verhältnissen der Zugang zu diesen Strömungen und Lebensgemeinschaften versagt blieb, gelangte in den ersten Nachkriegsjahren auf die Straße.

> „Es war eine gewisse Staatsverdrossenheit, die uns auf die Landstraße zog … Dazu kam, dass eine Bewegung aufbrach, heraus aus der Stadt, eine Jugendbewegung, die den Menschen die Natur, die Landschaft öffnen wollte.
>
> Ich war auch in Asylen, weil das häufig gar nicht anders möglich war. Zum Beispiel, wenn ich in irgendeinen Ort kam, der meinetwegen 50 000 Einwohner hatte, und es gab keine Jugendherberge, und ich konnte nicht bei Bauern schlafen, führte der Weg zwangsläufig ins Asyl für Obdachlose …
>
> Ich bekam dann postlagernd eine Einladung, ich möchte doch zum Vagabundentreffen kommen. Dort waren, ich würde sagen, ein Drittel waren reine Jugendbewegte, Wandervögel, ein Drittel waren Vagabunden bis zu solchen, die also messiashafte Illusionen in sich hatten als Gottsucher, halbreligiös Verkrachte, und das letzte Drittel waren dann die eigentlichen Speckjäger, wie ja die ‚Kunden' damals genannt wurden, weil man ihnen ja nichts anderes zutraute, als dass sie nur das bisschen Brot und das bisschen zu Essen aus jeder Haustür herausklapperten …
>
> Es gab auch Frauen, sogenannte Tippelschicksen, aber die waren nur ganz kurz auf dem Kongress. Daneben gab es eine ganze Reihe von Wandervogelmädchen, die aus der Sehnsucht und aus der Abenteuerlust heraus in diesen Kongress hineingekommen waren" (Bettermann 1982, S. 299 ff.).

Die sozialromantischen und sozialrevolutionären Protagonisten riefen 1929 zu einem „Vagabundenkongress" in Stuttgart auf. Am 21. Mai 1929 sammelten sich im Garten der Stuttgarter Freidenker-Jugend etwa 300 Vagabunden, ebenso kommunistisch-anarchistische Akteure sowie einige Vertreter der in Württemberg zahlreichen Lebensreformer. Daneben: Künstler, Intellektuelle, Wandervogelbewegte. Das Treffen war ein Versuch, Erwerbslose für politische Aktionen zu gewinnen und sich eine eigene Kultur zu schaffen. In einer Resolution wurde gefordert:

- Recht auf eine vagabundische Existenz,
- Leben ohne Restriktion und Verfolgung,
- der Kunde, revolutionärer als alle Kämpfer, hat die volle Entscheidung getroffen. Generalstreik ein Leben lang! (Simon 1991, S. 111).

Begleitet wurde dieser Vagabundenkongress von einer „Vagabundenkunstausstellung" in einer Stuttgarter Galerie:

„Die Vagabundenkunstausstellung im Kunsthaus Hirrlinger zeigte neben manchem Unzulänglichem und Groteskem auch ernstzunehmende künstlerische Leistungen. Hervorzuheben sind die Zeichnungen und Skizzen von Hans Tombrock, Mitglied der Antiautoritären Sozialistischen Jugend. Außerdem sind noch Arbeiten zu nennen von Max Ackermann und Hans Bönnighausen: letzterer allerdings recht unvergoren und verstiegen." (Polizeibericht Juni 1929, Quelle: Staatsarchiv Sigmaringen, in: Simon 1991, S. 112)

Mit der Machtübernahme der Nationalsozialisten dominierten erneut stigmatisierende Ursachenbeschreibungen und fanden ihre Eskalation in einem völkischen Sozialdarwinismus, wobei hinzuzufügen ist, dass sich Ideologie und Menschenbild hier keineswegs „über Nacht" durch setzten, sondern ihre Wurzeln in einer langen Traditionslinie der Entwicklung eines völkisch-rassistischen Menschenbildes hatten. Den Wohnungslosen wurden nun sehr unterschiedliche, zum Teil sich widersprechende Eigenschaften zugeschrieben.

Bei Nichtsesshaften handle es sich um „körperlich und seelisch heruntergekommene Menschen, die der Verwahrlosung und völliger Arbeitsentwöhnung anheimgefallen sind" (Mailänder 1938), und zu gleich auch „raffinierte Nichtstuer, die aus dem Mitleid ihrer Mitmenschen ein Geschäft machen" (ebenda).

Die Reichsleitung der NSDAP unterschied 1936 in einem Rundschreiben an alle Gauleiter zwischen

- „geordneten Wanderern", die mit Wanderbuch in Maßnahmen der öffentlichen Fürsorge und der Wanderfürsorgeverbände integriert sind,
- „ungeordneten Wanderern" (Landstreicher, Bettler, Asoziale), die als „Schädlinge am Volkskörper" polizeilichen Maßnahmen zuzuführen sind,
- Arbeitslosen, die ohne Arbeitsanweisung reisen.

Die unter der Leitung von Standartenführer Seidler 1938 vom Bayerischen Landesverband für Wanderdienst herausgegebene Schrift „Der nichtseßhafte Mensch" wurde für die mit der Nichtsesshaftenhilfe betrauten Stellen handlungsleitend und fand schließlich auch die Anerkennung von Vertretern der kirchlichen Verbände. Das Standardwerk differenzierte zwischen

- „wandernden Bettlern",
- „verbrecherischen Bettlern",
- „bettelnden Verbrechern",
- „wandernden Verbrechern".

Eine besondere Schwerpunktsetzung der Publikation lag in der Auseinandersetzung mit Zigeunern und Landfahrern. Sie war eine der Grundlagen, die zur Verfolgung und Vernichtung von Zigeunern geführt haben. Es wurde unterschieden zwischen

- reinrassigen Zigeunern und
- einer „Abfallschicht von Mischlingen und jenischen Landfahrern".

Verfügt wurde, dass die „jenischen Landfahrer" in Wanderhöfen gesammelt, gegebenenfalls sterilisiert werden, um zu verhindern, dass ihre „asoziale Erbanlage als fruchtbarer Fluch weitergetragen wird".

Obwohl das Buch „Der nichtseßhafte Mensch" eine mehr als deutliche Sprache spricht, dokumentiert ein Teil der Fachöffentlichkeit heuchlerisches Interesse und Zustimmung, so auch des in der Nichtsesshaftenhilfe engagierten Pastors Spelmeyer:

> „Von Interesse ist es zu hören, dass auf Veranlassung des Innenministers eine gründliche rassekundliche Erfassung und Sichtung aller Zigeuner und Mischlinge zur Zeit durchgeführt wird" (Spelmeyer 1938, S. 198 ff.).

Auch in der Nichtsesshaftenhilfe gab es keine „Stunde Null". Sowohl beim Personal als auch bei der Stigmatisierung Wohnungsloser dominierte Kontinuität. Die „Veranlagungstheorien" wirkten nach dem Krieg fort, allerdings ergänzt durch die Eindrücke, welche sich als Kriegsfolgeprobleme gestalteten. In einer bis in die 1970er Jahre relevanten Grundlegung unterschied Gerhard Schorsch (1952) bei Nichtsesshaften:

- Schwachsinnige, die ein Normalleben nicht führen können,
- seelisch Erkrankte,
- Personen, die in ihrer Charakterbeschaffenheit so starke Abweichungen aufweisen, dass sie eine Normalexistenz nicht zu leben vermögen,
- Außenseiter mit sehr unterschiedlichen Formen der Fehlentwicklung.

Als Hauptgruppe sah er jene Personen „mit einem Mangel an Charakterfestigkeit". Auch der bis Ende der 1940er Jahre mit Berufsverbot durch die amerikanische Besatzungsmacht belegte Karl Mailänder nimmt nochmals an der Fachdiskussion teil:

> „Reg.-Dir. Mailänder nahm auch zur Frage Stellung, wie gegen Nichtsesshafte vorgegangen werden soll, die sich nicht helfen lassen wollen … Er stimmt dem Vorschlag

> zu, die Freizügigkeit solcher Personen einzuschränken und sie gerichtlich in eine geeignete Anstalt oder ein geeignetes Heim einzuweisen."

Diese Sicht findet schließlich Eingang in die Regelung im § 73 des 1961 verabschiedeten BSHG. „Neues Denken" beginnt erst mühsam zu wachsen, als das Bundesverfassungsgericht in einem bemerkenswerten Urteil am 18. Juli 1967 zum § 73 BSHG feststellt:

> „Die zwangsweise Anstalts- oder Heimunterbringung eines Erwachsenen, die weder dem Schutz der Allgemeinheit noch dem Schutz des Betroffenen selbst, sondern ausschließlich seiner Besserung dient, ist verfassungswidrig" (Deutscher Verein für öffentliche und private Fürsorge 1967).

5.2 Innovationen in der Fachdebatte seit 1977

In der sich langsam ändernden Sichtweise der Ursachenzusammenhänge von Wohnungslosigkeit dominierte auch in den 1970er Jahren immer noch stark die Sicht von der Behandelbarkeit. Ein erster Schritt zu einem Paradigmenwechsel war die Herausarbeitung von Faktoren, welche in einer dynamischen Wechselwirkung einander beeinflussen sowie die psychische und soziale Situation eines Menschen kennzeichnen sollen:

- materielle Existenz,
- Identität,
- Status,
- Ansehen,
- Bindung.

Bei entsprechender Konstellation dieser Faktoren zueinander können sich verschiedene Stadien von „Nichtsesshaftigkeit" herausentwickeln (Evangelischer Fachverband für Nichtsesshaftenhilfe 1977, S. 31):

- potentielle,
- latente,
- periodische,
- chronische.

Nichtsesshaftigkeit wurde von nun an verstärkt als therapeutisch behandelbar betrachtet, was vorrangig individuell begründete Ursachenbeschreibungen und eine

Integration psychologischer Erklärungsfragmente mit sich brachte. Ausgehend von der Begrifflichkeit des § 72 BSHG, welcher von den sozialen Schwierigkeiten ausging, wurde folgende Phänomenologie entwickelt (ebd., S. 33 ff.):

- emotionale Schwierigkeiten, zum Beispiel manische und depressive Zustände, Ängste und Übererregbarkeiten,
- Schwierigkeiten, sich mitzuteilen,
- Schwierigkeiten im Bereich des Leistungsverhaltens: Motivationsschwäche, Bildungsschwäche,
- Schwierigkeiten im Bereich des Sozialverhaltens: Kommunikationsstörungen,
- Schwierigkeiten, angemessen zu kooperieren, Status- und Rollenkonflikte,
- Suchtprobleme,
- Schwierigkeiten im Bereich der Werthaltung: „Wertblindheit", kriminelles Verhalten.

Dieses Spektrum an Be- und Zuschreibungen sozialer Schwierigkeiten legte den Schluss nahe, dass Nichtsesshaftigkeit auf der Basis individuenzentrierter Trainings und Therapie behoben werden könnte. Zu Beginn der 1980er Jahre wurde in der Fachöffentlichkeit eine starke Kontroverse zwischen therapeutisch ausgerichteten Mitarbeiter/innen sowie jenen ausgetragen, die die Armutsproblematik im Vordergrund sahen und vorrangig mit ambulanten Angeboten Hilfe leisten wollten.

Eine Zäsur erfolgte 1985, als die Bundesarbeitsgemeinschaft in ihrem neu verabschiedeten Grundsatzprogramm zu folgenden Ursachenbeschreibungen gelangte (BAG-NH 1986, S. 4 ff.):

- Nichtsesshaftigkeit ist vorrangig ein Problem von Armut und Unterversorgung.
- Dabei sind folgende Problemlagen besonders ausgeprägt: Arbeitslosigkeit und Gelegenheitsarbeit; Krankheit, auch Alkoholismus, Behinderung und psychische Beeinträchtigung; Verlust sozialer Beziehungen; Wohnungslosigkeit und Sozialhilfebedürftigkeit.

Nur zwei Jahre später wird dieses Konzept durch die Einführung des Wohnungsnotfallbegriffs erweitert (Deutscher Städtetag 1987). Dieser neue Fachbegriff hat sich bis heute zunehmend, wenngleich keineswegs vollständig in Forschung, Praxis und Administrationen durchgesetzt. Wohnungsnotfälle können nunmehr in drei Hauptgruppen unterteilt werden, die ihrerseits weitergehende Differenzierungen aufweisen:

- Personen, die aktuell von Wohnungslosigkeit betroffen sind (diese Gruppe stimmt weitgehend mit den „klassischen" Zielgruppen der Wohnungslosenhilfe überein).
- Menschen, die unmittelbar von Wohnungslosigkeit bedroht sind, aber die Unterkunft noch nicht verloren haben – bei dieser Fallkonstellation spricht man unverändert auch von latenter, gelegentlich auch von potentieller Wohnungslosigkeit.
- Personen, die aus sonstigen Gründen in unzumutbaren Wohnverhältnissen leben.

Gemeinsam ist diesen drei Gruppen, dass sie der institutionellen Hilfe zur Sicherung einer angemessenen und dauerhaften Versorgung mit Normalwohnraum bedürfen (Evers 1999, S. 84).

In den 1990er Jahren standen in der Fachdebatte vor allem die zwei Aspekte Armut und Wohnungslosigkeit im Vordergrund. Bei Beseitigung der Ursachen von Armut und Wohnungslosigkeit wäre Wohnungslosigkeit weitgehend behoben. Armut wird in diesem Zusammenhang eher als Folge unterschiedlicher, zusammenwirkender Faktoren verstanden, als ein Komplex *multipler sozialer Deprivation* (→ Kapitel 3). Bei der Bestimmung von Armutsgrenzen und Armutsbegriffen ist es unmöglich, eine allgemeingültige, objektive Bestimmung vorzunehmen.

Brender (1999) hat, ohne dass es stärkeren Einfluss auf die Praxis genommen hätte, allgemeine Theorien „Erlernter Hilflosigkeit" auf die Erklärung von Entstehungsursachen von Wohnungslosigkeit übertragen. Das Konzept deutet die Entstehung von Hilflosigkeit in Wechselwirkung zwischen Individuum und sozialem Umfeld. In diesem Interaktionsgefüge entstehe ein „Teufelskreis" des Selbstwert- und Motivationsverlustes, der gesundheitlichen Schädigungen, der Abhängigkeit von Sozialhilfe und der Chronifizierung psychosozialer Schädigungen. Der lange Weg des sozialen Abstiegs sei auch durch soziale und therapeutische Institutionen nicht aufzuhalten (ebenda, S. 137).

Praxis und Forschung der Wohnungslosenhilfe waren über mehr als hundert Jahre hinweg vorwiegend männerzentriert. Dabei haben geschlechterbezogene Überlegungen bis in die 1980er Jahre hinein prinzipiell keine Rolle gespielt, was sich auch an den Erklärungsmustern für die Entstehung von Wohnungslosigkeit wiederspiegelt. Das Hilfesystem begann erst nach heftiger Intervention engagierter Fachfrauen mit der Entwicklung eigenständiger Hilfeangebote für wohnungslose Frauen, was in Folge einer mehr als zwanzigjährigen Entwicklung dazu geführt hat, dass rund 10 Prozent der heute rund 600 Einrichtungen für wohnungslose Menschen in der Bundesrepublik Frauen als vorrangige Zielgruppe haben (Rosenke/Schröder 2006). Fichtner (2004, S. 50) sieht das Feld durch eine Forschungstradition geprägt, die er als *geschlechtsblinde Männerforschung* bezeichnet (hierzu → Exkurs XIII). Er plädiert deshalb für eine Hinwendung zu einer sozialkonstruktivistischen Genderforschung, die den hier dominanten Differenzansatz ergänzen soll (ebenda, S. 52). Während mit letzterem danach gefragt wird, welche speziellen Faktoren zur Wohnungslosigkeit von Männern führen, zielt der Genderansatz auf die Frage, wie unter den spezifischen Bedingungen und Einschränkungen von Wohnungslosigkeit weiterhin Männlichkeit hergestellt und mit welchen Handlungs- und Deutungsmustern diese aufrecht erhalten wird.

5.3 Neue Forschungsansätze: Der Lebenslagenindex

Der Evangelische Bundesfachverband für Wohnungsnotfall- und Straffälligenhilfe und die Alice Salomon Hochschule Berlin (ASH) haben eine erste systematische und repräsentative Lebenslagenuntersuchung wohnungsloser Menschen durchgeführt (www.ebet-ev.de, Zugriff. Vom 01. 06. 2020): „Bei der vorliegenden Studie handelt es sich um die 1. systematische Untersuchung der Lebenslagen wohnungsloser Menschen. Sie ist repräsentativ für die akut wohnungslosen erwachsenen Personen, die Hilfe in den bundesweiten diakonischen Einrichtungen der Wohnungslosen- und Straffälligenhilfe suchen und erhalten. Theoretische Grundlage ist der Lebenslagenansatz, der die Mehrdimensionalität unterschiedlicher Lebensbereiche in ihrer Wechselwirkung berücksichtigt und somit eine ganzheitliche Sicht auf die Lebenssituation von Menschen ermöglicht. Diese ist Voraussetzung für eine professionelle Unterstützung von Betroffenen in Armutslagen, sodass die Ergebnisse der Studie einen wichtigen Beitrag zur Praxisforschung im Arbeitsfeld der Wohnungsnotfallhilfe leisten. Erstmalig wurde für die Zielgruppe akut wohnungsloser Menschen in dieser Untersuchung ein sogenannter Lebenslagenindex entwickelt. Dieser verknüpft unterschiedliche Indikatoren für die Lebenssituation der Befragten miteinander und ermöglichte damit deren Einteilung in fünf Lebenslagen zwischen sehr gut und sehr schlecht. Die Indexbildung inklusive Auswahl der relevanten Lebenslagen und Ausgestaltung aller Fragen und Antwortkategorien erfolgte in einem aufwendigen partizipativen Verfahren, an dem neben Professionellen auch wohnungslose Menschen beteiligt waren. Für jeden der sechs ausgewählten Lebenslagenbereiche (Materielle Situation, Erwerbsarbeit, Wohnen, Gesundheit, Sicherheit sowie Partizipation/ Soziale Netzwerke) wurde eine objektivierbare Frage sowie eine subjektive Einschätzungsfrage entwickelt. Somit besteht der verwendete Fragebogen aus insgesamt 12 Lebenslagenvariablen sowie wenigen soziodemografischen und einer abschließenden ‚Zukunftsfrage' zur Einschätzung der eigenen Lebenssituation in einem Jahr. Insgesamt 1 135 Fragebogen wurden in der repräsentativen Stichprobe ausgewertet“ (siehe auch Gerull 2018).

Das Ergebnis: Viele Befragte schätzen sich subjektiv belasteter ein, als die objektivierbaren Daten hergeben. Gut die Hälfte (52,2 %) der befragten 1 135 Wohnungslosen befindet sich objektiv in einer mittleren Lebenslage, knapp ein Drittel (28 %) in einer schlechten oder sehr schlechten. Knapp zwei Drittel der obdachlos auf der Straße lebenden Menschen leben in einer unterdurchschnittlichen Lebenslage.

Haupteinflussfaktor auf die Lebenslage der Befragten ist die existenzielle und ontologische Sicherheit, also das Gefühl, dass das eigene Leben sicher, berechenbar und geschützt ist. In der Untersuchung wird dieser Faktor abgebildet über die tatsächliche Wohn-/Übernachtungssituation und die subjektive Wohnzufriedenheit, das subjektive Sicherheitsgefühl und den Zugang zu medizinischer Versorgung. Eine weitere wichtige Erkenntnis der Erhebung ist, dass die individuellen Einschätzungen wohnungsloser Menschen beim Sprechen über Wohnungslosigkeit zukünftig noch mehr berücksichtigt werden müssen.

Übungsfragen

- Weshalb dominierten in der Erklärung von Wohnungslosigkeit lange Zeit individualisierende Sichtweisen?
- In welchem Zusammenhang kann davon ausgegangen werden, dass im deutschen Faschismus dominante Sichtweisen auch die Wohnungslosenhilfe der Nachkriegszeit beeinflussten?
- Was sind die wichtigsten Kennzeichen des aktuellen Wohnungsnotfallbegriffs?
- Was sind die theoretischen Grundlagen des Lebenslagenansatzes?

Vorschläge für das Selbststudium

- Historische Erklärungen von „Nichtsesshaftigkeit“
- Erklärungsmodelle für Wohnungslosigkeit
- Zum Begriff des Wohnungsnotfalls
- Lebenslagenansatz

Zum Weiterlesen

Blumentsath, S., Draußen in Berlin, Geschichten von Mausepaul und anderen Wohnungslosen, Freiburg 2011

Gerull, S. u. a.: 1. Systematische Lebenslagenuntersuchung wohnungsloser Menschen. Eine Studie der ASH Berlin in Kooperation mit EBET e. V., Berlin 2018

Kiebel, H.: „nichtsesshaft“ – Ein Begriff wird in Kürze 100 Jahre alt, in: Gefährdetenhilfe, Heft 1/1993

Kiebel, H. u. a.: … und führet sie in die Gesellschaft, Großerlach 1991

Künstlerhaus Bethanien (Hrsg.): Wohnsitz: Nirgendwo, Berlin 1982

Simon, T.: Treibgut. Ein Erlacher Lesebuch aus der Lebenswelt von Wohnungslosen, Bielefeld 1991

Kapitel 6
Rechtliche Grundlagen der Wohnungslosenhilfe

■ Die Praxis der Wohnungslosenhilfe verstand sich in den letzten beiden Jahrzehnten auch als Beitrag zur Rechtsverwirklichung für marginalisierte Gruppen. Dies hat zum einen mit unterschiedlicher Gewährungspraxis der Kostenträger, aber auch mit einem hohen Maß an Unübersichtlichkeit bundes-, landes- und kommunalrechtlicher Ausgestaltungen in Form von Gesetzen, Verordnungen, Richtlinien und Satzungen zu tun. In diesem Kapitel sollen die bis 2004 gültigen rechtlichen Bestimmungen grob skizziert und dann die nach dem 1.1.2005 eingetretenen Veränderungen ausführlich dargestellt werden. In einem dritten Teil werden Praxisprobleme der Rechtsverwirklichung erörtert.

6.1 Zur Praxis der Umsetzung der Hilfen nach § 72 BSHG bis 2004 – Eine rechtsgeschichtliche Skizze zu einem heterogenen Leistungsverständnis sowie zu administrativ beförderten Verweigerungen der Hilfe

Das 1961 in Kraft getretene Bundessozialhilfegesetz (BSHG) löste auf dem Gebiet der alten Bundesrepublik das alte Fürsorgerecht ab. Ab diesem Zeitpunkt ist das BSGH durch zahlreiche – teilweise als so genannte Struktur- und Haushaltsbegleitgesetze deklarierte – Änderungsgesetze verändert und modifiziert, und in den letzten Jahren insbesondere im Leistungsumfang wieder stark eingeschränkt worden (Krahmer 2003, in LPK-BSHG, S. 28).

Der Personenkreis, welcher Anspruch auf Hilfe nach § 72 BSHG alter Fassung hatte, wurde in dessen Abs. 1 mit der Formulierung: „Personen, bei denen besondere soziale Schwierigkeiten der Teilnahme am Leben in der Gemeinschaft entgegenstehen“ umrissen. Nähere Bestimmungen zur Abgrenzung des Personenkreises und zu Art und Umfang der Maßnahmen traf in jeweils veränderten Nuancierungen die im Jahr 1976 und dann erst wieder 1993 sowie 2001 geänderte Verordnung zur Durchführung des § 72 BSHG. Zur sachlichen Zuständigkeit, also für die Bestimmung des für die Hilfe leistungspflichtigen Sozialhilfeträgers, enthielt die Mehrzahl der Ausführungsgesetze der Länder Regelungen, die von der in den alten Fassungen der §§ 99, 100 BSHG festgelegten Kompetenzverteilung abwichen. Auffällig war hierbei, dass als Folge verschiedenartiger Hilfeverständnisse und -konzeptionen der Leistungserbringer und Leistungsträger voneinander abweichende Auslegungen der rechtlichen Bestimmungen und als Folge hiervon unterschiedliche Formen der Hilfe nach § 72 BSHG entstanden sind (Lippert/Simon 1997).

Die bis 2001 gültige Verordnung (VO) zu § 72 BSHG ging nicht – wie schon weit früher von der Fachöffentlichkeit gefordert – von Lebenslagen aus, die mit sozialen Schwierigkeiten verbunden sein können, sondern definierte beispielhaft Personengruppen, bei denen diese Schwierigkeiten vorliegen können und zwar:

- Personen ohne ausreichende Unterkunft (§ 2 VO),
- Landfahrer (§ 3 VO),
- Nichtsesshafte (§ 4 VO),
- aus Freiheitsentziehung Entlassene (§ 5 VO),
- verhaltensgestörte junge Menschen (§ 6 VO).

Nach damaliger Rechtsauffassung war dieser Katalog nicht abschließend, was etwa die Verfasser von Landesrichtlinien dazu bewogen hat, neben den genannten Gruppen explizit noch Prostituierte, Suchtkranke, Hilfesuchende in Mutter-Kind-Einrichtungen sowie Mischfälle mit Anteilen einer wesentlichen Behinderung zu benennen.

Im Kontext dieser spezifischen Variante Sozialer Arbeit hatte die Gruppe der so genannten alleinstehenden Wohnungslosen – in der VO als „Personen ohne ausreichende Unterkunft" und „Nichtsesshafte" bezeichnet –, vorrangige Bedeutung. Die Rahmenempfehlungen der Bundesarbeitsgemeinschaft der überörtlichen Träger der Sozialhilfe führten dazu aus:

Definition
„Der Begriff der ‚alleinstehenden Wohnungslosen' beschreibt eine Gruppe von Menschen, die aufgrund von Obdachlosigkeit bzw. Nichtsesshaftigkeit von der Gesellschaft ausgegrenzt werden und ein Leben am Rande oder unterhalb der Schwelle der Menschenwürde führen. Die Ursachen und Erscheinungsformen sind vielfältig, allen Angehörigen dieser Gruppe ist aber gemeinsam, dass sie ohne fremde Hilfe ihre Situation nicht entscheidend verändern können" (Rahmenempfehlungen, Präambel).

Im Weiteren wurde festgestellt, dass eine Zuordnung zur Teilgruppe der „Nichtsesshaften" nur erforderlich war, soweit dies die Abgrenzung der Zuständigkeiten zwischen örtlichem und überörtlichem Träger der Sozialhilfe notwendig machte

(Rahmenempfehlungen, Ziffer 2.3). Die Notwendigkeit für eine Abgrenzung ergab sich in allen Bundesländern, deren Ausführungsgesetze eine Zuständigkeit des überörtlichen Trägers der Sozialhilfe für die Hilfen für „Nichtsesshafte" *außerhalb von stationären Einrichtungen* begründeten. Deshalb enthielt die Mehrzahl der Richtlinien der überörtlichen Träger der Sozialhilfe Ausführungen zu einer näheren Auslegung der in § 4 der VO zu § 72 BSHG genannten Rechtsbegriffe. So konkretisierten die Richtlinien des Landessozialamtes Niedersachsen den Rechtsbegriff des „Nichtsesshaften" in dreierlei Hinsicht:

Definition

1. Die Tatbestandsmerkmale „umherziehend" und „ohne gesicherte wirtschaftliche Lebensgrundlage" mussten nebeneinander vorliegen (Randnummer 2.5.1 der Richtlinien des Landessozialamtes Niedersachsen zu § 72 BSHG).
2. Ohne ein „Umherziehen" vor der Aufnahme in eine Einrichtung konnte keine „Nichtsesshaftigkeit" begründet werden (ebenda, Randnummer 2.5.6).
3. Im Sinne des § 4 der VO zu§ 72 BSHG wurde – analog zu allen anderen Landesregelungen – auch als „nichtsesshaft" bezeichnet, wer sich zur dauernden persönlichen Betreuung in einer Einrichtung für Nichtsesshafte aufhielt (ebenda, Randnummer 2.5.7).

Mit der Definitionsproblematik musste sich die Rechtsprechung mehrfach beschäftigen. So hatte das OVG Lüneburg die vorstehend unter Ziffer 1 und 3 genannten Kriterien bestätigt und ferner die Auffassung vertreten, wohnungslose Personen mit ungesicherter Lebensgrundlage gehörten auch dann zu dem in § 4 der VO definierten Personenkreis, wenn sie sich unmittelbar zur Hilfe in eine Einrichtung der Nichtsesshaftenhilfe begaben, sofern mit hoher Wahrscheinlichkeit davon ausgegangen werden konnte, dass sie ansonsten umhergezogen wären (beispielhaft zur Definition: OVG Lüneburg Urteil vom 14. 2. 90 – 4 A 77/88 –, FEVS 41, S. 145). Das OVG Münster hat in dem so genannten „Stadtstreicherurteil" festgestellt, dass „Umherziehen" nicht einen häufigen Aufenthaltswechsel zwischen verschiedenen Gemeinden voraussetzt und „Nichtsesshaftigkeit" nicht mit der Begründung eines festen Wohnsitzes enden müsse, sondern erst, wenn „die grundsätzliche Bereitschaft und der Hang zum häufigen Aufenthaltswechsel überwunden und der Leistungsberechtigte die Fähigkeit zur selbständigen Wohnungsnahme und Vermeidung eines abermaligen Wohnungsverlustes (wieder) erworben hatte" (Urteil vom 28. 1. 87 – 17 A 603/84, FEVS 36, S. 469).

Unabhängig davon, ob der Hilfesuchende „ohne ausreichende Unterkunft" oder „nichtsesshaft" war, setzte ein Anspruch auf Hilfe nach § 72 BSHG voraus, dass bei dem Wohnungslosen „besondere soziale Schwierigkeiten" vorlagen:

> „Nicht jede Schwierigkeit, wie sie im Leben eines Bürgers auftreten kann, erfüllt diesen Tatbestand. Weder ein beruflicher oder wirtschaftlicher Abstieg noch der Verlust der Existenzgrundlagen zählen für sich allein dazu. Vielmehr muss es sich um soziale Schwierigkeiten gravierender Natur handeln, die über das Maß allgemeiner Schwierigkeiten hinausgehen" (Mergler/Zink 2002, Rz 33 zu § 72).

Auch bei Wohnungslosen wurde das Vorliegen derartiger Schwierigkeiten nicht von vorneherein unterstellt, dies war vielmehr im Einzelfall zu prüfen.

Neben dem Vorliegen besonderer sozialer Schwierigkeiten war des weiteren Voraussetzung für die Gewährung der Hilfe nach § 72 BSHG, dass die Hilfe suchende Person nicht in der Lage war, die Schwierigkeiten bei der Teilnahme am Leben in der Gemeinschaft aus eigenen Kräften und Mitteln zu überwinden bzw. eine Verschlimmerung ihrer Lage zu verhüten. Die Gründe und Ursachen hierfür konnten vielfältig sein. So wurden – stellvertretend für analoge Betrachtungsweisen in anderen Ländern – vom Berliner Senat (1993, S. 2) folgende Ursachen herausgearbeitet:

- hohe Verschuldung und Mietrückstände,
- steigende und hohe Mieten,
- schlechte berufliche Qualifikation und niedrige Erwerbseinkommen,
- Arbeitslosigkeit und damit verbundene niedrige Sozialeinkommen,
- keine Inanspruchnahme von zustehenden Sozialleistungen,
- Vorhandensein von andernorts lebenden unterhaltsberechtigten Kindern,
- längere Krankenhausaufenthalte auf Grund von psychischen Erkrankungen oder schweren Unfällen.

Ausgeprägt individualisierend und bis an die Grenze der Diffamierung gehend war der in die bayrischen Sozialhilferichtlinien aufgenommene Katalog von Gründen:

> „Das Fehlen der erforderlichen Verstandeskräfte zum Erkennen der ungünstigen Lage, das Fehlen der erforderlichen Willenskräfte, um aus der ungünstigen Lage herauszukommen, oder das Fehlen der entsprechenden Durchhaltekraft, um eingeleitete Maßnahmen auch tatsächlich zum Erfolg zu führen" (Bayerisches Staatsministerium für Arbeit und Sozialordnung, Familie, Frauen und Gesundheit 1994, S. 820).

Weitgehend wortgleich waren die Sozialhilferichtlinien des Landes Thüringen (Thüringer Ministerium für Soziales und Gesundheit 1992, S. 346 f.), was auch als Hinweis darauf zu sehen war, dass die neuen Länder ohne sachgerechte Analyse ihrer eigenen Ausgangsbedingungen die Richtlinien ihrer „Bezugsbundesländer" übernahmen.

Ungeachtet des Vorliegens der tatbestandsbegründenden Merkmale von „Nichtsesshaftigkeit“ setzte die Hilfe häufig erst nach der Überwindung weiterer Hemmnisse ein.

In Abgrenzung zu den Aufgaben der Ortspolizeibehörde, die sich auf die Beseitigung der „Störung“ Obdachlosigkeit beschränkten, wurde die Gewährung und Sicherung einer Unterkunft auf Dauer als grundsätzliche Aufgabe der zuständigen Träger der Sozialhilfe und nicht der Ordnungsbehörde gesehen.

Entscheidend für die örtliche Zuständigkeit für die *ambulanten* und *teilstationären* Hilfen war der Ort des tatsächlichen Aufenthaltes (§ 97 Abs. 1 BSHG, alte Fassung). Ob sich der Leistungsberechtigte an dem Ort dauernd oder vorübergehend (kurzfristig) aufhielt, spielte für die Regelung der Zuständigkeit keine Rolle. Wurde die Hilfe dagegen in einer *vollstationären* Einrichtung geleistet, war für die örtliche Zuständigkeit der letzte gewöhnliche Aufenthalt in den zwei Monaten vor der Aufnahme in die Einrichtung maßgeblich (§ 97 Abs. 2 BSHG, alte Fassung). Bestand kein gewöhnlicher Aufenthalt oder ließ sich dieser nicht feststellen, so war auch bei vollstationärer Hilfe der Träger der Sozialhilfe des Aufenthaltsortes zuständig. Die Feststellung des gewöhnlichen Aufenthaltes bereitete gerade bei alleinstehenden Wohnungslosen häufig Probleme. Trotz einer in Zweifelsfällen bestehenden Vorleistungspflicht entstanden somit häufig Zuständigkeitsstreitigkeiten, die eine zeitnahe Erfüllung der Leistungsansprüche verhinderten.

Für die Leistung der Hilfe nach § 72 BSHG alter Fassung waren in der Regel Landessozialämter, Landschaftsverbände oder Landeswohlfahrtsverbände als überörtliche Träger der Sozialhilfe nach § 100 Abs. 1 Nr. 5 BSHG sachlich zuständig, wenn es erforderlich war, die Hilfe in einer teil- oder vollstationären Einrichtung zu leisten. Einige überörtliche Träger der Sozialhilfe (zum Beispiel Hessen, Landschaftsverband Rheinland) haben die Durchführung der Hilfe nach § 72 BSHG zumindest teilweise auf die örtlichen Träger der Sozialhilfe übertragen. Sie blieben dann letztendlich weiterhin Kostenträger und hatten sich gewöhnlich auch die Bearbeitung von Fragen grundsätzlicher Bedeutung (zum Beispiel Abschluss von Vereinbarungen, Erlass von Richtlinien, Pflegesatzangelegenheiten) vorbehalten, dem Hilfesuchenden und der Einrichtung trat aber bei der Bearbeitung des einzelnen Hilfefalles das örtliche Sozialamt gegenüber.

Da – wie bereits dargestellt – eine einheitliche Fassung der Definition des Begriffes „Nichtsesshafte“ fehlte und ferner unklar war, wann und unter welchen Voraussetzungen die Hilfen „mit dem Ziel der Sesshaftmachung“ zu leisten waren, ergaben sich hier immer wieder Zuständigkeitskonflikte. Eine besonders bedenkliche Folge dieser Regelungen war die Blockierung einer bedarfsgerechten Ausgestaltung des Hilfeangebotes und der Leistungsgewährung für – insbesondere ortsfremde – alleinstehende Wohnungslose. Bedenkenfreier war deshalb die Formulierung des Niedersächsischen Ausführungsgesetzes:

> „Der überörtliche Träger ist über die Aufgaben nach § 100 Abs. 1 BSHG hinaus zuständig, … wenn die Hilfe dazu bestimmt ist, Nichtsesshaften bei der Überwindung ihrer besonderen sozialen Schwierigkeiten zu helfen."

Die Bundesarbeitsgemeinschaft Wohnungslosenhilfe forderte über viele Jahre vergeblich eine für die Betroffenen verständliche Zuständigkeitsregelung, die im Wesentlichen die überörtlichen Träger für die gesamte (ambulante und stationäre) Hilfe nach § 72 BSHG – und zwar unabhängig von der Zugehörigkeit des Leistungsberechtigten zu einer bestimmten Teilgruppe – zuständig machte. Die stärkere Einbindung der örtlichen Träger der Sozialhilfe in die Verantwortlichkeit sollte durch die Zuweisung der Zuständigkeit für die Leistung der Hilfen zum Lebensunterhalt und der übrigen Hilfen nach dem BSHG an die örtlichen Träger der Sozialhilfe erreicht werden.

Sofern nicht, wie zum Beispiel in Bayern, die örtlichen Träger für die ambulanten Hilfen mit dem Ziel der Sesshaftmachung zuständig waren, stellte sich für die überörtlichen Träger das praktische Problem, wie die Hilfeleistung vor Ort sichergestellt werden konnte. Dies galt zum Beispiel für die überörtlichen Träger in Baden-Württemberg, Hessen, Niedersachsen, Rheinland, Saarland und Sachsen. In der Regel hatten sie die Aufgabe auf die Städte und Kreise delegiert. Eine Ausnahme machte der Landschaftsverband Westfalen-Lippe, der von einer Delegation absah.

Die landesrechtlichen Sonderregelungen wirkten sich auch auf die Finanzierung der regionalen Beratungsstellen für alleinstehende Wohnungslose aus, denen in den Rahmenempfehlungen der Bundesarbeitsgemeinschaft der überörtlichen Träger der Sozialhilfe eine zentrale Funktion bei der Durchführung der ambulanten Hilfen nach § 72 BSHG zugewiesen wurde.

Ein wesentliches Problem der Ausgestaltung der Hilfe nach § 72 BSHG war seit jeher die Dauer der Hilfe. Da mit der Anwendung des § 72 BSHG die Überwindung der besonderen Lebenslage „in sozialen Schwierigkeiten" angestrebt wurde, konnten die Hilfemaßnahmen trotz ihrer Orientierung an dem individuell unterschiedlichen Hilfebedarf zeitlich begrenzt, im Extremfall auch wegen fehlender Erfolgsaussicht eingestellt oder durch andere Hilfen ersetzt werden (OVG Hamburg, Beschluss vom 25.7.91 – IV 178 und 179/91, FEVS; Bd. § 2, S. 89 ff.).

Die Bewertung der Hilfe nach § 72 BSHG als einer zeitlich befristeten Hilfe war die ganz überwiegende Auffassung in der Kommentierung (z. B. Birk u. a. 1994, Rz 42 zu § 72 BSHG mit VO, Schellhorn u. a. 1993, Rz 31 zu § 72 BSHG). Birk u. a. machten jedoch auch deutlich:

> „Absolute Zeitgrenzen, wie sie immer wieder Verwaltungsvorschriften der Sozialhilfeträger vorsehen ... sind mit dem Gesetz unvereinbar und rechtswidrig" (Birk u.a. 1994, Rz 42 zu § 72 BSHG mit VO).

Dies hat allerdings nicht verhindern können, dass die Dauer der Hilfegewährung in den Bundesländern immer uneinheitlich ausgestaltet gewesen ist.

Wohnungslose Personen, die als „Durchwanderer" oder „Stadtstreicher" bezeichnet wurden, erhielten vielerorts – entgegen der Rechtslage und trotz einschlägiger Gerichtsurteile und Richtlinien – die ihnen zustehende *Hilfe zum Lebensunterhalt* nicht in angemessener Form und der gesetzlichen Höhe. Wie uneinheitlich die Auszahlung von Sozialhilfe an die anspruchsberechtigten alleinstehenden Wohnungslosen geschah, machte Bellwinkel (1994, S. 106) exemplarisch an der über das Jahr 2000 hinaus anhaltenden Hilfepraxis in der Region München deutlich:

> „Innerhalb einer Amtsleiterrunde im Raum München haben wir im Januar 1994 u.a. festgestellt, dass von zehn Sozialhilfeträgern zehn unterschiedliche Hilfeformen gewährt werden: z.B. verschiedene Tagessätze von 5,– DM bis 19,– DM. Sie werden in unterschiedlicher Häufigkeit: Täglich – einmal wöchentlich – einmal monatlich – und in unterschiedlicher Form, als Bar- oder Sachleistung, mit oder ohne Arbeitsauflage usw. – und alles auf der Grundlage eines Gesetzes geleistet."

6.2 Umsetzung der Hilfen ab 2005 und Rechtsrahmen im SGB XII

Durch das „Gesetz zur Einordnung des Sozialhilferechts in das Sozialgesetzbuch" vom 27.12.2003 wurde die Sozialhilfe als 12. Buch in das SGB eingegliedert und trat zum 1.1.2005 in Kraft (vgl. Münder 2005, S. 20). Inhaltlich beruht das SGB XII wie zuvor das BSHG auf dem verfassungsänderungsfesten Sozialstaatsgrundsatz (Art. 20 Abs. 1 Grundgesetz), aus dem sich die Verpflichtung des Sozialstaats zur Fürsorge und Hilfe für Bedürftige ergibt. Der Mindeststandard menschenwürdigen Daseins, das sich im Recht auf Sozialhilfe konkretisiert, ist letztlich aus der Menschenwürde (Art. 1 Abs. 1 Grundgesetz) abgeleitet: Menschenwürde ist somit das Leitprinzip der Sozialhilfe. Die Orientierung daran ist Ausdruck der (einseitigen) sozialstaatlichen Verpflichtung zur Überwindung der Hilfebedürftigkeit. *„Sozialhilfe ist insofern nicht abhängig von Gegenleistungen hilfebedürftiger Armer; daran ändert auch § 1 Abs. 2 nichts, der die Leistungsberechtigten anhält, darauf hinzuarbeiten, von Sozialhilfe unabhängig zu werden"* (Münder 2005, S. 26). Der für die Wohnungslosenhilfe einschlägige Gesetzestext lautet:

Achtes Kapitel
Hilfe zur Überwindung besonderer sozialer Schwierigkeiten

§ 67 Leistungsberechtigte
Personen, bei denen besondere Lebensverhältnisse mit sozialen Schwierigkeiten verbunden sind, sind Leistungen zur Überwindung dieser Schwierigkeiten zu erbringen, wenn sie aus eigener Kraft hierzu nicht fähig sind. Soweit der Bedarf durch Leistungen nach anderen Vorschriften dieses Buches oder des Achten Buches gedeckt wird, gehen diese der Leistung nach Satz 1 vor.

§ 68 Umfang der Leistungen
(1) Die Leistungen umfassen alle Maßnahmen, die notwendig sind, um die Schwierigkeiten abzuwenden, zu beseitigen, zu mildern oder ihre Verschlimmerung zu verhüten, insbesondere Beratung und persönliche Betreuung für die Leistungsberechtigten und ihre Angehörigen, Hilfen zur Ausbildung, Erlangung und Sicherung eines Arbeitsplatzes sowie Maßnahmen bei der Erhaltung und Beschaffung einer Wohnung. Zur Durchführung der erforderlichen Maßnahmen ist in geeigneten Fällen ein Gesamtplan zu erstellen.
(2) Die Leistung wird ohne Rücksicht auf Einkommen und Vermögen erbracht, soweit im Einzelfall Dienstleistungen erforderlich sind. Einkommen und Vermögen der in § 19 Abs. 3 genannten Personen ist nicht zu berücksichtigen und von der Inanspruchnahme nach bürgerlichem Recht Unterhaltspflichtiger abzusehen, soweit dies den Erfolg der Hilfe gefährden würde.
(3) Die Träger der Sozialhilfe sollen mit den Vereinigungen, die sich die gleichen Aufgaben zum Ziel gesetzt haben, und mit den sonst beteiligten Stellen zusammenarbeiten und darauf hinwirken, dass sich die Sozialhilfe und die Tätigkeit dieser Vereinigungen und Stellen wirksam ergänzen.

§ 69 Verordnungsermächtigung
Das Bundesministerium für Arbeit und Soziales kann durch Rechtsverordnung mit Zustimmung des Bundesrates Bestimmungen über die Abgrenzung des Personenkreises nach § 67 sowie über Art und Umfang der Maßnahmen nach § 68 Abs. 1 erlassen.

Bei §§ 67 ff. SGB XII ist Hilfeanlass und Bedarfssituation die Wechselwirkung zwischen besonderen Lebensverhältnissen, also zwischen der Abweichung von gesellschaftlicher Normalität in äußeren Gegebenheiten im sozialen Leben einer Person – also konkret Wohnungslosigkeit – einerseits und sozialen Schwierigkeiten andererseits, also Schwierigkeiten bei der Interaktion mit der sozialen Umwelt. Mit der Formulierung „verbunden“ ist auch die Frage der Kausalität beantwortet: Es kommt lediglich auf den Zusammenhang von besonderen Lebensverhältnissen und sozialen Schwierigkeiten an. Dabei ist belanglos, was zuerst da war. Eine kausale Zuordnung nicht erforderlich (vgl. Roscher in Münder 2005, S. 501; Roscher in wohnungslos 1/13, S. 6).

Nachfolgend werden in einer knappen Zusammenfassung wesentliche Hinweise zur Umsetzung der Hilfen skizziert: Mit der Hilfe nach §§ 67 ff. SGB XII stellt die Sozialhilfe eine Leistung zur Überwindung einer sozialen Notlage bereit, die über die sozialrechtlich abgedeckten allgemeinen Risiken des Lebens wie Krankheit, Behinderung, Einkommensarmut etc. hinausgeht. Diese Notlage führt zu einem Zustand sozialer Ausgrenzung, der herkömmlich mit „Elend" bezeichnet werden kann. Es geht also um einen Zustand vor allem der Schutzlosigkeit, der Vereinsamung, des Ausgestoßenseins, des Fremdseins, letztendlich um einen „elenden" Zustand besonderer Not. Wegen dieser in der Regel für die Hilfesuchenden existenziell bedrohlichen sozialen Lage kommt der zügigen Gewährung dieser Hilfe als eine eigenständige Hilfe eine besondere Bedeutung zu. Zu beachten ist dabei, dass in solcher sozialen Not vielfach auch andere Bedarfe z. B. medizinischer, pflegerischer oder therapeutischer Art vorhanden sind, die die besondere soziale Notlage häufig verstärken (mehrfache Problemlagen). Die Hilfe nach §§ 67 ff. SGB XII ist sowohl nach der speziellen Vorschrift zum Nachrang in § 67 Satz 2 SGB XII als auch nach dem allgemeinen Nachrang gemäß § 13 (1) SGB XII immer dann vorrangig heranzuziehen, wenn damit in der besonderen von § 67 SGB XII erfassten sozialen Notlage tatsächlich zumindest teilweise geholfen wird. Dabei ist davon auszugehen, dass in der Regel – wie in § 2 Abs. 3 Satz 3 Durchführungsverordnung (DVO) zu § 69 SGB XII vorgezeichnet: „Der verbundene Einsatz der unterschiedlichen Hilfen … ist anzustreben" – und zwar einschließlich der Hilfe nach §§ 67 ff. SGB XII, denn diese anderen Hilfen haben einen anderen Bedarfsfokus als § 67 SGB XII, selbst wenn sie in Teilbereichen die besondere soziale Notlage miterfassen.

Die leistungsberechtigte Person hat auf die Hilfe nach §§ 67 ff. SGB XII einen Rechtsanspruch. Allerdings sind grundlegende Tatbestandsmerkmale der Leistungsberechtigung in unbestimmte Rechtsbegriffe gefasst. Diese müssen von den zuständigen Fachkräften bei der Ermittlung des Bedarfs unter gerichtlich vollumfänglicher Überprüfbarbarkeit ausgelegt und festgestellt werden. Der Bedarfsbestimmung kommt eine besondere Bedeutung zu, um gerade bei mehrfachen Problemlagen den Auftrag zum verbundenen Einsatz der Hilfe nach §§ 67 ff. SGB XII mit anderen Leistungen einzuleiten und gegebenenfalls auch mit vorrangigen Leistungen (Teil-)Bedarfe zu befriedigen, die aus der besonderen sozialen Notlage resultieren (Berücksichtigung des Nachrangs). Hinsichtlich der zu wählenden Hilfeform, nicht jedoch hinsichtlich des festzustellenden Bedarfs, hat der Sozialhilfeträger ein Auswahlermessen im Rahmen des § 39 SGB I. Für eine rechtskonforme Bedarfsermittlung ist eine strukturierte Vorgehensweise entlang der in der Rechtsvorschrift des § 67 SGB XII aufgeführten Tatbestandsmerkmale erforderlich. Hierzu gibt der Deutsche Verein folgende Empfehlungen:

> „1. *Besondere Lebensverhältnisse:* Zu prüfen ist, ob Lebensumstände vorliegen, die die Führung eines menschenwürdigen Lebens gefährden können. Dies ist zum Beispiel dann der Fall, wenn die hilfesuchende Person – außerhalb einer betreuten Einrichtung – über keinen privatrechtlich abgesicherten Wohnraum verfügt oder in einer Wohnung lebt, die elementaren Anforderungen an menschenwürdiges Wohnen (z. B. Wärme, Trockenheit, Hygiene) nicht entspricht, wenn sie keinen verlässlichen regelmäßigen Einkommenszufluss zur Bestreitung des Lebensunterhalts hat, sich in einer Lebenssituation befindet, die durch Gewalterfahrung oder Gewaltbedrohung geprägt ist (beispielsweise häusliche Gewalt oder Zwangsprostitution) oder wenn sie aus einer geschlossenen Einrichtung (Haft, freiwillige oder gerichtlich angeordnete stationäre Behandlung oder Unterbringung) ohne eine gesicherte Anschlussperspektive entlassen wird (§ 1 Abs. 2 DVO). Besondere Lebensverhältnisse werden auch durch vergleichbare Umstände begründet, die elementare Lebensbedürfnisse einschränken. Dies trifft zum Beispiel zu, wenn kein Zugang zu einer gesundheitlichen Versorgung besteht.
> 2. *Soziale Schwierigkeiten:* Hier ist zu ermitteln, ob die hilfesuchende Person in Verbindung mit den ermittelten besonderen Lebensverhältnissen Schwierigkeiten in der Interaktion mit ihrer Umwelt hat, die die Teilnahme am Leben in der Gemeinschaft wesentlich, d. h. erheblich und mehr als vorübergehend einschränken. Die Schwierigkeiten können in einer individuellen Benachteiligung der hilfesuchenden Person (z. B. Überforderung, unzureichende Bewältigungskompetenz) oder in dem Verhältnis zu ihrer Umwelt (z. B. als erschwerter Marktzugang zu grundlegenden Versorgungsbereichen) begründet sein. Erhebliche Bedeutung ist einer solchen Ausgrenzung zuzumessen, wenn sie einen Zusammenhang mit der Erhaltung oder Beschaffung einer Wohnung, mit der Erlangung oder Sicherung eines Arbeitsplatzes, mit familiären oder anderen sozialen Beziehungen oder mit Straffälligkeit aufweist (§ 1 Abs. 3 DVO). Beispielsweise kann eine ordentliche oder außerordentliche Kündigung eines Wohnverhältnisses durch den Vermieter eine soziale Schwierigkeit verursachen, da mit ihr in der Regel ein drohender Wohnungsverlust verbunden ist“ (vgl. Deutscher Verein 2015, S. 3 f.).

Es ist wichtig zu wissen, dass der Eigenständigkeit der Hilfeanspruchs gem. §§ 67 ff. SGB XII vom Gesetzgeber ausdrücklich bestimmt und in § 2 Abs. 3 DVO ausdrücklich im Hinblick auf andere Hilfeansprüche bestätigt wird. In einer ggf. im Einzelfall notwendigen Gesamtplanung sind orientiert an den konkreten Bedarfen Maßnahmen zu entwickeln. „Dabei ist der verbundene Einsatz der unterschiedlichen Hilfen nach dem SGB XII und nach anderen Leistungsgesetzen anzustreben" – § 2 Abs. 3 S. 3 DVO. Hier wird das Nebeneinander des Anspruchs und anderer Leistungsansprüche und damit eben auch die Eigenständigkeit des Anspruchs nach §§ 67 ff. SGB XII zwingend vorausgesetzt (vgl. Roscher 2011, S. 7).

6.3 Probleme der Rechtsverwirklichung für Leistungsberechtigte gem. §§ 67 ff. SGB XII im Kontext des SGB II

Ungeachtet der regional unterschiedlichen Ausgestaltung der Hilfe gem. §§ 67 ff. SGB XII waren für Wohnungslose über Jahre hinweg Bedingungen entstanden, die vielerorts die Umsetzung des Rechtsanspruchs garantierten. Dies war und ist auch künftig sachgerecht, weil §§ 67 ff. SGB XII eine eigenständige Hilfe ist, die nicht durch andere Hilfen ersetzt werden kann. Zum 1. 1. 2005 traten mit der „Grundsicherung für Arbeitssuchende" nach dem Zweiten Buch Sozialgesetzbuch („Hartz IV") umfangreiche Änderungen in Kraft, die auch erhebliche Auswirkungen auf von Wohnungslosigkeit betroffene Menschen hatten. Jahrelang befanden sich sowohl die Betroffenen als auch das professionelle Hilfesystem in einem „Prozess der Suchbewegungen", um professionelle Wohnungslosenhilfe unter den nunmehr gültigen Rechtsgrundlagen neu zu verorten. Deutlicher als früher wird zwischen *bedürftigkeitsabhängigen* und *bedürftigkeitsunabhängigen* Leistungen unterschieden.

Erstere unterscheiden sich in Leistungsbereiche, die für klar abgegrenzte bestimmbare Personengruppen prinzipiell erhalten geblieben sind, wie z. B. Leistungen für Asylbewerber, Unterhaltsvorschuss, Kindergeld, BAföG, sowie jene Bereiche, in denen das Sozialrecht mit Blick auf erwerbsfähige Hilfsbedürftige seine gravierendsten Veränderungen erfahren hat: die im SGB II als Unterhaltsleistungen eingeführten Instrumente *Arbeitslosengeld II* und das für mit dessen Beziehern in einer Bedarfsgemeinschaft lebenden Angehörigen zu leistende *Sozialgeld.* Die *bedürftigkeitsunabhängigen* Sozialleistungen umfassen insbesondere Sozialversicherungsleistungen, so etwa Renten, Arbeitslosen- und Krankengeld, aber auch Eingliederungsleistungen zur medizinischen und beruflichen Rehabilitation. Als einschneidende Veränderung ist z. B. die Begrenzung des Arbeitslosengeldes auf zwölf bzw. maximal achtzehn Monate und der Wegfall der originären Arbeitslosenhilfe, die nach Ende des Arbeitslosengeldbezugs insbesondere bei zuvor eher gut verdienenden, älteren Arbeitslosen einen über dem Leistungsniveau des SGB II Lebensstandard gesichert hatte, zu sehen.

Auch innerhalb des SGB XII ergaben sich für Wohnungslose merkliche Änderungen (bereits Brühl 2004, S. 11):

- Einmalige Leistungen werden – mit wenigen Ausnahmen – pauschalisiert.
- Auch für Wohnungslose gilt das Prinzip „Fördern statt Fordern“ und die damit in Verbindung gebrachten Dimensionen „zielgerichteter Beratung“ und „Übernahme größerer Verantwortung durch die Hilfeempfänger“.
- Lange war unklar, wie die Schaffung von trägerübergreifenden persönlichen Budgets für kranke, behinderte und pflegebedürftige Wohnungslose umgesetzt werden soll.
- Weggefallen ist die Regelung des § 27 Abs. 3 BSHG, wonach die Hilfe in besonderen Lebenslagen (HbL) in (teil)stationären Einrichtungen den darin gewährten Lebensunterhalt umfasst. Nun werden der Unterhaltsbedarf auch in stationären Einrichtungen zur HzL und der Maßnahmebedarf zur HbL gerechnet.

Die mit dem SGB II verbundenen Änderungen der rechtlichen Stellung von Wohnungslosen

Die Bestimmungen des alten § 72 BSHG finden sich seit dem 1. 1. 2005 inhaltsgleich in den §§ 67–69 SGB XII wieder, inhaltliche Veränderungen wurden trotz der Dreiteilung nicht vorgenommen. Wie bereits dargestellt, ist seit 1. 1. 2005 die Grundsicherung für Arbeitssuchende im Zweiten Buch Sozialgesetzbuch (SGB II) geregelt, die Hilfe zur Überwindung besonderer sozialer Schwierigkeiten im Zwölften Buch Sozialgesetzbuch (§§ 67–69 SGB XII), siehe Kapitel 6.2.

Wenn sich erwerbsfähige Hilfebedürftige in Lebenslagen gem. §§ 67 ff. SGB XII befinden, sind sowohl Leistungen nach dem SGB II als auch nach dem SGB XII als verbundene Leistungen zu erbringen. Dabei gilt der allgemeine Nachrang (§ 13 (1) SGB XII) zwar auch für Hilfen nach §§ 67 ff. SGB XII, wobei aber die Eigenständigkeit dieser Hilfen zu beachten ist. Im Klartext bedeutet das: Es darf nicht mit Verweis auf den „internen Nachrang“ (§ 67 Abs. 1 Satz 2) die aktuell erforderliche Hilfe verweigert werden, weil tatsächlich oder vermeintlich vorrangige Hilfe von anderen Sozialleistungsträgern nicht erbracht werden (vgl. Roscher in LPK 2005, S. 505).

Grundsätzlich müssen Sozialarbeiter/innen wissen: Leistungen nach SGB II sind prinzipiell immer an die Antragserfordernis gebunden (§ 37 SGB II). Darin unterscheiden sie sich grundlegend von Leistungen nach SGB XII, wo das Einsetzen der Hilfe nach dem Kenntnisgrundsatz dem Grunde nach ohne weiteren Antrag ausgelöst wird, sobald dem Träger der Sozialhilfe bekannt wird, dass die Voraussetzungen für die Leistung vorliegen (§ 18 Abs. 1 SGB XII).

Die wesentlichen Voraussetzungen, um leistungsberechtigt nach SGB II zu sein sofern kein Ausschlusstatbestand vorliegt, sind:

1. das 15. Lebensjahr vollendet und die Altersgrenze nach § 7a SGB II noch nicht erreicht zu haben,
2. erwerbsfähig zu sein,
3. hilfebedürftig zu sein und
4. den gewöhnlichen Aufenthalt in der Bundesrepublik Deutschland zu haben (§ 7 SGB II). Insoweit diese Voraussetzungen erfüllt sind, haben selbstverständlich auch Menschen, die Hilfe zur Überwindung sozialer Schwierigkeiten benötigen, Anspruch auf die im Gesetz vorgesehenen Leistungen.

Zugleich müssen sie sich den Anforderungen des SGB II – die deutlich andere als im SGB XII sind – aussetzen. Beispielsweise soll nach dem Grundsatz des Forderns „… der erwerbsfähige Hilfebedürftige aktiv an allen Maßnahmen zu seiner Eingliederung mitwirken …“ (§ 2 SGB II). Die Grundsicherung für Arbeitssuchende (ALG II) soll dazu beitragen, dass erwerbsfähige Hilfebedürftige ihren Lebensunterhalt alsbald wieder unabhängig von der Grundsicherung aus eigenen Kräften und Mitteln bestreiten können; dies ist der zentrale Fokus und die politische Intention des SGB II. Die Grundsicherung soll deshalb erwerbsfähige Hilfebedürftige bei der Aufnahme oder Beibehaltung einer Erwerbstätigkeit unterstützen. Soweit das nicht gelingt, soll die Grundsicherung den Lebensunterhalt sichern; aber nur, wenn er nicht auf andere Weise – z. B. durch Verzehr von Vermögen oder Erträgen aus Vermögen – bestritten werden kann.

Gravierende Folgen für Menschen in besonderen sozialen Schwierigkeiten hatte das am 1. August 2006 in Kraft getretene SGB-II-Fortentwicklungsgesetz. Die darin vorgenommene Änderung des § 7 Abs. 4 schließt Bewohner stationärer Einrichtungen von Leistungen des SGB II grundsätzlich aus (es sei denn, sie sind 15 Stunden in der Woche erwerbstätig, vgl. § 7 Abs. 4 Satz 3 neue Fassung). Der Leistungsausschluss gilt ebenfalls nicht, wenn der stationäre Aufenthalt prognostisch oder tatsächlich kürzer als sechs Monate dauert; als stationäre Einrichtungen gelten dabei Einrichtungen, in denen der Leistungserbringer die „Gesamtverantwortung für die tägliche Lebensführung“ übernimmt (vgl. BSG B 4 AS 32/13 R). Krankenhaus- und Reha-Aufenthalte sind stationären Einrichtungen gleichgestellt.

Ähnlich gravierend sind, zumindest mittelbar, die Auswirkungen der sogenannten „Instrumentenreform 2012“ und eines „Sparpakets“ des BMAS, die mit massiven Einsparungen bei den Ermessensleistungen des SGB II einhergingen. In deren Folge wurden die knappen Finanzmittel verstärkt auf die in der Diktion der Arbeitsverwaltung als sogenannte „marktnahe Kunden“ bezeichneten leistungsberechtigten Personen konzentriert. Ziele dieser Politik waren der möglichst schnelle Übergang in den Arbeitsmarkt sowie die Verhinderung des Langzeitleistungsbezugs. Deshalb wurden Menschen mit multiplen Vermittlungshemmnissen

– im Arbeitsverwaltungsjargon „marktferne Kunden" – weniger stark gefördert, oder aber zu häufig nicht zielführenden, kurzandauernden Bildungsmaßnahmen verpflichtet, deren Wirksamkeit bei diesem Personenkreis als gering zu bezeichnen ist. Es liegt auf der Hand, dass die Etikettierung als „marktfern" wenn nicht zur systematischen, so zumindest doch zur mittelbaren Benachteiligung von Hilfeberechtigen i. S. §§ 67 ff. SGB XII beiträgt. Verstärkt wird dieser Effekt durch die vielerorts gängige rechtswidrige Praxis, die in § 67 Abs. 2 SGB XII i. V. m. § 5 VO eindeutig als Pflichtleistung definierten „Hilfen zur Ausbildung, Erlangung und Sicherung eines Arbeitsplatzes" zumindest in Form sozialversicherungspflichtiger Beschäftigung zu verweigern. Zusammengenommen führt dies dazu, dass es Menschen mit multiplen Vermittlungshemmnissen, zu denen Hilfeberechtigte i. S. §§ 67 ff. SGB XII oftmals gehören, hinsichtlich der zeitnahen, bedarfsgerechten Erbringung von Hilfen zur arbeitsmarktlichen Integration schwer haben. Dies ist umso bedauerlicher, als gerade in Anbetracht eines seit Jahren aufnahmefähigen Arbeitsmarktes durch eine verfehlte Förderpolitik im SGB II und die vielerorts rechtswidrig praktizierte Verweigerung von Leistungen gem. § 67 Abs. 2 SGB XII i. V. m. § 5 VO Menschen um Lebenschancen gebracht werden (Stand 2017). Die seit vielen Jahren bei rund einer Million stagnierende Zahl der Langzeitarbeitslosen spricht hier eine deutliche Sprache. Die BAG Wohnungslosenhilfe konstatiert, dass ca. 80 % der geschätzt 335 000 wohnungslosen Menschen (Stand 2014) erwerbsfähig sind; somit ist überschlägig davon auszugehen, dass rund ein Viertel aller als Langzeitarbeitslose gezählten Menschen auch Bedarfslagen i. S. §§ 67 ff. SGB XII haben (vgl. Specht in: Dt. Verein 2016, 993 ff.).

Exkurs VII: Antragsverfahren und Zuständigkeit

Der Antrag nach SGB II ist an den zuständigen Träger zu stellen. Es gilt hier – anders als in der Sozialhilfe, wo der Kenntnisgrundsatz (§ 18 Abs. 1 SGB XII) gilt – der Antragsgrundsatz (§ 40 Abs. 1 Satz 1 SGB II i. V. m. § 9 SGB X i. V. m. § 37 Satz 1 SGB I i. V. m. § 37 Abs. 1 Satz 1 SGB II). Allerdings muss grundsätzlich jeder Antrag auf Leistungen (nach jedem Sozialgesetzbuch) auch von allen anderen Leistungsträgern, von allen Gemeinden und bei Personen, die sich im Ausland aufhalten, auch von den amtlichen Vertretungen der Bundesrepublik Deutschland im Ausland entgegengenommen werden (§ 16 SGB I).

Eine besondere Problematik ergibt sich aus der Tatsache, dass beim SGB II eine inhomogene Organisation der Leistungsgewährung gegeben ist: „Träger der Leistungen sind: 1. die Bundesagentur für Arbeit (Bundesagentur), soweit Nummer 2 nichts anderes bestimmt, 2. die kreisfreien Städte und Kreise für die Leistungen nach § 16a, das Arbeitslosengeld II und das Sozialgeld, soweit Arbeitslosengeld II und Sozialgeld für den Bedarf für Unterkunft und Heizung geleistet wird, die Leistungen nach § 24 Absatz 3 Satz 1 Nummer 1 und 2 sowie für die Leistungen nach

§ 28, soweit durch Landesrecht nicht andere Träger bestimmt sind (kommunale Träger) (§ 6 Abs. 1 Nr. 1,2 SGB II). Im Fall optierender Kommunen (= Optionskommunen) sind diese sogenannte „zugelassene kommunale Träger" (§ 6a II).

Die weitere Betrachtung gilt nun explizit der Hilfe gemäß §§ 67 ff. SGB XII. Zentrale Intention des SGB II ist *insbesondere* die Integration in Arbeit: „Die Leistungen der Grundsicherung sind insbesondere darauf auszurichten, dass 1. durch eine Erwerbstätigkeit Hilfebedürftigkeit vermieden oder beseitigt, die Dauer der Hilfebedürftigkeit verkürzt oder der Umfang der Hilfebedürftigkeit verringert wird, 2. die Erwerbsfähigkeit einer leistungsberechtigten Person erhalten, verbessert oder wieder hergestellt wird..." (§ 1 Abs. 2 Satz 4 SGB II) und nötigenfalls die Sicherung eines menschenwürdigen Lebens mittels Transferleistungen. Die Hilfeziele der §§ 67 ff. SGB XII sind umfassender und gehen weit über den Faktor Arbeit hinaus. Sie zielen auf die Überwindung der besonderen Lebensverhältnisse, die mit sozialen Schwierigkeiten verbunden sind, ab.

Für die Träger der Leistungen nach SGB II sind Menschen in Bedarfslagen gemäß §§ 67 ff. SGB XII eine quantitativ kleine, aber von ihrer Problemlage her besondere Zielgruppe, deren komplexer Hilfebedarf das Instrumentarium des SGB II deutlich übersteigt. Dessen Ausgestaltung unterliegt dem Jährigkeitsprinzip öffentlicher Haushalte und ist insofern ein Stück weit willkürlich, als die Leistungsträger nach Maßgaben des Bundes und der Bundesagentur jährlich neu festlegen, wie viele Mittel für einzelne Maßnahmen zur Verfügung stehen. Dabei liegt der Fokus primär auf dem Grundsatz des Forderns (§ 2 SGB II), während der Rechtsanspruch bei Vorliegen besonderer Lebensverhältnisse in Verbindung mit sozialen Schwierigkeiten (§§ 67 ff. SGB XII) völlig unabhängig von der Frage der Mittelausstattung des zuständigen Sozialhilfeträgers besteht und die Hilfe weitaus komplexer ist, als „nur" die Integration in den Arbeitsmarkt.

Das Argument übersteigender Komplexität gilt insbesondere im Hinblick auf die im SGB II vorgesehenen Leistungen zur Eingliederung (§§ 16–16h SGB II), die zwar – ähnlich wie Hilfen nach §§ 67 ff. SGB XII – soziale Dienstleistungen zur Verfügung stellen. Im SGB II liegt der Schwerpunkt aber eindeutig auch für Menschen in Bedarfslagen gemäß §§ 67 ff. SGB XII auf der Eingliederung in Arbeit und es besteht zudem – abgesehen von den Regelbedarfen zur Sicherung des Lebensunterhalts, für Wohnung und Heizung sowie möglichen Mehrbedarfen – kein echter Rechtsanspruch. Werden Hilfen nach §§ 67 ff. SGB XII gewährt, so findet der Wirkungszusammenhang zwischen besonderen Lebensverhältnissen und sozialen Problemen weit über den Aspekt der Arbeit hinaus Berücksichtigung. Diese Problemlage kann nicht durch Teillösungen überwunden werden, weshalb der Gesetzgeber erst bei der Verknüpfung der Merkmale *besondere Le-*

bensverhältnisse als objektiven Anknüpfungspunkt und *soziale Schwierigkeiten* als subjektiv-individuellen Anknüpfungspunkt einen Leistungsanspruch gem. §§ 67 ff. SGB XII bestimmt hat (vgl. Deutscher Verein 2015, S. 6). Vereinfacht gesagt: Die Beseitigung der Hilfebedürftigkeit im Sinne der §§ 67 ff. SGB XII erfordert den ganzheitlichen Ansatz der Hilfen aus einer Hand (vgl. LIGA BaWü 2005), während bei vielen am Arbeitsmarkt ausgegrenzten Personen (ohne besondere Lebensverhältnisse und ohne soziale Schwierigkeiten) die Verschaffung eines Zugangs zu regelmäßigem Erwerbseinkommen durch Arbeit problemlösend sein kann.

In der nicht festgelegten Rangfolge der beiden Leistungen spricht die Funktion der Ganzheitlichkeit und Einheitlichkeit dafür, Hilfeprozesse unter dem „Dach" des SGB XII (§§ 67 ff. SGB XII) zusammenzuhalten und somit zielführend Hilfeprozesse durch ein Gesamtplanverfahren zu steuern.

Nur sofern und solange tatsächlich gewährte Leistungen zur Eingliederung (§§ 16–16h SGB II) den Bedarf zur Überwindung der besonderen Lebenslage und der damit verbunden sozialen Schwierigkeiten umfassend und unverzüglich abdecken, kann erstgenannte Hilfe letztgenannte verdrängen (LIGA BaWü 2005). Das wird im Verlauf eines Hilfeprozesses erst der Fall sein, wenn die Komplexität besonderer Lebensverhältnisse in Koppelung mit sozialen Schwierigkeiten weitgehend zurückgetreten ist und die Probleme fehlender Arbeitsintegration eindeutig dominieren.

Zusammenfassend lässt sich die rechtliche Situation hinsichtlich Leistungen nach SGB II und SGB XII, Achtes Kapitel, wie folgt bewerten: Zwischen beiden Systemen gibt es zwar ein theoretisches Rangverhältnis. Bei nicht trennbaren Komplexleistungen ist mangels einer rechtlichen Vor- oder Nachrangregelung entscheidend, wo der Schwerpunkt des Bedarfs insbesondere unter Berücksichtigung von Leistungsziel und -zweck liegt, was also die überwiegende Hilfeleistung darstellt (vgl. Brühl 2004). Bei besonderen Lebensverhältnissen in Verbindung mit komplexen sozialen Schwierigkeiten werden i. d. R. §§ 67 ff. SGB XII die „richtige", weil umfassende Hilfestellung bieten. Trotz dieser eigentlich klaren Rechtssystematik hat sich in den vergangenen Jahren auch für das Feld der Wohnungslosenhilfe alltagspraktisch ein Vorrang des aus dem SGB II abzuleitenden Procedere durchgesetzt, was in vielen Einzelfällen den komplexen sozialen Schwierigkeiten nicht gerecht wird und immer wieder dazu führt, dass Menschen in Bedarfslagen gemäß §§ 67 ff. SGB XII nicht, nicht rechtzeitig oder nicht umfassend erforderliche Hilfen bekommen. Ein wesentlicher Kritikpunkt ist dabei die vielfach zu beobachtende Trägheit der Leistungsgewährung im SGB II, die durch Antragsprüfungen und Direktiven der Arbeitsverwaltung geprägt scheint; in gleicher Weise Sanktionen, wenn der Betroffene die Erwartungen nicht erfüllen kann. Wenn aber Menschen nicht rechtzeitig oder nicht umfassend erforderliche Hilfen bekommen, kann dies ganz elementare Menschenrechte berühren. Unzureichende Gesetze oder deren mangelhafte Umsetzung im Verwaltungshandeln stehen der Rechtsverwirklichung entgegen. Da aber Menschenrechte „das Fundament jeder zivilisierten Gesellschaft“ (Ziegler 2009 in: Scherling 2019, S. 15) sind, „kratzt“ dies auch am Fundament des sozialen Rechtsstaates, was alles andere als eine zu vernachlässigende Petitesse ist.

Trotz dieser Kritik gilt für die Hilfepraxis: Zwischen den Hilfen des SGB II sowie den umfassenderen, weitergehenden Hilfen im Sinne der §§ 67 ff. SGB XII besteht eine Korrelation, die in der Praxis professioneller Wohnungslosenhilfe aktiv im Sinne der Betroffenen zu gestalten und zugleich aufwändig ist. Das Thema Rechtsverwirklichung gewinnt an den Schnittstellen von SGB II und SGB XII eine neue Qualität. Dabei ist zu beachten, dass der Gesetzgeber „verbundene Hilfen“ nicht nur ermöglicht, sondern explizit dort verlangt, wo die Voraussetzungen dafür gegeben sind (siehe § 2 Abs. 2 S. 3 DVO § 68 SGB XII).

Mietschuldenübernahme nach § 22 Abs. 8 SGB II sowie nach § 34 SGB XII/ neu § 36 SGB XII

Die Notwendigkeit der Abstimmung von Leistungen nach SGB II und SGB XII liegt auch bei der Prüfung der Notwendigkeit der Miet- und der Energieschulden vor: „Sofern Arbeitslosengeld II für den Bedarf für Unterkunft und Heizung erbracht wird, können auch Schulden übernommen werden, soweit dies zur Sicherung der Unterkunft oder zur Behebung einer vergleichbaren Notlage gerechtfertigt ist. Sie sollen übernommen werden, wenn dies gerechtfertigt und notwendig ist und sonst Wohnungslosigkeit einzutreten droht. Vermögen nach § 12 Absatz 2 Satz 1 Nummer 1 ist vorrangig einzusetzen. Geldleistungen sollen als Darlehen erbracht werden“ (§ 22 Abs. 8 SGB II).

Wurde ein vorrangiger Anspruch nach SGB II ausgeschlossen, konnte bis zum 31. März 2006 nachrangig die Schuldenübernahme nach SGB XII geprüft werden. Dies hat die rasche Umsetzung wohnungssichernder Maßnahmen deutlich erschwert, zumal hier zusätzliche Abstimmungen zwischen den beteiligten Behörden erforderlich waren.

Mit den Regelungen des damaligen § 34 SGB XII wurden die Bestimmungen des bisherigen § 15 a nicht nur abgelöst, sondern eingeschränkt. Auch hat sich gezeigt, dass die Sozialhilfeträger mit Blick auf § 16 SGB XII (familiengerechte Ausgestaltung der Hilfe) die Mietschulden vorrangig nur dann übernehmen, wenn eine Familie mit Kindern von Wohnungsverlust bedroht ist. Aus dem Gebot der familiengerechten Hilfe folgt freilich nicht, dass die Mietschulden von Einzelpersonen nicht übernommen werden können. In die am 20. 6. 2011 veröffentlichte Neufassung des SGB XII wurde dessen § 34 vollkommen neu gefasst und beschreibt nunmehr die neu aufgenommenen Leistungen für Bildung und Teilhabe.

Regelungen zur Mietschuldenübernahme sind nun im § 36 SGB XII unter dem Titel „Sonstige Hilfen zur Sicherung der Unterkunft“ zu finden. § 36 Abs. 1 Satz 1 und Satz 2 SGB XII sehen vor:

> „Schulden *können* nur übernommen werden, wenn dies zur Sicherung der Unterkunft oder zur Behebung einer vergleichbaren Notlage gerechtfertigt ist. Sie *sollen* übernommen werden, wenn dies gerechtfertigt und notwendig ist, und sonst Wohnungslosigkeit einzutreten droht.“

Die Übernahme der Mietschulden als Beihilfe oder Darlehen durch den Sozialhilfeträger (§ 36 Abs. 1 SGB XII) ist insbesondere dann vorgesehen, wenn die Rechtswirksamkeit einer Wohnungskündigung und die daraus resultierende (Zwangs)Räumung abzuwenden sind.

Es kommen aber auch Notlagen in Betracht, die mit der Gefährdung der Unterkunft vergleichbar sind, so etwa, wenn die Nutzbarkeit der Wohnung gefährdet oder die Sperrung der Strom- oder der Gaszufuhr aufgrund vorhandener Energieschulden bereits eingetreten ist oder einzutreten droht.

§ 36 Abs. 2 Satz 1 SGB XII verpflichtet die Gerichte, dem örtlich zuständigen Sozialhilfeträger oder der beauftragten Stelle des freien Trägers die näheren Umstände einer Räumungsklage zu melden. Auch wenn dafür keine ausdrückliche Mitteilungspflicht besteht, ist es besonders wichtig, dem Sozialhilfeträger den Tag der Rechtshängigkeit der Räumungsklage mitzuteilen, um gemäß § 569 Abs. 3 Nr. 2 Satz 1 BGB rechtzeitig vorbeugend reagieren zu können. Nach Mitteilung des Amtsgerichts ist der Sozialhilfeträger verpflichtet, antragsunabhängig zu überprüfen, ob durch eine Mietschuldenübernahme die fristlose Kündigung abgewendet werden kann.

Mit dem Inkrafttreten des Ersten Gesetzes zur Änderung des SGB II wird seit dem 1. April 2006 ausgeschlossen, dass erwerbsfähige Wohnungslose als Folge der Aufhebung des § 5 Abs. 2 Satz 2 SGB II sowie einer Änderung des § 21 Satz 1 SGB XII Leistungen nach § 34 SGB XII (bzw. nunmehr § 36 SGB XII) erhalten können.

6.4 Weitergehende Probleme der Rechtsverwirklichung

Der Deutsche Verein für öffentliche und private Fürsorge beschreibt treffend und knapp zusammengefasst: „Mit der Hilfe nach §§ 67 ff. SGB XII stellt die Sozialhilfe eine Leistung zur Überwindung einer sozialen Notlage bereit, die über die sozialrechtlich abgedeckten allgemeinen Risiken des Lebens wie Krankheit, Behinderung, Einkommensarmut etc. hinausgeht. Diese Notlage führt zu einem

Zustand sozialer Ausgrenzung, der herkömmlich mit „Elend" bezeichnet werden kann…" (Deutscher Verein 2015, S. 3).

Die „elende" Lebenslage Wohnungslosigkeit, die in der Regel mit unzureichenden oder prekären Wohnverhältnissen, keinem oder geringem Einkommen, mangelnder sozialer Sicherung durch primäre Sicherungssysteme, fehlender Privatsphäre, gesundheitlichen Beeinträchtigungen, Mangel an materiellen Gütern, äußerer Gefährdung und sonstigen diskriminierenden Lebensbedingungen einhergeht, zeichnet sich auch dadurch aus, dass die Betroffenen erhebliche Mühe haben, ihre subjektiven Rechtsansprüche zu verwirklichen. Angesichts dessen erscheint es erstaunlich, dass bundesweit in den letzten Jahren nur eine sehr geringe Zahl (ober)gerichtlicher Entscheidungen im Hinblick auf Hilfen gemäß §§ 67 ff. SGB XII erging.

Teil des Elends der davon betroffenen Menschen ist gelegentlich die Praxis *vertreibender Hilfe*. Damit ist gemeint, dass systematisch, unsystematisch oder auch zufällig – zum Beispiel wegen fehlerhafter Ermessensausübung, mangelnder Kompetenz von Mitarbeitenden bei Leistungsträgern oder nicht unmittelbar in der Situation der Not erbrachter Hilfe – wohnungslosen Menschen die ihnen zustehenden Leistungen gänzlich oder teilweise vorenthalten werden. Mancherorts wird (noch immer) rechtswidrig zwischen *ortseigenen* und *ortsfremden* Bürgern unterschieden. Beispiele für vertreibende Hilfe sind (Sartorius 2005):

- die rechtswidrige Beschränkung der Tagessatzauszahlung durch den Leistungsträger auf wenige Tage für Ortsfremde,
- die rechtswidrige willkürliche Kürzung der Tagessatzauszahlung,
- Bewilligung von Sachleistungen anstelle von Bargeld,
- unangemessen niedrige, lebensfremde Mietobergrenzen,
- die rechtswidrige Verweigerung der Unterbringung durch Gemeinden,
- Aushändigung einer Fahrkarte (anstelle der erforderlichen Soforthilfe), verbunden mit der Hoffnung, der Leistungsberechtigte möge andernorts um Hilfe nachfragen,
- generelle Verweigerung von Hilfe in besonderen Lebenslagen nach dem Motto: „Wo kein Kläger, da kein Richter",
- restriktive Polizeiverordnungen (vgl. Simon 2001), die Wohnungslose diskriminieren und kriminalisieren.

In der Konsequenz führen solche Praktiken häufig dazu, dass Betroffene gezwungen sind, sich (wiederholt) andernorts um die Realisierung ihrer Rechtsansprüche zu bemühen; eigene und fremde Bemühungen um Integration werden konterkariert. Um diesem Missstand entgegen zu wirken, arbeitet professionelle Wohnungslosenhilfe – beginnend mit den 1980er Jahren – darauf hin, dass Rechtsverwirklichung auch für wohnungslose Menschen möglich wird. Der bisherige Erfolg dieses Bemühens lässt unterschiedliche Wertungen zu. Wo professionelle Wohnungslosenhilfe regional nicht präsent ist und wo kein angemessenes Hilfesystem besteht, dürften die Chancen auf Rechtsverwirklichung für die Betroffenen geringer ausfallen, als dort, wo Wohnungslosenhilfe Knoten im sozialen Netz als Bestandteil des Gemeinwesens bildet und professionell interagiert, im Kontext vorenthaltener Leistungen insbesondere in Zusammenarbeit mit engagierten Anwält/innen.

Methodisch haben sich im Kontext von Rechtsverwirklichung Handlungsansätze als hilfreich erwiesen, die entstigmatisierend wirken und soziale Schwierigkeiten nicht primär als subjektive Konsequenz individuellen Versagens erklären, sondern in den weiten Zusammenhang gesellschaftlicher Ausgrenzungsprozesse und Entwicklungen stellen und darin besonderen Lebensverhältnissen als objektiven Komponenten Bedeutung zumessen. Mit dem Terminus Ausgrenzung wird versucht, Tendenzen der gesellschaftlichen Spaltung bzw. Ausschlussmechanismen zu beschreiben. In diesem Kontext kommt der Armutsentwicklung – und in deren Folge der Marginalisierung bestimmter Bürgerinnen und Bürger – besondere Bedeutung zu.

Unabdingbares, elementares Handwerkszeug für professionelle Wohnungslosenhilfe ist die angemessene Dokumentation der sozialen Notlagen und der geleisteten Hilfe, um so Bedarfe und gesellschaftliche Entwicklungen zu belegen. Hilfreich kann neben einem gut entwickelten Dokumentationssystem dabei die Nutzung von Qualitätsmanagementsystemen sein, die Prozesse strukturieren, standardisieren und letztlich auch dem Nachweis geleisteter Sozialarbeit dienen.

Über allen fachlichen Aspekten sollte in der professionellen Wohnungslosenhilfe immer das Bewusstsein klar ausgeprägt sein: Wohnungslosigkeit ist für Betroffene erlebtes Elend und der existenzielle Ernstfall. Zwischen 1989 und 2013 sind mindestens 461 Wohnungslose gewaltsam getötet worden. Seit 1991 waren mindestens 289 Kältetote unter Wohnungslosen zu beklagen (vgl. BAGW, http://www.bagw.de/de/presse/index~120.html, aufgerufen 31.10.2016).

Exkurs VIII: Zur Realisierung von Rechten Wohnungsloser

Menschen in sozialen Notlagen stoßen häufig auf Zugangsbarrieren, wenn sie ihre Rechte realisieren wollen; manchmal bereits, wenn es nur um Informationen über bestehende Rechte geht. In der Praxis ist zu konstatieren, dass wohnungslosen Menschen häufig Rechte vorenthalten und subjektive Ansprüche nicht oder nicht in vollem Umfang realisiert werden; beispielsweise, indem Leistungen verkürzende Bescheide erlassen werden, oder indem Behörden ihren Informationspflichten (§§ 13–15 SGB I, u.a.) gegenüber diesem Personenkreis nicht oder nicht umfassend nachkommen. Die Verpflichtung zur Beratung setzt ein, wenn ein Bürger um

Beratung, Information usw. bittet (Papenheim u.a. 2004). Aber gesetzliche Regelung und Verwaltungspraxis klaffen bisweilen auseinander; häufig erschöpft sich der Kontakt zwischen wohnungslosen Bürger/innen und Leistungsträgern in der – manchmal rechtswidrig gekürzten – Auszahlung von Tagessätzen zu festgelegten Zeiten. Ebenso ist in der Praxis vielfach belegt, dass Sozialhilfe gem. §§ 67 ff. SGB XII durchaus nicht immer nach dem Kenntnisgrundsatz (§ 18 Abs. 1 SGB XII) einsetzt, obwohl dies gesetzlich geboten ist.

Bisweilen hat die beschriebene Situation einen Grund darin, dass dem Fachkräftegebot (§ 6 SGB XII) seitens der Leistungsträger unzureichend Rechnung getragen wird. Denn prinzipiell machen die gesetzlichen Regelungen unmissverständlich klar, dass Rechts- und Verwaltungskenntnisse, die üblicherweise zur Wahrnehmung von Verwaltungsaufgaben ausreichen, im Rahmen der Jugend- und Sozialhilfe durch fachliche Standards ergänzt werden müssen, die auf sozialwissenschaftlichen, sozialpädagogischen und sozialarbeiterischen Erkenntnissen und Erfahrungen beruhen (Papenheim u.a. 2004).

Dies ändert aber nichts an der Tatsache, dass Bürger ein subjektiv-öffentliches Recht auf richtige Auskunft haben. Bei unrichtiger, unvollständiger oder missverständlicher Auskunft können Schadensersatzansprüche wegen Amtspflichtverletzung und Verletzung der Betreuungspflicht aus einem Verwaltungsrechtsverhältnis sowie Folgenbeseitigungs- bzw. Herstellungsansprüche entstehen. Es kann hier nicht umfassend auf Rechtsschutzmöglichkeiten eingegangen werden. Nachfolgender, kursorischer Überblick soll aber verdeutlichen, dass und welche Möglichkeiten gegeben sind, da Rechtsschutz in der Arbeit mit der – leider häufig diskriminierten – Bevölkerungsgruppe wohnungsloser Bürgerinnen und Bürger eine wichtige Rolle spielt.

Der Gesetzgeber hat Rechtsschutzmöglichkeiten geschaffen und so außergerichtlichen und gerichtlichen Rechtschutz gegenüber Rechtsverletzungen durch Verwaltungshandeln sichergestellt. Wird ein Verwaltungsakt (§ 31 SGB X) erlassen, der einen Bürger in seinen subjektiv-öffentlichen Rechten beeinträchtigt oder zweckwidrig ist, also den Ermessensspielraum in einer für ihn ungünstigen Weise ausnützt (Papenheim u.a. 2004), sind dagegen Rechtsschutzmöglichkeiten gegeben.

An (außergerichtlichen) Rechtsschutzmöglichkeiten gibt es förmliche Rechtsbehelfe (Widerspruch, Einspruch, Beschwerde) sowie formlose Rechtsbehelfe (Gegenvorstellung, Fachaufsichtsbeschwerde, Dienstaufsichtsbeschwerde). Zu den formlosen Rechtsbehelfen gehört auch die Petition, mittels welcher jedermann das Recht hat, sich mit Bitten und Beschwerden an die zuständigen Stellen und die Volksvertretung zu wenden (Art. 17 GG und entsprechende Vorschriften der Länderverfassungen und der Gemeindeordnungen) (Papenheim u.a. 2004).

Wer gegen einen belastenden Verwaltungsakt (§ 31 SGB X) nach dem Sozialgesetzbuch vorgehen will, kann zunächst Widerspruch bei der erlassenden Behörde einlegen. Ein Widerspruch hat Aussicht auf Erfolg, wenn er zulässig und begründet ist. Die Entscheidung über den Widerspruch kann lauten: „Der Widerspruch wird als unzulässig zurückgewiesen“; „Der Widerspruch wird als unbegründet zurückgewiesen“; „Der angefochtene Bescheid wird aufgehoben (abgeändert).“ Der Widerspruchsbescheid ist ein Verwaltungsakt und muss schriftlich erlassen werden (§ 73 Abs. 3 VwGO bzw. § 85 Abs. 3 SGG).

Wird einem Widerspruch nicht abgeholfen, kann mittels Anfechtungsklage die Aufhebung des Verwaltungsakts angestrebt werden. Der Kläger muss Tatsachen vortragen, die es als möglich erscheinen lassen, dass er in seinen Rechten verletzt ist. Soll dagegen ein Antrag auf Erlass eines (begünstigenden) Verwaltungsaktes durchgesetzt werden, so wäre eine Verpflichtungsklage zu führen. Weiter kommen allgemeine Leistungsklage und Feststellungsklage in Betracht (ebenda).

Die oft unerträglich lange Dauer der Verfahren vor den Verwaltungsgerichten und Sozialgerichten widerspricht der grundgesetzlichen Garantie des effektiven Rechtsschutzes (Art. 19 Abs. 4 GG). Gerade im Sozialleistungsbereich verzichten viele Bürger auf ihre gesetzlichen Rechte, weil für ihre konkrete Situation eine erst in zwei oder vier Jahren ergehende gerichtliche Entscheidung keine Hilfe bringt. Dieser rechts- und verfassungswidrige Zustand führt zu erheblichen Einsparungen in manchen öffentlichen Haushalten.

In besonderen Fällen lässt sich eine schnelle gerichtliche Entscheidung in Form der einstweiligen Anordnung erreichen. Durch einstweilige Anordnung kann das Gericht – in Angelegenheiten nach SGB II und SGB XII ist die Sozialgerichtsbarkeit zuständig – eine vorläufige Regelung treffen, um wesentliche Nachteile abzuwenden oder drohende Gewalt zu verhindern (§ 123 VwGO, § 86 b SGG). Zur Inanspruchnahme anwaltlicher Hilfe ist hierbei dringend zu raten. Versagen die Fachgerichte einstweiligen Rechtsschutz, kann auch das Bundesverfassungsgericht eine einstweilige Anordnung erlassen, wenn anders eine erhebliche Grundrechtsverletzung nicht beseitigt werden kann, bzw. irreparable Schäden zu befürchten sind (BVerfG, NJW 1989, 827 und 1997, 1844; AP Nr. 12 zu Art. 19 GG).

Die Lebenslage Wohnungslosigkeit zeichnet sich u. a. durch einen Mangel an finanziellen Mitteln aus. Es ist aber zentrales Merkmal eines Rechtsstaates: Auch wer wenig Geld hat, muss die erforderlichen Mittel an die Hand bekommen, damit er/sie seine/ihre Rechte durchsetzen kann. Dies gilt explizit auch für Verwaltungs- und Sozialrechtsfragen. Das Gesetz über Rechtsberatung und Vertretung für Bürger mit geringem Einkommen (Beratungshilfegesetz – BerHG) sichert Menschen mit niedrigem Einkommen gegen eine kleine finanzielle Eigenleistung Rechtsberatung und Rechtsvertretung außerhalb eines gerichtlichen Verfahrens und im so genannten obligatorischen Güteverfahren zu. Beratungshilfe wird auf Antrag gewährt, wenn der Rechtsuchende die erforderlichen Mittel nicht aufbringen kann, keine anderen

Möglichkeiten für eine Hilfe zur Verfügung stehen und die Wahrnehmung der Rechte nicht mutwillig ist.

Wenn ein Gericht mit der Sache befasst werden muss, kann Prozesskostenhilfe (§ 114 Zivilprozessordnung – ZPO) in Anspruch genommen werden. Diese wird gewährt, wenn persönliche und wirtschaftliche Verhältnisse es erfordern. Prozesskostenhilfe ist beim zuständigen Gericht zu beantragen. In Angelegenheiten des SGB II und des SGB XII ist dies das Sozialgericht.

Sofern persönliche und wirtschaftliche Umstände dies erlauben, kann das Gericht eine Rückzahlung der Prozesskostenhilfe in Raten festsetzen. Die Beantragung kann direkt beim Gericht oder durch einen Anwalt erfolgen.

Exkurs IX: Wohnungsnot und Hartz IV – Darstellung einer unheilvollen Allianz am Beispiel Baden-Württembergs

Bei der Frage nach angemessener Wohnraumversorgung ist der Tatsache Rechnung zu tragen, dass es bundesweit unterschiedliche Ausgangslagen gibt. Der folgende Abschnitt beleuchtet zunächst die Situation im wirtschaftlich prosperierenden Baden-Württemberg und nimmt dann die Situation in Deutschland in den Fokus.

Ein erheblicher Mangel an Wohnraum in Ballungsräumen, ein ausgeprägter Mangel an Sozialwohnraum sowie zu niedrige Mietobergrenzen für Menschen im Hartz-IV-Leistungsbezug sind einige Merkmale der dortigen Situation. 17 der 30 teuersten Städte Deutschlands liegen in Baden-Württemberg (vgl. Badische Zeitung, 14. 10. 2014). Ein eklatanter Leerstand von 4,2 % aller Wohnungen (210 240 von 5 Millionen, vgl. Stuttgarter Nachrichten, 25. 02. 2015) verschärfen den Mangel an verfügbarem Wohnraum. Dies gilt nicht alleine in den Großstädten. Auch attraktive Kleinstädte (z. B. Schwäbisch Hall) sind davon betroffen; eine monatliche Warmmiete von 23,52 €/qm bei einer Pensionsunterbringung ist hier nachgewiesen. In Universitätsstädten wie Heidelberg oder Tübingen werden Quadratmetermieten von bis zu 30 € für „Bruchbuden" bezahlt. Der Verdrängungswettbewerb für Menschen in Einkommensarmut ist massiv!

Die Zahl der mietpreisgebundenen Wohnungen in Baden-Württemberg ist von 177 000 im Jahr 2000 auf nur noch 47 000 in 2009 gesunken; mittlerweile dürfte sie noch niedriger sein (Statistisches Landesamt, 2013, S. 26). Längst haben Statistiker/innen errechnet, was jede/r Praktiker/in sozialer Arbeit im Hilfefeld §§ 67 ff. SGB XII tagtäglich wahrnimmt: Der faktische Bedarf wird nicht gedeckt. Die Unterdeckung führt zu Verdrängungseffekten. Am Ende bleiben Menschen in unteren sozialen Schichten unversorgt, zumal die Mietobergrenzen bei Leistungsbeziehenden gem. SGB II oder SGB XII vielerorts lebensfremd niedrig sind. Die Zahl der am Wohnungsmarkt Verdrängten wird in Zukunft weiter ansteigen. Das wirft die Frage auf, welche Chancen auf bezahlbaren Wohnraum Menschen in Bedarfslagen gemäß

§§ 67 ff. SGB XII überhaupt noch haben. Das Marktgeschehen funktioniert insofern, als ein knappes Angebot zu höheren Preisen führt und zeigt zugleich überdeutlich: Wohnraum ist für Menschen existenziell und keine „Ware", wie z. B. Verbrauchsgüter es sind. Dort kann die Preisbildung über Angebot und Nachfrage tatsächlich positive Effekte für Verbraucher generieren. In der Wohnraumversorgung funktioniert solches Marktgeschehen nicht und widerspricht dem Menschenrecht auf menschenwürdiges Wohnen, indem Verdrängungseffekte Menschen in unteren sozialen Schichten in existenzielle Not bringen. Interventionen des Staates sind deshalb unverzichtbar.

Der in Baden-Württemberg gelegentlich erfolgende Verweis auf Leerstände in anderen Bundesländern trägt ebenso wenig zur Problemlösung bei wie der Hinweis, es gäbe in sehr ländlich geprägten Regionen durchaus Möglichkeiten, Wohnraum zu finden. Was nützen Menschen in Leistungsbezug nach SGB II, die zur Suche und Aufnahme jeglicher Arbeit verpflichtet sind, Wohnmöglichkeiten in Dörfern ohne verlässliche ÖPNV-Anbindung und ohne funktionierende Infrastruktur? Häufig haben günstige Wohnungen teure Nachteile: Schlecht isolierte Altbauwohnungen, alte Geräte mit hohem Energieverbrauch o. ä. sind hier obligatorisch. Und wie soll jemand vom Regelsatz der Grundsicherung Fahrtkosten von zehn bis fünfzehn Euro bezahlen für jeden Besuch beim Amt, für den Einkauf oder einen Arzttermin?

Es ist anzuerkennen, dass die Landesregierung dem sozialen Wohnungsbau in Baden-Württemberg neue Bedeutung zumisst. Die Schaffung von preiswertem und nachhaltigem Wohnraum durch Förderung des sozialen Wohnungsbaus wurde von der grün-roten Landesregierung verstärkt. Sie erhöhte ihr Förderprogramm für den Bau von bezahlbarem Wohnraum von 63 auf jeweils 75 Millionen Euro (Gesamtverfügungsrahmen) in den Jahren 2015 und 2016. Die grün-schwarze Landesregierung will die Landesförderung für sozialen Wohnungsbau ab 2017 auf 250 Millionen Euro pro Jahr aufstocken (Stuttgarter Nachrichten 16. Dezember 2016).

Aber auch damit kann die Frage nach Zugangschancen zu bezahlbarem, menschenwürdigen Wohnraum für einkommensarme Menschen und insbesondere für Menschen in Bedarfslagen gem. §§ 67 ff. SGB II kurz- und mittelfristig nicht beantwortet werden. Durch den Umstand, dass viele Geflüchtete kamen und selbstverständlich ebenso menschenwürdig wohnen wollen und sollen, wird es nicht einfacher.

Es bedarf schneller, vielleicht auch unkonventioneller Lösungen wie etwa den Einsatz qualitativ guter, preiswert in industrieller Produktion zu erstellender Fertighäuser. Ein wegweisender Ansatz könnte das von Bundesbauministerin Hendricks gestartete „Modellvorhaben zum nachhaltigen und bezahlbaren Bau von Variowohnungen" werden (vgl. Pressemeldung des BMUB Nr. 295/15 vom 05. 11. 2015).

Aber auch die Eigentümer/innen der mehr als 210 000 leer stehenden Wohnungen im „Ländle" sind angesichts der Bedrängnis vieler Mitbürger/innen aufgerufen, ihre Wohnungen wieder im Markt anzubieten. Auf diese Weise ließe sich kurzfristig die existenziell bedrängende Lage mancher Wohnungssuchenden lösen. Der Erste Armuts- und Reichtumsbericht 2015 kommt für Baden-Württemberg zusammenfassend zur Feststellung: „Es bedarf einer Gesamtkonzeption des Landes zur bedarfsgerechten Wohnungsversorgung mit dem Ziel, eine flächendeckende Versorgung mit Wohnraum für alle Menschen (insbesondere am unteren Einkommensrand) mit sozialer Infrastruktur im Quartier sicherzustellen. Das erste wohnungspolitische Maßnahmenpaket (Zweckentfremdungsverbot, Erschwerung von Umwandlungen in Gebieten mit Erhaltungssatzung), welches die Landesregierung 2013 auf dem Weg gebracht hat, stellt einen Einstieg dar und muss weiterentwickelt und umgesetzt werden (…) Wohnungsunternehmen, insbesondere kommunale und Genossenschaften sollten geförderte Wohnungen mit Belegungsbindungen bauen und ihre soziale Verantwortung gegenüber denjenigen wahrnehmen, die nicht die gegenwärtigen Marktmieten bezahlen können. Das sind aus Sicht der Ligaverbände Bausteine des angekündigten *Paradigmenwechsels* in der Wohnungspolitik des Landes“ (vgl. Erster Armuts- und Reichtumsbericht Baden-Württemberg, S. 758, Sartorius in: Sartorius, W./Weth, H. U. 2016, S. 86 ff.).

6.5 Das Bundesteilhabegesetz (BTHG)

Mit dem Bundesteilhabegesetz (BTHG) hat der Gesetzgeber ein umfassendes Gesetzespaket beschlossen, das für Menschen mit Behinderungen substanzielle Verbesserungen vorsieht. Ziel ist es, mit dem BTHG mehr Möglichkeiten der Teilhabe und mehr Selbstbestimmung für Menschen mit Behinderungen zu schaffen und damit die UN-Behindertenrechtskonvention in Deutschland umzusetzen. Das BTHG setzt ausdrücklich auf Prävention und abgestimmtes Vorgehen der zuständigen Leistungsträger. Mit dem Instrument der „Unabhängigen Teilhabeberatung“ wird ein träger- und leistungserbringerunabhängiges Netzwerk von Beratungsangeboten für Menschen mit (drohenden) Behinderungen und deren Angehörige geschaffen. Dort soll v. a. mit dem Ansatz des „peer counceling“ Selbstbestimmung und Eigenständigkeit der Menschen mit Behinderung gestärkt werden.

Im Entstehungsprozess des BTHG gab es erhebliche Kritik aus den Verbänden der Wohlfahrtspflege, aber auch aus Selbsthilfeorganisationen, weil das Gesetz deutlich hinter den Erwartungen zurückblieb. Hinsichtlich seines Präventionsansatzes und des geforderten, konstruktiven Zusammenwirkens der Leistungsträger wird das BHTG in Teilen der Wohnungslosenhilfe hinsichtlich der Frage diskutiert, ob Menschen in Wohnungsnot – natürlich immer abhängig vom individuellen Hilfebedarf – darin nicht besser verortet wären als im SGB XII in

Verbindung mit dem SGB II. Auch die in Teilen verbesserte Rechtsstellung und die teilweise materielle Besserstellung von Menschen mit Behinderungen bekräftigt diese Sichtweise.

Dabei wird allerdings übersehen, dass die eigenständigen Rechtsnormen der §§ 67 ff. SGB XII die Verbindung von besonderen Lebensverhältnissen und sozialen Schwierigkeiten voraussetzt, die gleichsam „ineinander verschränkt" sein müssen, um einen Leistungsanspruch auszulösen. Die Hilfe zielt darauf ab, „elende" Lebensverhältnisse zu verändern, vorhandene Ressourcen zu aktivieren (Empowerment) und im Idealfall so die sozialen Schwierigkeiten zu überwinden.

Das BTHG setzt dagegen an individuellen funktionalen Beeinträchtigungen (körperlich, seelisch, geistig) an und prüft, inwieweit durch diese Beeinträchtigungen Teilhabebehinderungen bestehen, um dann geeignete Maßnahmen zu deren Überwindung zu entwickeln und eben damit Teilhabe zu ermöglichen. In der Gesetzesbegründung (vgl. BT-Drucksache 18/9522) wird darauf abgehoben, dass das BTHG dem Konzept des „aktivierenden Sozialstaats" folgt und damit einem Ansatz, der eine Alternative zum herkömmlichen Verständnis des sozialen Rechtsstaats werden könnte; dies beinhaltet aus Sicht der „entwickelten Wohnungslosenhilfe" die Gefahren von Ungewissheit über die mögliche Hilfe, Lebensführungskontrolle und fehlende Unterstützung bei der Geltendmachung bestehender Rechtsansprüche (vgl. Roscher in Gillich u. a. 2019, S. 46 ff.)

Es gilt in der sozialarbeiterischen Praxis aufmerksam zu sein und stets im Einzelfall zu unterscheiden, welche Hilfe die richtige, angezeigte ist. Keinesfalls dürfen wohnungslose Menschen als Menschen mit Behinderung stigmatisiert und damit um ihr Recht auf eine eigenständige Hilfe gem. den §§ 67 ff. SGB XII gebracht werden, und keinesfalls darf Wohnungslosenhilfe die „schleichende Anpassung" an den Verwaltungsprozess der Eingliederungshilfe (vgl. Roscher a. a.O) akzeptieren. Zu Recht betonen Fachverbände wie der Deutsche Verein und die BAG Wohnungslosenhilfe, dass die §§ 67 ff. SGB XII einen eigenständigen Hilfeanspruch begründen, auch wenn es darüber hinaus Ansprüche an andere Hilfen (sog. „Verbundene Hilfen") geben kann (Deutscher Verein für öffentliche und private Fürsorge 2015, BAGW 2017).

Übungsfragen

- Welche Wechselwirkungen zwischen SGB II und SGB XII können in der Sozialarbeit mit Wohnungsnotfällen relevant sein?
- Wieso ist es wichtig, besondere Lebensverhältnisse und soziale Schwierigkeiten nicht isoliert, sondern im jeweiligen Kontext zu betrachten?
- Welche Hilfemöglichkeiten gibt es, wenn Miet- oder Energieschulden bestehen?
- Was muss professionelle Wohnungslosenhilfe mit Blick auf die Realisierung von Rechten Wohnungsloser berücksichtigen?

- Aufgrund welcher Rechtsgrundlagen können einkommens- und vermögensarme Menschen anwaltliche Hilfe bei der Durchsetzung ihrer Rechte bekommen?
- Weshalb ist steuerndes Intervenieren im Wohnungsmarkt derzeit unverzichtbar?
- Worin unterscheiden sich Wohnungslosenhilfe und Eingliederungshilfe nach dem BTHG?

Vorschläge für das Selbststudium

- Aktuelle Kommentierungen zu den §§ 67 bis 69 SGB XII, z. B. Münder, Lehr- und Praxiskommentar
- Arbeitslosengeld II und Sozialgeld
- Grundsicherung im Alter
- Mietschuldenübernahme
- Rechtsverwirklichung für Wohnungslose

Zum Weiterlesen

Edtbauer, R./Kievel, W.: Grundsicherungs- und Sozialhilferecht für soziale Berufe, München 2011

Deutscher Verein für öffentliche und private Fürsorge: Leistungsberechtigte in besonderen sozialen Schwierigkeiten bedarfsdeckend unterstützen. Empfehlungen des Deutschen Vereins zur Anwendung der Hilfe nach §§ 67 ff. SGB XII, Berlin 2015

Gillich, S./Keicher, R. (Hrsg.): Suppe, Beratung, Politik. Anforderungen an eine moderne Wohnungsnotfallhilfe, Heidelberg 2016

Gillich, S./Keicher, R. (Hrsg.): Bürger oder Bettler – Soziale Rechte von Menschen in Wohnungsnot im Europäischen Jahr gegen Armut und soziale Ausgrenzung, Bielefeld 2012

Roscher in: Gillich, S./Keicher, R./Kirsch, S. (Hrsg.): Alternativen zu Entrechtung und Ausgrenzung, Freiburg 2019

Sanders, K./Weth, H. U. (Hrsg.): Armut und Teilhabe: Analysen und Impulse zum Diskurs um Armut und Gerechtigkeit, Wiesbaden 2008

Sartorius, W. (Hrsg.): Wer wenig im Leben hat, braucht viel im Recht: Beiträge zur Rechtsberatung und Rechtsverwirklichung im SGB II, Reutlingen 2009

Sanders, K./Weth, H. U. (Hrsg.): Rechtsstaat, Markt und Menschenwürde. Herausforderung Armut und Migration, Freiburg 2016

Hinweis: Angesichts rasch eintretender Änderungen im Sozialrecht wird empfohlen, stets die jeweils neuesten Kommentierungen zu SGB II (z. B. Münder u. a.) und SGB XII (z. B. Thie u. a., Schellhorn, Eichler-Spellbrink) zu Rate zu ziehen.

Kapitel 7
Soziale Arbeit mit Wohnungslosen

■ Dieses Kapitel führt eher allgemein in die Soziale Arbeit mit wohnungslosen Menschen ein, indem es einen Überblick verschafft und die Hilfe als Ganzes behandelt. Es zeigt die Unterschiede zwischen Obdach- und Wohnungslosigkeit und macht mit wichtigen Begriffen sowie der Struktur des Hilfesystems vertraut. Dabei wird der zentrale Terminus „soziale Schwierigkeiten" definiert und ausführlich diskutiert. Einen wesentlichen Schwerpunkt bildet zudem die differenzierende Darstellung der Personengruppen, mit denen das Hilfesystem konfrontiert ist. Auch werden wesentliche Grundzüge dieser Hilfe, die Philosophie sowie die methodische Basis im Überblick und einführend dargestellt. Reflektiert wird auch das Ziel der Hilfe.

7.1 Begriffe und Struktur des Hilfesystems

Menschen, die ihre Wohnung verlieren, können, sobald sie diese Notlage bei kommunalen Behörden anzeigen, nach geltendem Recht auf zwei Interventionsmöglichkeiten hoffen. Zum einen sind die Kommunen nach Ordnungsrecht dazu verpflichtet, Obdachlosigkeit zu beseitigen. Zum anderen können die Betroffenen weitergehende persönliche Hilfen zur Überwindung ihrer besonderen sozialen Schwierigkeiten beanspruchen, die in den §§ 67–69 des SGB XII geregelt sind. Neben ihrer besonderen Lebenslage Wohnungslosigkeit, die einen anderen Status als Obdachlosigkeit zuspricht, müssen dafür weitergehende soziale Schwierigkeiten vorliegen, die eine Maßnahme zur Wiedereingliederung (Resozialisierung) erforderlich machen. Dies weist auf ein zentrales Phänomen im Hilfesystem hin: die unterschiedlichen begrifflichen Konstruktionen, die mitunter auch Unterschiedliches im Fokus haben, und die sich unterscheidenden Hilfeansätze für das eigentliche Problem des Wohnungsverlustes. Dies geht einher mit erheblichen Rechtsproblemen und verschiedenen Zuständigkeiten. Für die Umsetzung des Ordnungsrechts (= Länderrecht) sind Kommunen als Ortspolizeibehörden zuständig, für die Umsetzung der Hilfen gem. §§ 67 ff. SGB XII dagegen die örtlichen oder überörtlichen Träger der Sozialhilfe.

Im Hilfesystem kursieren daher, neben dem eher historisch entwickelten und zudem stark diskriminierenden Begriff der Nichtsesshaftigkeit, vor allem zwei Begriffe, die zumeist synonym gebraucht werden, aber nicht das gleiche meinen: *Wohnungslosigkeit* und *Obdachlosigkeit*. Der letzte Begriff ist dabei der weiter gefasste. Er bezeichnet ganz allgemein Menschen, die ihre Wohnung verloren haben. Dies kann durch Katastrophen wie eine Flut oder Brände, aber auch durch Sanierung und zu guter Letzt durch Räumung auf Grund nicht bezahlter Mieten geschehen. Unabhängig von der Ursache des Wohnungsverlustes sind diese Menschen obdachlos. Dieser Zustand gilt als Ordnungswidrigkeit, die von der jeweiligen Kommune durch die Bereitstellung einer Notunterkunft, die mitunter auch als Ersatzunterkunft bezeichnet wird, beseitigt werden muss. Not- und Ersatzunterkünfte können dabei Pensionen, Zelte, Gemeinschaftsunterkünfte, mitunter auch so genannte Asyle oder eigens hierfür vorgehaltene Wohnungen (Gewährleistungs- oder Notwohnungen) sein. Die Betroffenen werden in diese Unterkünfte eingewiesen. Sie erhalten keinen Mietvertrag und verfügen somit über keine, über einen Nutzungsvertrag hinausgehende, vertragliche Absicherung.

Noch immer existiert keine flächendeckende Versorgung mit angemessenen, menschenwürdigen Notunterkünften in den Städten. Besonders unzureichend ist die Versorgungslage in kleineren Gemeinden und auf dem Land. Vor allem sind separate Frauenunterkünfte bisher, trotz eines breit entfalteten Problemverständnisses, noch immer eine Ausnahme. Nach wie vor müssen in einer nicht unbeträchtlichen Zahl von Unterkünften die Menschen während des Tages die Einrichtung verlassen. Darüber hinaus sind Ausstattungsstandards eher schlecht, in vielen Fällen können Grundbedürfnisse nach Körperpflege und einer selbst bestimmten Ernährung sowie nach Ruhe und Privatsphäre nicht zufriedenstellend und dem Recht auf Privatsphäre entsprechend abgedeckt werden.

Wohnungslose sind, im Gegensatz zur Gruppe der Obdachlosen, die auch Familien umfasst, zumeist allein stehende Menschen, die über die Tatsache hinaus, dass sie eben aktuell keine Wohnung haben, auch noch von sozialen Schwierigkeiten betroffen sind, die eine sozialarbeiterische Maßnahme zur Wiedereingliederung erforderlich machen. Sie können hierfür auch in Einrichtungen des Hilfesystems selbst wohnen, den stationären Einrichtungen oder in teilstationären Einrichtungen, etwa in betreuten Wohnungen oder Wohngruppen. Der Unterschied liegt dabei im Grad der Versorgung. Stationäre Einrichtungen sind zumeist an eine Vollversorgung gekoppelt, zunehmend wird auch verstärkt nur die Möglichkeit zu einer Vollversorgung vorgehalten, während teilstationäre Hilfen mehr Anteile an Selbstversorgung und eine ambulante sozialarbeiterische Begleitung aufweisen. Wohnungslose Menschen halten sich aber auch in Ersatzunterkünften auf, sie machen „Platte“, leben „auf der Straße“ oder wohnen illegal bei Bekannten.

Insgesamt sind die Wohnungslosen eine spezifische Untergruppe der Obdachlosen, die zumeist einer besonderen sozialarbeiterischen Unterstützung bedürfen. Um diese Begriffsverwirrung aufzuheben, wird in der Fachdebatte vielfach vom *Wohnungsnotfall* gesprochen, der beide Begriffe vereinen und außerdem noch darauf hinweisen soll, dass das Problem schon beim unzureichenden Wohnraum beginnt, der gefährdet ist oder einfach nicht den Anforderungen entspricht. Hierauf wird in einem späteren Kapitel noch intensiver eingegangen.

Viele wohnungslose Menschen sind trotz erkennbarer sozialer Schwierigkeiten in Notunterkünften, zumeist Gemeinschaftsunterkünften, untergebracht oder fragen dort um Hilfe nach. In diesen Notunterkünften werden neben einem Schlafplatz auch Essen und die Möglichkeit, Wäsche zu waschen, angeboten. Eigentlich sollte diese Unterbringung nur auf eine kurze Zeitspanne begrenzt sein. Doch ein Blick auf diese Notunterkünfte, die manchmal auch als „Asyle" und eher diskriminierend als „Pennen" bezeichnet werden, zeigt, dass es nicht wenige gibt, in denen Betroffene über einen längeren Zeitraum leben und nicht nur nachts anwesend sind. Es gibt im Hilfesystem zudem aktuell Hinweise, dass diese „Unterkünfte" wieder zunehmen (Malyssek/Störch 2008). An manche Notunterkünfte ist zusätzlich ein Tagesaufenthalt angegliedert.

Vielfach stellt die Unterbringung in einer derartigen Notunterkunft den Einstieg in das Hilfesystem der Wohnungslosenhilfe dar, das sozialarbeiterische Interventionen für die sozialen Schwierigkeiten der Menschen bietet.

Dreh- und Angelpunkt der Hilfe sind i. d. R. (Fach-)Beratungsstellen, die explizit Clearingfunktionen wahrnehmen und die Aufgabe haben, im Einzelfall passgenaue Hilfen zu erschließen. Dabei überwiegen ganz eindeutig ambulante Hilfen, denen aus fachlicher Sicht auch im Sinne präventiver Hilfen noch mehr Bedeutung zukommen muss. Wichtig geworden sind dabei ambulante begleitete Wohnformen, bei denen Hilfeberechtigte in Individualwohnraum durch sozialarbeiterische und ggf. hauswirtschaftliche Fachkräfte aufsuchend begleitet und unterstützt werden, um den Eintritt des Wohnungsverlustes zu verhindern oder zumindest lange hinauszuzögern. Allerdings stoßen diese Angebote vielerorts an die Grenze, die durch fehlenden Wohnraum gesetzt wird (siehe Kap. 4.5).

Die stationären Einrichtungen wurden durch spezialisierte und vor allem auch ambulante Angebote ergänzt (Gillich/Nieslony 2000; Malyssek/Störch 2008; Gillich/Nagel 2010). Aus einem eher traditionellen und nahezu geschlossenem Hilfesystem, das wenig innovativ und entwicklungsoffen schien, entfaltete sich seit Ende der siebziger Jahre des vorigen Jahrhunderts ein modernes und vielfältiges Hilfe-, Dienstleistungs- und Versorgungssystem, das sich neueren Theorie-Praxis-Diskursen öffnete und sich intensiver mit den Lebenslagen der betroffenen Menschen auseinandersetzte. Stationären Einrichtungen, die lange Basis und Zentrum der Hilfen für Wohnungslose bildeten, haben in den letzten Jahren quantitativ gegenüber ambulanten Hilfeformen an Bedeutung verloren. Dies entspricht der Intention des Gesetzgebers, der klar einen Vorrang ambulanter Hilfe (vgl. § 13 (1) SGB XII) bestimmt hat. In Baden-Württemberg sind nur noch ein Fünftel des Angebots stationäre Hilfen. Gleichwohl sind diese in qualitativer

Hinsicht weiterhin ein wichtiger Bestandteil des Hilfesystems. Wo Notlagen zu komplex sind und für die Betroffenen so ausgrenzende Wirkungen entfalten, dass mit ambulanten Hilfen nicht angemessen zu helfen ist, sind sie unerlässlich und bieten teils hochdifferenzierte Hilfen z. B. für wohnungslose Menschen mit Pflegebedarf, psychischen oder Suchterkrankungen an. Dies ausdrücklich nicht, um vorrangige Leistungssysteme z. B. gem. SGB V, VI zu ersetzen; vielmehr kompensieren sie ansonsten unerreichbare, gleichwohl erforderliche Hilfen.

Stationäre Hilfen arbeiten vor allem auf der Grundlage des SGB XII, teils in Verbindung mit anderen Leistungsgesetzen. Die zuständigen Sozialhilfeträger bringen hier allein stehende wohnungslose Menschen mit weitergehenden sozialen Schwierigkeiten unter, um durch zeitlich befristete und geeignete sozialarbeiterische Interventionen zuerst eine erneute Teilhabe am Leben der Gemeinschaft innerhalb der Einrichtung, sobald als möglich wieder außerhalb zu ermöglichen.

Vor allem wird in diesen Einrichtungen über eine starke Strukturierung des Alltags, die auch Maßnahmen zur Gestaltung der Freizeit beinhalten, eine Reorganisation des täglichen Lebens möglich, die dem Hilfeziel der Verselbständigung gerecht wird. Auf der anderen Seite besteht die Gefahr der Gewöhnung an die Tagesstruktur der Institution. Viele stationäre Einrichtungen haben auf diese Kritik, die ja schon lange an sie heran getragen wird, mit der Diversifizierung ihrer Angebote und einer stärker am jeweils individuellen Bedarf orientierten Arbeit reagiert. Dies hat inzwischen sogar dazu geführt, dass stationäre Einrichtungen in eine moderne Form des betreuten Wohnens überführt wurden.

Aufgrund der oben beschriebenen, ungenügenden Aufnahmebereitschaft des allgemeinen Arbeitsmarktes für benachteiligte, häufig auch langzeitarbeitslose Menschen ist der Übergang in den Arbeitsmarkt eher die Ausnahme (Stand 2017). Dagegen gewinnen Unterstützungsangebote zur Strukturierung des Alltags zunehmend an Bedeutung.

In nur noch wenigen Bundesländern können die entstehenden Kosten mit den überörtlichen Trägern verrechnet werden. Bereits die Umsetzung der letzten Durchführungsverordnung (DVO) zum § 72 BSHG (alte Fassung) hat in vielen Regionen dazu geführt, dass die Finanzierung ausschließlich über den örtlichen Sozialhilfeträger geschieht. Diese *Kommunalisierung* der Angebote hat zum einen den Vorteil, dass stärker lebensweltlich organisierte und orientierte Hilfsangebote in den Vordergrund gerückt werden, führt aber zum anderen dazu, dass von Ort zu Ort voneinander abweichende Standards angeboten werden. Von der verfassungsrechtlich gebotenen Gleichwertigkeit der Lebensverhältnisse kann auch an dieser Stelle mit Blick auf die Hilfegewährungspraxis und -Infrastruktur in den verschiedenen Bundesländern nicht annähernd die Rede sein.

Die *Soziale Arbeit mit Wohnungslosen* hat sich in den zurückliegenden Jahren stark gewandelt. Zum einen hat die organisierte Hilfe in ihrer Fachdebatte vom

Begriff des Nichtsesshaften Abstand genommen, der in seiner begrifflichen Konstruktion immer bereits ein Verhaltensdefizit, eine soziale Auffälligkeit festlegte, die als Vorrausetzung für das Einsetzen von Hilfe gesehen wurde. Der Nichtsesshaftenbegriff wurde zunächst vom Terminus *allein stehende Wohnungslose* abgelöst, später setzte sich die Bezeichnung *Wohnungsnotfall* durch. Beide Begriffe benennen das zentrale Problem Betroffener, die fehlende Wohnung, ohne dass zugleich weitere Vermutungen über den „Fall" angestellt werden, über den man ohne eingehende diagnostische und biographische Analysen vorab nicht viel weiß.

Zum anderen hat sich das Hilfesystem, das bis in die 1980er Jahre noch fast ausschließlich aus Notunterkünften und Heimen bestand, stark gewandelt. Es ist insofern moderner geworden, als dass deutlich differenzierter und angemessener auf die jeweils individuellen Bedarfe und Problemlagen der Betroffenen reagiert wird. Stationäre Einrichtungen, die früher das Zentrum der Hilfe darstellten, sind mittlerweile durch niedrigschwellige ambulante Angebote ergänzt und ersetzt worden, die mit einer Vielzahl unterschiedlicher Dienstleistungen ausgestattet sind. Aber auch die stationären Hilfen haben eine grundlegende Wandlung durchlaufen, die noch dargestellt werden wird.

In *ambulanten Beratungsstellen,* die oft mit Tagesaufenthaltsmöglichkeiten verbunden sind, und mitunter ganz traditionell als „Wärmestuben" bezeichnet werden, stehen Hilfesuchenden neben Angeboten, die ihnen das alltägliche Leben erleichtern sollen und ihnen Unterstützung bei der Strukturierung des Alltags geben, vor allem Beratungsleistungen von Sozialarbeitern zur Verfügung. Oft genügen die Dienste dieser ambulanten Angebote, um an den Problemen der Betroffenen zielorientiert arbeiten und Lösungen aufzeigen zu können. Die Zusammenarbeit ist von unterschiedlicher Dauer und Nachhaltigkeit. Nicht wenige Betroffene gehören über einen längeren Zeitraum zum Kundenkreis der jeweiligen Angebote.

Ambulante als auch stationäre Hilfen sind sowohl miteinander verbunden als auch mit weitergehenden Hilfen (Suchtberatung, medizinischen Hilfen, betreutem Wohnen, aufsuchenden und nachgehenden Hilfen sowie Angeboten für psychisch Kranke) vernetzt, so dass man inzwischen vielerorts von einem *breit gefächerten Hilfesystem* sprechen kann, das sich an unterschiedlichen Bedarfen orientiert und für diese unterschiedliche Optionen offen hält.

Es haben sich auch spezifische Hilfeoptionen geformt, die sich am Alter und am Geschlecht der Betroffenen orientieren. Explizite Angebote für Frauen haben zugenommen, wenngleich bundesweit noch keine angemessene Bedarfsdeckung gegeben ist. Auch entstand eine aufsuchende Hilfe, Straßensozialarbeit, die zu den Betroffenen hingeht, sie kontaktiert, ihnen Hilfen anbietet, die bis zu medizinischer Versorgung reicht. Die aufsuchende medizinische Hilfe hat vielerorts große Bedeutung für die Wohnungslosen, da diese oft nur schwer Zugang zum Gesundheitssystem finden. Andererseits ist es mancherorts gelungen, niedergelassene Ärzte für die Nöte wohnungsloser Menschen zu sensibilisieren, so dass die Betroffenen in die Regelversorgung eingebunden werden, wie andere Bürgerinnen und Bürger auch.

Auch wurde recht frühzeitig die Frage gestellt, welche Maßnahmen auf kommunaler Ebene zur Vermeidung von Wohnungslosigkeit führen können. Aus diesem Diskurs sind die so genannten *Zentralen Fachstellen Wohnen* hervorgegangen, die in einer engen Vernetzung städtischer Ämter und Behörden versuchen, Wohnraumverluste frühzeitig zu erkennen und diese durch geeignete Maßnahmen zu verhindern. In Fällen, in denen dies nicht möglich ist, kann oftmals sofort adäquater Wohnraum verfügbar gemacht werden, so dass überhaupt keine Wohnungslosigkeit auftritt.

Zur Erreichung der Wiedereingliederung wurden zudem Angebote aufgebaut, die Wohnraum vermitteln bzw. Wohnungen für Menschen aus dem Hilfesystem vorhalten. In einigen Städten gibt es hierfür so genannte geschützte Marktsegmente, Wohnungen, die vorrangig durch Menschen mit Wohnungsproblemen belegt werden müssen. Auch gibt es vermehrt Einrichtungen, die Wohngruppen für Betroffene eingerichtet haben, die mobil, also durch einen zugehenden sozialarbeiterischen Dienst, betreut werden. Hier lernen die Bewohner, ihren Alltag zu organisieren. Dies sind neue Formen intensiv betreuten Wohnens außerhalb stationärer Einrichtungen, die sich vor allem an Jüngere und Suchtkranke richten. Um die Eingliederung in eigenen Wohnraum zu flankieren und den neuerlichen Verlust der Wohnung zu verhindern, wurden nachgehende Hilfen aufgebaut, die Menschen in ihren Wohnungen aufsuchen und ihnen dort notwendige Hilfestellungen anbieten.

Insgesamt finden wir heute vielerorts zwar ein sehr differenziertes Hilfesystem vor, das sich in einer großen Breite ambulanter und stationärer Maßnahmen darstellt. Zu beklagen ist aber, dass dies nicht für alle Bundesländer in gleicher Weise realisiert wurde. Es gibt an der Stelle noch viel zu tun!

7.2 Anlass der Hilfe: Soziale Schwierigkeiten in Verbindung mit besonderen Lebenslagen

Der Verlust einer Wohnung, der unterschiedliche Ursachen und Hintergründe haben kann, ist für sich genommen noch kein Anlass, Hilfe im Rahmen der gesetzlich verankerten Unterstützungsmaßnahmen der Wohnungslosenhilfe zu erhalten. Um diesen Verlust zu bearbeiten, ist zunächst auch die einfache und durch kommunale Behörden ordnungsrechtlich zu organisierende Versorgung mit einer Unterkunft möglich, die im Angebot einer Wohnung oder einem Platz in einer Gemeinschaftsunterkunft liegen kann. Für eine Maßnahme auf der Basis gesetzlicher Grundlagen, die in den §§ 67–69 des SGB XII geregelt sind, müssen weitergehende *soziale Schwierigkeiten* als subjektiv-individuelle Anknüpfungspunkte vorliegen, die einen sozialarbeiterischen Bedarf erkennbar werden lassen. Erst dann ist eine ambulante oder auch eine stationäre Maßnahme im Rahmen der organisierten Wohnungslosenhilfe möglich. Mit diesen sozialen Schwierigkeiten müssen besondere Lebensverhältnisse verbunden sein oder einzutreten drohen, die das Leben in der Gemeinschaft beeinträchtigen. Der Betroffene ist zudem aktuell nicht in der Lage, diese besondere Lebenslage aus eigenen Kräften zu überwinden.

Besondere Lebensverhältnisse, die im Einzelfall vorliegen müssen, können zunächst in Anlehnung an Diskurse über Armut als *Mangelsituationen* begriffen werden, die – auf den Punkt gebracht – zu einem Leben „im Elend" führen. Das bedeutet, dass die von der Gesellschaft als üblich angesehenen Standards eines „normalen Lebens" deutlich unterschritten werden, somit eine erkennbare „Unterversorgung" eingetreten ist. Die betroffenen Menschen gelten als objektiv unterversorgt, da ihnen Güter und Kompetenzen fehlen, um ein Leben selbständig führen zu können. Ferner fehlen ihnen Zugänge zu einer die Lebenslage sichernden Versorgung mit Dienstleistungen. Diese *Unterversorgung* zeigt sich vor allem hinsichtlich:

- Wohnraum: Den Betroffenen fehlt eine eigene, durch Mietvertrag abgesicherte Wohnung. Sie leben entweder in Ersatzunterkünften, Notwohnungen, Gewährleistungswohnungen oder Asylen, oder sie leben illegal bei Freunden und Bekannten, in einer nicht adäquaten Unterkunft, zum Beispiel in einer Gartenlaube oder in einem leer stehenden Haus, eventuell sogar ohne fließendes Wasser, Heizung und Toilette.
- Gesicherter wirtschaftlicher Lebensgrundlage: Den Betroffenen fehlt ein regelmäßiges und ausreichendes Einkommen, das aus eigener Tätigkeit oder aus staatlichen Transfers resultieren kann, um hieraus eine eigene und von Hilfe unabhängige wirtschaftliche Planung und Gestaltung des Alltags zu betreiben.
- Arbeit und Ausbildung: Die Betroffenen befinden sich in keinem dauerhaften Arbeitsverhältnis, sie leben mitunter von Gelegenheitsarbeiten oder auch vom Betteln. Auch fehlt ihnen mitunter eine Berufsausbildung oder ihre Ausbildung ist nicht mehr zeitgemäß, um ihnen Chancen auf dem Arbeitsmarkt zu eröffnen.
- Sozialer und kultureller Teilhabe: Den Betroffenen fehlen soziale Kontakte, aus denen heraus soziale Unterstützung möglich werden könnte. Vielfach sind

sie von ihren familiären Hintergründen abgeschnitten, leben sozial isoliert und haben kaum noch Möglichkeiten, an sozialen Netzen von Gemeinschaften zu partizipieren. Ihre Beziehungen verkürzen sich mit der Dauer ihrer sozial prekären Situation zumeist auf jene, die sie in der Szene der Betroffenen vorfinden. Diese tragen zu einer Verfestigung der prekären Lagen bei.

Mit diesen Dimensionen der Unterversorgung, die als besondere Lebensverhältnisse begriffen werden, sind soziale Schwierigkeiten verknüpft. Wegen der Verbindung der besonderen Lebensverhältnisse mit sozialen Schwierigkeiten hat die Hilfe einen objektiven und wie auch einen subjektiv-individuellen Anknüpfungspunkt (vgl. Deutscher Verein 2015, S. 6). Soziale Schwierigkeiten zeigen sich zum einen als Kommunikationsprobleme mit der sozialen Umwelt. Die Betroffenen ziehen sich zurück und gehen ihre Probleme nicht mehr lösungsorientiert an. Zum anderen werden sie aber auch als individuelles Verhaltensmuster erkennbar, das nicht zur Lösung der Mangelsituation, sondern zu deren Verschlimmerung beiträgt. Dies können Fehleinschätzungen der eigenen Möglichkeiten oder auch Verhaltensweisen sein, die den bereits drohenden Wohnungsverlust akut werden lassen, da zum Beispiel auf Mahnschreiben nie reagiert wurde.

Wichtig für die Hilfegewährung ist dabei vor allem, dass diese sozialen Schwierigkeiten nicht nur vorübergehender Natur sind, sondern gravierende und andauernde Probleme der Betroffenen darstellen, die Teilnahme am alltäglichen Leben erschweren oder gar gefährden, die Betroffenen einschränken, isolieren und zu Verhaltensweisen führen, die deren Lage noch zusätzlich verschlechtern. Betroffene sind dann nicht mehr in der Lage, am Leben in der Gemeinschaft problemlos und konfliktfrei teilzunehmen, werden bisweilen sozial auffällig und somit zu einem Problem für sich selbst und ihre Umwelt. Auch, und das ist die dritte Voraussetzung, muss der oder die Betroffene nicht mehr in der Lage sein, aus eigener Kraft seine Schwierigkeiten zu bewältigen, um einen Hilfeanspruch gem. §§ 67 ff. SGB XII zu haben.

Eine Maßnahme nach § 67 SGB XII wird somit erst notwendig, wenn sowohl materielle Güter als auch individuelle Fähigkeiten und Kompetenzen weitgehend fehlen. Diese besonderen Lebensverhältnisse, die mit sozialen Schwierigkeiten verbunden sind, können aus folgenden Bedingungen resultieren:

- einer fehlenden oder nicht ausreichenden Wohnung,
- ungesicherten wirtschaftlichen Lebensgrundlagen,
- der Entlassung aus einer geschlossenen Einrichtung,
- gewaltgeprägten Lebensumständen,
- vergleichbaren nachteiligen Umständen.

Ein Blick auf die Biographien von Betroffenen zeigt, dass mit dem Verlust der Wohnung häufig weitere Prozesse der Ausgrenzung und der Unterversorgung in Gang gesetzt werden, die mitunter schon vor Eintritt des akuten Wohnungsverlustes begannen, sich im Verlauf der Wohnungslosigkeit allmählich verfestigten und nachhaltig auf das Leben dieser Menschen Einfluss nahmen. Aus einem Wohnungsverlust kann so schnell eine besondere soziale Schwierigkeit werden, wenn etwa zu diesem Zeitpunkt bereits kein Arbeitsverhältnis mehr bestand oder dies ebenfalls verloren geht. Wenn der Anlass des Wohnungsverlustes eine Scheidung oder eine Trennung war, kann dies mit dem Verlust sozialer Netze bis hin zu vollständiger sozialer Isolation einhergehen. Besonders dramatisch wird es, wenn dazu Überschuldung vorliegt, Verhaltensprobleme wie fehlende Konfliktlösungskompetenzen die Situation eskalieren lassen und schließlich psychische oder physische Erkrankungen und Suchtmittelabhängigkeiten auftreten.

Seit 2005 haben die zunehmenden Verschärfungen der Sanktionen v. a. bei nicht wenigen unter Fünfundzwanzigjährigen dazu geführt, dass sie „auf null" sanktioniert wurden und deshalb ihre Wohnung verloren haben. Diese verfassungs- und menschenrechtlich fragwürdige Rechtslage und die daraus mancherorts abgeleitete „Hilfeerzeugungspraxis" sind auf das Schärfste zu kritisieren (vgl. Sartorius in: Barz/Schmieder 2014, S. 155 ff.).

Exkurs X: Karriere

Wohnungsverluste können *„Karrieren"* sozialer Ausgrenzung begründen, die Menschen auf die Straße, eben in besondere Lebensverhältnisse führen, und somit eine dauerhafte Wohnungslosigkeit als soziale Schwierigkeit formen. Mit dem Begriff *Karriere* wird verdeutlicht, dass Wohnungslosigkeit einen sich verschärfenden Prozess sozialer Ausgrenzung darstellt, der nicht unbedingt erst mit dem Verlust der Wohnung beginnt, der aber auch nicht dadurch bereits zu schwer wiegenden sozialen Auffälligkeiten führen muss. Es handelt sich vielmehr um eine biographische Entwicklung, die mit dem Verlust der Wohnung zwar einen durchaus neuralgischen Punkt besitzt, die sich aber auch aus anderen sozialen und individuellen Problemlagen heraus zusätzlich verschärfen kann.

Frühe soziale Hilfen und frühzeitige Interventionen sind notwendig, um die Karriere nicht zu verfestigen. Dabei hat die Sicherung des Wohnraums oberste Priorität, um an diesen Entwicklungen zu arbeiten, sie zu bremsen oder gar zu verhindern. In nachfolgenden Stadien der Hilfe geht es dann vor allem um die Reorganisation und Verbesserung des Alltags durch die Betroffenen selbst, der durch das Eintreten des Wohnungsverlustes und den im Zusammenhang damit auftretenden sozialen Schwierigkeiten durcheinander geraten ist.

7.3 Präventive Hilfen

In der Fachdebatte wird schon länger darüber diskutiert, dass die Hilfe bereits dann ansetzen müsste, wenn der Betroffene noch in seiner Wohnung lebt, da die sozialen Schwierigkeiten ja nicht erst dann entstehen, wenn der Mensch auf der Straße steht. Der schon eingeführte Begriff *Wohnungsnotfall* intendiert dies, da er darauf hinweist, dass es Menschen gibt, die nicht nur in unzureichendem Wohnraum leben, der mitunter schon durch eine Kündigung bedroht wird, sondern auch von weiteren sozialen Schwierigkeiten betroffen sind, wie Arbeitslosigkeit, eingeschränkten sozialen Kontakten oder Schulden, und aus eigener Kraft nicht fähig sind, diese Probleme zu lösen. Inzwischen wurde von einigen innovativen Sozialhilfeträgern die Bedeutung von Prävention erkannt und dergestalt umgesetzt, dass sie entweder durch Fachstellen oder den Allgemeinen Sozialdienst Fachdienste im Sinne der §§ 67 ff. SGB XII mit Interventionen beauftragen, wenn Wohnungsverlust droht. In manchen Fällen kann so akute Wohnungslosigkeit vermieden werden. Allerdings ist diese präventive Praxis bei weitem nicht flächendeckend eingeführt, weshalb weiterhin vielerorts tatsächlich erst interveniert wird, wenn die Wohnung bereits verloren ist.

Andererseits gibt es auch Menschen, die ihre Wohnung verlieren und eben keine weitergehenden sozialen Schwierigkeiten haben bzw. diese selbst bewältigen können. Letztlich wird zwar mit den Vorgaben in den §§ 67–69 SGB XII und der entsprechenden DVO festgelegt, wer denn nun Hilfe erhält und wer nicht. In der Praxis werden gelegentlich Menschen – auch mangels individuell erschließbarer Alternativen – in das Hilfesystem geraten, die eigentlich nicht zum Personenkreis zu rechnen sind. Dies geschieht oft im Zuständigkeitsstreit bzw. mit der Intention, sie so leichter mit Unterkunft versorgen zu können. Zumeist wird in dieser Weise mit allein stehenden Obdachlosen verfahren, die man zu Wohnungslosen macht. Das ist wenig sinnvoll, gegen den Geist der Gesetze gerichtet und kann dazu führen, dass so erst jene Schwierigkeiten produziert werden, die das Hilfesystem als gegeben unterstellt.

7.4 Unterschiedliche Menschen in der Lebenslage Wohnungslosigkeit

Eine der wichtigsten Erkenntnisse im Hilfesystem war, dass es nicht *den* Wohnungslosen als einheitlichen Typus gibt. Das Spektrum der Wohnungslosen umfasst Menschen, die zwar als (allein stehende) Wohnungslose richtig beschrieben werden, bei denen aber sehr unterschiedliche Problemstellungen und damit voneinander abweichende Hilfebedarfe vorliegen. Auch wurde deutlich, dass unter wohnungslosen Menschen unterschiedliche Karrieremuster auftreten. Entweder hatten sie eben erst ihre Wohnungen verloren und eine kurzfristige Beratung genügte, um eine Verschlimmerung der Situation zu verhindern. Oder aber es waren Menschen, die sich schon lange im Hilfesystem aufhielten oder längere Zeit „auf der Straße“ gelebt hatten, in unzureichendem Wohnraum untergebracht waren oder sich selbst versorgt hatten, indem sie *Platte machten,* in Zelten, selbst gebauten Bretterbuden hausten, oder, durch Sozialdienste mit Schlafsäcken versorgt, im Freien sowie in leer stehenden Wohnungen eine Bleibe suchten. Für diese Betroffenen war es nicht mehr nur mit Beratung getan, sie benötigten mitunter einen längeren oder auch einen nahezu unbefristeten stationären Aufenthalt, der mittlerweile als Langzeithilfe begriffen wird. Dies gilt bisweilen auch für Menschen, die (teils auch direkt aus eigenem Wohnraum kommend ohne Straßenerfahrung) so weit körperlich, psychisch oder kognitiv dekompensiert sind, dass eine Langzeithilfe unumgänglich wurde. Ein Blick in die Einrichtungen und auf die Orte, an denen sich Menschen mit Wohnungsproblemen aufhalten, zeigt uns eine große *Vielfalt unterschiedlicher* Menschen, die noch etwas genauer dargestellt werden soll.

Es handelt sich zum einen um Menschen, die schon lange auf der Straße leben und bereits einige Stationen des Hilfesystems hinter sich haben, gelegentlich auch über negative Erfahrungen damit verfügen. Sie sind zumeist älter und haben mitunter eine Fülle von Problemen, die sich im Verlauf ihrer Karriere immer mehr verdichtet haben: schon lange ohne Arbeit, gesundheitlich durch ein längeres Leben auf der Straße angeschlagen, Schwierigkeiten mit der Körperhygiene, was auf der Straße allerdings keine Überraschung darstellt. Viele haben massive Probleme im Umgang mit legalen und illegalen Suchtmitteln, einige haben außer zu den „Kumpels“ in der Szene kaum noch soziale Kontakte, sie sind isoliert. Bei manchen lassen sich starke Verhaltensauffälligkeiten beobachten, die zumeist auch ein Produkt ihres Lebens auf der Straße sind.

Andere Hilfesuchende leiden an einer illusionären und verzerrten Realitätssicht und bedürften eigentlich psychologischer oder psychiatrischer Behandlung. Viele von ihnen sagen von sich selbst, dass sie sich gar nicht mehr vorstellen können, ein „normales Leben“ zu führen, da sie schon lange in der Szene leben. Diese Personen stellen allerdings nicht mehr die Mehrheit unter den Menschen auf der Straße dar, sie sind sozusagen ein „langsam auslaufendes Muster“, das irgendwie noch an „klassische Vorurteile und Vorstellungen“ über Obdachlose erinnert.

Bei Wohnungslosen handelt es sich inzwischen in der Mehrzahl um Menschen, die erst seit kurzem auf der Straße leben bzw. ohne Wohnung sind. Sie halten sich in entsprechenden Angeboten des Hilfesystems auf bzw. fragen in ambulanten Beratungsstellen um Hilfen nach. Sie verbringen ihre Nächte in Asylen oder schlafen in Hotels, mitunter halten sie sich auch bei Freunden auf, werden zu sogenannten „Couch-Surfern". Sie suchen Arbeit, ordnen ihre Papiere und klären persönliche Konflikte. Manche von ihnen haben schon mehrfach Hilfe in Anspruch genommen und haben einen endgültigen Absprung bisher nicht geschafft; andere sind erst seit kurzem in der Szene und nicht wenigen gelingt der „Wiedereinstieg" in ein „normales Leben" nach kurzer Zeit.

Eine weitere Gruppe sind Männer und Frauen, die durch Arbeitsplatzverluste, Krankheiten, Unfälle oder Trennungen von Partnern in Wohnungsnot gerieten, da ihre Konflikte zu sozialen Schwierigkeiten und einem Wohnungsverlust führten. Sie wollen schnell wieder von der Straße weg und sie suchen Hilfe, sie wollen baldmöglichst wieder eine eigene Wohnung und Arbeit. Diese Mehrheit der Wohnungslosen ist unterschiedlichen Alters. Es handelt sich um Menschen mit unterschiedlichen biographischen Hintergründen und unterschiedlichen Erfahrungen mit einem Leben auf der Straße sowie dem Hilfesystem.

Unter den Wohnungslosen finden sich auch Menschen, die skeptisch gegenüber der organisierten Hilfe sind. Sie schildern Erfahrungen mit Einrichtungen, in denen sie beklaut wurden, da sie die Nächte mit mehreren Personen in einem Raum verbringen mussten. Manche verfügen mitunter über negative Erfahrungen mit der Sozialarbeit, die sie aus ihrer Sicht nur bevormunden wollte und schildern diese als eine Form der Einflussnahme, die ihren Interessen und Erwartungen nicht entsprach. Es gibt aus ihrer Sicht viele Gründe, sich dem Hilfesystem zu entziehen, was sie dann auch tun. Oftmals können Scham oder das sich nicht eingestehen wollen, es allein nicht mehr zu schaffen, solche Gründe sein.

Seit einiger Zeit befinden sich deutlich mehr jüngere Menschen auf der Straße, die entweder erst seit kurzem in der Szene leben, oder sich bereits seit längerer Zeit dort aufhalten, ohne formal wohnungslos zu sein, weil sie z. B. noch eine Meldeadresse bei Eltern haben, diese aber nicht mehr aufsuchen. Einige gerieten nach einem Auszug aus der elterlichen Wohnung oder nach dem Abbruch einer Berufsausbildung in diese Lage. Zugleich sind häufig Drogenabhängige, Suchtkranke und junge Erwachsene auf der Straße anzutreffen, die expressiven Jugendkulturen entstammen. Hierzu gehören ein Teil der Punks und andere junge Menschen, die sich bisher nicht in der Gesellschaft verorten konnten oder dies auch nicht wollten. Es sind vermehrt auch Straßenjugendliche darunter. Mit diesem Begriff wird in der BRD eine Gruppe umschrieben, die man in anderen Ländern als „Straßenkinder" bezeichnet, Jugendliche, die sich „zur Straße hin entwickeln", da sie sich woanders nicht akzeptiert fühlen. Generell besteht die Tendenz, dass die Menschen im Hilfesystem immer jünger werden. Hierzu trägt die Sanktionspraxis (§§ 31, 31a SGB II) bei, weil Sanktionen Wohnungsverluste bewirken können. Nicht wenige v. a. jüngere Menschen wurden wohnungslos, indem sie mittels Sanktionen „auf die Strasse gehartzt" wurden (vgl. Sartorius in: Barz/Schmieder 2014, S. 155 ff.). Mit dem jüngsten Urteil des BVerfG (1 BvL 7/16) sollte diese Praxis überwunden sein, zumal der zuständige Bundesarbeits- und Sozialminister Hubertus Heil unmittelbar nach dem Urteil anordnete, dass jegliche Sanktionen bis zu einer rechtskonformen Weiterentwicklung der Grundsicherung auf maximal 30 % des Regelsatzes zu begrenzen seien.

Darüber hinaus gehören deutlich mehr Frauen, und unter diesen immer mehr jüngere, zum Personenkreis der Wohnungslosen. Galt die Szene vor mehr als dreißig Jahren noch fast ausschließlich als von Männern besetzt, so geht man heute davon aus, dass gut ein Viertel der Wohnungslosen weiblich ist. Wohnungslose Frauen haben aber völlig andere Erfahrungen und bedürfen auch anderer Hilfen (hierzu → Kapitel 11).

Neben der Zunahme weiblicher Wohnungsloser lassen sich auch immer mehr Paare auf der Straße beobachten, die gleichfalls andere Unterstützungsformen benötigen. Schließlich bilden auch noch jene Menschen eine „eigene Kategorie“, die sich seit Jahren in stationären Einrichtungen aufhalten. Es sind meist Personen, die dort ein „Zuhause“ gefunden haben und deren Verselbständigung bisher schwierig war. Sie haben mit ihrer eigenen Weltsicht einen Ort gefunden, an dem sie leben können. Dies machte es in den letzten Jahren aber immer schwieriger, eine Finanzierung für diese Menschen zu erhalten, da ein dauerhafter Aufenthalt nicht das Ziel der gesetzlichen Hilfe ist. Aus diesem Grund haben Einrichtungen den Begriff und die Form der Langzeithilfe eingeführt.

Das Hilfesystem hat auf immer uneinheitlicher, unübersichtlicher, heterogener und schwieriger werdende Umstände zu reagieren. Es gibt ihn eben nicht mehr, den klassischen Wohnungslosen, wahrscheinlich gab es ihn ohnehin nie. Es ist nicht mehr möglich, die einzige und entscheidende Ursache zu benennen, die zu einem Leben auf der Straße führt. Der Verlust der Wohnung ist nicht der einzige Grund, obwohl dies der Anlass für ein Aktivwerden des Hilfesystems ist, obwohl präventive Hilfen akute Wohnungslosigkeit vermeiden sollen. Dieser Umstand ist Ausdruck und Endpunkt einer sozialen Krise, die schon früher begann und keine Lösung fand. Es sind vor allem soziale Kontexte und weniger individuelle Verhaltensauffälligkeiten, die einen konkreten Hilfebedarf hervorrufen.

An erster Stelle sind Konflikte und Schwierigkeiten im Beschäftigungssystem zu nennen. Die Menschen haben ihren Job verloren, werden arbeitslos und finden immer schwerer Zugang zum regulären Arbeitsmarkt. Das SGB II – obwohl schon in der Gesetzesbegründung deutlich auf Workfare ausgerichtet – bleibt in dieser Hinsicht wirkungsarm oder konterkariert mittels Sanktionen individuelle, aber gemäß Eingliederungsvereinbarung (§ 15 SGB II) zu „zaghafte“ Bemühungen und trägt somit zur Ausgrenzung bei. Vielfach leben Menschen im Hilfesystem von Gelegenheitsjobs und schließlich gehen einige zum Betteln über oder geraten in kriminelle Kontexte. Arbeitslosigkeit, insbesondere Langzeitarbeitslosigkeit, gilt als eine der zentralen Ursachen, die zu einem Wohnungsverlust führen können. Das trifft vor allem auf viele jüngere Menschen im Hilfesystem zu, die sich erst gar nicht in einem Beschäftigungsverhältnis platzieren konnten. Insofern ist die derzeit hohe Arbeitslosigkeit auch ein Grund zur Verursachung von Karrieren wohnungsloser Menschen.

Daneben wird ganz allgemein Armut als Hintergrund für die Entstehung von Wohnungslosigkeit diskutiert: Diese wird als fehlender Zugang zu bzw. als eine Unterversorgung mit materiellen Ressourcen verstanden, die neben dem Einkommen auch Arbeit, Bildung und Wohnraum umfassen (Gillich/Nieslony 2008). Aber auch Schulden, die sich angehäuft haben und den finanziellen Spielraum einengen, sind hier zu nennen. Immer mehr Menschen leben zudem in prekären Lebenslagen. Sie beziehen Niedriglöhne oder Transferleistungen und geraten in eine Falle, wenn bestimmte Haushaltsgegenstände ersetzt werden müssen oder aber das Einkommen durch Jobverlust sich weiter reduziert oder eine Kürzung der sozialen Leistungen denselben Effekt hat.

Aus einer Kumulation dieser Unterversorgungen können Wohnungsverluste entstehen, da eben das Einkommen nicht mehr da ist, um eine Wohnung zu finanzieren. Zudem sind i. S. der zugebilligten Flächen angemessene, kleine Wohnungen für Alleinstehende teuer, in Ballungsräumen sehr knapp und haben i. d. R. höhere Quadratmeterpreise als größere Wohneinheiten. So entstehen viele Einstiege in die Wohnungslosigkeit aus Kündigungen und mitunter sogar aus Räumungen heraus. Manche behelfen sich mit dem Anmieten eines Pensions- oder Hotelzimmers, doch irgendwann ist auch diese vielfach überteuerte, zugleich baulich oftmals schlechte Lösung an ihrem Ende angekommen. Auch der Auszug aus einer gemeinsamen Wohnung nach einer Trennung oder Scheidung kann zu einem Wohnungsverlust führen, da eine neue und kleinere Wohnung nicht immer verfügbar bzw. finanzierbar ist.

Neben diesen bisher dargestellten Ursachen gibt es noch weitere Kontexte, die Wohnungslosigkeit bedingen bzw. ihren Beginn und ihren Verlauf begleiten können. Hierzu gehören Krankheiten, Gewalt- und Missbrauchserfahrungen, Suchtmittelabhängigkeiten, Entlassungen aus Langzeitbehandlungen oder Haft. Aber auch Konflikte im sozialen Nahbereich, die durch Weggehen oder ein Verhalten des „Sich-Entziehens“ gelöst werden, können ursächlich sein. Das Letztere verweist auf die Tatsache, dass es auch Gründe geben kann, die in der Person des Hilfesuchenden liegen. Letztlich gibt es aber, wie bereits dargestellt, nicht die eine Ursache. Fast immer liegt ein Bündel von Ursachen vor, die sich gegenseitig verstärken und sich individuell und biographisch unterschiedlich herausbilden.

7.5 Der Hilfeprozess: Philosophie und methodische Basis

Wesentlich für den Hilfeprozess ist, dass grundsätzlich alle Hilfen lediglich einen Angebotscharakter besitzen und sich als fachlich begründet rechtfertigen müssen. Darin kommt der Respekt vor der Freiheit und der Würde hilfeberechtigter Menschen zum Ausdruck, sowie deren Rechtsanspruch, sich für oder gegen Angebote entscheiden zu können. Dies aber setzt ein breites Angebot voraus, damit wirkliche Wahlmöglichkeiten bestehen, und wird durch Geist und Regelungen des SGB II an vielen Stellen eingeschränkt. In Angeboten der Wohnungslosenhilfe geht es in der Regel um die Wiederherstellung und Erhaltung eines menschenwürdigen Lebens. Es geht um

- Rechtsdurchsetzung und Verwirklichung bürgerlicher Freiheiten und politischer Rechte,
- Wohnraum mit der Möglichkeit des Privatlebens,
- individuelle Selbsthilfe durch Arbeit bzw. Absicherung durch das Sozialleistungssystem,
- individuelle Ausgestaltung sozialer Netzwerke,
- Bedürfnisbefriedigung über den Markt mit eigenem Geld,
- Teilhabe an Bildung, Kultur und Freizeit,
- die Chance einer gesundheitsförderlichen Lebensweise.

Genauer betrachtet geht es in diesen zentralen Elementen des Hilfesystems um nichts anderes als um *Hilfen zur adäquateren Lebensbewältigung*, die den Betroffenen aktuell vielfach aus eigener Kraft nicht möglich ist. Lebensbewältigung meint dabei die Aktivierung von Kompetenzen und Fähigkeiten, existentielle, institutionelle und persönliche Hilfen für sich selbst zu nutzen, um den eigenen Lebensentwurf neu ausrichten und praktizieren zu können. Implizit beinhaltet dies stets auch ein Verständnis von Empowerment, das in diesem Kontext „Selbstbefähigung, Stärkung von Eigenmacht, Autonomie und Selbstverfügung" beinhalten kann (Wendt 2018, S. 187). Dazu gehört das Offenhalten der individuellen Entwicklungsmöglichkeiten, die nicht durch die Hilfsmaßnahmen selbst eingeschränkt werden dürfen, indem der Klient auf die Rolle eines unselbständigen und ständiger Fürsorge bedürftigen Klienten festgelegt wird, ein Leitbild, das lange im Hilfesystem dominierte. Insbesondere die Tradition stationärer Einrichtungen und deren Maßnahmenstruktur mit dem Schwerpunkt einer umfassenden Vollversorgung waren vor der fachlichen Differenzierung des Hilfesystems bis in die 1980er Jahre dadurch geprägt.

Stattdessen ist eine *Pluralität von Entwicklungs- und Entfaltungschancen* zu wahren. Wunsch- und Wahlrecht der Betroffenen hinsichtlich der Ausgestaltung und Inanspruchnahme sind im Rahmen der gesetzlichen Vorgaben zu gewährleisten, alters- und geschlechtsbedingte Besonderheiten sind zu beachten (§ 2 Abs. 2 Nr. 3 DVO zu § 69 SGB XII). Hierfür sind im Hilfeprozess die Expressions- und Gestaltungsmöglichkeiten der Person und des Lebens zu erweitern und bevormundende Festlegungen zu vermeiden. Daraus ergeben sich weitere grundlegende Anforderungen an die Gestaltung der Rahmenbedingungen der Hilfe und damit an den Hilfeprozess:

- Darstellung und Erläuterung der Rechtsgrundlagen,
- Verbindliche Konzeption der Einrichtung mit klaren Hilfeprozessen,
- Transparenz über Ziel, Art, Dauer und Umfang der Hilfen,
- Prozessorientierte Planung und Entwicklung der individuellen Maßnahmen,
- Verbindliche Vereinbarungen zum Umfang und zur Art der Beratung, der Begleitung und der Versorgung,
- Dokumentation der Maßnahmen und der Ergebnisse,
- Überprüfung des Aufwandes und der Zielerreichung,
- Evaluation der Maßnahmen,
- Flexible Anpassung der Dienstleistungen und Angebote an sich verändernde Hilfebedarfe, Rechts- und Finanzierungsgrundlagen.

Der Hilfeprozess innerhalb der Wohnungslosenhilfe muss menschlicher Vielfalt und Würde gerecht werden. Die methodische Basis muss eine *professionelle Einzelfallhilfe* sein, trotz aller Vernetzung im Sozialraum, die zur Absicherung und zur Umsetzung von Hilfe geboten ist. Auch wenn die Betroffenen in einer Einrichtung zusammenleben, geht es immer darum, die besonderen sozialen Schwierigkeiten des einzelnen Menschen im Blick zu haben und an deren Beseitigung zu arbeiten. Von den ambulanten Beratungsstellen bis hin zu stationären Einrichtungen wird deshalb, neben anderen professionellen Angeboten, vorrangig Einzelfallhilfe angeboten und durchgeführt.

Ferner wird der Prozess der Hilfe im Rahmen und auf der Basis eines *Hilfeplans* organisiert, der zwischen Sozialarbeiter und Klient ausgearbeitet sowie in geeigneten Fällen mit dem Kostenträger abgestimmt ist (v. a. bei sehr kurzen stationären Aufenthalten findet kein Hilfeplanverfahren statt, ebenso in ambulanter Fachberatungsstellen- oder aufsuchender Arbeit). Er enthält eine Zeitschiene und eine Zielvereinbarung, in der konkrete Schritte des Klienten und Aufgaben der Sozialen Dienste im gemeinsamen Hilfeprozess definiert werden. Der Hilfeplan hat Vertragscharakter. Er wird zwischen betroffener Person, Sozialarbeit und Kostenträger immer wieder neu abgestimmt. Diese Hilfeplanerstellung wird idealtypisch von regelmäßigen Konsultationen sowie einem Monitoringverfahren begleitet, das die jeweilige Erreichung der vereinbarten Zwischenschritte überprüft und bei dem der betreuende Soziale Dienst bei Bedarf die Planungen mit dem Klienten neu skizziert. Ein Praxisproblem entsteht bisweilen aus einer Erwartungshaltung der Kostenträgerseite, wenn der Klient die Ziele der Hilfe nicht im vereinbarten Zeitraum erreicht. Während Menschen grundsätzlich immer so lange ein Recht auf Hilfe gem. §§ 67 ff. SGB XII haben, wie der Bedarf dazu besteht, neigen manche Leistungsträger zur Hilfeverweigerung, wenn Hilfeplanziele nicht innerhalb des ursprünglich gesetzten Zeitrahmens erreicht werden konnten.

7.6 Ziel der Hilfe

In der Praxis der Wohnungslosenhilfe, insbesondere der stationären, wurde über lange Zeit mit dem Schlagwort der Wiedereingliederung als Hilfeziel agiert, ohne eigentlich konkret sagen zu können, was sich dahinter verbirgt. Ist es das konturlose Ideal einer bürgerlich-selbstständigen Existenz, eine „Re-Sozialisierung" im Sinne allgemein üblicher Vorstellungen des normalen Lebens? Oder ist ein offener Normalisierungsprozess gemeint, der im Rahmen individueller, institutioneller und struktureller Möglichkeiten eine möglichst weitgehende Selbständigkeit, eine möglichst umfassende Partizipation an der sozialen und kulturellen Realität und eine gesicherte materielle Existenz herstellt? Diese Unklarheit resultiert aus der unreflektierten Frage, wer die Ziele vorgibt: Betroffene oder pädagogische Auftragnehmer.

Hilfe sollte zweifelsohne *Normalität als Ziel* haben. Damit ist allerdings nicht die bloße Anpassung an bestehende Normen gemeint, die letztlich Ausgrenzung sowie Wohnungs- und Arbeitsverluste auf Seiten der Betroffenen mit verursacht haben. Normalisierung bedeutet nicht Normalität im Sinne einer Wiederanpassung; es handelt sich vielmehr um den Entwurf eines *gelingenderen Alltags*, den Menschen für sich jeweils individuell als wesentlichen Teil des Lebens in der Gemeinschaft entwickeln. Die Hilfe geht deshalb von den Menschen und deren Vorstellungen und Fähigkeiten aus. Sie respektiert Freiheit und Würde, die jeweils eigenen Vorstellungen von Leben, und sie bietet deshalb ihre Angebote als Optionen an.

Diese Hilfsangebote lassen sich nur schwer generalisieren, sie sind vor allem nicht in Kompakt-Paketen darstellbar. Sie sind individuell und unterschiedlich zu gestalten. Soziale Arbeit im Hilfesystem muss die Kompetenzen der Betroffenen in den Mittelpunkt des Hilfeprozesse stellen; sie darf sich nicht weiterhin, wie es in ihrer Geschichte deutlich wird, an Defiziten und dem angeblichen Versagen der Menschen orientieren. Vorhandene Stärken und Kompetenzen können Ansatzpunkte sein, um Hilfeziele zu formulieren. Es gibt jedoch auch Leistungsberechtigte, die defizitorientiert arbeiten möchten und damit auch erfolgreich sind; diese Spannung auszuhalten gehört zur Professionalität sozialer Arbeit.

Wichtig wird in der konkreten Hilfesituation auch, dass zwischen der materiellen Existenzsicherung und der persönlichen Hilfe kein pädagogisierender Zusammenhang hergestellt wird. Mit der Gewährung einer die Existenz sichernden Leistung darf dem Betroffenen eben nicht zugleich ein Lebensentwurf aufgedrängt werden. So darf die Nichtgewährung eines vom Hilfesuchenden gewünschten Schlafsackes, um gesicherter im Biwak zu nächtigen, nicht mit der Begründung abgelehnt werden, dass der Wohnungslose ja die Möglichkeit habe, in einer Notunterkunft mit Bettstelle (einschließlich Bettzeug) zu nächtigen. Derartiges Handeln nimmt die Lebenswelt des Hilfesuchenden nicht einmal im Ansatz wahr, sondern verknüpft mit dem materiellen Hilfeangebot Vorstellungen von einer anderen Lebenswelt, nämlich den auf das Hilfesystem übergegangenen Haltungen oder Wertvorstellungen der Dominanzkultur, die der Betroffene in diesem Fall aus für ihn guten Gründen meidet.

Übungsfragen

- Was trennt die Begriffe „obdachlos“ und „wohnungslos“?
- Welche Angebote umfasst Wohnungslosenhilfe?
- Was sind besondere Lebensverhältnisse und was sind besondere soziale Schwierigkeiten von Wohnungslosen?
- Was verbirgt sich hinter dem Begriff Unterversorgung?
- Gibt es typische Wohnungslose?
- Was wird unter Wiederherstellung und Erhaltung eines menschenwürdigen Lebens verstanden?
- Was verbirgt sich hinter der prinzipiellen Freiheit der Angebote?
- Weshalb ist Wohnungslosenhilfe zunächst Einzelfallhilfe?
- Was bedeutet es, an den Kompetenzen der Hilfesuchenden anzusetzen?
- Weshalb trägt das SGB II zur Zunahme von Wohnungslosigkeit junger Menschen (U 25) bei?

Vorschläge für das Selbststudium

- Fallanalysen und Auseinandersetzung mit den konkreten Bedarfen der im Hilfesystem in Erscheinung tretenden unterschiedlichen Menschen
- Der Begriff „Karriere“ und die Reaktionen des Hilfesystems
- Gesellschaftliche Ursachen für Wohnungslosigkeit
- Betrachtung kommunaler Praxis zur Verhinderung und Beseitigung von Wohnungslosigkeit

Zum Weiterlesen

Butterwegge, C.: Hartz IV und die Folgen. Auf dem Weg in eine andere Republik?, Basel 2015

Butterwegge, C.: Armut, Köln 2016

Freire, P.: Pädagogik der Unterdrückten, Reinbek 1973

Gillich, S./Nieslony, F.: Armut und Wohnungslosigkeit. Grundlagen, Zusammenhänge und Erscheinungsformen, Köln 2000

Gillich,S./Nagel,S. (Hrsg.): Von der Armenhilfe zur Wohnungslosenhilfe – und zurück? Gründau-Rothenbergen 2010

Kapitel 8
Die Beratungsstelle

▪ Ambulante Beratungsstellen haben sich seit Mitte der siebziger Jahre als zweite und wesentliche Säule des Hilfesystems herausgebildet. Dabei sind sie der natürliche Partner der stationären Hilfen. Waren sie anfänglich noch vielfach stationären Einrichtungen vorgelagert oder zumindest an diese direkter angebunden, so haben sie in den zurück liegenden Jahren immer mehr Eigenständigkeit und Profil gewonnen und sind aus dem Hilfesystem als erste, für den Beginn eines Hilfeprozesses zentrale Funktion nicht mehr weg zu denken. In diesem Kapitel werden sie vorgestellt und in ihrer Struktur, ihren Optionen und Angeboten ausführlich diskutiert. Dabei werden die Begriffe Beratung und Niedrigschwelligkeit eingeführt, ferner werden das methodische Prinzip Case Management und die Tätigkeiten einer Beratungsstelle umfassend vorgestellt.

8.1 Spezifik ambulanter Einrichtungen

Ambulante Beratungsstellen zeichnen sich durch eine große Offenheit, eine breite Angebotspalette, eine klar formulierte Freiwilligkeit der Hilfe und Niedrigschwelligkeit aus, die zahlreiche Unterstützungsmöglichkeiten, sowohl hinsichtlich materieller Art, also Versorgung, als auch hinsichtlich sozialarbeiterischer Beratung und Betreuung umfasst (Frölich 2010). Ihr besonderes Charakteristikum, das sie von den stationären Angeboten deutlich unterscheidet, liegt darin, dass sie keine an das Wohnen gebundene Kompaktlösungen anbietet, sondern individuell zugeschnittene Hilfemöglichkeiten offeriert, die sich immer am jeweiligen Einzelfall orientieren.

Bereits mit der Einführung der letzten DVO zum alten § 72 BSHG (§ 67–69 SGB XII) wurde die Stellung der Beratungsstellen im Hilfesystem gestärkt. So hat nun seit längerem ambulante Hilfe den Vorrang vor einer stationären Maßnahme, die immer zusätzlich zu begründen ist und erst dann greifen soll, wenn ambulante Maßnahmen nicht ausreichend sind. Dies hat zu sehr unterschiedlichen Reaktionen geführt. Einerseits wurden ambulante Beratungsstellen tatsächlich aufgewertet, andererseits wird ambulante Hilfe aber vielfältig auch als Maßnahme der Sozialbehörden verstanden. Im Rahmen der Rekommunalisierung der Hilfen, die fachlich durchaus sinnvoll ist, entstehen „integrierte Fachstellen“

auf Behörden und Ämtern, die neben präventiven Maßnahmen der Wohnraumsicherung auch Hilfen für Wohnungslose anbieten.

Insgesamt ist in der Entwicklung des Hilfesystems damit ein Punkt erreicht, der zu einer allmählichen Veränderung desselben führt, in dem stationäre Einrichtungen in ihrer Bedeutung zwar kaum in Frage stehen, aber mehr an die Peripherie rücken und sich dabei auch stark verändern. Immerhin verstärkt sich die Tendenz, dass ambulante Einrichtungen mit darüber entscheiden, ob und wann stationäre Maßnahmen angezeigt erscheinen.

Was ist eine Beratungsstelle? Diese zunächst einfache Frage lässt sich erst dann grundlegend beantworten, wenn geklärt ist, was denn nun Beratung in der Sozialen Arbeit meint.

Exkurs XI: Beratung

Beratung ist der organisierte und bewusst herbeigeführte Ausgleich eines Wissensdefizites, das mitunter auch eine nicht situationsgerechte Einsicht in bestimmte Zusammenhänge zur Folge haben und insofern zur Problemgenese bzw. zur Problemverschärfung führen kann. Mit dem Beratungsangebot ist dabei, und das gilt vor allem in der Sozialen Arbeit, auch eine Einwirkung auf das Verhalten der Personen intendiert, die man im Beratungsprozess befähigen und qualifizieren will, sich ihrer Situation besser und selbständiger als zuvor zu stellen, um diese zu bewältigen. Beratung ist allerdings keine Therapie, die bewusst und gezielt auf eine Verhaltensänderung setzt. Sie ist aber auch mehr als eine reine Auskunft, die nur Fragen beantwortet. Beratung ermittelt in der Arbeit mit zu Beratenden die Probleme und klärt mit diesen die bestehenden und erschließbaren Möglichkeiten, diese anzugehen. Dabei vermittelt sie zugleich das fehlende Wissen, um genau dies sachgerecht und zielorientiert zu tun. Beratung ist immer dialogisch, grundsätzlich ergebnisoffen und setzt zudem auf notwendige Aushandlungsprozesse, da sie von den Menschen ausgeht.

Im Beratungsprozess wird grundsätzlich davon ausgegangen, dass der Ausgleich eines Wissensdefizites zu einer Verbesserung der Situation der jeweilig beratenen Menschen führt. Man geht also davon aus, dass diese Personen über genügend eigene Ressourcen verfügen, um sinnvoll, zielgerichtet und nachhaltig ihre Probleme handelnd zu lösen. Das nun wurde in der traditionellen Wohnungslosenhilfe lange Zeit anders gesehen. Die Defizite der Betroffenen wurden lange als so massiv eingeschätzt, dass nur eine stationäre Maßnahme mit ihrem eher versorgenden Charakter erfolgreich schien. Erst über die Arbeit der ambulanten Beratungsstellen und einem allmählichen Umdenken im Hilfesystem wurde deutlich, dass auch wohnungslose Menschen über genügend Ressourcen verfügen, um ihre Situation und ihre Probleme nach einer ausführlichen Beratung und einer eventuell notwendigen Begleitung selbständig zu lösen.

Zudem wurde auch durch die Arbeit der Beratungsstellen erkennbar, dass es wohnungslose Menschen gibt, die sich nach aus ihrer Sicht sehr enttäuschenden Erfahrungen längst aus dem Hilfesystem verabschiedet hatten und sich, wie auch immer, auf der Straße durch das Leben schlugen und sich einigermaßen selbst versorgten, oft ohne Möglichkeiten zur Körperhygiene, Wäsche zu waschen, eine warmen Mahlzeit zu bekommen oder sich bei kalten Temperaturen zu wärmen. Um diese wieder an das Hilfesystem anzubinden und um ihre Versorgungssituation zu verbessern, die eben nicht sofort an eine Unterbringung und eine in diese integrierte Beratung gekoppelt war, boten sich ambulante Beratungsstellen mit ihrem niedrigschwelligen Ansatz an. Die darin prinzipiell angelegte *Niedrigschwelligkeit* meint, bezogen auf das Hilfesystem, dass

- die angebotenen Optionen zur Versorgung und Beratung auf Freiwilligkeit beruhen und kein Zwang auf den Nutzer ausgeübt wird;
- die Wünsche der Betroffenen die Ausgestaltung der Hilfen bestimmen;
- keinerlei Vorbedingungen hinsichtlich einer Einflussnahme auf das Verhalten bestehen;
- die unmittelbare Befriedigung eines Bedarfes im Mittelpunkt steht;
- die Hilfe entweder an den Orten, an denen sich Wohnungslose aufhalten, oder an Orten, die denen sehr nahe liegen, angeboten wird;
- die Betroffenen Akzeptanz, Anerkennung und Zuwendung statt Ausgrenzung und Ablehnung erfahren.

In diesen niedrigschwelligen Angeboten geht es deshalb auch um Versorgung hinsichtlich Ernährung, Kleidung, Körperhygiene, medizinischer Hilfen, menschlicher Wärme und zahlreiche weitere Bedarfe, die Menschen haben, um ihr Leben angemessen zu gestalten. Dies wird damit zu einem wesentlichen Aspekt der Sozialen Arbeit in ambulanten Beratungsstellen, die als niedrigschwellige Hilfen die Aufgabe haben, auch jene Menschen aufzufangen, die vom etablierten Hilfesystem enttäuscht sind, Einrichtungen verließen oder gar weggeschickt werden, da sie sich angeblich nicht in vorgegebene Strukturen „eingliedern" wollten. Damit werden gerade auch diese niedrigschwelligen Angebote der Beratungsstellen, die sich teils in *Tagesaufenthaltsstrukturen* abbilden, zu einem wichtigen Hilfeprinzip: Hieran zeigt sich, wie effizient und nachhaltig geholfen werden kann und wie zielgerichtet die Weiterbegleitung im Hilfesystem erfolgt.

Nach einer Kontaktaufnahme, die zunächst elementare Versorgungsstrukturen erschließt, sollten auch Informationen über das örtliche Hilfesystem, über rechtliche Ansprüche zur Existenzsicherung und über die praktischen Wege ihrer Durchsetzung an die Wohnungslosen herangetragen werden, doch ohne Zwang und unaufdringlich, immer als freiwillig zu wählende Optionen, die als Chancen und Alternativen zu zeigen sind. Diese Optionen müssen jederzeit abrufbar sein. Hierzu ist eine stetige Kommunikation mit den um Unterstützung und Versorgung nachfragenden Wohnungslosen erforderlich, die zum Aufbau einer Vertrauensbasis führen kann. Wichtig wird dabei aber auch, eine „ambulante Hospitalisierung“ zu verhindern, die sich dadurch einstellen kann, dass die Beratungsstelle bzw. der Tagesaufenthalt zum wesentlichen Versorgungsort und somit zum Mittelpunkt des Lebens wird. Auch in ambulanten Hilfeangeboten ist die *Normalisierung der Lebensverhältnisse* das eigentliche Ziel.

Vor diesem Hintergrund liegen Aufgabe und Spezifik der Beratungsstellen zunächst darin, Wohnungslose ambulant mit notwendigen Dienstleistungen zu versorgen. Dies geschieht in vielen Einrichtungen mit Hilfe einer Tagesaufenthaltsstätte (auch Wärmestube oder Teeküche genannt) und häufig einer Beratungsstelle, die angeschlossen oder in räumlicher Nähe vorfindlich ist. Diese bietet elementare Grundversorgung an. Darüber hinaus können die Wohnungslosen auch hinsichtlich ihrer Probleme und Schwierigkeiten beraten werden, um so Ansätze einer Veränderung der Situation und Möglichkeiten zum Handeln zu finden. Dies reicht von Informationen über das örtliche Hilfesystem, die Aufklärung hinsichtlich bestehender Möglichkeiten bis hin zum Erstellen eines Hilfeplans, der langfristig Normalisierung und eigenes Wohnen erreichen will. Dabei kommt der Vernetzung unterschiedlicher Hilfeangebote und ggf. der Erschließung vorrangiger Hilfen zentrale Bedeutung zu. Insofern haben Beratungsstellen eine „Lotsenfunktion“.

Ambulant meint dabei auch, dass die Kontaktzeit zwischen Sozialarbeiter und Klient sich auf Zeiträume im Büro einer Einrichtung beschränkt, in der der Klient nicht seinen Lebensmittelpunkt hat. Das unterscheidet diese Form der Hilfe prinzipiell von stationären Einrichtungen. Der Klient geht vielmehr in die Beratungsstelle wie zu einem Amt, einer Behörde oder auch zu einem Arzt, um sich dort jene Unterstützung und Hilfe zu holen, die er benötigt.

Diese *Mehrfachfunktion hinsichtlich Versorgung und Beratung* ist organisatorisch und inhaltlich getrennt zu halten. Die Nutzung der Serviceleistungen darf nicht an das Angebot der Beratung gekoppelt sein, d.h. die Nutzung der Einrichtung beinhaltet zunächst keine weiter gehenden Verpflichtungen. Auch darin unterscheiden sich ambulante Stellen von stationären. Nach einer Aufnahme in eine stationäre Einrichtung ist der Kontakt zum Sozialarbeiter Pflicht, Unterkunft und Sozialarbeit sind aneinander gekoppelt. Diese organisatorische und inhaltliche Entkopplung gehört zur Besonderheit ambulanter Beratungsstellen, die über offene Zugänge verfügen. So wird der Aufbau eines Vertrauensverhältnisses möglich, das eine weitergehende Kooperation begünstigt.

Insofern ist eine Beratungsstelle für jene Klientelgruppen am sinnvollsten, die keine allzu große Nähe zur Sozialarbeit benötigen, die eigentlich nur einen bestimmten Service nutzen oder auch eine Beratung benötigen, um ihre Probleme besser zu lösen. Es sind Menschen, die in ihrer Selbstwahrnehmung über genügend Ressourcen verfügen, sich selbst helfen zu können. Somit leisten Beratungsstellen für jene Wohnungslose effektive Hilfe, die noch über eine gewisse Selbständigkeit verfügen und diese auch pflegen. Beratungsstellen können über Straßensozialarbeit wieder Kontakte zu jenen herstellen, die sich aus dem Hilfesystem bereits verabschiedet haben.

8.2 Klientengruppen

Unter den Klienten der ambulanten Beratungsstellen sind viele Menschen, die entweder nur einen Verlust ihres Wohnraums zu beklagen haben oder aber noch über genügend eigene Ressourcen verfügen, ihre Schwierigkeiten mit Unterstützung einer Beratung selbständig zu lösen. Das sind entweder Neuauftritte oder aber Menschen, die immer wieder einmal in Probleme geraten, da ihre soziale Lage, verbunden mit Niedrigeinkommen, Arbeitslosigkeit und anderen Schwierigkeiten, dauerhaft prekäre Züge aufweist, was am Ende zu Wohnraumverlusten führen kann. Auffallend ist, dass die Zahl der Menschen in Beratungsstellen zunimmt, die (noch) im eigenen Wohnraum leben. I. d. R. kommen sie mit den immer komplizierter werdenden Ämter- und Behördenangelegenheiten nicht mehr klar.

Es sind auch viele jüngere Wohnungslose, die zu den Besuchern zählen, darunter im großstädtischen Raum viele Punks und andere junge Menschen aus unterschiedlichen Jugendkulturen, die zur Straße hin tendieren, wobei diese zunächst eher durch aufsuchende Arbeit erreicht werden. In Beratungsstellen mit ausgewiesenen Serviceleistungen finden sich auch viele Wohnungslose, die schon länger auf der Straße sind und sich irgendwo im Graubereich des Hilfesystems befinden. Sie benötigen Versorgungs- und Dienstleistungen, die ihnen den Alltag erleichtern. Es ist ihnen bisher gelungen, sich einigermaßen selbst zu versorgen, wobei auch die Angebote der Beratungsstelle eine wichtige Unterstützungsfunktion erlangen können. Doch die Fähigkeit zur Selbstversorgung kann ihnen aus unterschiedlichen Gründen allmählich entgleiten. Dann zeigt sich die Stärke der Beratungsstelle, die immer das Angebot einer weitergehenden Hilfe aufrechterhalten hat und einen losen Kontakt pflegte. Sie kann den Einzelnen dann sogar direkt ansprechen und weiter gehende Hilfen anbieten.

Beratungsstellen werden auch von Personen aufgesucht, für die völlig andere Hilfen erforderlich sind und die keinesfalls zum Personenkreis der Wohnungslosen gehören oder Grenzfälle zu anderen Hilfesystemen darstellen. Dies sind vielfach Menschen, die keinen Zugang zu anderen Hilfesystemen finden. Beratungsstellen werden zu Clearing- und Schnittstellen, die Zugänge legen, sie werden zu einer Instanz, die weitere Hilfen auch außerhalb der Wohnungslosenhilfe vermittelt und dafür Sorge trägt, dass diese auch umgesetzt werden

Schließlich trifft man in Beratungsstellen als mittlerweile größte Gruppe den „Wohnungsnotfall" an, Menschen, die zwar noch Wohnraum haben, der aber gefährdet ist oder unzureichend. Einige von ihnen leben alleine, andere haben Konflikte in ihrem sozialen Nahraum. Sie kommen in die Beratungsstelle, um deren Serviceleistungen zu nutzen, sie kommen aber auch, um sich Beratung zu holen. In Beratungsstellen wird so aber deutlich, dass die fachpolitisch diskutierte Ausweitung auf den Wohnungsnotfall in der Praxis schon stattfindet.

8.3 Methodische Basis: Case Management und Hilfeplan

Einzelfallhilfe in der Wohnungslosenhilfe ist an Case Management, einem so genannten *Unterstützungsmanagement,* angelehnt, das auf die individuellen Ressourcen und auf den jeweiligen sozialen Kontext des Klienten gerichtet ist (Neuffer 2007). Diese Methodik beinhaltet stets auch *die Perspektive der Ressourcenorientierung* und eignet sich besonders für die Soziale Arbeit in ambulanten Beratungsstellen, da es individuell und zielgerichtet auf unterschiedliche Bedarfe der Hilfesuchenden eingehen kann und zugleich deren Selbständigkeit und Lebensweltbezug betont. Diese stärkere Einbeziehung und Betonung sozialer Kontexte hat zwangsläufig auch Auswirkungen auf diese und nutzt nicht nur deren Möglichkeiten, sondern verändert sie auch. Das Subjekt beginnt im Fortschreiten seiner Biographie die Systeme und Lebenswelten um sich herum anders wahrzunehmen, die dabei neu bewertet und dadurch auch verändert werden.

Exkurs XII: Unterstützungsmanagement

Als Ausgangspunkt für ein solches Unterstützungsmanagement werden zwei Faktoren benannt: Zum einen müssen mehrere Probleme nebeneinander vorliegen und eine komplexe Lösung erforderlich machen, zum anderen müssen auf Seiten der Betroffenen besondere Schwierigkeiten und soziale Benachteiligungen verhindern, dass Hilfen effizient genutzt werden können. Bezogen auf den Einzelnen muss dabei vor allem von den Ressourcen der Menschen ausgegangen werden, die immer auch Ressourcen ihrer jeweiligen Lebenszusammenhänge sind. Es sollen die Besonderheiten des Falles geklärt und individuelle Hilfeprozesse eingeleitet werden. Hierzu zählen Klärungsprozesse hinsichtlich biographischer Komponenten. Dies beginnt mit einer Diagnose der jeweiligen persönlichen Situation, woraus Zwischenschritte abgeleitet werden, die letztlich zum vereinbarten Ziel führen sollen. Unterstützungsmanagement will dann im Auftrag der Betroffenen soziale Dienste und Hilfsangebote kombinieren, um verschiedene Aspekte einer Multi-Problem-Lage effektiv bearbeiten zu können. Es wird ein Netzwerk aus formellen und informellen Unterstützungen sowie von Aktivitäten kombiniert, koordiniert und unterhalten, welches die Lebensbewältigung Betroffener optimiert. Damit vollbringt das Unterstützungsmanagement seine Leistungen sowohl in der Lebenswelt Betroffener als auch im Kontext formeller Dienste und informeller Mithilfe.

Das Unterstützungsmanagement setzt also nicht an der Person, sondern an deren sozialem Umfeld an, das es durch die Person für die Bewältigung der eigenen Situation anzueignen und zu organisieren gilt. Es ist folglich eine Re-Organisation des Alltags, in der pädagogische Begleiter Partner, Makler, Mittler und Anwälte sind, Schlüsselpersonen zwischen Betroffenen und potentiellen Hilfsquellen. Zu managen ist also nicht eine Person, sondern das soziale Feld und der Haushalt des alltäglichen und des systematischen Miteinanders. Das aber setzt verschiedene Formen der Offenheit voraus: der Einrichtung selbst, gegenüber der Problematik der Betroffenen und hinsichtlich der Vielfalt möglicher Lösungswege.

Case Management als methodisches Arbeiten in Beratungsstellen der Wohnungslosenhilfe ist als die Hilfe aus einer Hand zu verstehen. Besondere Bedeutung erlangt die Moderation zwischen Hilfesuchenden und den möglichen Hilfeangeboten. Es ist ein intensiver Beratungsprozess, der je nach fachlicher und methodischer Kompetenz der Beratenden wiederum verschiedene Methoden der Sozialarbeit (z. B. systemische Ansätze, Genogrammarbeit) in sich tragen kann. Er klärt, welche Probleme und Fähigkeiten der Betroffene denn nun hat: Ist es nur der Wohnungsverlust? Gibt es weiter gehende soziale Schwierigkeiten? Welche Unterstützung benötigt er oder sie? Was kann er oder sie selbst erledigen? Welche Ressourcen sind vorhanden und welche können aktiviert werden? Dabei werden die Aktivierung bzw. die Wiedergewinnung von Ressourcen entscheidend.

Eine fallorientierte Biographiearbeit hat aber auch Konsequenzen. Sie muss notwendigerweise andocken: an den sozialen Kontexten der Menschen, an der Lebenswelt, am Quartier, in dem Menschen leben und sich eingerichtet haben. Das macht zugleich die Zusammenarbeit mit dem Gemeinwesen erforderlich, etwa in Form des Quartiersmanagements, wie es in den Projekten des Programms „Soziale Stadt“ und der Sozialraumorientierung konzipiert war und inzwischen vielerorts umgesetzt wurde.

Wie gestaltet sich nun der Ablauf einer Beratung? Das lässt sich kaum in einer standardisierten Fassung darstellen, es können nur exemplarische Verläufe skizziert werden, die für einen zielorientierten und nachhaltigen Hilfeprozess notwendig sein können. Grundlage muss immer ein Wissen über den Klienten, dessen Biographie und dessen Lebenswelt sein, um mit diesem gemeinsam die Schwierigkeiten zu definieren und Lösungen zu erarbeiten, die sich idealtypisch in einem festgelegten Hilfeplan verdichten. Darin lässt sich die *Rolle des Sozialarbeiters* wie folgt skizzieren: er ist motivierend, aufzeigend, fördernd, vermittelnd, besänftigend, anwaltschaftlich, organisierend, und entgegen den Konzeptionen ambulanter Hilfe gelegentlich auch kontrollierend und sanktionierend, wenn Vereinbarungen nicht eingehalten werden (Lutz 2011).

Wie intensiv die Beratung und, darin enthalten, auch die Abklärung von Fragen sein müssen, unterscheidet sich von Fall zu Fall. Es gibt Klienten, die nur eine Auskunft benötigen und vielleicht danach noch einmal vorbei kommen. Mit anderen ist ein längerer Hilfeprozess zu gestalten; und zugleich fragen auch Klienten um Hilfe nach, die an andere Stellen des Hilfesystems vermittelt werden müssen. Wesentlich für die *Eingangsphase* sind vier Dimensionen:

- die Freiwilligkeit der angebotenen Optionen muss betont werden;
- die Biographie und die Lebenswelt des Hilfesuchenden sind wahrzunehmen und zu reflektieren;
- die institutionellen Möglichkeiten, die rechtlichen Möglichkeiten, die Optionen und deren Grenzen müssen aufgezeigt werden;
- eine vorläufige Situationseinschätzung und kurzfristige Absprachen sind zu entwickeln.

So entsteht ein *Arbeitsbündnis* zwischen der Einrichtung und dem Klienten. Beratungsstellen haben hierfür standardisierte Verfahren zur Abklärung der jeweiligen biographischen Hintergründe und des Beratungsanlasses entwickelt. Diese sollten mehr als nur anamnestische Bögen umfassen. Auch in der Sozialen Arbeit hat sich inzwischen eine Debatte über Diagnostik etabliert. Das aber heißt, dass die individuelle Situation und die Bedarfslage genau zu klären sind. Es müssen Stärken und Schwächen des Ratsuchenden benannt und gegeneinander abgewogen werden, um darauf bezogene Maßnahmen entwickeln zu können.

In Beratungsstellen sollten deshalb die Erstgespräche zunächst das Ziel haben, den Bedarf hinsichtlich eines kurz- oder längerfristigen Hilfeprozess schnell zu klären, um darauf aufbauend den Hilfeplan gestalten zu können. Insbesondere bei längerfristigen Beratungsprozessen ist dies zwingend geboten, da diese in der Regel dem Maßnahmeträger vorgeschlagen werden müssen, um die Frage nach der Kostenübernahme für weitere Hilfeangebote zu beantworten.

In den Erstgesprächen muss am Anfang die individuelle Situation geklärt werden. Dies umfasst vor allem die Frage nach dem Anlass der Beratung. Die bisherige Biographie und die unmittelbare Vorgeschichte des Beratungsanlasses sind zu rekonstruieren, es sind Fragen nach dem Hintergrund des Wohnungsverlustes zu stellen. Die Beschäftigungssituation und gegebenenfalls die bisherigen Beschäftigungsverläufe sind zu erfassen. Dabei ist bei bestehender Arbeitslosigkeit auch zu überprüfen, ob Leistungsansprüche bestehen. Darüber hinaus gibt es noch weitere Details zu reflektieren, wie Schulden, familiäre Kontakte, das Bestehen oder die Möglichkeit von Maßnahmen im Bereich der Arbeitsförderung, von einer Bildungsmaßnahme bis hin zu einem Ein-Euro-Job bzw. einem Mini-Job, oder auch vorliegende Krankheiten, anstehende Operationen, Strafdelikte und noch einiges mehr.

Auf der Basis dieser Ergebnisse ist ein schriftlicher *Hilfeplan* zu erstellen, ein *Beratungsvertrag*, der ein klares Ziel vorgibt sowie die Wege zur Umsetzung festlegt. Er beschreibt die Handlungsmöglichkeiten des Klienten, die vorhandenen bzw. zu erschließenden Ressourcen und die Unterstützungsleistungen der Sozialen Arbeit. Dabei sind die Pflichten des Klienten und der Beratungsstelle nachvollziehbar festzulegen. Eine Überwachung des Ablaufs ist verbindlich zu regeln. Hierzu werden Zwischenschritte festgelegt, an denen der Prozess evaluiert und gegebenenfalls neu verhandelt wird.

Im Kontext des Hilfeplans bzw. des Beratungsprozesses sind ggf. zunächst und vorrangig existenzielle Fragen zu klären, wie die nach der aktuellen Übernachtungssituation des Klienten. Wo übernachtet er? Gibt es Alternativen? Welche Chancen für eine Hoteleinweisung bestehen? Benötigt er einen Schlafsack? Gibt es einen freien Platz in einer ambulant betreuten Wohngruppe? Hat er einen Antrag auf Wohnraum bei den kommunalen Behörden gestellt? Aber auch die Frage nach finanzieller Unterstützung und andere Dinge müssen angesprochen werden. Verfügt der Klient über Einkommen? Hat er gar Vermögen? Hat er ALG I oder ALG II beantragt oder gehört er zu den nicht arbeitsfähigen Arbeitslosen, die Sozialhilfe beantragen müssen? Stehen ihm sonstige Leistungen aus den sozialen Sicherungssystemen zu? Notwendig ist oft auch die Beantragung anderer Leistungen wie Krankengeld oder Rente. Besteht ein Konto, auf das Gelder überwiesen werden können? Es müssen mitunter Papiere, Ausweise, Urkunden, Führerschein u. a. neu besorgt werden, es werden aber auch Hilfeprozesse hinsichtlich Schuldenregulierung oder Kontaktaufnahmen zur Herkunftsfamilie eingeleitet.

Im Hilfeplan muss auch festgelegt werden, inwiefern andere Leistungen, die von der Beratungsstelle nicht angeboten werden, wie Sucht- oder auch Schuldenberatung, in Anspruch genommen werden sollten und wie der Weg zu diesen Leistungen ist. Da das implizite und über allem liegende Ziel der Hilfe die weitestgehende Normalisierung der Lebensverhältnisse der einzelnen Wohnungslosen darstellt, sollte diese allerdings nicht in *Sonderbehandlungsformen* „angeboten“ werden. Konflikte und Schwierigkeiten, die auch in der so genannten Normalbevölkerung vorliegen, sollten dort den Ort ihrer Bearbeitung haben, wo sich die Bevölkerung üblicherweise Hilfe holt. Schließlich gibt es ein weit gefächertes Hilfsangebot, das hilfs- und beratungsbedürftigen Menschen zur Verfügung steht, und somit auch den Wohnungslosen. Allerdings sind im Einzelfall die finanziellen Grundlagen dieser Hilfen zu klären. Ziel der Vereinbarung kann auch sein, dass die Verlegung des Klienten in eine andere Einrichtung, etwa in eine stationäre, unter bestimmten Bedingungen erwogen werden sollte. Manche Hilfepläne sehen eine solche Verlegung bereits vorab als Ziel vor, es werden dann lediglich die Schritte dorthin festgelegt.

Zu diesen Beratungsangeboten, die nicht in der Beratungsstelle selbst aufgegriffen werden sollten, da es sie in qualifizierter Form woanders gibt, zählen insbesondere *Angebote der Suchtberatung,* die bestehende Auffälligkeiten und Schwierigkeiten zum Thema machen und eventuell die seitherige Suchtkarriere aufarbeiten und mögliche Maßnahmen einer Behandlung einleiten. Aber nicht jeder Wohnungslose, der trinkt oder angetrunken zum Termin erscheint, ist damit bereits alkoholkrank. Mitunter gehört es zum Stil der Szene, zu trinken. Trinken kann zudem auf völlig anders gelagerte Probleme hinweisen. Erst wenn sich tatsächlich Verdachtsmomente verdichten und der Klient das Problem als solches begreift, kann eine professionelle Suchtberatung Wirkungen erzielen.

Neben der Suchtberatung kann auch eine genauere Analyse des Gesundheitszustandes erforderlich werden, die mit niedergelassenen Ärzten oder mit Kliniken im sozialen Nahfeld der Einrichtung vorgenommen werden können. Vielfach verbirgt sich hinter scheinbarer „Sucht“ eine viel komplexere psychische Erkrankung. Viele Wohnungslose sind gesundheitlich mehrfach belastet. Diese Klientel nimmt in der letzten Zeit stark zu.

Es gibt Beratungsstellen, die mit Ärzten oder Kliniken spezielle Vereinbarungen über die Durchführung dieser Checks abgeschlossen haben. Diese sind erforderlich, da Arztbesuche für Wohnungslose schwierig sein können. In manchen Arztpraxen sind sie ungern gesehen, da sie, so eine manchmal zu hörende und etwas seltsame Argumentation, den üblichen Patientenverkehr durch ihr Äußeres stören könnten. Vor der Einführung des ALG II bestand für Wohnungslose mitunter ein nicht unerhebliches Problem, wenn sie am Tresen der Arztpraxis darauf hingewiesen wurden, dass ihre Rechnung vom Sozialamt übernommen wird. Mit der Einführung von ALG II sind viele Wohnungslose inzwischen in den Besitz einer Karte der Krankenkassen gekommen, da mit dem Bezug von ALG II auch eine Krankenversicherung verbunden ist.

Ein dritter Schwerpunkt weiter gehender Beratung liegt in der Überprüfung möglicherweise vorliegender *Schulden* bis hin zu Möglichkeiten der Stundung, der Tilgung oder gar der privaten Insolvenz. Hierfür gibt es spezialisierte Beratungsstellen, die dies professionell durchführen. Mit zumindest einer dieser Stellen sollte die ambulante Wohnungslosenhilfe Kontakt haben, um ihren Klienten die Möglichkeit zu eröffnen, dort gezielt beraten zu werden. Doch sollte zunächst im Vorfeld reflektiert werden, wie gravierend das Schuldenproblem wirklich ist, manches lässt sich auch ohne eine aufwändige Schuldenberatung aufarbeiten.

Auch in einer ambulanten Beratung können im Rahmen einer festgelegten Hilfeplanung *Maßnahmen der Alltagsstrukturierung* vereinbart werden. Mit den Klienten werden Alltagsabläufe abgesprochen: Termine, Verpflichtungen, Besorgungen, Aufgaben, über deren Realisierung beim nächsten Termin gesprochen wird. Dabei können auch Schwierigkeiten, die der Klient in der Alltagsstruktur hat, aufgedeckt werden. Allerdings gibt es auch Alltagsprobleme, die aus der Situation der Wohnungslosigkeit resultieren und mit deren Veränderung verschwinden; und es gibt Schwierigkeiten, die mit persönlichen Problemen des Wohnungslosen, also mit seinem Verhalten und seinen Reaktionen auf seine Umwelt zusammen hängen. Das aber ist in der Arbeit mit dem Einzelnen individuell zu reflektieren.

Letztlich ist der *Hilfeplan eine Zielvereinbarung* zwischen dem Klienten und der Einrichtung, die einen für beide Seiten vertraglichen Charakter besitzt, er ist ein Instrument moderner Hilfeprozessteuerung. In diesem Hilfeprozess ist der sozialarbeiterische Dienst in den Beratungsstellen eine Art Steuermann, Anwalt, Begleiter und Vermittler, der den Weg des Klienten durch verschiedene Instanzen steuert und dabei den Fortgang der Hilfe überwacht und mit dem Klienten Konflikte und neu aufgetretene Schwierigkeiten durcharbeitet, um Lösungen zu finden.

Der Klient kann zu jedem Zeitpunkt den Prozess abbrechen. Dies aber gilt auch für die Beratungsstelle, die ebenfalls den Vertrag für beendet erklären kann, wenn sie zu dem Eindruck kommt, dass eine weitere Zusammenarbeit keinen Sinn mehr macht. Der Vorteil ambulanter Beratungsstellen ist dabei, dass eine Beendigung des Vertrages hier nicht zu einem dann auch drohenden Verlust der Unterkunft führen kann, wie es in stationären Einrichtungen durchaus möglich ist.

Einrichtungen haben unterschiedliche Praxismodelle entwickelt. Von deren Ausgestaltung hängt es ab, ob ein Klient immer vom selben Berater betreut, oder von unterschiedlichen Sozialarbeitern beraten wird. Diese Praxis bedarf einer intensiven Abstimmung im Team und einer genauen Dokumentation. Überhaupt ist *Dokumentation* eine essentielle Tätigkeit im Beratungsprozess, für die ausreichend zeitliche und personelle Ressourcen bereitgestellt werden müssen. Der Fortgang des Prozesses ist in seinen Ergebnissen exakt und nachvollziehbar zu dokumentieren, da dies einen wichtigen Beitrag zur Qualitätssicherung in den Einrichtungen leistet.

8.4 Weitere Optionen und Angebote

Zum Angebot der Sozialen Arbeit gehören im Bereich des Tagesaufenthaltes ambulanter Beratungsstellen die schon beschriebenen klassischen Versorgungsangebote wie Körperpflege, Reinigung und Instandhaltung von Bekleidung, vielfach auch die Bereitstellung von Kleidung, Schuhen, das Angebot einer Lebensmittelnotversorgung bzw. zur Essenszubereitung sowie Zugang zu medizinischer Versorgung. Darüber hinaus werden die dargestellten Beratungsleistungen vorgehalten. Insgesamt können ambulante Beratungsstellen deshalb durchaus als ein *Dienstleistungszentrum* begriffen werden, als eine professionell geführte Einrichtung, die alle notwendigen Verrichtungen bereitstellt, die für Wohnungslose relevant sind. Die Besucher werden dabei als Kunden verstanden, die sich notwendige Serviceleistungen im Zentrum organisieren können, von der Versorgung über die Beratung bis zur Weitervermittlung.

Zu diesen Service-Leistungen zählt auch, dass

- die Beratungsstellen als Postadressen fungieren können und den Briefverkehr beratend unterstützen;
- die Geldverwaltung für jene übernommen werden kann, die kein Konto mehr eröffnen können;
- es kostenlose Schließfächer für wichtige Papiere gibt;
- ein Infoboard über Jobs und sonstiges informiert;
- kostenloser Internetzugang ermöglicht wird;
- Bücher, Zeitungen und Zeitschriften ausliegen;
- eine Kleiderkammer vorhanden ist;
- in Zusammenarbeit mit örtlichen Tafeln Nahrungsmittel ausgegeben werden.

Zu den Dienstleistungen der Beratungsstellen gehören nicht nur die Weitervermittlung an Fachdienste, sondern auch weitere Aktivitäten zur Wiedererlangung größtmöglicher Selbständigkeit; hierzu gehören Wohnung, Arbeit oder eine weitergehende Unterbringung in Wohngruppen oder einer stationären Einrichtung.

Manche Träger haben eine eigene *Wohnraumvermittlung* mit eigenem Wohnraummanagement aufgebaut, das Wohnungen anmietet und diese an Wohnungslose zum *Probewohnen oder mit Mietvertrag* weiter gibt. Es gibt aber auch bei einigen Trägern im Hilfesystem und in Verantwortung der ambulanten Beratungsstellen die Möglichkeit von *Wohngruppen.* Diese sind in gewisser Weise stationäre Einrichtungen, doch sie werden zumeist als Maßnahmen der ambulanten Beratung definiert, da sie den Status eines privaten Wohnens haben. In diesen Wohngruppen können Maßnahmen eines Alltagstrainings viel strukturierter und effektiver organisiert werden.

Bei Maßnahmen im Sektor Erwerbstätigkeit sollte bei erwerbsfähigen Personen die *Vermittlung in den ersten Arbeitsmarkt bzw. in Maßnahmen der Arbeitsverwaltung* Priorität besitzen. Dabei ist zu beachten, dass eine nicht unerhebliche Zahl wohnungsloser Menschen langzeitarbeitslos und krank ist. Zwischen Arbeitslosigkeit und Gesundheit besteht eine enge Korrelation (vgl. Günthner/Sartorius/Simon 2013, S. 55). Es gibt aber auch Träger, die eigene Jobs anbieten, u.a. auch zur Organisation der Versorgungsstrukturen, diese sollten aber sozialversicherungspflichtige Arbeitsplätze sein. Unter den Klienten gibt es auch Menschen, die schon länger keiner Beschäftigung mehr nachgehen und auch nicht ohne weiteres dem Arbeitsmarkt zur Verfügung stehen. Für diesen Personenkreis werden mitunter in Zusammenarbeit mit dem Jobcenter geförderte Arbeitsmöglichkeiten geschaffen, die den Betroffenen den Übergang in das normale Arbeitsleben ermöglichen sollen. Neben einem Ein-Euro-Job kommen auch jene Arbeitsgelegenheiten in Frage, die in Werkstätten des Hilfesystems als Realisierungsansatz der in § 5 DVO i.V. §§ 67 ff. SGB XII als Hilfe zur Sicherung und Erlangung eines Ausbildungs- oder Arbeitsplatzes angeboten werden. Dabei sollte die Regel eine sozialversicherungspflichtige Form sein, die aber zumeist nicht realisiert werden kann. Eine solche Maßnahme dient der Einübung regelmäßiger Tätigkeiten, sie kann zudem verdeckte Fähigkeiten und Fertigkeiten neu beleben und aktivieren. Mitunter sind hier sogar Ausbildungen möglich, was insbesondere für jüngere Klienten vorteilhaft ist. Manche Einrichtungen verfügen über spezialisierte Arbeitsberater, die wohnungslose Menschen beraten. Im Bereich der Arbeitshilfen sind mittlerweile durch die Einführung des SGB II neue Kooperationen mit der Agentur für Arbeit möglich und erforderlich geworden.

Die ambulante Beratungsstelle kann in Zusammenarbeit mit stationären Einrichtungen mit der Betreuung ausgelagerter Wohngruppen betraut werden, mancherorts ist für diese Aufgabe das Angebot „Ambulant Betreutes Wohnen" zuständig. Ferner kann sie Klienten, die wieder eigenen Wohnraum beziehen konnten, *nachgehende Hilfen* anbieten. Das können regelmäßige Konsultationstermine in den Büros der Einrichtung, aber auch Besuche in den Wohnungen sein. Letzteres wird nur mit Zustimmung und auf Wunsch der jeweiligen Klienten möglich.

Ferner können aber auch *begleitende Hilfen* angeboten werden, etwa um Schwellenängste zu überwinden. Dies sollte aber als Training begriffen und auch so verabredet werden, es muss deshalb auch in den Hilfeplan eingebettet sein. Mit diesen begleitenden Hilfen kann man Klienten verselbständigen, ihnen die Angst und die Scham vor Behörden, Gerichten oder Kliniken nehmen. Derartige Trainings sind Teil der Alltagsstrukturierung, die in der Regel vom Kostenträger zu genehmigen sind.

8.5 Streetwork in der Wohnungslosenhilfe

Obwohl im Sektor der Armen-, Obdach- und Wohnungslosenhilfe die ersten Gehversuche aufsuchender Sozialarbeit zu verzeichnen waren, hat diese Tradition keineswegs dazu geführt, Streetwork nach 1970 zu einem zentralen Handlungsansatz dieses Arbeitsfeldes werden zu lassen. Während in der Jugendarbeit und in der Suchthilfe bereits Ende der 60er Jahre einzelne Streetworkprojekte entstanden sind, ist dies für die Wohnungslosenhilfe dieser Zeit nicht dokumentiert. Erst die Erfahrungen aus dem „Modellprogramm der Europäischen Gemeinschaft zur Bekämpfung der Armut im Innovationsprojekt Nichtsesshaftenhilfe" in Tübingen/Stuttgart und aus anderen Arbeitsfeldern der Jugend- und Sozialarbeit ermutigten zur aufsuchenden Sozialarbeit mit „Stadtstreichern" (Simon in: Hinz u. a. 2000).

Es ist somit kein Zufall, dass Streetwork in der Wohnungslosenhilfe zuerst von den ambulanten Hilfen Stuttgarts, Hamburgs und Berlins aufgebaut wurde. Hier hatte sich in den Feldern der Jugendarbeit sowie der Suchthilfe bereits eine für die Wohnungslosenhilfe modellgebende Straßensozialarbeit etabliert. Der Aufbau von Streetworkprojekten vollzog sich langsam, was sicher auch daran lag, dass viele der traditionellen Träger lange auf das Primat stationärer Hilfe setzten, andere der „Notnagelfunktion" aufsuchender Arbeit kritisch gegenüberstanden. So gab es 1986 lediglich 17 aufsuchende Angebote der „Nichtsesshaftenhilfe". Im Rahmen einer bundesweiten Untersuchung werden Mitte der 1990er Jahre 20 städtische und drei auf Landkreisebene angelegte Projekte registriert (Simon 1996). Bis heute konnte der Ausbau aufsuchender Hilfen nicht bedarfsgerecht vollzogen werden. Erschwerend kommt hinzu, dass Projekte ihre aufsuchende Arbeit wieder einstellen mussten, da die Finanzierung weggefallen ist. Davon betroffen sind auch jene aufsuchenden Angebote, die ambulante medizinische Versorgung leisten. Mittlerweile entstanden auch im ländlichen Raum einige Streetworkprojekte. Genaue Erkenntnisse über deren Anzahl, Ausstattung und Verbreitung sind aktuell nicht verfügbar.

Dennoch sollen wesentliche *Ziele und Aufgaben* von aufsuchender Arbeit mit Wohnungslosen benannt werden:

- Sicherstellung einer materiellen Grundversorgung als Existenzsicherung und Überlebenshilfe;
- (Wieder-)Aufbau einer vertrauensvollen Beziehung, da viele Hilfebedürftige sich von der etablierten Hilfe abgewendet haben und den Einrichtungen, Behörden und Beratungsstellen mit Distanz, Misstrauen und Resignation begegnen;
- Angebot umfassender und qualifizierter Beratung der Hilfesuchenden;

- Kontaktpflege und verlässliche Präsenz in der Szene;
- Arbeit in der Öffentlichkeit, auch gezielte Öffentlichkeitsarbeit;
- Funktion als Frühwarnsystem, das zur Hilfeplanung beiträgt;
- Weitervermittlung an andere Hilfesysteme und Zusammenarbeit mit Strukturen und Programmen im Quartier.

Streetwork in der Wohnungslosenhilfe funktioniert noch weniger als in anderen Arbeitsfeldern als isolierter Arbeitsansatz, sondern muss konsequent mit den Angeboten des örtlichen und regionalen Hilfesystems vernetzt sein. Eine Anbindung an die ambulanten Hilfen und Fachberatungsstellen ist häufig sinnvoll. Immer wieder erkennbar ist eine Brückenfunktion zwischen ambulanter und (teil-)stationärer Hilfe. Streetwork in der Wohnungslosenhilfe sollte stets im Kontext sozialraumorientierter Ansätze Sozialer Arbeit agieren. Darüber hinaus bestehen aber unverändert Abstimmungsprobleme mit anderen Anbietern von Straßensozialarbeit, insbesondere der Jugendhilfe und der Suchthilfe. Wenn Ansätze wie Sozialraumorientierung und Quartiersmanagement heute wieder an Gewicht gewinnen, wird in der aufsuchenden Arbeit der Wohnungslosenhilfe ein entscheidender Part liegen.

8.6 Vernetzung im Stadtgebiet

Vernetzung, Hilfeverbünde und Kooperationen haben im System der Wohnungslosenhilfe an Bedeutung gewonnen. Obdachlosigkeit und Wohnungslosigkeit werden von den Kommunen nicht mehr selbstverständlich hingenommen. Sie werden vor allem auch nicht mehr der kommunalen Zuständigkeit entzogen, indem man Betroffene an stationäre Einrichtungen verweist. So aber hat die ambulante Beratungsstelle auch Bedeutung hinsichtlich der Prävention, diese ist neben kurzfristigen, aber effektiven Hilfen beim Wohnraumverlust und langfristiger Hilfe ein weiterer Schwerpunkt.

Um Wohnungslosigkeit zu vermeiden, müssen vorbeugende Beratungsangebote aufgebaut werden. Die *Beratungsstelle muss sich auch offiziell dem Wohnungsnotfall zuwenden,* sie muss für jene verfügbar sein, die vom Wohnungsverlust bedroht sind. Das aber setzt voraus, dass sie sich zum Stadtgebiet öffnet und als Teil des Gemeinwesens mit dortigen Akteuren kooperiert.

Die Wohnungslosenhilfe kann hier mit anderen Trägern Sozialer Arbeit, der Jugendhilfe, mit Stadtteilbüros, Quartierszentren und dem Quartiersmanagement in den Projekten der Sozialen Stadt zusammenarbeiten. Sie gewinnt in dieser stärkeren Vernetzung die Möglichkeit, fallbezogene Arbeit tatsächlich im Sinne eines lebensweltbezogenen Case Managements zu intensivieren und die subjektiven Probleme an die Lebenswelten zurück zu geben bzw. sie dort Lösungen zuzuführen.

In diesem Sinne sollte Soziale Arbeit mit Wohnungslosen auch wieder politischer werden. Das wird ohnehin stärker und pointierter gefordert: Das *Einmischen der Wohnungslosenhilfe in die lokale Sozialpolitik* muss über Kooperationen hinausgehen. Es geht darum, Ansätze sozialer Stadtentwicklung zu fordern, zu entwickeln und zu begleiten. Die Akteure des Hilfesystems müssen deshalb zwingend in Stadtteil- oder Planungskonferenzen präsent sein. Die Wohnungslosenhilfe muss sich, nachdem sie jahrelang für wohnortbezogene Hilfen gestritten hat, nun selbst zum Bestandteil kommunaler und quartiersbezogener Politik machen und ins Gemeinwesen hineinwirken.

8.7 Alles tiny? Die Diskussion um ein wiederkehrendes Phänomen

Seit sich die Wohnungsnot v. a. in Ballungszentren und Großstädten ab Mitte der 2010er Jahre erneut dramatisch verschärfte, fehlte es nicht an originellen Initiativen, um der Wohnungsnot pragmatische Lösungen entgegenzusetzen. Dazu gehören etwa Containeranlagen und Zelte, little homes und tiny houses. Neu ist das alles nicht. Bereits in den 1990er Jahren gab es etwa unter dem Namen „Gottesbuden" kirchliche Initiativen als Versuche, der damaligen Wohnungsnot zu begegnen, indem Kirchengemeinden motiviert wurden, auf kirchlichem Grund und Boden einfache, kleine Holzhäuser zu erstellen, damit Wohnungslosen zu einer Behausung zu verhelfen und zugleich das Problem Wohnungsnot zu skandalisieren. In den letzten Jahren sorgten besonders die tiny houses in der Fachwelt für spannende Diskussionen. Es lohnt ein Blick auf die Hintergründe:

> „Das Tiny House Movement (auch Small House Movement genannt, englisch Bewegung für winzige Häuser) ist eine gesellschaftliche Bewegung mit Ursprung in den USA, die das Leben in kleinen Häusern propagiert. Die Bewegung findet auch ihren Ausdruck in der Architektur, indem zunehmend auch Klein- und Minihäuser geplant und realisiert werden, wobei keine feste Definition dafür existiert, bis zu welcher Wohnflächengröße ein Gebäude als Tiny House (Mikro- oder Minihaus) und ab wann es als Small House (Kleinhaus) bezeichnet wird" (de.wikipedia, Zugriff vom 02.06.2020).

Abgeleitet von dieser Idee entwickelten gutmeinende Menschen tiny houses als einen Lösungsversuch der Wohnungslosenhilfe. Es handelt sich dabei um eine höchst kompakte, teils mobile, auf ca. 8–20 Quadratmeter verdichtete Wohnform die den Anspruch erhebt, auf geringstem Platz alles zum Wohnen Erforderliche unterzubringen: Schlaf- und Sitzmöglichkeiten, Küche, Dusche, WC, Schrank usw. Ziel ist, diese Hilfen flexibel und schnell einzusetzen.

Während das Tiny House Movement in den USA auf einen nachhaltigen, reduzierten und vor allem freiwillig gewählten Lebensstil des „downsizing" abzielte, propagierten die Befürworter von tiny houses in der Wohnungslosenhilfe die Zweckmäßigkeit und Preiswürdigkeit als Antwort auf die Wohnungsnot – ein eklatanter Unterschied! In einer Stellungnahme stellt der Ev. Bundesfachverband für Existenzsicherung und Teilhabe (EBET e. V. 2019) fest, dass seine „aus bundesweiter Praxis fachlich begründete Haltung" zusammenfassend feststellt, dass „Wohnen ein Menschenrecht [ist] und eine mietvertraglich gesicherte Wohnung […] durch kein noch so gut gemeintes Provisorium ersetzt werden [kann]. Ordnungsrechtliche Unterkünfte müssen dem Standard einer einfachen Wohnung entsprechen. […] Tiny-Häuser können hierbei als Notlösung einen Beitrag leisten. Andere Nothilfen wie little homes oder Zelte sind ein Akt der Nächstenliebe und in akuten Notlagen evtl. als Witterungsschutz tauglich – mehr nicht!" Und weiter: „Anders als für Studierende, die zum Teil für eine begrenzte Zeit in sehr bescheidenem Wohnraum leben müssen oder für einkommensstärkere Menschen, die sich aus ökologischen bzw. individuellen Gründen für ein Leben auf kleinstem Raum in einem „tiny house" entscheiden, haben wohnungslose Menschen eben nicht die Option, dies als Episode hinter sich zu lassen, wenn ihnen diese Lebensform nicht genügt oder nicht mehr gefällt. Auch deshalb sehen wir die provisorische Versorgung mit „tiny houses" oder „little homes" als Ersatz für fehlende, „echte" Wohnungen für die Zielgruppe wohnungsloser Menschen kritisch und lehnen sie als dauerhafte Lösung ab. Tiny houses sind nur eine Notlösung" (ebenda).

Übungsfragen

- Was sind Merkmale ambulanter Einrichtungen?
- Welche Bedarfe haben Hilfenachfragende?
- Was heißt Niedrigschwelligkeit im Hilfesystem?
- Was können „tiny houses" zur Lösung von Wohnungsnot beitragen?
- Was sind notwendige Dienstleistungen ambulanter Beratungsstellen?
- Was muss eine Beratung alles klären?
- Was bedeutet Case Management in der Beratungsarbeit?
- Was versteht man unter dem Prinzip „Hilfe aus einer Hand"?
- Was beinhaltet ein Hilfeplan?
- Welche Maßnahmen der Alltagsstrukturierung kennt eine ambulante Beratungsstelle?
- Welche Ziele verfolgt Streetwork?
- Wie kann sich Wohnungslosenhilfe im Quartier vernetzen?

Vorschläge für das Selbststudium

- Entwicklung der Zentralen Beratungsstellen seit ihrer Einführung
- Beratungsprozess in der Wohnungslosenhilfe
- Streetwork in der Sozialen Arbeit
- Hilfeplanung
- Schuldenberatung
- Vernetzung

Zum Weiterlesen

Deutscher Verein für öffentliche und private Fürsorge: Leistungsberechtigte in besonderen sozialen Schwierigkeiten bedarfsdeckend unterstützen. Empfehlungen des Deutschen Vereins zur Anwendung der Hilfe nach §§ 67 ff. SGB XII, Berlin 2015

Gillich, S./Keicher, R. (Hrsg.): Suppe, Beratung, Politik. Anforderungen an eine moderne Wohnungsnotfallhilfe, Heidelberg 2016

Frölich, N.: Die ambulante Wohnungslosenhilfe im Wandel, in Gillich, S./Nagel, S.: Von der Armenhilfe zur Wohnungslosenhilfe – und zurück?, Gründau-Rothenbergen 2010, 77–86

Hinz, P./Simon, T./Wollschläger, T. (Hrsg.): Streetwork in der Wohnungslosenhilfe, Baltmannsweiler 2000

Lutz, R.: Das Mandat der Sozialen Arbeit, Wiesbaden 2011

Lutz, R.: Bürger- und gemeindenahe Wohnungslosenhilfe – Konsequenzen des neuen Grundsatzprogramms, in: Theorie und Praxis der Sozialen Arbeit, 1/2004

Kapitel 9
Stationäre Einrichtungen

▪ Stationäre Einrichtungen der Wohnungslosenhilfe haben eine lange Geschichte, die von vielen Widersprüchen und Ungereimtheiten begleitet ist. Sie stellten bis in die jüngste Vergangenheit ein wesentliches und auch zentrales Element des Hilfesystems dar. Dieses Kapitel diskutiert die Spezifik und die Arbeitsweise dieser Einrichtungen, benennt ihre Position im Hilfesystem und stellt ihre Struktur vor. Dabei werden auch ihre Besonderheiten reflektiert und die verschiedenen Klientengruppen beschrieben, deren Bedarfe stationäre Maßnahmen erforderlich machen. Angebote, Struktur und Aufbau werden ausführlich dargestellt. Schließlich wird der Begriff Langzeithilfe eingeführt und erörtert.

9.1 Zur Spezifik stationärer Einrichtungen

Der Stellenwert stationärer Einrichtungen im Hilfesystem hat sich grundlegend verändert: Sie haben sich zu *einem* Element im Hilfesystem entwickelt, das neben anderen steht und seine Legitimation immer neu gewinnen und bestätigen muss. In den letzten Jahrzehnten gerieten diese Einrichtungen immer wieder in die Kritik, die ihnen, mitunter zu Recht, vorwarf, die Klienten nicht zu resozialisieren, sondern zu hospitalisieren. Oft wurde den stationären Hilfen vorgehalten, sie würden mit ihrer Komplettversorgung und dem damit verbundenen Bild eines unselbständigen Wohnungslosen erst jenen „Typ des Nichtsesshaften“ produzieren, der für ihre Angebote das „Vorbild“ war (Kunz 2001; Lutz 1996).

Das hat am Selbstverständnis der Einrichtungen „genagt“ und diese in einen länger anhaltenden Reformprozess geführt, der vieles veränderte und dabei die Bedeutung stationärer Einrichtungen neu entwarf. Heute sind sie ein moderner und vielfach reformierter Teil des Hilfesystems, quantitativ bilden sie geschätzt noch etwa 10 bis 20 % der Hilfeangebote ab. Es gibt Menschen, die auf Grund ihrer besonderen Lebenslagen und sozialen Schwierigkeiten stationärer Hilfen bedürfen, weshalb deren Erhalt und Weiterentwicklung wichtig ist.

Die Einrichtungen haben ihr Hilfsangebot mittlerweile stark differenziert und entsprechen mehr als früher den Bedürfnissen der Klientel und den Anforderungen an ein modernes Hilfesystem. Sie sind ein wichtiges Element im Hilfeverbund und stellen eine sinnvolle Ergänzung zu ambulanten Einrichtungen dar.

Für einen Teil der Wohnungslosen sind sie eine wichtige Hilfe zur Stabilisierung ihrer Lebenssituation und zur Wiedererlangung verschütteter Fähigkeiten, ein selbständiges Leben zu führen. Dies gilt vor allem auch für jene Personen, die auf Grund extremer persönlicher Risiken zunächst eine eher unmittelbare Betreuung und einen Schutzraum benötigen. Ihr Anteil wird auf 15–20 % geschätzt, abgeleitet aus einer vorliegenden Untersuchung aus Baden-Württemberg (Ministerium für Soziales und Integration Baden-Württemberg 2015).

Auch wenn auf Grund gesetzlicher Regelungen (§ 13 (1) SGB XII) inzwischen längst ambulante vor stationären Maßnahmen rangieren, gibt es noch immer vielfältige Probleme von wohnungslosen Menschen, die stationärer Hilfe bedürfen. Gerade in diesen Einrichtungen kann durch die unmittelbare räumliche Nähe der sozialen Dienste zum Wohnungslosen eine intensivere Betreuung bereitgestellt werden. Diese Möglichkeit unterscheidet sie wesentlich von ambulanten Formen der Hilfe: Sie ermöglichen eine Arbeit mit den betroffenen Menschen über einen längeren Zeitraum hinweg. Neues Verhalten kann trainiert werden. Dabei räumen sie den Klienten einen Schutz- und Schonraum ein, in dem der Einzelne zu sich kommen und auch neue Perspektiven gewinnen kann.

Das mit der stationären Einrichtung verbundene Angebot von Sicherheit und Ruhe ist ein besonderes Qualitätsmerkmal innerhalb eines sich weiter entwickelnden Hilfesystems. Klienten können aus einer anregenden Umgebung heraus, die es allerdings noch längst nicht überall gibt, neue Perspektiven gewinnen. Die Einrichtungen haben damit im modernen Hilfesystem eine klar definierte Aufgabe, die in der Wiedereröffnung biographischer Optionen besteht.

Dies ist mit einer unerschütterlichen Gewissheit verbunden: Sozialarbeit muss grundsätzlich Menschen Ruhe- und Schonräume anbieten, deren Persönlichkeits- und Gesundheitszustand desolat und gefährdet ist, die vielfach erschöpft sind, so dass sie sich aus eigener Hilfe kaum noch zurechtfinden können. Sie sollen vor den Bedingungen eines Lebens auf der Straße zunächst einmal geschützt werden, um sich von den Strapazen, die aus ihren sozialen Schwierigkeiten resultieren, erholen zu können. Stationäre Einrichtungen sind als ein solcher *„Zufluchtsort"* zu verstehen, als soziale Nische oder als Ersatzmilieu für verlorene soziale Orientierungen.

Der eigentliche Heimaufenthalt kann dann aber auch schon das erste Ziel der Hilfe sein, da er Normalisierung und damit auch eine wesentliche Teilhabe am System sozialer Sicherung bedeutet. Das meint nicht, dass der Aufenthalt selbst als Stillstand zu begreifen ist; es müssen selbstverständlich Veränderungen und Integrationsversuche möglich sein. Diese regelt der Hilfeplan, der auf der Basis der jeweiligen Ressourcen und Schwierigkeiten des Wohnungslosen zwischen ihm und der Einrichtung erstellt wird.

Die Dauer der Hilfe ist unbestimmt. Sie kann von wenigen Wochen bis zu einigen Jahren dauern, wobei für längere Unterbringungen ein starker Begründungszwang besteht.

Nach i. d. R. sechs Monaten, mitunter sogar noch früher, und danach in regelmäßigen Abständen, muss gegenüber dem Kostenträger in Berichten erläutert werden, warum das Ziel der Hilfe, die Wiedereingliederung, noch nicht erreicht wurde und wie die weitere Planung aussieht. Je länger die Maßnahme dauert, desto größer wird zumeist der Druck von Kostenträgern, die darauf drängen, die Maßnahme zu beenden oder eine andere Form der Versorgung im Rahmen der gesetzlichen Möglichkeiten zu finden. Auch in stationären Einrichtungen ist vor Beginn einer Maßnahme ein Hilfeplan zu erstellen, der mit dem Klienten und in Abstimmung mit dem Kostenträger konkrete Schritte festlegt, deren Erreichen oder Nichterreichen dann im Bericht erörtert werden muss. Dieser Hilfeplan muss zudem detailliert begründen, weshalb für den Einzelnen nur eine stationäre Maßnahme in Frage kommt. Die Finanzierung der Maßnahme erfolgt über den örtlichen oder überörtlichen Sozialhilfeträger, entweder über einen pro Kopf ausgehandelten Pflegesatz oder aber auch über festgelegte Leistungspauschalen (hierzu → Kapitel 13).

9.2 Wohnungslose in stationären Einrichtungen

Stationäre Einrichtungen müssen die *Gruppen benennen,* für die sie sich zuständig erklären und denen sie spezifische Hilfen anbieten können. Das beinhaltet die Abkehr von der Aufnahme aller Betroffenen und eine Spezialisierung. Die Personengruppen, für die eine stationäre Maßnahme sinnvoll und angezeigt ist, können nicht mehr einfach nur Menschen ohne Wohnraum sein. Es handelt sich um spezifische Klientengruppen, die eines sozialarbeiterischen Ortes bedürfen, an dem sie nicht nur beraten und betreut werden, an dem sie ihr Leben neu ordnen und durch Trainings zunehmend wieder in die eigenen Hände nehmen können. Somit sind auch nicht jene Wohnungslose Klienten stationärer Hilfe, die nur vorübergehender Beratung bedürfen, aber aufgrund unzureichender ambulanter Angebote dennoch stationär untergebracht werden.

Die *Problemlagen der Klienten,* für die stationäre Einrichtungen adäquat sind, müssen *tiefer* liegen und *vielschichtiger* sein. Sie bedürfen länger andauernder Maßnahmen, die in ihrem unmittelbaren Lebensumfeld angeboten werden. Zumeist ist erst einmal eine *Stabilisierung ihrer Lage* erforderlich, die als eine Verhütung von Verschlimmerung zu interpretieren ist, um nachfolgend neue Perspektiven erarbeiten zu können. Vielfach sind es auch Menschen, die sich schon länger im Hilfesystem befinden oder deren Problemlagen nicht ohne weiteres durch ambulante Beratungen geklärt werden können.

Zumeist fehlt diesen Menschen eine angemessene Selbständigkeit. Manche haben schon lange nicht mehr in eigenem Wohnraum gelebt und müssen dies erst wieder trainieren. In einer zunehmenden Zahl der Fälle zwar im eigenen Wohnraum, aber nicht selbständig, es war immer noch jemand da, der das System aufrecht erhalten hat, als dieser weg fiel, wurde der stationäre Aufenthalt erforderlich. Die Mehrzahl hatte schon lange keine Beschäftigung mehr und muss regelmäßige Tätigkeiten, die ja in stationären Einrichtungen angeboten werden, erst wieder einüben. Andere werden in stationären Einrichtungen auf Suchttherapien bzw. auf die Einweisung in andere Einrichtungen, etwa ein Alters- oder Pflegeheim, vorbereitet. Manche sind zudem krank und bedürfen allein schon deshalb stationärer Hilfe, um eine regelmäßige und dringend erforderliche medizinische Behandlung zu erhalten oder alternative Unterbringungsmöglichkeiten zu erschließen.

In der Übersicht sind folgende Gruppen zu benennen, für die stationäre Einrichtungen ein sinnvolles Angebot darstellen:

- Menschen, für die eine stationäre Maßnahme geeignet ist, da ihnen eine zeitlich befristete Unterbringung am ehesten ermöglicht, ihre Situation zu klären. Möglich werden Dinge, wie eine lang andauernde und schwierige Beschaffung von wichtigen Papieren, die Bewältigung schwer wiegender Konflikte in der Szene der Wohnungslosen oder auch die Teilnahme an Maßnahmen zur Wiedererlangung der eigenen Arbeitsfähigkeit. Hier können Maßnahmen umgesetzt werden, die im Rahmen einer ambulanten Beratung nicht möglich sind.
- Menschen, die auf Grund ihrer persönlichen Situation und ihrer sozialen Schwierigkeiten nicht mehr in der Lage sind, ihre Belange ohne eine zeitlich befristete und intensive Betreuung zu regeln. Sie bedürfen eines Schutz- und Schonraums, der eine weitere Eskalation ihrer Situation verhindert und ihnen die Möglichkeit einräumt, zu sich selbst zu finden und über Trainings in der Einrichtung neue Perspektiven zu gewinnen.
- Menschen, die entweder seit Jahren an einem Ort leben und bisher außer materieller Unterstützung kaum Hilfen in Anspruch nahmen oder langjährig in teil- und vollstationären Einrichtungen betreut wurden und sich zunehmend an ein Leben in der Einrichtung gewöhnt haben. Deren Lage würde ohne den Schutz und den Rahmen einer Einrichtung erneut eskalieren. Es handelt sich somit zunächst um eine Maßnahme, die eine Verschlimmerung verhüten soll.
- Menschen, die stark suchtgefährdet oder vorübergehend bzw. dauerhaft krank sind und insofern eine Vorbereitungszeit für eine weitergehende Maßnahme benötigen oder eines Ortes bedürfen, um zu gesunden oder sich einen Raum zu erschließen, an dem sie dauerhaft leben können.

- Menschen, die alt und pflegebedürftig sind und über eine lange Zeit zur Gruppe der Wohnungslosen gehörten. Für sie müssen Möglichkeiten erschlossen werden, ihr Leben in Ruhe und Würde zu Ende leben zu können.
- Menschen, die über Jahre in kommunalen Obdächern verelendet sind, weil dort keine angemessene und qualifizierte Hilfe geleistet, sondern allenfalls ein Überleben auf niedrigem, teils menschenunwürdigen Niveau gesichert wurde.
- Menschen aus Individualwohnraum, die dort vollkommen sozial isoliert lebten, jede Interaktion mit der Umwelt beendeten, physisch wie psychisch erkrankt oder depriviert sind. Mitunter sind dies völlig unauffällig lebende Kleinst-Rentner/innen in anonymen Großstadtquartieren, auf die eher zufällig Aufmerksamkeit fällt, die dann „in letzter Minute" medizinisch versorgt werden und anschließend nicht mehr in ihre Wohnung wollen oder können, für die aber kein Bedarf an Pflege i. S. SGB XI besteht, weshalb ein Pflegeheim ausscheidet.
- Paare bzw. auch Frauen, die so einen Raum für sich erhalten, der sie gegen Willkür schützt und aus dem heraus sie ihre Situation adäquater klären können.
- Junge Wohnungslose mit starken Verhaltensauffälligkeiten, an denen in einer ambulanten Beratung nicht zielgerichtet gearbeitet werden kann, die Hilfe nach dem SGB VIII ablehnen oder der zuständige Kostenträger diese verweigert.

Die Konzentration auf diese Gruppen muss nicht zur Ausgrenzung von Betroffenen aus dem Hilfesystem führen. Sie erfordert von den Einrichtungen allerdings, dass sie *spezifische Profile* herausarbeiten und sich gegenseitig ergänzen. Eine Praxis, in der diese Differenzierung in Ansätzen erkennbar ist, verdeutlicht zudem, dass es in vielen Fällen nicht mehr ausschließlich um eine Finanzierung der Hilfe nach § 67–69 SGB XII gehen kann, sondern dass hier immer mehr *Mischfinanzierungen* aus verschiedenen Töpfen und auf den Einzelfall bezogen erarbeitet werden müssen.

Den einzelnen Gruppen können unterschiedliche Hilfebedarfe und Leistungstypen zugeordnet werden, aus denen individuell unterschiedliche und je nach Verlaufsprozessen und spezifischer Lebensplanung differierende Hilfemaßnahmen ableitbar sind. Dabei ist vor allem eine klare Abgrenzung zwischen Standardmaßnahmen und solchen Hilfsangeboten nötig, die nur bei besonders gravierenden Bedarfslagen in Frage kommen.

9.3 Angebote und Optionen

Am Anfang einer Maßnahme steht die Klärung des biographischen Verlaufs, der persönlichen Hintergründe, der Situation, der Ursachen von Wohnungslosigkeit. Dieser Prozess unterscheidet sich nicht von den *Erstgesprächen* in einer ambulanten Beratung. In diesen Gesprächen müssen vor allem auch die jeweiligen Stärken und Schwächen heraus gearbeitet werden, um einen nachhaltigen und stimmigen Hilfeplan formulieren zu können. Dabei empfehlen sich ressourcenorientierte Beratungsansätze. Es ist zu klären, ob der jeweilige Mensch seine notwendigen Papiere zusammen hat, wie und wo sie gegebenenfalls neu beschafft werden können. Seine Beziehungen zu Familie und Verwandtschaft müssen thematisiert werden, andere biographische Facetten sind gleichfalls zu reflektieren. Auch sind bestehende Ansprüche an andere Sozialleistungsträger zu klären. Es müssen Recherchen hinsichtlich ALG, Krankengeld, Rente, auch Frühverrentung, medizinischen Leistungen und auch hinsichtlich eventuell bestehender Ansprüche an Dritte durchgeführt werden. Vermehrt treten Fälle auf, bei denen in der Anfangsphase die Frage nach dem Verbleib des noch vorhandenen Hab und Gut eine größere Rolle einnimmt.

Das Unterstützungsmanagement von ambulanter und stationärer Hilfe unterscheidet sich in zwei wesentlichen Aspekten. In stationären Einrichtungen können die *Planungen* zum einen *langfristiger* sein, zum anderen ist der Klient präsenter, da er sich in *größtmöglicher Nähe zum Sozialarbeiter* aufhält. Während in ambulanten Einrichtungen Hilfeplanungen mitunter abrupt zu Ende gehen, da der Klient einfach nicht mehr zu vereinbarten Terminen erscheint oder sich erst sehr viel später wieder meldet, kann er in stationären Einrichtungen daran erinnert werden. Das Monitoring ist einfacher, da die jeweilige Person direkt ansprechbar ist, auf Verpflichtungen und Vereinbarungen hingewiesen oder auch aufgefordert werden kann, diesen nachzukommen. Allerdings enden auch hier Prozesse durch einen unvermittelten und plötzlichen Auszug der Hilfeempfänger.

Diese größere Nähe zum Klienten ist eine der Stärken stationärer Einrichtungen, die insbesondere bei Personengruppen zum Tragen kommt, die Schwierigkeiten haben, Dinge selbständig zu regeln. Häufig ist eine Vielzahl an Konflikten aufzuarbeiten und zu bereinigen. Dies kann auf der anderen Seite als größere Kontrolle kritisiert, als eine Form der Unselbständigkeit oder als Bevormundung interpretiert werden, die man auch als eine *„fürsorgliche Belagerung"* des Klienten sehen kann, die diesen erst an die Strukturen einer Einrichtung bindet.

Der „Neuzugang" muss in der Einrichtung erst einmal „ankommen". Hierfür muss ihm die Einrichtung Zeit auch dann lassen, wenn er bereits schon einmal oder auch mehrmals da war bzw. über Heimerfahrungen verfügt. Nur so ist er offen für die Möglichkeiten der Einrichtung, die er dann allmählich für sich erschließen kann. Manche Menschen benötigen viel Zeit, um zur Ruhe zu kommen und sich neu zu orientieren, zumal der Aufnahme in vielen Fällen existenzielle Krisen vorausgegangen sind. Dieser Umstand muss im Hilfeplan Berücksichtigung finden bzw. der Hilfeplan ist erst dann in Angriff zu nehmen, wenn der Klient „angekommen" ist, eine erste Vertrauensbasis besteht, er aus den existenziellsten Nöten heraus gekommen ist und dann überhaupt erst in der Lage ist, sich über so etwas wie Ziele Gedanken zu machen.

Unter den Bewohnern stationärer Einrichtungen gibt es „Profis", die schon einige stationäre Einrichtungen und andere Angebote des Hilfesystems durchlaufen haben, die sofort präsent sind und sich auch dementsprechend verhalten. Dies mag zwar gut aussehen und manches erleichtern, doch gerade hier sollte der sozialarbeiterische Dienst reflektieren, ob sich dahinter nicht auch ein Muster verbirgt, mit dem der Klient versucht, von seinen wirklichen Problemen abzulenken. Und eines dieser „Probleme" kann dann auch darin liegen, dass der Betreffende sich bereits allzu stark an ein Leben im Hilfesystem „gewöhnt" hat.

Die Soziale Arbeit in stationären Einrichtungen ist letztlich ein *Spagat* zwischen einer ambitionierten Einzelfallhilfe, dem Leben des Klienten in einer sozialen Gemeinschaft und den darin organisierten Angeboten, die zwar individuell gestaltet aber auch kollektiv ausgerichtet sind. Das muss vermittelt, geplant und begleitet sein. Auch in einer Einrichtung ist der Sozialarbeiter Anwalt und Makler, der den Klienten unterstützt und begleitet. Er leitet ihn mit Mitteln der Einzelfallhilfe und auch jenseits von dieser durch die Angebote einer Einrichtung. Er stellt mit ihm im Rahmen der Hilfeplanung ein *Hilfemenü* zusammen, das auch die Angebote der Einrichtungen umfasst und diese nutzt. Dies ist ein wichtiger Aspekt des Unterstützungsmanagements. Anders als in ambulanten Einrichtungen ist die Lebenswelt dem Sozialarbeiter vertraut. Er kann diese besser und fruchtbarer in seinen Planungen und seiner Arbeit mit dem Klienten berücksichtigen.

Zu den vielfältigen Angeboten gehören auch *Trainings,* etwa solche, die Alltagsfähigkeiten und das Wohnen trainieren. Das reicht vom Wäsche waschen, über das Einkaufen bis hin zum Kochen und erfordert auch qualifizierte, hauswirtschaftliche Begleitung. Bewohner werden befähigt, sich in einer eigenen Wohnung unter den Bedingungen finanzieller Knappheit zurechtzufinden. Dies kann über „Probewohnen" in eigens dafür eingerichteten Wohnungen erfolgen, die entweder in der Einrichtung oder außerhalb liegen und ambulant betreut werden. Sie lernen einen Haushalt zu planen und zu organisieren. Darüber hinaus trainieren sie Kommunikation und auch das Schreiben von Bewerbungen. Besonderes Augenmerk wird in manchen Einrichtungen auch auf „sinnvoll" verbrachte Freizeit gelegt. Hierzu zählen nicht nur Ausflüge, die unternommen werden, um die Vielfalt der Kultur neu aufzuschließen, sondern auch das Aktivieren alter und das Entdecken neuer Hobbys. So können Bewohner auch an Vereine und andere Akteure in lebensweltlicher Nähe zur Einrichtung herangeführt werden.

In vielen Einrichtungen nehmen sogenannte *Arbeitstrainings* einen hohen Stellenwert ein, sie sind sogar ein wesentliches Qualitätsmerkmal. Die im Selbstverständnis und in der Praxis zahlreicher Einrichtungen angelegte Tagesstrukturierung stellt einen wichtigen Aspekt zur Wiedererlangung von Fähigkeiten für ein Leben ohne Hilfe dar. Dabei kommt der subjektiv als sinnhaft erlebten Tagesstruktur eine große Bedeutung zu.

Vor allem in großen Einrichtungen finden sich umfangreiche Arbeitsgelegenheiten, Werkstätten und weitere Formen der Tagestrukturierung, die in unterschiedlichen Bereichen Tätigkeiten anbieten. Häufig werden von den Bewohnern unter Anleitung fachkundiger Gruppenleiter Fremdaufträge durchgeführt. Für die meisten Bewohner entsteht so eine Möglichkeit, sich an die Regelmäßigkeiten eines Arbeitsalltages zu gewöhnen, gleichzeitig etwas Geld zu verdienen und verloren geglaubt Ressourcen wiederzuentdecken. Allerdings sind die Löhne nicht allzu hoch und oft geht auch noch ein Teil des Verdienstes an die Einrichtung zurück. Zur Reduzierung der Heimkosten wird dieser mit dem Kostenträger verrechnet. Doch es eröffnet manchen Bewohnern einen neuerlichen Zugang zu sozialen Leistungen, da diese Arbeitsplätze mitunter auch sozialversichert sind.

Manche Werkstätten, die eine eigene Rechtsform besitzen und nur noch lose mit der stationären Einrichtung verbunden sind, haben Firmen aufgebaut, deren Tätigkeitsspektrum von der Produktion bis zur Dienstleistung reicht. Die Arbeitsgelegenheiten sind vielfältig und von sehr unterschiedlicher Qualität. Hier erleben Bewohner die *Regelmäßigkeiten eines Arbeitsalltags.* Für andere bedeutet es eine Wiederbelebung alter Fähigkeiten und Fertigkeiten sowie die Herstellung neuer Zugänge zum Arbeitsmarkt. So gibt es auch Einrichtungen, die Ausbildungsplätze anbieten. In diesen Werkstätten arbeiten dabei nicht nur Bewohner der Einrichtungen, viele haben sich inzwischen den ambulanten Beratungsstellen geöffnet oder nehmen auch andere Personengruppen auf. Wachsende Bedeutung erlangten Maßnahmen der Arbeitsmarktintegration der Agenturen für Arbeit im Kontext des SGB II. Allerdings ist die Arbeitsintegration seit dessen Einführung eher wellenförmig als kontinuierlich gefördert worden und war seit 2008/2009 zunehmend stark von der Haushaltslage und durch fortlaufende Kürzungen im Eingliederungstitel des SGB II geprägt.

Zu den besonderen Diensten im Hilfesystem gehört unbestritten auch die Anbindung der Wohnungslosen an mitunter dringend benötigte *medizinische Hilfen.* Anders als bei ambulanten Beratungen, die Konsultationstermine bei bestimmten Ärzten vereinbaren, gibt es in einigen stationären Einrichtungen die Möglichkeit, die Sprechstunde eines stundenweise in der Einrichtung tätigen Arztes aufzusuchen. Zunehmend mehr Anbieter verfügen über einen Krankenpflegedienst. Entweder haben sie einen eigenen medizinischen Dienst aufgebaut oder arbeiten mit externen Anbietern zusammen, die regelmäßig in die Einrichtung kommen.

Durch diese medizinischen Dienste ist es möglich, Krankheitskarrieren in ihrer biographischen Bedeutung zu rekonstruieren und diese in die Hilfeplanung aufzunehmen. Es können akute Probleme angegangen und weiter gehende Behandlungen, auch stationäre, eingeleitet werden. In dieser Vorbereitung kann zugleich eine adäquate nachgehende Versorgung geklärt und organisiert werden, die nicht immer in der gleichen Einrichtung stattfinden muss. Zu den Gesundheitsdiensten, die stationäre Einrichtungen anbieten, können mitunter auch psychiatrische Untersuchungen mit anschließenden Therapien in anderen Einrichtungen gehören.

Ein spezifisches Angebot, das sich auch in ambulanten Beratungsstellen findet, liegt in der *Abklärung einer Suchtproblematik* und der Reflexion individueller Suchtkarrieren. Aus den Ergebnissen dieser Untersuchungen und Beratungen kann in enger Zusammenarbeit mit dem jeweiligen Klienten und dem behandelnden Arzt eine Suchtbehandlung eingeleitet werden, die bis zur Aufnahme einer stationären Entwöhnungsbehandlung reichen kann. Auch kann bereits eine daran anschließende Nachsorge in einer entsprechenden Einrichtung organisiert und vorbereitet werden. Es macht allerdings selten Sinn, dass Klienten nach einer Entwöhnungsbehandlung wieder in eine stationäre Einrichtung der Wohnungslosenhilfe zurückkehren. Mitunter, wenn keine Behandlung mehr genehmigt wird oder andere Gründe dies gebieten, kann der betreffende Klient auch der Zugang zu Selbsthilfegruppen vermittelt werden.

Über stationäre Einrichtungen ist eine Vermittlung in weiter führende und auch spezialisierte Einrichtungen nicht nur möglich, sondern je nach Bedarf rechtlich und fachlich geboten. Das kann eine Langzeitbehandlung sein, es kann aber auch die Suche und die anschließende Verlegung in ein adäquates Pflegeheim sein. Eine solche Verlegung kann in der stationären Einrichtung vorbereitet werden. Hier ist die Zeit, dies gründlich zu tun.

Viele Einrichtungen haben, auch in Zusammenarbeit mit ambulanten Beratungsstellen, *nachgehende Hilfen* aufgebaut. Mittels dieser werden die Bewohner in Wohngruppen oder Individualwohnraum außerhalb der Einrichtung mit dem Ziel betreut, deren Verselbständigung weiter zu stabilisieren. Mittlerweile ist es vielerorts der Regelfall, dass nicht in Zusammenarbeit mit den Beratungsstellen, sondern als eigenständiges Angebot eine Weiterführung der Hilfe nach stationärem Aufenthalt im Rahmen des ABW (in eigenem Wohnraum) erfolgt. Oftmals übernimmt der stationär betreuende Sozialarbeiter die ambulante Betreuung.

9.4 Struktur und Aufbau stationärer Einrichtungen

Zu den Strukturen der stationären Einrichtung gehört originär eine *Komplettversorgung*, das umfasst neben dem Wohnen, den Arbeitsmöglichkeiten und den Optionen der Sozialarbeit auch ein regelmäßiges Mahlzeitenangebot, Angebote zur Körperhygiene und einen Wäscheservice. Somit können auch Hauswirtschaft und Hausmeister zum Personal der Einrichtung gehören. Zumeist findet sich dies alles, vor allem in Städten, auf engstem Raum, in einem Haus oder in einem Gebäudekomplex. In größeren, oftmals der Tradition der Arbeiterkolonien entstammenden und sich zumeist auf dem Land befindlichen Einrichtungen stellt die Wohnungslosenhilfe nur eine Abteilung innerhalb eines komplexen Verbundes sozialer Hilfen dar.

Die Unterbringung muss in *Einzelzimmern* vorgenommen werden. Diese Forderung wird zwar als Standard allgemein akzeptiert, ist jedoch nicht überall umgesetzt. Nach wie vor gibt es Einrichtungen, die Zwei- und Mehrbettzimmer haben. Hin und wieder trifft man auf Bewohner, die das Doppelzimmer favorisieren. Bei manchen kann dies vorübergehend sinnvoll sein.

Einrichtungen gehen seit einiger Zeit verstärkt dazu über, die *Komplettversorgung* zu *entzerren*. Auch innerhalb einer stationären Einrichtung werden Wohngruppen aufgebaut, die sich selbst versorgen. Manche Einrichtungen haben ihre Zimmer zu Gemeinschaftswohnungen umgewandelt, die von Einzelpersonen oder „Wohngemeinschaften" bewohnt werden. In angemieteten oder sich im Besitz des Trägers befindlichen Wohnungen werden die Klienten weiter verselbständigt. Diese werden dann von der stationären Einrichtung aus ambulant betreut. Man trifft sogar auf vormals stationäre Einrichtungen, die nahezu dezentralisiert arbeiten und nur noch über Wohnungen verfügen, die ambulant betreut werden. Hier hat sich eine große Vielfalt an Angeboten entwickelt, die unverändert unter dem Label „stationäre Einrichtung" arbeiten, aber eigentlich Formen betreuten Wohnens darstellen.

Aus der stationären Betreuung heraus hat sich so mitunter eine *Kette der allmählichen Integration in Normalwohnen* aufgebaut. Diese beginnt zumeist mit der klassischen Komplettversorgung in einer Einrichtung. Danach können Klienten in möblierten Apartments mit Kochnische, Badezimmer und WC innerhalb oder außerhalb der Einrichtung wohnen, sie müssen sich dabei selbst versorgen, d.h. einkaufen, kochen, Wäsche waschen und das Apartment in Ordnung halten. Dabei wird individuelle Unterstützung und Förderung durch qualifizierte Hauswirtschaftsfachkräfte angeboten, die neben Haushaltstraining auch Fragen preiswerter Selbstversorgung, gesundheitsfördernder Ernährung und Strategien gelingenden Überlebens auf niedrigstem ökonomischem Niveau anbieten, weil die Realität für viele Betroffene ein dauerhaftes Leben mit Hartz IV bzw. Grundsicherung im Alter bleiben wird.

Daneben oder danach kann es dezentrale stationäre Plätze in angemieteten Wohnungen geben, in die Klienten während oder auch schon zu Beginn einer stationären Maßnahme einziehen. Unter Berücksichtigung der individuellen Wünsche und Bedürfnisse werden diese Wohnungen mit bewilligten Geldern für die Wohnungserstausstattung eingerichtet. Dabei werden die Klienten beraten und unterstützt. Diese Wohnung kann manchmal sogar nach Beendigung der Maßnahme in der Stationären Hilfe vom Klienten als Hauptmieter übernommen werden. In manchen Einrichtungen gibt es hierfür ein eigens eingerichtetes *Wohnraummanagement,* das für Akquisition, Anmietung und Bestandsbetreuung der dezentralen stationären Wohnungen verantwortlich ist. Das ist allerdings nicht Standard, sondern eher die Ausnahme.

Die *nachgehende Hilfe* bietet schließlich den Klienten schon während ihres Aufenthaltes im Apartment Unterstützung im Rahmen der Wohnraumsuche und der Auszugsbegleitung an. Diese Suche nach Individualwohnraum auf mietrechtlicher Basis ist bereits Bestandteil nachgehender Hilfe. Der Auszug muss dann nicht auch gleichzeitig die Beendigung der Hilfe bedeuten. Die Sozialarbeiterinnen der nachgehenden Hilfe bieten auch nach Anmietung der Wohnung Beratung und persönliche Hilfen an, um die neue Lebenssituation im eigenen Wohnraum zu stabilisieren. Mit der eigenen Wohnung ist es nämlich oft nicht getan. Viele Klienten waren eben lange nicht mehr in der Situation, eigenverantwortlich in einer Wohnung zu leben. Das Leben und Wirtschaften in einer Wohnung ist aber ein wichtiger Bestandteil für die nachhaltige Integration in die Gesellschaft. So wird mitunter von der nachgehenden Hilfe auch ein Erfahrungsaustausch unter jenen organisiert, die nun in einer eigenen Wohnung leben.

9.5 Langzeithilfen als spezielle Form

Die vielfältigen Angebote stationärer Einrichtungen ermöglichen den Aufbau von Vertrauen und Sicherheit. Dabei wird es auf der einen Seite Menschen geben, die diese Einrichtungen bald wieder verlassen, da sie ihrem Ziel der Hilfe erheblich näher gekommen sind, über eigenen Wohnraum und Perspektiven verfügen, sich in eine andere Einrichtung begeben oder wieder zurück zur Straße drängen. Es gibt auch Menschen, die länger, mitunter unbefristet, in diesen Einrichtungen leben. Diese Form bezeichnet man als „*Langzeithilfen*“ (Lutz 2001).

Diese gewinnen in jüngster Zeit im Hilfesystem besonderes Gewicht. Verbergen sich hinter dem Begriff der Langzeitfälle doch Menschen, die schon längere

Zeit auf der Straße leben, bereits an mehreren Maßnahmen teilgenommen haben und auf Betreuungsformen unterschiedlicher Intensität angewiesen sind oder die bereits zu Beginn des Hilfeprozesses in so massiv beeinträchtigtem Zustand sind, dass nur eine Langzeithilfe in Betracht kommt. Einrichtungen stehen vermehrt vor dem Problem, dass ihre Klientel immer älter wird und Hilfen nach § 67 SGB XII kaum noch verwirklicht werden können, da die Bedingungen des Arbeitsmarktes eine Integration immer schwieriger werden lassen und die Vermittlung in eigenen Wohnraum nicht mehr erreichbar scheint. Adäquate Hilfe für diese mitunter stark vorgealterten Personen ist so kaum noch leistbar. Dennoch besteht die Verpflichtung, diesen Menschen ein Angebot zu unterbreiten.

Die besonderen Bedarfe dieser spezifischen Klientengruppe werden von vielen Praktikern besonders hervorgehoben. Ambulante Formen der Hilfe greifen hier meist schon lange nicht mehr und stationäre Einrichtungen stehen der Problematik mitunter ratlos gegenüber. Die Eingliederung der Betreuten in ein normales Pflegeheim scheitert oft an Suchtproblemen, an aus Sicht der Pflegeeinrichtung mangelnder Compliance und weiteren sozialen Schwierigkeiten. Ein Lösungsansatz liegt ebenfalls in der Langzeithilfe, die in stationären Einrichtungen ermöglicht werden kann. Dabei kann diese durchaus als Normalwohnen organisiert sein. In Absprache mit den Kostenträgern werden derartige Hilfen unter den unterschiedlichsten rechtlichen Bedingungen angeboten; das können Eingliederungshilfen für behinderte Menschen nach §§ 90 ff. SGB IX sowie Hilfen in besonderen Lebenslagen nach § 73 SGB XII sein. Dabei muss stets der individuelle Hilfebedarf maßgeblich sein. Bisweilen anzutreffende Kostenüberlegungen der Sozialhilfeträger sind in fachlicher Hinsicht irrelevant und rechtlich bisweilen problematisch.

Die großen Träger haben schon vor Jahren begonnen, Konzepte zur Versorgung älterer wohnungsloser Menschen zu entwickeln. Dennoch sind noch viele Fragen ungelöst. Langzeithilfe ist aber als eine besonders qualifizierte Form der Hilfe zu begreifen, die sich unterschiedlichen Aufgaben stellen muss:

- Gerade ältere Wohnungslose werden massiv mit den Folgen ihrer sozialen Schwierigkeiten konfrontiert. Das reicht von sozialer Isolation über Ausgrenzung bis hin zu spezifischen Verhaltensmustern.
- Insbesondere die pflegerische und medizinische Versorgung stellt die Hilfe vor besondere Aufgaben hinsichtlich Zimmer- und Körperhygiene. Hier ist qualifiziertes Personal erforderlich, denn auf einen massiv ansteigenden Pflegebedarf sind die Einrichtungen zumeist nicht eingestellt. Dies kann zur Einrichtung von Altenpflegezimmern in Einrichtungen führen. Entscheidend ist hier eine gute und intensive Zusammenarbeit mit ambulanten Pflegediensten vor Ort.

- Im Kontext der Langzeithilfen kann auch eine Versorgung „rund um die Uhr" erforderlich sein; so zählt denn auch die Hauswirtschaft zum Bestandteil der Gesamtversorgung.
- Eine stärkere Vernetzung mit anderen Einrichtungen wird erforderlich, etwa mit Pflegeheimen und Hospizen.
- Die sozialarbeiterische Betreuung muss noch viel stärker im Rahmen der Rechtsdurchsetzung gegenüber Renten- und Kostenträgern tätig sein; auch ist sie in der persönlichen Betreuung und den tagesstrukturierenden Angeboten stärker gefordert.

Langzeithilfe kann vielfach nur als eine Integration in den strukturierten Alltag einer Einrichtung erreicht werden. Häufig stehen tagesstrukturierende Maßnahmen im Mittelpunkt der Betreuungstätigkeit. Dies können Ausflüge, Spiele- und Kegelnachmittage, Feste und andere Freizeitaktivitäten sein. Aus den Erfahrungen, die bereits vorliegen, zeigen sich die positiven Wirkungen dieser Angebote.

Letztlich ist die Langzeithilfe eine Eingliederung in den „schützenden Rahmen" einer stationären Einrichtung. Genau das aber ist nicht eigentlich die originäre Aufgabe von Angeboten der Wohnungslosenhilfe. Allerdings machen die Entwicklungsverläufe vieler älterer Wohnungsloser derartige Hilfen notwendig.

9.6 Philosophie und Zukunft stationärer Einrichtungen

Es ist die zentrale Aufgabe stationärer Einrichtungen, den *Kreislauf der Armut zu durchbrechen* und die Selbstentfaltungs- und Selbstorganisationskräfte der Menschen mit dem Ziel der Realisierung eines menschenwürdigen Lebens innerhalb eines *gelingenderen Alltags* zu fördern (Lutz 2011). Um das zu ermöglichen, müssen sie allerdings wie der Alltag selbst organisiert sein. Das schließt Rechtsverwirklichung ein und Anstaltsrecht aus und muss Selbstorganisation betonen.

Unstrittig ist, dass das Leben in einer Einrichtung immer etwas Unnatürliches und Zwanghaftes bleibt: es darf nicht die Teilhabe am Leben in der Gemeinschaft ersetzen, es kann immer nur ein Schritt auf dem Weg dorthin sein, wobei dieser Weg unterschiedlich lang und unterschiedlich gestaltet sein kann. Dennoch oder deswegen bedeutet dies für die konkrete Alltagssituation in den Einrichtungen, dass sowohl Selbstorganisation als auch Mitwirkung gefördert werden müssen, um so den Abbau „fürsorglicher Belagerung", die ja in der Tradition stationärer Hilfe ein wesentliches Element darstellt, weiter zu beschleunigen. Eine möglichst weitgehende bzw. variable Selbstversorgung und Selbstorganisation im Wohnbereich durch die Bewohner sollte angestrebt werden, bis hin zur Einrichtung von Wohnungen in der Einrichtung. Das nimmt die Kompetenzen der Betroffenen ernst, fördert und aktiviert diese.

Die Schaffung von Selbsthilfe und Selbstorganisation fördernden Elementen im Alltag der stationären Einrichtung besteht u. a. aus:

- einer größtmöglichen Autonomie des Handelns für die Einzelnen,
- der Transparenz der Binnenstruktur der Einrichtungen, die vor allem auch für die Bewohner durchschaubar sein muss,
- der Entwicklung tragfähiger interner Partizipationsformen, mittels derer Bewohner besser an Entscheidungen über die Gestaltung des Alltags in der Einrichtung beteiligt werden können.

Die angebotenen Hilfen müssen auch in stationären Einrichtungen immer auf *Freiwilligkeit* beruhen. Sie sind Optionen, aus denen der Hilfesuchende wählen kann. Er entscheidet darüber, ob er sie im Rahmen eines Hilfeplans akzeptiert oder nicht. Diese Freiwilligkeit wurde in stationären Einrichtungen mitunter durch eine *undifferenzierte Gesamthilfe,* eine beliebige Zusammensetzung verschiedener Hilfsangebote eingeschränkt. Häufig knüpfte das eine Hilfsangebot an die gleichzeitige Akzeptanz des anderen. Zeitgemäß und fachlich geboten ist stattdessen eine klare Trennung existenzsichernder Hilfen, wie Geld, Wohnraum, Kleidung und Essen und weitergehender Angebote persönlicher Hilfen soweit als möglich durchzuführen.

Hilfsangebote werden der Vielfalt der Bedürfnisse der Bewohner einer Einrichtung nur dann gerecht, wenn konsequent zwischen Regelleistungen und Bedarfsleistungen unterschieden wird. *Regelleistungen* decken dabei die grundsätzlichen Bedürfnisse wie Unterkunft und Verpflegung, Bedürfnisse, die nicht individuell zugeordnet werden können, zum Beispiel Kosten der Leitung und der Verwaltung. *Bedarfsleistungen* hingegen knüpfen an die individuell erforderlichen Hilfen an, sie sind klientenbezogen. Die *Entflechtung der Einrichtungen,* die Aufhebung ihrer Totalität, muss auch weiterhin mit einer noch stärkeren Differenzierung in Regel- und Bedarfsleistungen konform gehen.

Das bedeutet aber, dass mit dem Betroffenen im Einzelfall klar herausgearbeitet werden muss, zu welchem Zweck er oder sie sich in der Einrichtung aufhält und mit welchen Mitteln versucht werden soll, die Situation zu verbessern. Eine derartige Entflechtung der Hilfeangebote eröffnet Betroffenen die Chance, diese Angebote je nach persönlichem Bedarf abzurufen. Es muss deshalb ein *Vertrag* zwischen dem Klienten und der Einrichtung geschlossen werden, der zusätzlich zum Hilfeplan verbindliche Festlegungen für beide Seiten enthält. Darin sind die Leistungen differenziert nach Regel- und Bedarfsleistungen zu benennen. Für die Einrichtungen bedeutet dies, dass Angebotspakete aufgelöst und Einzelleistungen auf vertraglicher Basis angeboten werden:

- Wohnen basiert auf einem Mietvertrag,
- Arbeiten geschieht auf der Grundlage eines Arbeitsvertrags,
- Betreuung setzt das Vorhandensein eines Betreuungsvertrags voraus,
- auch weitere Trainings und Programme wären im Idealfall vertraglich zu regeln; in der Praxis ist dies aber oft kaum möglich.

Bei Kündigung eines Vertrages bzw. bei fristgerechtem Auslaufen würden die anderen Verträge bis an das Ende ihrer Laufzeit weiter bestehen. Die Beendigung der Kopplung von Unterbringung und Betreuung eröffnet stationären Einrichtungen die Option eines *Wohnens mit Angeboten* sozialer und individueller Hilfen wie Schuldenberatung, Suchtberatung, Krankenpflege, Betreuungsangeboten usw. Bei Verlust des Wohnraums sind die anderen Hilfen zunächst nicht gefährdet, ebenso geht beim Abbruch eines spezifischen Betreuungsvertrages, der möglicherweise aus unterschiedlichen Normen und Zielen von Helfer und Betroffenem resultiert, die existentielle Sicherheit des Wohnens nicht verloren.

Das *Konzept der differenzierten Hilfeangebote,* das sich hinter diesen Überlegungen verbirgt, wird somit auf den individuellen Bedarf ausgerichtet. Die Einrichtungen schenken der Vielfältigkeit der Einzelschicksale und der Verschiedenheit der Bedürfnisse von Klientinnen und Klienten mehr Aufmerksamkeit. Die Individualisierung des Hilfeangebots, die sich am Bedarf der einzelnen Person orientiert, überwindet den Versuch, Wege aus der Wohnungslosigkeit standardisieren zu wollen und gibt den stationären Einrichtungen Gelegenheit, erneut einen wichtigen Platz im Hilfesystem einzunehmen.

Übungsfragen

- Was versteht man als den Schutz- und Schonraum stationärer Einrichtungen?
- Für welche Personengruppen sind stationäre Einrichtungen geeignet?
- Wie stellt sich die Einzelfallhilfe dar?
- Was sind die Besonderheiten des Arbeitstrainings?
- Was sind die Inhalte der Tagesstrukturierung?
- Was bedeutet die Entzerrung der Komplettversorgung?
- Was versteht man unter dezentralem Wohnen?
- Was sind die Grundlagen differenzierender Hilfen?
- Welche Elemente gehören zur Ausgestaltung nachgehender Hilfen?
- Was sind Langzeithilfen?
- Wie sehen die Strukturen stationärer Einrichtungen aus?

- Was unterscheidet Regelleistungen von Bedarfsleistungen?
- Wo liegt die Zukunft stationärer Hilfe?

Vorschläge für das Selbststudium

- Historische Kritik stationärer Einrichtungen unter Würdigung des Begriffes „fürsorgliche Belagerung“
- Arbeitstrainings und Werkstätten in der Sozialen Arbeit
- Vielfalt stationärer Einrichtungen
- Wohnraummanagement und Dezentralisierung

Zum Weiterlesen

Gillich, S./Keicher, R. (Hrsg.): Suppe, Beratung, Politik. Anforderungen an eine moderne Wohnungsnotfallhilfe, Heidelberg 2016

Kunz, S. (Hrsg.): Früher war die Zukunft besser, Materialien zur Wohnungslosenhilfe Heft 56, Bielefeld 2005

Lutz, R.: Langzeitfälle und Langzeithilfen, Bielefeld 2001

Kapitel 10
Erweiterte Optionen und neue Bedarfe

▪ In diesem Kapitel sollen Optionen und Angebote skizziert werden, die sich in den letzten Jahren als Antwort auf spezielle Fragen und Bedarfe im Hilfesystem herausgebildet haben. Sie erweitern und differenzieren das Spektrum ambulanter, teilstationärer und stationärer Hilfe. Sie gelten als notwendige Unterstützungsmaßnahmen, die als eigene Leistungstypen zu sehen sind und wohl in Zukunft verstärkt und differenziert angeboten werden. Das Angebot reicht von der Zentralen Fachstelle Wohnen, die sich als kommunale Dienstleistung eher am Rande der Wohnungslosenhilfe befindet, bis hin zu medizinischen Hilfen, die im Hilfesystem selbst entwickelt wurden. Es werden aber auch neue thematische Schwerpunkte wie Migration, Gemeinwesenarbeit, Hilfeverbünde und Straßenzeitungen reflektiert, die veränderte Bedarfe an das Hilfesystem herantragen bzw. sich um dieses gruppiert haben.

10.1 Zentrale Fachstelle für Wohnungsnotfälle und Prävention (ZfW)

Mit der Konzeption des Deutschen Städtetages, die 1987 in die Fachdiskussion eingeführt wurde, kam erstmalig das Thema *Prävention* auf die Agenda und wurde zugleich auf breiter Front vorangetrieben (Deutscher Städtetag 1987). Mehr als zwanzig Jahre haben viele Kommunen mit großem Erfolg Zentrale Fachstellen nach diesem Konzept eingerichtet und weiter entwickelt, die den Wohnungsverlust verhindern sollen und hierfür Behörden und Verantwortlichkeiten zusammen führen. Zu den Aufgaben gehören dabei insbesondere die Sicherung von Wohnraum (Prävention), die Vermittlung in Wohnraum (Integration), und die Unterbringung in Wohnunterkünften in den Fällen, in denen dies unumgänglich ist.

Der Leitgedanke einer Zentralen Fachstelle Wohnen (ZfW), die inzwischen ein hohes Maß an institutioneller Verankerung und Organisation erfahren hat, ist die Zusammenführung aller die Wohnungsnotfallproblematik betreffenden Hilfemöglichkeiten in einer Organisationseinheit. So sind raschere und effektivere Hilfen möglich, die zum einen drohende Wohnungsverluste abwenden und zum anderen neuen Wohnraum verfügbar machen. Hierfür werden jene kommunalen Dienste unter einem „Dach" konzentriert, die von Wohnungslosigkeit bedrohte Menschen unterstützen. Neuerdings sind seit der Einführung des ALG II auch die ARGEN daran beteiligt. Mit diesen bestehen sehr detaillierte Vereinbarungen über die Ausgestaltung der Verfahrensabläufe und die Regelung der jeweiligen Zuständigkeit.

Die Zentrale Fachstelle Wohnen bietet somit Hilfestellungen für folgende Zielgruppen:

- von Wohnungslosigkeit Bedrohte;
- von Obdachlosigkeit Betroffene;
- Personen in ungesicherten Wohnverhältnissen, wenn sie beispielsweise bei Bekannten untergebracht sind;
- Personen, denen die Entlassung aus einem Heim, einer Klinik oder einer Anstalt unmittelbar bevorsteht und die ohne institutionelle Hilfe nicht in der Lage sind, sich ausreichenden Wohnraum zu beschaffen.

Für Personen, von deren Hilfebedarf die Fachstellen im Rahmen der Wohnungssicherung durch die Leistungsempfänger selbst, die Gerichte oder die Vermieter Kenntnis erlangen, ermitteln Fachstellen die erforderlichen Hilfebedarfe nach Maßgabe der §§ 22, 23 Abs. 3 SGB II bzw. § 36 SGB XII und der dazu ergangenen fachlichen Vorgaben. Die betroffenen Personen werden notfalls schriftlich aufgefordert, zur Beratung zu kommen. Zur Wahrung mietrechtlicher und vollstreckungsrelevanter Fristen nach dem BGB und der ZPO sind Mitteilungen über drohenden Wohnungsverlust von den Sachbearbeitern der Fachstellen sofort zu bearbeiten, um drohenden Wohnungsverlust zu verhindern. Die Fachstellen koordinieren dann die notwendigen Hilfen und Angebote und steuern die Hilfeprozesse. Bei drohendem Wohnungsverlust leisten sie auch aufsuchende Sozialarbeit und beraten direkt in der Wohnung, falls die betroffenen Personen trotz Aufforderung nicht zur Beratung erscheinen.

In ihrer Tätigkeit versteht sich die Fachstelle als *Servicestelle* sowohl für Einzelpersonen als auch für Dienste, Einrichtungen und Behörden, die mit den Themen und Aufgaben zu tun haben, die aus *Wohnraumerhalt, Wohnungsverlust, Vermittlung und Unterbringung* resultieren. Die Beratungs- und Vermittlungstätigkeit orientiert sich am Prinzip der Normalisierung der Lebensumstände, d. h. die Beratungs- und Vermittlungsleistungen verfolgen das Ziel, die Betroffenen zu befähigen, ihr Leben möglichst unabhängig von institutionellen Hilfen zu gestalten und selbstorganisiert und eigenständig weiterhin in eigenem Wohnraum zu leben. Die persönliche Hilfestellung orientiert sich am Prinzip der *Hilfe zur Selbsthilfe* und am Vorrang ambulanter vor stationärer Hilfe.

Zu den konkreten Aufgaben der Zentralen Fachstelle gehört zum einen eine Stärkung der präventiven Maßnahmen. Damit es überhaupt nicht zum Wohnungsverlust kommt, bieten die Mitarbeiter Hilfe, Beratung und Information, sie versuchen bei Mietschulden, Kündigungen, Räumungsklagen und Wohnungslosigkeit zu helfen. Zum anderen werden die Koordinierung der Wohnungshilfen, die Öffentlichkeitsarbeit und die Unterbringung in den städtischen Unterkünften übernommen. Im Rahmen der Akuthilfe erfolgt neben der Beratung und Begleitung bei drohendem Wohnungsverlust auch die Vermittlung von Wohnungen und weitergehenden Hilfen.

Zu den Aufgabenschwerpunkten der Fachstelle gehört auch die *Auflösung von Obdachlosenunterkünften,* welche mittelfristig nur unter der Voraussetzung effektiver vorbeugender Hilfen möglich ist. Ferner sollen die Lebensbedingungen in benachteiligten Wohnquartieren verbessert werden. Dies kann unter anderem durch eine Kooperation mit lokalen Wohnungsunternehmen erfolgen. Im Rahmen der präventiven und direkten Hilfen wird zudem eine enge Kooperation mit den freien Trägern angestrebt.

Da es trotz aller Anstrengungen nicht immer möglich ist, die Wohnung nach einer Kündigung und vor einer anstehenden Räumung zu sichern oder sofort die geeignete Ersatzwohnung zu finden, vermittelt die Zentrale Fachstelle auch in Pensionen oder Notunterkünften ein Obdach auf Zeit. Städte und Kommunen halten hierfür zumeist Notwohnungen vor, in die sie obdachlose Personen vorübergehend einweisen können. Das Ziel weiterer Bemühungen der Mitarbeiterinnen und Mitarbeiter der Fachstelle bleibt aber auch hier die Wiederherstellung eines normalen Wohnverhältnisses mit Mietvertrag.

Die Leistungen einer *Zentralen Fachstelle Wohnen* lassen sich wie folgt beschreiben:

- Bei drohendem Wohnungsverlust prüft die Fachstelle, ob die Wohnung gesichert werden kann, oder eine Vermittlung in andere Angebote (andere Wohnung, öffentliche Unterbringung) erfolgen muss.
- Bei drohendem Wohnungsverlust erfolgt zudem die Vermittlung an die Dienste des Sozialamtes bzw. der ARGE zur Leistungsgewährung zum Zwecke der Wohnungssicherung. Im Rahmen gesetzlicher Möglichkeiten des SGB II und des SGB XII können anstehende Mietzahlungen übernommen werden.
- Rückwirkend können Mietschulden ausgeglichen werden, hierfür steht ein gesetzlicher Rahmen zur Verfügung, der dies zum einen im § 36 SGB XII und zum anderen im § 22 SGB II regelt. Damit wurde die bisherige Regelung nach § 15a BSHG wesentlich verändert. Die Hilfe zur Wohnungssicherung wird auf Mietschulden begrenzt, die ausschließlich als Darlehen nur noch dann übernommen werden, wenn sonst Wohnungslosigkeit einzusetzen droht und hierdurch die Aufnahme einer konkret in Aussicht stehenden Beschäftigung verhindert würde.

- Individuelle Vermittlung in Normalwohnraum oder niedrigschwellige Wohnformen (zum Beispiel möblierte Zimmer) mit Hilfe des jeweiligen Wohnungs- und Liegenschaftsamtes bzw. einer Wohnungsgesellschaft.
- Hilfen für die Wohnungsbeschaffung und Hilfen zur Erstausstattung für die Wohnung.
- Bei entsprechendem Hilfebedarf erfolgt die Vermittlung an weiterführende Hilfesysteme, etwa für alleinstehende Wohnungslose, Straffällige, Psychisch Kranke, Suchtkranke etc.
- Vermittlung in Notunterkünfte und zentrale Steuerung der Notunterbringung Wohnungsloser in Hotels und Pensionen.
- Wohnungsvermittlung für obdachlose Menschen, Personen aus öffentlicher oder sonstiger Unterbringung sowie für Haushalte unmittelbar nach Wohnungsverlust.

Darüber hinaus sollen und werden Fachstellen zukünftig stärker mit dem Sozialraummanagement freier Träger bzw. mit dem Quartiersmanagement in Projekten zur Sozialen Stadterneuerung zusammenarbeiten. Die Fachdebatte hat dies in letzter Zeit mehrfach hervorgehoben (Schleicher 2000, Espkamp 2004). Das kann zu einer Stärkung von Selbsthilfepotentialen und dem Aufbau stabilisierender Netzwerke im Quartier führen. Fachstellen wären dann auch Agenturen für soziale Ressourcen auf Quartiersebene und für innovative Wohnprojekte, die zugleich den Diskurs über Inhalte und Perspektiven der Stadt(teil)entwicklung anleiten und führen könnten. Hier gäbe es dann auch Querverbindungen zur Wohnungslosenhilfe, die sich dem Sozialraum bereits stärker zugewandt hat.

Allerdings beinhaltet die Fachstellenkonzeption vom Ansatz her keine besondere Berücksichtigung von Alleinstehenden. Auf der anderen Seite hat die Wohnungslosenhilfe bisher kein eigenes und tragfähiges Präventionskonzept vorgelegt. Die Fachstellenkonzeption steht neben der Wohnungslosenhilfe, obwohl es enge Berührungspunkte gibt. Die Entwicklung einer Wohnungsnotfallhilfe, die in der Fachstelle nicht nur eine Instanz zur Verhinderung von Wohnraumverlusten sieht, sondern diese auch zur zentralen Steuerungsinstanz ohne Mitwirkung freier Träger macht, hat mit dazu beigetragen, dass der Präventionsgedanke in der Wohnungslosenhilfe bisher randständig ist. Wohnungslosenhilfe muss sich weiterhin um ihre bessere Einbindung in die Fachstellen bemühen und sollte zudem eigene Präventionsmodelle vorlegen, da sie sonst mit den präventiven Ansätzen der Kommunen in Konkurrenz gerät. Es ist jedoch zu konstatieren, dass weder öffentliche Kostenträger noch die Wohnungslosenhilfe der freien Wohlfahrtspflege die Notwendigkeit der Prävention umfassend erkannt hat. An einigen Stellen gibt es dazu inzwischen hoffnungsvolle, vielversprechende und fachlich adäquate Ansätze, die auf spannende Entwicklungen in den kommenden Jahren hoffen lassen. Dazu wird sicher auch die knappe Ressource Wohnraum beitragen.

10.2 Persönliche Hilfen in Wohnungen

Bei diesen Maßnahmen handelt es sich um einen Arbeitsansatz, der Hilfe unter weitgehend normalen Wohn- und Lebensverhältnissen anbieten will. Er geht mit der verstärkten Ambulantisierung stationärer Hilfen und einer erkennbaren Auflösung kommunaler Obdachlosenunterkünfte einher. Unstrittig ist die Notwendigkeit persönlicher Hilfen im Anschluss an die erfolgte Sicherung eines bestehenden Wohnverhältnisses und bei der Reintegration in ein Normalwohnverhältnis. In diesen Angebotsstrukturen werden Menschen in Wohnungen durch ambulante Dienste betreut, was von der Beratung in privaten und behördlichen Angelegenheiten bis hin zum weiten Spektrum des Alltagstrainings reichen kann. Das Angebot „ambulant betreutes Wohnen" wurde in den vergangenen Jahren vermehrt konzeptionell bearbeitet und gerade für Studierende der Sozialen Arbeit stellt es potenziell ein zentrales, künftiges Handlungs- und Arbeitsfeld dar, da dort mit der Weiterentwicklung zusätzliches Personal erforderlich wird.

Mittlerweile hat sich eine Vielzahl unterschiedlicher Ansätze persönlicher Hilfen in Wohnungen herausgebildet: Vollstationäre Einrichtung, Betreutes Wohnen in der Einrichtung oder in einer Wohngruppe, Betreutes Wohnen in Individualwohnraum. Diese kommen sowohl zu unterschiedlichen Zeitpunkten und in verschiedenartiger Ausgestaltung zum Einsatz: als Prävention, nach einer ambulanten oder stationären Betreuung, von der kommunalen Obdachlosenhilfe bis zur Wohnungslosenhilfe. Sie tauchen dabei in völlig differierenden Konzepten und Begrifflichkeiten auf wie „dezentrales stationäres Wohnen", „betreutes Übergangswohnen", „Trainingswohnen", „ambulant betreutes Wohnen", „nachgehende Hilfe" oder auch „begleitetes Wohnen". Auch der Ansatz des „Housing first" muss hier genannt werden, der in den kommenden Jahren an Bedeutung gewinnen dürfte.

Es ist nicht einfach, diese – historisch gesehen – junge Form der persönlichen Hilfen gegenüber „klassischen" Konzepten stationärer Einrichtungen oder ambulanter Beratungsangebote abzugrenzen, sie sind mitunter beides zugleich: eine neue Form der stationären Einrichtung, die sich in Wohngruppen und Wohnungen dezentralisiert, und eine Form der ambulanten Beratung. Es ist allerdings unerheblich, ob es sich formal um ambulante, teilstationäre oder stationäre Hilfen handelt, wesentlich ist vielmehr der Charakter dieser Maßnahmen: Essentiell ist dabei, dass es sich immer um Menschen handeln muss, die von Wohnungslosigkeit betroffen oder bedroht sind. Auch muss die Hilfe eine planvolle und zielgerichtete Einzelfallhilfe sein. Die aufsuchende Hilfe in Form von Betreuung in der eigenen Wohnung sollte in der Konzeption verankert sein, dementsprechend sind reine Komm-Strukturen zu vermeiden. Ort der Maßnahmen sind die Wohnungen, im Fall von Gruppenwohnen ist entscheidend, dass jeder oder jede über ein eigenes Zimmer verfügt.

In vielfältiger Form hat sich auch ein so genanntes *„Probewohnen“* etabliert, das ein „sanftes Gleiten“ aus der stationären Einrichtung oder vorliegender akuter Wohnungslosigkeit in eine Wohnung ermöglichen soll. Zunächst ändert sich nur die Wohnform, mit der Zeit kann dann der nächste Schritt getan werden: Umzug in eine Wohnung mit Mietvertrag, ein selbständiges Wohnen also. Es kann aber auch eine Zurückverlegung in die Stammeinrichtung erfolgen, wenn selbständiges Wohnen nicht oder noch nicht möglich ist. Manche Träger haben ein eigenes Wohnraummanagement eingerichtet, mit dem sie die Integration ihrer Klientel in Normalwohnen betreiben. Hierfür gibt es Wohnungen, die um die Einrichtung herum angemietet werden oder sich im Eigentum des Trägers befinden.

Allerdings werden weiterhin niedrigschwellige Wohnangebote benötigt, so genannte *„Sub-Standard-Wohnungen“*. Dies sind „Nischen“ auf dem Wohnungsmarkt für Menschen, bei denen für lange Zeit noch mit erheblichen Problemen auf dem Weg zur Rolle eines Mieters zu rechnen ist, die von der regelmäßigen Zahlung bis zum Verhalten reichen können. In diesen Fällen ist es hilfreich, wenn der Hilfeanbieter auch der (gemeinnützige) Vermieter ist.

Wohnhilfen stehen allerdings immer vor zwei grundsätzlichen Problemen. Es ist einerseits unklar, ob das Methodeninventar der Wohnungslosenhilfe für die Unterstützung im Wohnraum wirklich ausreichend ist, da vormals Wohnungslose bei einem längeren Aufenthalt in stationären Einrichtungen sozialisierenden Wirkungen ausgesetzt sind, die einer Stabilisierung im eigenen Wohnraum entgegenstehen können. Andererseits sind sie insbesondere in Ballungsräumen mit zunehmendem Wohnraummangel und steigender Konkurrenz um preiswerte Wohnungen konfrontiert, der die Realisierung der Hilfen enorm erschwert, teils fast unmöglich macht. Dieses infrastrukturelle Problem kann Wohnungslosenhilfe nicht selbst lösen.

10.3 Arbeitshilfen

Bei der Betrachtung von Arbeitshilfen sollte nicht die Illusion aufkommen, dass eine Integration in den ersten Arbeitsmarkt in relevantem Umfang möglich ist. Wesentlich ist vielmehr, die Betroffenen auch in diesem Bereich an die Standards der Gesellschaft heran zu führen und ihnen einen *Anschluss an Arbeitsprozesse* zu ermöglichen, die nicht unbedingt im ersten Arbeitsmarkt liegen müssen. Die Ziele von speziellen Arbeitshilfen für Wohnungslose liegen deshalb in:

- einer Angebotserweiterung im ambulanten und im stationären Bereich, vor allem auch hinsichtlich sozialversicherungspflichtiger Beschäftigung;
- der Vermittlung von Basiskenntnissen und Qualifizierung in Grundarbeitsmethoden;
- der Ausgestaltung und Begleitung von Arbeitsplätzen auf dem Zweiten Arbeitsmarkt bis hin zum Ein-Euro-Job;
- der Vermittlung von Praktika;
- Maßnahmen, die eine Verbindung und Durchlässigkeit zum ersten Arbeitsmarkt herstellen, durch Ausbildung, Heranführung an Maßnahmen der Arbeitsagentur bis hin zur Vermittlung von regulären Beschäftigungsverhältnissen.

Die Einführung des SGB II hatte zur Folge, dass Agenturen für Arbeit, kommunale und freie Träger der Wohnungslosenhilfe bei Maßnahmen zur Integration in das Erwerbsleben intensiver kooperieren müssen. Die Einrichtungen der Wohnungslosenhilfe verfügen über Kompetenzen, die unmittelbare Not wohnungsloser Menschen durch kurzfristige Unterkunftsmöglichkeiten oder auch durch die Verhinderung eines drohenden Wohnungsverlustes zu lindern.

In enger Abstimmung der Hilfen ergibt sich zudem ein möglicher Ablauf von Maßnahmen der Wohnungslosenhilfe, die *Hilfen zur Arbeitsintegration nach SGB II* unterstützen. Das reicht von der Sicherstellung einer gesundheitlichen Versorgung über die Beschaffung erforderlicher Papiere bis hin zur Hilfe im Umgang mit Ämtern. Derartiges kann als Clearing-Prozess im Rahmen des Fallmanagements fest institutionalisiert werden. Hierfür sind mit dem jeweiligen Träger der Leistungen nach SGB II Vereinbarungen anzustreben, auf deren Grundlage die Kooperation verbindlich abgestimmt werden kann. Schließlich kann die Wohnungslosenhilfe in enger Abstimmung mit den Agenturen für Arbeit auch ihre tagesstrukturierenden Angebote über den bisherigen Adressatenkreis hinaus öffnen. Wichtig zu wissen ist dabei, dass Leistungen zur Arbeitsintegration gemäß SGB II sogenannte „Kann"-Leistungen sind, auf die kein einklagbarer Rechtsanspruch besteht. Deshalb sei an dieser Stelle auf § 5 DVO i. V. §§ 67 ff. SGB XII verwiesen, auf die ggf. ein einklagbarer Rechtsanspruch besteht (vgl. Güntner/Sartorius/Simon 2013, S. 51 ff.).

Exkurs XIII: Zur „neuen" Arbeitsmarktpolitik im Kontext des SGB II

Eine Fülle an arbeitsmarktpolitischen Änderungen hat mit dem SGB II Einzug gehalten. Sie lösten einander in rascher Folge mit den häufigen Veränderungen des

SGB II ab. Stand anfangs der Anspruch des „Fordern und Förderns“ im Fokus des Gesetzgebers, so verschob sich dieser Anspruch in der Praxis nach und nach zum bloßen „Fordern“. Als Folge der Sparpolitik der Bundesregierung in Verbindung mit der sogenannten *Instrumentenreform*, die zum 01.04.2012 in Kraft trat, sind die Chancen am Arbeitsmarkt für besonders benachteiligte, langzeitarbeitslose Menschen nochmals schlechter geworden. 2014 wurde jeder siebte Euro aus dem Budget für arbeitsmarktpolitische Maßnahmen bei Hartz-IV-Empfängern in das Verwaltungsbudget der Jobcenter umgeschichtet. Manche Jobcenter bedienen sich inzwischen (2015) bei bis zu zwei Dritteln der Fördergelder mittels Umschichtung aus dem Eingliederungs- in den Verwaltungsetat, weil ihre Verwaltungshaushalte zu knapp bemessen sind. Es scheint so, als fände sich auch die gegenwärtige Arbeitsmarktpolitik faktisch mit der Zweitklassigkeit Deutschlands im Konzert der europäischen Länder ab, indem sie Langzeitarbeitslosigkeit als gegeben akzeptiert. Seit Jahren stagniert die Zahl der Langzeitarbeitslosen in Deutschland bei etwa einer Million. Das dafür vorgesehene Budget im Eingliederungstitel des SGB II ist von 6,4 MRD € im Jahr 2008 auf klägliche 3,3 MRD € im Jahr 2013 gesunken und hat sich 2014 bei 3,55 MRD € stabilisiert. Dies gibt beredtes Zeugnis von den Misserfolgen einer langen Reihe zuständiger Minister/innen und einer im Hinblick auf am Arbeitsmarkt langzeitig ausgegrenzte Personen gescheiterte Politik.

In der Fachöffentlichkeit hat diese Entwicklung zu intensiven Debatten und immer wieder vorgetragenen Forderungen nach öffentlich geförderter Beschäftigung für spezifische Zielgruppen geführt.

Der häufig zu hörende Verweis auf die segensreichen Wirkungen des 2015 eingeführten Mindestlohngesetzes ist durchaus richtig – nur hilft es keinem einzigen Menschen ohne Arbeit, dass er/sie theoretisch mehr verdienen würde, so er/sie denn Arbeit hätte. Was fehlt, sind entschlossene und nachhaltige Hilfen für die mehr als eine Million langzeitarbeitslosen Menschen, deren Perspektive auf einen Arbeitsplatz sich mit jedem Tag weiter verschlechtert. Die Bemühungen der gegenwärtigen Bundesarbeitsministerin sind sicher gut gemeint. Aber mit einer geplanten Zahl von bis zu 33 000 aus dem ESF-finanzierten und weiteren 10 000 Maßnahmeplätzen – ohne individuellen Rechtsanspruch und ohne echte Mittelaufstockung seitens des BMAS – bleibt die aktuelle Arbeitsmarktpolitik weit hinter den Erfordernissen zurück (vgl. Bundestagsdrucksache 18/3144, Ausschussdrucksache 18/(11)234). Treffend analysiert der DGB die prekäre Lage und fasst damit zusammen, was nüchterne Bilanz in Sachen Arbeitsmarktchancen für Menschen in Langzeitarbeitslosigkeit ist: „Im Jahr 2014 war die Chance eines Übergangs in Beschäftigung auf dem regulären Arbeitsmarkt für einen Arbeitslosen ohne Abschluss im Hartz-IV-System zuletzt fünf Mal geringer als für einen Arbeitslosen mit Berufsabschluss aus dem Versicherungssystem“ (vgl. DGB 2015).

Faktische Einführung einer Arbeitspflicht für erwerbsfähige Hilfebedürftige
Eine wesentliche Festlegung im SGB II war, dass erwerbsfähige leistungsberechtigte Personen aktiv an allen Maßnahmen zu ihrer Eingliederung in Arbeit mitwirken, insbesondere eine Eingliederungsvereinbarung abschließen müssen. Wenn eine Erwerbstätigkeit auf dem allgemeinen Arbeitsmarkt in absehbarer Zeit nicht möglich ist, hat die erwerbsfähige leistungsberechtigte Person eine ihr angebotene zumutbare Arbeitsgelegenheit zu übernehmen. Im Klartext bedeutet dies: Allen ist dem Grunde nach jede Arbeit zuzumuten (§ 10 Abs. 1 ff. SGB II). Es gibt im SGB II de facto keinen Berufsschutz. Auf Verlangen des Leistungsträgers ist jede noch so niederwertige und niedrigvergütete Tätigkeit anzunehmen. Wird dies abgelehnt, droht Sanktionierung (§ 31 ff. SGB II). Somit ist faktisch eine Arbeitspflicht unter der Überschrift: „Jeder Person ist jede Arbeit zumutbar" entstanden. „Nur der willige Arbeitsfähige ist ein „würdiger" Armer, während die anderen aus Gründen der Ökonomie und einer damit verbundenen Sozial(un)moral zur Arbeit getrieben wurden, wozu noch bis 1969 die Einweisung in ein Arbeitshaus gesetzlich möglich war" (vgl. Welti NDV 2005, S. 426 f. in: Münder 2011, S. 201; zitiert aus Sartorius/Weth 2016, S. 73 ff.).

Neue Ansätze auf der Basis von § 16i SGB II
Im Herbst 2017, fünf Jahre nach Abschaffung des Beschäftigungszuschusses, griff die Koalition aus CDU/CSU und SPD die Idee eines Sozialen Arbeitsmarktes in veränderter Form wieder auf und schuf mit dem neuen § 16i SGB II „Teilhabe am Arbeitsmarkt" die Möglichkeit, „arbeitsmarktferne" Erwerbslose über einen Zeitraum von fünf Jahren mit einem großzügig bemessenen Lohnkostenzuschuss zu fördern. Neben dem Lohnkostenzuschuss, der in den ersten beiden Jahren 100 Prozent beträgt und in den folgenden drei Jahren jährlich um zehn Prozentpunkte abgeschmolzen wird, gehören ein umfassendes Coaching und Qualifizierungsmöglichkeiten zum Förderpaket. Eine Beschäftigung ist grundsätzlich bei allen Arbeitgebern möglich. Die Zugangsvoraussetzungen sind allerdings restriktiv: In der Regel müssen geförderte Personen innerhalb von sieben Jahren sechs Jahre lang SGB-II-Leistungen bezogen haben und dürfen in diesem Zeitraum nur in geringem Umfang erwerbstätig gewesen sein.

Wie ist die Maßnahme „Teilhabe am Arbeitsmarkt" vorab zu bewerten? Das Risiko einer Positivauslese – der Gefahr also, dass Personen gefördert werden, die gar keine Förderung brauchen – erscheint insgesamt gering. Denn die gesetzlichen Förderkriterien sind sehr restriktiv ausgestaltet. Die Leistung wird nur solchen Personen gewährt, die lange im Leistungsbezug waren und in dieser Zeit kaum gearbeitet haben. Damit ist im Großen und Ganzen sichergestellt, dass nur sehr „arbeitsmarktferne" Personen infrage kommen. Allerdings enthält das Gesetz einige Regelungen, die diesem Anspruch nicht gänzlich genügen. Dies gilt beispielsweise für Personen, die in den letzten fünf Jahren Arbeitslosengeld II bezogen haben und in deren Bedarfsgemeinschaft wenigstens ein minderjähriges Kind lebt. Hier liegt also nicht unbedingt ein individuelles Vermittlungshemmnis vor. Auch die niedrige Altersuntergrenze von 25 Jahren könnte dazu führen, dass Personen gefördert werden, bei denen andere Maßnahmen, insbesondere zur Qualifizierung, sinnvoller gewesen wären. Schließlich könnte die degressive Ausgestaltung der Förderung bei Arbeitgebern die Erwartung an eine Steigerung der Beschäftigungsfähigkeit wecken. Dies wiederum könnte eine Tendenz zur Positivauslese begünstigen. Auf der anderen Seite sind manche Personen zunächst von einer Förderung ausgeschlossen, obwohl sie etwa wegen eines schweren Unfalls oder einer schweren Krankheit keine Chance mehr auf ungeförderte Beschäftigung haben. Hier wäre zumindest eine Härtefallregelung sinnvoll gewesen (www.iab-forum.de, Zugriff vom 01.05.2020).

Im ersten Jahr nach Inkrafttreten erhielten rund 34 000 Personen eine geförderte Arbeitsstelle nach § 16i SGB II. Das Novum des Instruments: Anders als bei vorherigen Varianten der öffentlich geförderten Beschäftigung entfällt die Prüfung der Gemeinwohlorientierung, der Zusätzlichkeit und der Wettbewerbsneutralität. Dadurch sollen gleichermaßen private, öffentliche und gemeinwohlorientierte Arbeitgeber beteiligt und Übergänge in ungeförderte Beschäftigung erleichtert werden (www.o-ton-arbeitsmarkt.de, Zugriff vom 27.04.2020).

10.4 Medizinische Hilfen

In der Wohnungslosenhilfe haben sich in den zurückliegenden Jahren neben der medizinischen Hilfe in stationären Einrichtungen eine grundlegende Debatte und eine Praxis zur medizinischen Versorgung wohnungsloser Menschen entwickelt, die sich eng an die sozialpolitische Auseinandersetzung um Armut und Gesundheit anlehnt und davon geprägt wird (Trabert 2010). Sichtbar wurde dies in der Gründung einer eigenen „AG medizinische Versorgung" auf Bundesebene. Anstöße hierzu kamen von Gesundheitsämtern, von Ärzten, Einzelpersonen und von Mitarbeitern der Wohnungslosenhilfe.

Neben niedrigschwelligen medizinischen Projekten, die Wohnungslose direkt auf der Straße aufsuchen, gibt es eine Fülle von *Kooperationen* mit niedergelassenen Ärzten, mit Pflegediensten und Kliniken, um die Versorgung der Klientel sicher zu stellen und zu verbessern. Dabei werden unterschiedliche Organisationsformen, eine differierende und mitunter auch komplizierte finanzielle Absicherung und stark voneinander abweichende Ausstattungen und Trägerformen sichtbar (Rosenke 2005). Diese Projekte sind vor allem in Großstädten vorhanden, von einem flächendeckenden Angebot kann noch immer nicht ausgegangen werden. Trotz dieser Versorgung hat sich die gesundheitliche Situation der Wohnungslosen mit dem 2004 in Kraft getretenen Gesundheitsmodernisierungsgesetz verschlechtert.

In der Praxis kommt es zu einer Kooperation mit niedergelassenen Ärzten und Pflegediensten. Die Behandlung findet in Praxen oder Einrichtungen der Wohnungslosenhilfe statt. Mit rund zwei Dutzend Behandlungsbussen werden Wohnungslose an ihren Aufenthaltsorten versorgt. Die Finanzierung der Projekte erfolgt dabei über die örtlichen und überörtlichen Träger, aus Mitteln der Verbände der freien Wohlfahrtspflege, des Landes, des Bundes oder auch der EU, durch Spenden und über Krankenscheinabrechnungen. Letztlich ist die Finanzierung immer fragil, sie ist vor allem von den Ressourcen vor Ort abhängig.

Die Zielstellung dieser Projekte ist dabei klar: Durch niedrigschwellige Angebote soll Wohnungslosen, die üblicherweise größere Probleme mit Arztpraxen und Kliniken haben und diese aus diesem Grund kaum aufsuchen, der Zugang zu einer medizinischen Versorgung erleichtert werden. Das Spektrum reicht dabei von medizinischer Beratung in den Einrichtungen über sanitäre Hilfen zur Vorbereitung auf eine medizinische Behandlung bis zur eigenständigen Akutversorgung durch Ärzte.

Ein niedrigschwellig angelegtes medizinisches Versorgungskonzept, das vor allem in Städten initiiert wurde, zeigt sich in vielen Projekten, die aufsuchende Hilfe auf Straßen und Plätzen leisten, oftmals unterstützt durch die schon erwähnten Behandlungsbusse. Niedrigschwellig meint dabei, „dass an den Treffpunkten bzw. institutionellen Einrichtungen, an denen sich Betroffene in der Regel aufhalten (soziale Beratungsstellen, soziale Brennpunkte, Wohngebiete usw.) ein Versorgungsangebot installiert wird, eingebettet in ein interdisziplinär angelegtes Versorgungskonzept (Sozialarbeit und Medizin – Case Management)" (Trabert 2010, S. 103). Aus der Komm-Struktur (Patient geht zum Arzt) wird eine Gehstruktur (Arzt geht zum Patient). Die Zielstellung dieser aufsuchenden Hilfe ist die ärztliche Versorgung behandlungsbedürftiger Wohnungsloser auf der Straße, bzw. in ihren „Unterkünften" und deren Heranführung an das Regelversorgungssystem.

Dabei wird eine enge Kooperation mit Einrichtungen der Wohnungslosenhilfe angestrebt, die oftmals dieselben Personen erreichen. In manchen Fällen haben sich Mischformen stationärer und aufsuchender Hilfen entwickelt. Hierfür wurde schon 2003 von der BAGW in einem Positionspapier zur Sicherstellung der medizinischen Versorgung wohnungsloser Männer und Frauen ein „gestuftes Behandlungsmodell" vorgeschlagen:

- Straßenbesuche,
- Einsätze einer fahrbaren Ambulanz,

- Sprechstunden in Einrichtungen der Wohnungslosenhilfe,
- Behandlungen in Krankenwohnungen und Krankenpflegestationen,
- Kooperationen mit Partnern im Regelversorgungssystem.

Krankenwohnungen und Krankenpflegestationen wurden für Wohnungslose mit einem Bedarf an häuslicher Krankenpflege, extremen Abhängigkeitserkrankungen, auffälligen psychischen Beeinträchtigungen oder mit einer Kombination aller Beeinträchtigungen eingerichtet. Die Ziele des Aufenthaltes liegen in der Wiederherstellung der Gesundheit, einer Milderung bzw. einer Verhütung von Verschlimmerung der krankheitsbedingten Beeinträchtigungen. Für die Betroffenen muss eine Hilfe nach § 67 SGB XII angezeigt sein, die aber wegen der gesundheitlichen Schwierigkeiten bisher nicht wirklich eingeleitet werden konnte. In den Wohnungen und Stationen können diese Menschen für eine begrenzte Zeit stationär betreut werden, um die Heilungschancen zu verbessern, eine übliche stationäre oder ambulante Hilfe erweist sich als nicht ausreichend, auch darf eine Krankenhausbehandlung nicht erforderlich sein. Die Kosten können von ärztlich verordneter Behandlungspflege der Krankenkassen oder vom Sozialamt übernommen werden. Die medizinische Betreuung selbst wird dann meist auf der Basis von Stundensätzen durch einen niedergelassenen Arzt oder einen Krankenpflegedienst erbracht.

Diese medizinischen Projekte bergen allerdings die Gefahr einer Duplizierung von Hilfen in sich, die zur Herausbildung von Sonderbedingungen für Wohnungslose führen. Das mag im Einzelfall sicherlich begründbar und wesentlich zur Erreichung des Hilfeziels sein, generell muss aber eine *Anbindung des Wohnungslosen an die Regelversorgung* mit eigener Krankenversicherungskarte erreicht werden. Deshalb sind zunächst einmal Formen der Zusammenarbeit der medizinischen Hilfen mit Beratungsstellen, Notübernachtungen und stationären Einrichtungen erforderlich. Auch hier bietet sich Case Management an, um die Koordination aller Hilfen in einer Hand zu gewährleisten, den Wohnungslosen durch die Nutzung der medizinischen Versorgung zu leiten und die notwendige Behandlung zu steuern. Diese Aufgaben sollten bei den Mitarbeitern ambulanter Beratungsstellen angesiedelt sein oder von Sozialarbeitern stationärer Einrichtungen übernommen werden. Diese sind mit den Problemen des Wohnungslosen am besten vertraut, haben Kontakte zu Kliniken, Ärzten und Pflegediensten und können mit dem Betroffenen Beratungspläne erarbeiten.

Darüber hinaus muss die medizinische Hilfe Bestandteil weiterführender Hilfen sein, die der Entwicklung von Lebensperspektiven dienen, wodurch gesundheitsförderndes Verhalten erst entwickelt und nachhaltig beeinflusst werden kann. Eine nur kurzfristige Linderung körperlicher Beschwerden, so wichtig diese auch sein mag, ergibt nicht wirklich Sinn, wenn die Menschen anschließend wieder unter Bedingungen leben müssen, die erzielte Wirkungen zunichtemachen.

Die hier vorgestellten Hilfen sind allerdings gefährdet: durch die Gesundheitsreformen, die gerade durch Eigenzahlungen und Zuzahlungen zu Lasten der Armen gehen; durch eine bürokratische Umsetzung, die eine Gesundheitsversorgung immer schwieriger werden lässt; durch die Einführung von Hartz IV, die eine Versorgung Wohnungsloser erschwerte, indem das Prozedere zunehmend undurchschaubarer wird (Trabert 2010). Trabert resümiert (ebenda): „Wohnungslose Menschen werden nicht mehr behandelt, sie erhalten kaum noch Medikamente oder gehen gar nicht mehr zur Behandlung. Umso wichtiger werden niedrigschwellige Projekte."

Positiv zu würdigen ist, dass durch Rechtsentwicklung des § 37 SGB V häusliche Krankenpflege leichter erschließbar wurde, indem der Haushaltsbegriff nun weiter gefasst wird. Konkret bedeutet dies, dass Menschen in den unterschiedlichen Wohnformen der Wohnungslosenhilfe auch Hilfe ambulanter Pflegedienste in Anspruch nehmen können. Ein wichtiger Baustein z. B. für Menschen mit einem vorübergehenden Bedarf an Behandlungspflege wurde damit erschließbar.

10.5 Hilfen für wohnungslose alte Menschen

Angesichts einer steigenden Nachfrage nach Pflegeplätzen für Menschen mit einer schwierigen Lebensgeschichte, die teils lange in Einrichtungen der Wohnungslosenhilfe gelebt haben, teils zurückgezogen in Individualwohnraum lebten, bis „nichts mehr ging" und ausgeprägte soziale Schwierigkeiten bis hin zu chronischem Alkoholabusus aufweisen, ist das Leistungsangebot der traditionellen Altenhilfe überfordert. Somit entstand ein wachsender Bedarf an Einrichtungen, die spezielle Angebote für alt gewordene Wohnungslose aufbauen. Dies können Abteilungen in Pflegeheimen sein, es gibt für diese Klientel auch eigene Heime bzw. Abteilungen in stationären Einrichtungen. Letzteres erweist sich als vorteilhaft, da sich das Zusammenleben von ehemals wohnungslosen Menschen mit Altenheimbewohnern gutbürgerlicher Herkunft doch mitunter schwierig und kompliziert gestaltet.

Dabei sind Ghettobildungen zu vermeiden. Der Übergang muss als *schrittweise Integration* gestaltet werden. Auch für wohnungslose ältere Menschen gilt, dass die Durchlässigkeit zum Leben in anderen Wohnbereichen und Wohnformen gewährleistet sein muss. So können auch in eigens eingerichteten Heimen Bereiche eingeführt werden, in denen Begegnungen mit der sonstigen Bevölkerung ermöglicht werden. Das können Kaffeenachmittage, Film- oder Theateraufführungen sowie Weihnachtsbasare sein, Ereignisse eben, die Menschen zusammenführen. Auch im Pflegebereich sollte das Ziel der Hilfe in einer weitgehenden Normalisierung liegen. Darin muss auch die Möglichkeit enthalten sein, dass vormals wohnungslose Menschen doch noch in ein normales Pflegeheim umziehen.

Viele der Hilfesuchenden sind deutlich vorgealtert und benötigen eine besondere Assistenz, die aber unterhalb der Pflegegrade des SGB XI liegt. Es sind dabei die folgenden Lebensbereiche, die einer zusätzlichen therapeutischen und sozialarbeiterischen Begleitung bedürfen:

- Gesundheit,
- Alltagsbewältigung,
- Tagesgestaltung,
- soziale Beziehungen,
- psychosoziale Unterstützung,
- ggf. seelsorgerliche Begleitung,
- Sterbebegleitung.

Für diese Aufgaben sind auch unterhalb der Altenhilfe spezielle personelle und räumliche Ausstattungen erforderlich, die es bei großen Trägern bereits gibt oder durch Vernetzung zu erschließen sind. Das reicht von der Sozialarbeit über die Pflege bis hin zur Hauswirtschaft, die Teil der Gesamtversorgung wird und vom Einzelzimmer zum Altenpflegezimmer bis hin zu entsprechenden Freizeiteinrichtungen. In den Heimen werden somit Notrufsysteme erforderlich, sanitäre Anlagen müssen sicher und auch für alle begehbar sein, auch müssen Sitzbadewannen und Sitzduschen vorhanden sein. Erforderlich ist Barrierefreiheit, damit Rollstuhlfahrer sich ungehindert bewegen können.

An dieser Stelle muss darauf hingewiesen werden, dass mit einer Reihe örtlicher Kostenträger Probleme bei der Finanzierung von pflegerischen Hilfen für alt gewordene (vormals) wohnungslose Menschen bestehen. Die 2017 eingeführten Pflegestärkungsgesetze haben lediglich zu geringen zu Verbesserungen geführt.

Ein weiteres, ungelöstes Problem besteht darin, dass in Pflegeeinrichtungen im Sinne des SGB XI die Notwendigkeit qualifizierter Sozialarbeit i. d. R. negiert und deshalb dem Leistungserbringer nicht vergütet wird. Aber es wäre naiv anzunehmen, dass mit Eintritt von Pflegebedürftigkeit die aus der Lebenslage Wohnungslosigkeit resultierenden sozialen Schwierigkeiten plötzlich unerheblich oder gar verschwunden seien.

10.6 Migration und Wohnungslosigkeit

Das Thema Migration hat in den letzten Jahren auch in der Wohnungslosenhilfe eine größere Beachtung gefunden (Jordan 2011). Seit einiger Zeit registriert das Hilfesystem nämlich die Zunahme von Migranten in den Einrichtungen (bereits Rosenke 2003; Davier 2010; Jordan 2011). Durch die 2015/2016 stark angestiegenen Migrationsbewegungen nach Deutschland erfolgte eine weitere Zunahme, die vor allem im großstädtischen Raum spürbar wurde. Dennoch bleiben Zahlen ungenau, da es auch hier keine genaue Statistik hierzu gibt, die aber dringend erforderlich scheint.

Daraus resultiert eine Fülle fachlicher und rechtlicher Fragestellungen. Grundsätzlich gilt, dass der Anspruch auf Leistungen nach §§ 67 ff. SGB XII vom ausländerrechtlichen Status abhängig ist. EU-Bürger/innen, von denen in den letzten Jahren viele von Beitrittsstaaten aus Osteuropa kommen, haben es nach wie vor schwer, erforderliche Hilfen zu erhalten. „Die EuGH-Rechtsprechung wird nicht ausreichend berücksichtigt“ (Schwaiger, Halatschew in Gillich u. a. 2019, S. 88). Als eine Seite der Flüchtlingspolitik wurden noch 2016 einige Ausländer- und Sozialrechtsbestimmungen innerhalb kurzer Zeit teils erheblich verschärft, etwa durch das „Gesetz zur Regelung von Ansprüchen ausländischer Personen in der Grundsicherung für Arbeitsuchende nach dem SGB II und in der Sozialhilfe nach dem SGB XII“, auch „Unionsbürgerausschlussgesetz“ genannt. In den Einrichtungen leben Migranten, die einen Hilfeanspruch legal in Anspruch nehmen können, also im Rahmen des § 67 SGB XII Betreuung erhalten. Es gibt aber auch jene, die über „keinen legalisierten Anspruch“ verfügen, dies können Menschen mit einem geregelten Aufenthaltsstatus sein, aber auch Illegale ohne gültige Papiere. Alle drei Gruppen sind im Hilfesystem anzutreffen. Allerdings halten sich Menschen ohne einen Anspruch auf Hilfe nicht in stationären Einrichtungen oder in Angeboten des betreuten Wohnens auf, sondern in Beratungsstellen, Tagesaufenthalten, Notübernachtungen oder in den medizinischen Diensten der Wohnungslosenhilfe. In der Praxis zeichnet sich immer deutlicher eine absolute Verarmung und Verelendung bei Unionsbürgern und geflüchteten Menschen aus Drittstaaten ab, die je nach Status keinen oder keinen ausreichenden Zugang zu Hilfen haben – mit fatalen Folgen für die betroffenen Menschen und neuen Herausforderungen für die Hilfepraxis. Damit kann sich menschenrechtsbasierte Soziale Arbeit nicht abfinden. Diese Problemlagen gehören zu den drängendsten, auch im Kontext der ausländerrechtlichen Debatten, wie sie von Rechtspopulisten zunehmend vom Zaun gebrochen werden, um aus dem Leid der Geflüchteten politisches Kapital zu schlagen.

Die eigentlichen *Gründe* für das Aufsuchen der Einrichtungen sind jenseits der Migrationssituation, die einen völlig anderen rechtlichen und kulturellen

Kontext eröffnet, mit denen anderer Klientengruppen vergleichbar: Wohnungslosigkeit, Arbeitslosigkeit, ungesicherte Unterkünfte, gesundheitliche Schwierigkeiten, Trennung oder Scheidung sowie Suchtprobleme (Jordan 2011). Dazu kommen dann noch die vielfältigen *Integrationsprobleme*, die aus der Migrationssituation resultieren (Fager 2011). Die Menschen sind oftmals daran gescheitert, Anschluss an die deutsche Gesellschaft zu finden. Hinzu kommen fehlender Aufenthaltsstatus, Orientierungslosigkeit, Sprachprobleme und Schwierigkeiten mit Behörden. In Beratungsstellen begegnet man auch MigrantInnen, die eine Wohnung haben. Daraus resultieren besondere Bedarfe:

- Basisversorgung wie Bekleidung, Essen, Unterkunft, Möbel, Wohnung, Haushaltseinrichtung, medizinische Versorgung und Fahrscheine;
- Hilfe bei sprachlichen Verständigungsschwierigkeiten, Rechtsberatung, Begleitung bei Behördenbesuchen, Krankenhausaufenthalte;
- Unterstützung bei Arbeitgebern;
- Unterstützung hinsichtlich der Versorgung der Kinder.

Damit entsteht dem Hilfesystem ein Problem, manches kann zwar in ambulanten Beratungsstellen organisiert werden, doch weisen viele Einrichtungen kein spezielles Angebot für diese Klienten auf, sie müssen dann an andere Einrichtungen vermittelt werden. Ein ohnehin überfordertes Hilfesystem muss künftig stärker mit dem Auftreten dieser Personengruppen rechnen und sich darauf einstellen.

Die Wohnungslosenhilfe ist in der Arbeit mit Migranten sowohl Grundversorgung als auch Case Management und Schnittstelle zugleich (Jordan 2011). Als Querschnittsaufgabe bedarf sie einer interkulturellen Öffnung ihrer Dienste, einer Debatte über Interkulturalität sowie eines sehr differenzierten Umgangs mit dem mitunter sehr unterschiedlichen Rechtsstatus (Schneider 2011).

Menschen mit Migrationshintergrund bedürfen einer kultursensiblen Beratung und Betreuung, die nicht nur ihre eigene Situation versteht, sondern ihnen auch Regeln, Werte, Prozesse und Abläufe der Kultur, in der sie leben, und der Behörden, mit denen sie zu tun haben, erklärt und transparent macht. Das Verstehen von Abläufen schafft Orientierung und Sicherheit und fördert Integration. Eine notwendige interkulturelle Öffnung der Wohnungslosenhilfe bedarf des wertschätzenden Annehmens anderer Personen und der kulturell bedingten Hintergründe in der Beratung: „Eine Wohnungslosenhilfe, die sich diesen Anforderungen stellt, leistet einen Beitrag zur Integration und zur Bewältigung der damit verbundenen kulturellen, religiösen und sozialen Herausforderungen" (Davier 2010, S. 137).

10.7 Gemeinwesenarbeit in der Wohnungslosenhilfe

Sozialarbeit mit Wohnungslosen ist vorwiegend Einzelfallhilfe auf der Basis des Case Managements. Allerdings haben sich in den letzten 20 Jahren immer mehr Arbeitsansätze herausgebildet, die darüber hinausgehen und sich als Ansätze einer am Gemeinwesen orientierten Form professioneller Wohnungslosenhilfe beschreiben lassen (Gillich/Nieslony 2000; Junge 2003; Lutz 2004; Rothschuh 2010). Man kann es sogar so formulieren: „Die Wohnungslosenhilfe muss ihre Aufmerksamkeit notwendigerweise auf die Quartiere richten, in denen Probleme wachsen, in denen Armut, Arbeitslosigkeit, Perspektivlosigkeit, Wohnungsnot, Wohnungsverlust, Überschuldung etc. beheimatet sind" (Gillich 2010, S. 64). Und dies in doppelter Perspektive: zum einen hinsichtlich der Prävention und zum anderen hinsichtlich der Intervention. Das Hilfesystem ist auf dem Weg dorthin.

Neben aufsuchenden Hilfen und Straßensozialarbeit haben sich insbesondere im Bereich nachgehender Angebote Konzepte einer *stadtteilorientierten Hilfe* durchgesetzt, mittels derer vormals Wohnungslose in deren eigenen Wohnungen und in ihrem Stadtteil beraten werden und Hilfestellungen zur Orientierung und Verortung im Stadtteil erhalten. Diese Hilfe geht oftmals von Beratungsstellen oder stationären Einrichtungen aus. Darüber hinaus existieren eigens dafür konzipierte „Stadtteilläden", die aus nachgehenden Hilfen hervorgingen und mitunter aus kommunalen Haushalten finanziert werden. Ferner haben auch ambulante Beratungsstellen ihr Leistungsangebot in Richtung Stadtteil erweitert. Der Vorrang ambulanter vor stationärer Hilfe öffnet diesen Konzepten neue Möglichkeiten.

In der konkreten Arbeit geht es zunächst um die Initiierung und Begleitung eines Prozesses der Befähigung von Menschen, selbst organisiert zu leben und sich *Ressourcen im Stadtgebiet* zu erschließen. Doch die Betreuung der ehemaligen Wohnungslosen wäre für sich genommen noch keine Gemeinwesenarbeit. Es geht vor allem auch darum, *Strukturen und Koalitionen* zu bilden, die auf lange Sicht Wohnraumverluste verhindern und insofern neben nachgehenden Hilfen auch präventive Hilfen entwickeln oder gar verstärken. Hierfür ist nicht nur eine Sensibilisierung der im Stadtgebiet tätigen Akteure, von den Trägern Sozialer Arbeit bis hin zu Kirchengemeinden, nötig. Es können auch *Stadtteilkonferenzen* entstehen, die sich mit Möglichkeiten zur Verhinderung von Wohnraumverlusten befassen und Maßnahmen aufbauen.

Darüber hinaus können Feste im Stadtteil organisiert werden, in die ehemals Wohnungslose eingebunden werden. Die jeweilige Beratungsstelle oder der eigens eingerichtete Stadtteilladen kann zu einem Bürgertreffpunkt werden. Hier können Lesungen und Ausstellungen stattfinden, die Stadtteilgeschichte diskutiert und präsentiert werden, die Tafel ihre Lebensmittel verteilen und Infoveranstaltungen durchgeführt werden. Dies bringt die Hilfe für Wohnungslose und die ehemals Wohnungslosen den Menschen im Stadtgebiet näher. Eine neue Aufmerksamkeit für Mitmenschen kann wachsen.

Diese Form der Gemeinwesenarbeit kann insbesondere auch als eine Fortentwicklung des Konzeptes Zentraler Fachstellen verstanden werden, die sich dem lebensweltlichen Kontext des Wohnungsnotfalls öffnen. So werden weiter gehende Maßnahmen entwickelt, die bereits im Vorfeld drohende Wohnungsverluste verhindern und zugleich den jeweilig Betroffenen Beratung und Unterstützung anbieten. Gerade durch die Projekte des Programms *Soziale Stadt,* die in sozial schwierigen Stadtgebieten neue Entwicklungen in sozialer, kultureller und ökonomischer Hinsicht anstoßen wollten und hierzu Veränderungskoalitionen der Akteure – in Form von Runden Tischen, Stadtteilkonferenzen, Bürgerforen – im Stadtgebiet herstellen, haben sich auch Möglichkeiten für die Wohnungslosenhilfe eröffnet, präventiv, stadtteilorientiert und damit auch lebensweltbezogen zu arbeiten.

Michael Rothschuh (2010) hat darauf hingewiesen, dass Gemeinwesenarbeit Zielgruppen mit den „Anderen" verbindet und damit die am Rand, eben die Wohnungslosen, stärkt und mit „denen in der Mitte" vernetzt. Das steigert die Chance der Inklusion und der Teilhabe am gesellschaftlichen Leben und es vernetzt zudem mit anderen Initiativen, die sich für die Rechte der Ausgegrenzten stark machen – bis hin zur europäischen Ebene (FEANTSA).

Letzteres wird insofern von Bedeutung, da wir nicht mehr nur im lokalen Gemeinwesen leben und nur dort agieren. Soziale Räume sind nicht nur kulturelle Konstruktionen, die weit über den lokalen Ort hinausgehen, sie spannen sich zudem weit und werden von vielfältigen Einflüssen geprägt. So lässt sich das Gemeinwesen, in dem wir Konflikte und Solidarität (er)leben, räumlich nicht mehr eindeutig verankern. Dann aber kann sich Gemeinwesenarbeit nicht mehr nur auf den lokalen Raum begrenzen, sondern muss das „weite Gemeinwesen" im Blick haben, in dem die Konflikte der Menschen entstehen und Antworten erwarten (Rothschuh 2010, S. 72). Somit findet sie zunehmend auch auf nationaler und internationaler Ebene statt.

10.8 Vernetzung, Hilfeverbünde und Regionalisierung

Zu den Standards der Wohnungslosenhilfe, die ja traditionell isoliert in den jeweiligen Einrichtungen arbeitete, gehört eine stärkere regionale Vernetzung, was im Übrigen auch in den gesetzlichen Grundlagen der Hilfegewährung als Auftrag formuliert wird. Danach ist der verbundene Einsatz unterschiedlicher Hilfen anzustreben (Brenner 1994; Monzer 2000; Rosenke 2001). Diese Vernetzungsstrategie lässt sich auch damit begründen, dass es in der Arbeit mit wohnungslosen Menschen immer um den ganzen Menschen geht. Das Hilfeangebot muss so immer auf die Gesamtsituation des Menschen bezogen sein. Damit zusammen hängt auch die Vorstellung von Bedarfsgerechtigkeit. Hilfe ist immer und ausschließlich so anzubieten, dass sie dem Bedarf der in Notlagen geratenen Menschen gerecht wird und dabei dem Recht eines jeden Menschen auf Selbstbestimmung genügt. Das bedeutet, dass der Hilfesuchende immer Wahlmöglichkeiten haben muss. Folglich ist das Vorhandensein mehrerer erreichbarer Angebote erforderlich, an die verwiesen werden kann.

Eine moderne und gemeindenahe Wohnungslosenhilfe führt zu lokal sowie regional verorteten, fachlich differenzierten, miteinander kooperierenden und *vernetzten Einrichtungen* und ist soziokulturell in die Lebenswelt und damit in die Region eingebunden (siehe hierzu auch wohnungslos 3/2010). Darin können Zentrale Beratungsstellen die Rolle eines Moderators übernehmen (Szynka 2009). Der *Hilfeverbund* sollte als Leitbild für die künftige Ausgestaltung bedarfsgerechter Angebote gelten, wie es sich beispielhaft in der regionalen Vernetzung medizinischer Ambulanzen in der Region Rhein-Main-Saarland zeigt (Goetzens 2009).

Damit können in kürzester Zeit weit reichende und notwendige Hilfen bereitgestellt werden. In diesen Vernetzungsstrategien sind aber nicht nur Teile des Hilfesystems einzubinden, diese können auch auf Wohnungsbaugesellschaften und andere regionale Akteure bis hin zur Polizei ausgeweitet werden (Müller 2000). Dabei kann der ambulanten Beratungsstelle eine besondere Bedeutung zukommen, da sie fähig ist, das Hilfeangebot und die Hilfeprozesse zu steuern. Dies wird insbesondere auch durch den Vorrang der ambulanten Hilfe erforderlich.

Derartige Netzwerke in Form kommunaler und regionaler Hilfeverbünde haben sich in einigen Städten, aber auch in manchen ländlichen Regionen herausgebildet. Hilfenetzwerke hängen aneinander bzw. sie beziehen sich aufeinander. Dabei müssen die Einrichtungen nicht unbedingt zum gleichen Träger gehören. Es sollten aber *vertragliche Vereinbarungen* zur Zusammenarbeit bestehen, die diese verbindlich regeln und schnelle und unbürokratische Wege öffnen. Diese Kooperationen können dabei verschiedene Formen annehmen:

- Eine zielorientierte Straßensozialarbeit muss an eine ambulante Beratungsstelle angebunden sein, eine ambulante Beratungsstelle benötigt Kontakte und Kooperationen mit anderen Einrichtungen, mit teilstationären, stationären, mit medizinischen Hilfen, um für die Hilfenachfragenden adäquate Hilfen zu organisieren.
- Ein Tagestreff kann mit einer ambulanten Beratung sowie einer Zentralen Fachstelle vernetzt sein. Zum Netzwerk sollten Pensionen, Wohnangebote

von Einzelwohnungen bis zum betreuten Wohnen gehören, aber auch stationäre Einrichtungen, medizinische Hilfen und mögliche Krankenwohnungen bis hin zu Krankenhäusern, die behandlungsbedürftige Klienten aufnehmen.

- Das in stationären Einrichtungen gepflegte und zunehmend verbesserte „Innenleben" muss nach außen geöffnet werden. Die Bewohner müssen Kontakte zur Lebenswelt außerhalb der Einrichtung herstellen und entwickeln, um sich in der Region und nicht in der Einrichtung zu verorten. Erst das stellt weitgehende Normalisierung her und eröffnet die Chance einer sinnvollen und dauerhaften Integration in normales Wohnen.
- Es können insgesamt vielfältige Kooperationen mit Entgiftungseinrichtungen, mit Sucht- und Schuldenberatungsstellen, mit Behörden, Ärzten, mit Kliniken, mit Wohnungsbaugesellschaften, ja sogar mit regionalen Arbeitgebern und mit weiteren regionalen Akteuren eingegangen werden.
- Mit der Einführung des SGB II wurden die darin festgelegten Instrumente auf die Integration in Arbeit fokussiert. Bei Wohnungslosen bedarf es aber bei den Versuchen der Eingliederung in den Arbeitsmarkt einer intensiven Unterstützung durch Sozialarbeiter. Auch wird das Fallmanagement für diesen Personenkreis deutlich aufwändiger sein. Hier sind neue Kooperationen, sowohl im ambulanten als auch im stationären Bereich erforderlich, in denen die klassische Trennung – JobCenter für den Bereich Arbeit und Wohnungslosenhilfe für den Bereich Beratung – aufgehoben wird. Erste Ansätze in diese Richtung bestehen (Sonnenberg/Strodtmann 2010).

Im Gebiet einer Stadt oder eines ländlichen Gemeinwesens ist somit ein inhaltlich und strukturell vernetztes Hilfeangebot ambulanter und anderer Einrichtungen erforderlich, das sich sinnvoll verteilt und dazu führt, dass nicht alle Einrichtungen die gleichen Leistungen anbieten. Dieses Angebot kann mit unterschiedlichen Schwerpunkten von verschiedenen Trägern vorgehalten werden, die sich abstimmen und Kooperations- und Kommunikationswege ausarbeiten. So entsteht ein Netz von Hilfen, das eine starke Öffnung nach außen sowie eine regionale Orientierung hin zum Gemeinwesen und zur Lebenswelt aufweist.

Die jeweiligen Facheinrichtungen der Wohnungslosenhilfe, die in einem *regionalen Verbund* Leistungen anbieten, können sich dabei zunächst auf ihre Kernaufgaben konzentrieren: ambulante Beratung, niedrigschwellige Angebote, stationäre Maßnahmen, Betreuung psychisch Kranker. Sie können darüber hinaus aber noch weitere Aufgaben übernehmen, die aus einer Öffnung zum Gemeinwesen folgen.

Weitere zusätzliche und regional bezogene Leistungsangebote jenseits des Kerngeschäftes liegen:

- in einer koordinierten und verbesserten aufsuchenden Hilfe, die sich die Region in Zuständigkeitsbereiche aufteilt,
- in einer Vermittlung von Hilfesuchenden,
- in einer Beratung und Information der Bürger,
- in der engeren Zusammenarbeit mit Polizei, Ordnungsbehörden, Bürgerhäusern und anderen Akteuren im Stadtgebiet.

Der Vorteil regionaler Hilfeverbünde liegt in der Konzeption der Hilfe aus einer Hand. Mit der Öffnung zum Gemeinwesen können zudem die Örtlichkeiten und die Lebenswelten besser einbezogen und es können auch Ehrenamtliche, so auch die Tafeln, besser integriert werden. Die Wohnungslosenhilfe löst sich tendenziell aus ihrer Isolation und Sonderstellung und wird zu einer bürger- und gemeindenahen Hilfe, die in der Region präsent ist.

10.9 Straßenzeitungen

Die Idee der Straßenzeitungen stammt aus England, genauer aus London. Dort gab es schon länger unter dem Titel „Big Issue“ ein Projekt, in dem Obdachlose eine Zeitung erstellten und diese auf der Straße verkauften. Der Verkäufer konnte dabei einen Teil des Erlöses als Lohn behalten. Je mehr Exemplare er verkaufte, desto höher war sein Verdienst. Diese Projektidee begann Anfang der neunziger Jahre auch in der BRD Fuß zu fassen. Es begann 1992 in Köln mit dem „Bank-Express“, heute „Bank Extra“, 1993 starteten dann „BISS“ in München und „Hinz&Kunzt“ in Hamburg. Die letzteren lösten dann einen regelrechten Boom aus. Inzwischen gehören die Straßenzeitungen und die Wohnungslosen, die sie verkaufen, nicht nur zum Bild kleinerer und größerer Städte, sondern sind integraler Bestandteil des Hilfesystems geworden. Seit 1998 ermöglichen regelmäßige Treffen einen Erfahrungsaustausch und 2000 hat sich ein „Bundesverband regionaler Straßenzeitungen für Menschen in sozialer Not – soziale Straßenzeitungen – e. V.“ gegründet (Rosenke 2004).

Die Zeitungen werden auf unterschiedliche Weise produziert, immer aber sind Wohnungslose daran beteiligt. Es gibt Zeitungen, die von professionellen Redaktionen erstellt werden und lediglich von Wohnungslosen verkauft werden. Andere sind vollständig in der Hand von Wohnungslosen. Zwischen diesen beiden Extremformen gibt es viele Modelle, die Wohnungslose auf unterschiedlichen Ebenen einbinden. Immer aber werden sie von Wohnungslosen verkauft, wobei ein bestimmter Teil des Erlöses in der Hand des Verkäufers bleibt.

Straßenzeitungen unterscheiden sich stark nach Form und Inhalt, Anspruch und Organisationsprinzip, dennoch sind allen einige *Prinzipien* gemein:

- Sie wollen Hilfe zur Selbsthilfe leisten.
- Sie wollen nicht das Mitleid des Käufers, sondern dessen Interesse wecken.
- Sie stellen eine klare Alternative zum Betteln dar.
- Sie beteiligen Betroffene.
- Sie wollen eine Kommunikation zwischen wohnungslosen Menschen und der übrigen Bevölkerung herstellen und Vorurteile abbauen.
- Sie sind ein Beitrag zur Integration von scheinbar abweichenden Menschen in das Alltagsleben.

Somit sind die Zeitungen ein Angebot für Wohnungslose, die wieder Fuß fassen wollen und neue Perspektiven suchen, alte Fähigkeiten und Kompetenzen neu beleben möchten und sich einen Zusatzverdienst beschaffen wollen. Allerdings haben einige Sozialämter schon früh auf diesen Zusatzverdienst reagiert, indem sie ihn auf den Regelsatz anrechnen wollten. Die Auswirkungen des ALG II sind an dieser Stelle kontraproduktiv. Maßnahmeträger reagieren auf den Zuverdienst in unterschiedlicher Weise.

Vor allem in Großstädten ist eine Übersättigung des Marktes zu beobachten. Mit dem Ende des Wachstums kommt es zu Konkurrenzsituationen. Große, in der Regel von fest angestellten Journalisten erstellte Zeitungen machen auf der Suche nach neuen Absatzmöglichkeiten kleineren, in Selbsthilfe produzierten Projekten Konkurrenz. Aber auch die Selbsthilfeprojekte sehen sich nicht zur Rücksicht verpflichtet. So aber entstehen Rivalitäten um das bessere Konzept und auch unter Verkäuferinnen und Verkäufern. Sicherlich müssen sich auch Straßenzeitungen auf dem Markt behaupten, doch sie arbeiten auch gleichzeitig mit und für Menschen, die dieser Markt nicht mehr haben will. Diese Spannung ist unaufhebbar, aber sie muss berücksichtigt werden.

Übungsfragen

- Was sind die Aufgaben der Zentralen Fachstelle Wohnen?
- Wie sind „persönliche Hilfen" im Wohnraum ausgestaltet?
- Was ist unter „Probewohnen" zu verstehen?
- Was sind die Ziele von Arbeitshilfen?
- Wie sehen medizinische Hilfen für Wohnungslose aus und was sind ihre Probleme?
- Was sind die besonderen Bedarfe von wohnungslosen Migranten?
- Welche Möglichkeiten bietet der Einbezug von GWA in die Wohnungslosenhilfe?
- Wie kann die Zusammenarbeit mit den Jobcentern gestaltet werden?
- Was sind die Arbeitsprinzipien eines Hilfeverbundes?
- Wie entstanden Straßenzeitungen, wie arbeiten sie und welche Ziele werden damit verfolgt?

Vorschläge für das Selbststudium

- Wohnungsmarkt und Wohnungswirtschaft
- GWA, Stadtteilentwicklung und Sozialraumorientierung
- Migration und Integration
- Armut und Gesundheit
- Geschichte und Realität der Straßenzeitungen

Zum Weiterlesen

Deutscher Städtetag (Hrsg.): Sicherung der Wohnungsversorgung in Wohnnotfällen und Verbesserung der Lebensbedingungen in sozialen Brennpunkten. DST-Beiträge zur Sozialpolitik. 1987, Heft 21

Gillich, S.: Anmerkungen zu einer am Sozialraum orientierten Wohnungslosenhilfe, in: Gillich, S./Nagel, S.: Von der Armenhilfe zur Wohnungslosenhilfe – und zurück? Gründau-Rothenbergen 2010, S. 52–67

Junge, H.: Gemeinwesenarbeit in der Wohnungslosenhilfe, in: wohnungslos, 2/2003

Reichenbach, M.-T.: Solidarität oder Abgrenzung? – Konzeptionelle Überlegungen zur „Konkurrenz zwischen wohnungslosen und geflüchteten Menschen, in: wohnungslos 4/2016

Rosenke, W.: Medizinische Hilfen für wohnungslose Männer und Frauen, in: wohnungslos, 4/2005

Rothschuh, M: Gemeinwesenarbeit als Herausforderung für die Wohnungslosenhilfe, in: Gillich, S./Nagel, S.: Von der Armenhilfe zur Wohnungslosenhilfe – und zurück? Gründau-Rothenbergen 2010, S. 68–76

Simon, T.: Hilfen für wohnungslose alte Menschen, in: Blonski, H.: Die Vielfalt des Wohnens im Alter, Frankfurt/M. 2009

Kapitel 11
Geschlechtersensibilität im Hilfesystem: Hilfen für wohnungslose Frauen

■ In den zurückliegenden Jahren wurde im Hilfesystem eine „Geschlechterdebatte" geführt, die vor allem von der „Entdeckung" ausgelöst wurde, dass immer mehr Frauen um Hilfe nachfragen. Wohnungslose Frauen weisen Probleme auf, die nicht unbedingt mit denen der Männer in der Szene vergleichbar sind. Die entstandene Geschlechtersensibilität soll in diesem Kapitel hinsichtlich der Lebenslagen und den Auswirkungen auf einen spezifischen Hilfeansatz reflektiert werden. Dabei werden Ursachen und Hintergründe der Lebenswirklichkeit wohnungsloser Frauen betrachtet, spezifische Zugänge diskutiert und Hilfeformen beschrieben, die speziell für Frauen entwickelt wurden.

11.1 Wohnungslose Frauen

Praxis und Forschung der Wohnungslosenhilfe waren über einen langen Zeitraum vorwiegend männerzentriert. Seit den 1970er Jahren gab es aber immer mehr Hinweise auf eine Zunahme von Frauen in den Einrichtungen des Hilfesystems. Es erschienen zudem die ersten Publikationen, die einen frauenspezifischen Blick im Hilfesystem einklagten; und es gab die ersten Einrichtungen, die sich ausschließlich Frauen widmeten und für diese spezifische Angebote schufen. Schließlich konstituierte sich in der BAG Wohnungslosenhilfe eine eigene Arbeitsgruppe zu diesem Thema. Heute ist die besondere Lebenslage von wohnungslosen Frauen unbestritten und die Notwendigkeit eines frauenspezifischen Zugangs wird im Hilfesystem anerkannt.

Galten noch vor gut 30 Jahren die Wohnungslosen als nahezu männliche „Domäne", so hat sich dies mittlerweile geändert – wobei hier nur von den allein stehenden Wohnungslosen und nicht von Obdachlosen die Rede ist. Unter Letzteren gab es immer Frauen, mitunter sogar mehr als Männer. Insgesamt ist eine steigende Zahl von Frauen auf der Straße und in ungesicherten Ersatzunterkünften zu beobachten. Dabei schwanken die Angaben je nach Autorin und Autor zwischen 15 Prozent und 35 Prozent. Wohnungslose Frauen sind zumeist jünger als die Männer und verfügen über ein höheres Bildungsniveau; im Ursachenspektrum finden sich neben Armut auch vermehrt Unterdrückungs- und Gewaltverhältnisse (Rosenke/Schröder 2006; Hassemer-Kraus 2010; Heise/Krägeloh 2010).

Forschungsergebnisse zeigten, dass die Wohnungslosigkeit von Frauen aus einer völlig anderen als jener bei den Männern auf der Straße eingenommenen Perspektive zu betrachten ist (Enders/Dragässer 2000). Erst mit dem Einnehmen dieser neuen Perspektive wurde man sich im Hilfesystem des tatsächlichen Ausmaßes weiblicher Wohnungslosigkeit bewusst. Es muss davon ausgegangen werden, dass mehr Frauen als wohnungslos gelten, als bislang vermutet.

Bei der Wohnungslosigkeit von Frauen handelt es sich eher um *verdeckte Wohnungslosigkeit,* da sie im Gegensatz zu wohnungslosen Männern, die sich viel deutlicher in der Öffentlichkeit zeigen, öffentliche Räume wie Bahnhöfe oder Plätze besetzen, eher im Verborgenen leben. Das kann nun durchaus im Kontext vielfältiger Ergebnisse der Männer- und Frauenforschung diskutiert werden: Männer tendierten schon immer auf Grund eines tradierten Verhaltensmusters und im Kontext eines traditionellen, patriarchalisch geprägten Geschlechterverhältnisses dazu, in der Öffentlichkeit eine Bühne zu suchen, vor den Augen anderer zu agieren, um deren Applaus zu erhalten. Frauen hingegen waren traditionell stärker auf den häuslichen Bereich verwiesen und handelten im Verborgenen, blieben allenfalls Zuschauer bei den Schauspielen der Männer.

Exkurs XIV: Männerforschung

Obwohl Männer traditionell den größten Anteil unter den Wohnungslosen stellten und noch immer stellen, wurde der Kategorie „männliches Geschlecht" bisher kaum Beachtung geschenkt; es gibt nur wenige Studien hierzu. Bislang existiert kein entwickelter Diskurs. Man kann sogar von einer geschlechtsblinden Männerforschung sprechen. Die Verursachungshintergründe werden zumeist und auch völlig zu Recht aus Armut, Arbeitslosigkeit und Deklassierungsprozessen erschlossen. Fragen, welchen Einfluss starre Männerollen, so zum Beispiel bei Trennungen bzw. bei Konfliktlösungsversuchen oder die Umstände eines spezifisch männlichen Risikoverhaltens spielen, werden in der Wohnungslosenhilfe nur am Rande diskutiert.

So wird in jüngster Zeit eine Männerforschung gefordert, die danach fragt, welche speziellen geschlechtsspezifischen Faktoren neben sozioökonomischen Faktoren zur Wohnungslosigkeit von Männern führen können (Fichtner 2004, 2005 und 2009). Dabei ist zu reflektieren, wie unter den spezifischen Bedingungen und Einschränkungen von Wohnungslosigkeit auch weiterhin Männlichkeit hergestellt und mit welchen Mustern diese aufrechterhalten wird. Hier muss dann auch thematisiert werden, wie wohnungslose Männer wohnungslosen Frauen auf der Straße begegnen. Erkennbar ist aus Sicht der Frauenforschung, dass männerspezifische Unterdrückungs- und Gewaltmuster gegen Frauen auf der Straße Anwendung finden.

Die wenigen Aussagen bisheriger Forschung belegen zumindest, dass sich wohnungslose Männer vorwiegend in männerdominierten Räumen bewegen. Im Hilfesystem und auf der Straße werden ausgeprägte geschlechterselektive Exklusionsmechanismen wirksam. Dabei taucht die Frage auf, wie noch immer dominante hegemoniale Männlichkeitsmuster die Machtbeziehungen von Männern untereinander strukturieren und in welcher Weise die Biografien wohnungsloser Männer von Kränkungen und Niederlagen gegen dominantere Geschlechtsgenossen geprägt sind. Es muss letztlich auch betrachtet werden, welchen Einfluss die Umbrüche in den Geschlechterbeziehungen auf die Sozialisation wohnungsloser Männer ausüben (Fichtner 2009) – und wie sich dies auf die Hilfe auswirkt. Daraus leitet sich die Frage ab: Sind männertypische Hilfen erforderlich?

11.2 Lebenslagen wohnungsloser Frauen: Ursachen und Hintergründe

Einrichtungen berichten, dass Frauenbetten nicht belegt seien, da die Betroffenen andere Wege fänden, um sich mit Unterkunft zu versorgen. Das kann auch damit verbunden sein, dass sie „Bündnisse" mit Männern eingehen. Mit dem Schlafplatz bei einem Mann und einem gewissen Schutz vor anderen Männern ist dabei mitunter aber auch verbunden, dass die Frau mit diesem Mann sexuellen Verkehr haben muss. Die Gründe für dieses Verhalten weiblicher Wohnungsloser liegen u. a. auch darin, dass das Leben auf der Straße für Frauen weitaus gefährlicher ist, als für Männer; es ist stärker von *Gewaltzusammenhängen* geprägt (Helfferich 1997). Forscherinnen haben aufgezeigt, dass Frauen, die auf die Straße kommen, weil sie aus ihren Familiensystemen ausbrechen mussten oder wollten, oftmals noch beengtere und gewalttätigere Strukturen vorfinden, als die, die sie verlassen haben (Geiger/Steinert 1997).

Frauen auf der Straße waren außerdem über lange Zeit, und das gilt mitunter auch heute noch, viel weniger akzeptiert als Männer. Das Leben von Frauen auf der Straße widersprach tradierten Geschlechterbildern: Sie hatten ihren Mann nicht zu verlassen, sie hatten sich um ihre Kinder zu kümmern (Gronau/Jagota 1994). Wenn allerdings der Mann sie verließ, starb oder weg blieb, hatten sie ein Recht, arm zu sein, dann galten sie als würdige Arme und erhielten Almosen. Dieses Denken hat sich bis heute als Hypothek, als Muster und als Bild festgesetzt, das sich zwar abschwächt aber dennoch seine „Gewalt" entfalten kann.

So sind Frauen auch für die wohnungslosen Männer noch einmal eine besondere Randgruppe, von der sie nicht selten glauben, dass sie „unter ihnen" stehe, eben „noch ärmer dran" sei (Lutz 2002). Eine Frauenszene auf der Straße gibt es nicht, bzw. nur in Ansätzen, auch auf der Straße sind Frauen von Männern abhängig, werden über die Szene der Männer definiert. Darin gelten sie aber wiederum als „Anhängsel“ des Mannes. Haben sie keinen „Beschützermann“, dann gelten sie als „frei“ und „zugänglich“. Dementsprechend werden sie verachtet; sie gelten manchmal als „Freiwild“ und so lange als ungeschützt, solange sie sich an keinen Mann anhängen. Ihr „Ausbruch“ aus beengenden Verhältnissen ist somit nicht immer eine Befreiung, die Situation auf der Straße ist mitunter noch rigider und gewalttätiger als zuvor. Allerdings gibt es auch gegenteilige Konstellationen. Auch unter Wohnungslosen existieren Beziehungen, in denen Männer sich der Frauen liebevoll annehmen, sie beschützen und ihnen behilflich sind. Paare sind vermehrt auf der Straße anzutreffen. Trotz aller Brüche und Aufbrüche ist das tradierte Bild von der Frau auf der Straße als Bild aber nach wie vor in Köpfen präsent, mitunter sogar in den Stationen des Hilfesystems selbst.

Ein Blick auf die Gründe weiblicher Wohnungslosigkeit verdeutlicht nun, dass es im Gegensatz zur Lebenslage von Männern eher Gründe aus dem unmittelbaren *Nahbereich der Frauen* sind, die sie auf die Straße führen (Geiger/Steinert 1997; Enders/Dragässer 2000). Auch hier setzen sich noch immer die unterschiedlichen männlichen, eher von Arbeit und Öffentlichkeit, und die weiblichen, eher von Privatheit und Beziehung geprägten Lebensverhältnisse durch. Finden sich bei Männern eher strukturelle Anlässe wie Arbeitslosigkeit, Schulden, Wohnungsverluste durch Armut, Unfälle, aber auch Scheidungen und Trennungen, so sind es bei Frauen eher beziehungsorientierte Gründe, die aus ihrem unmittelbaren sozialen Umfeld resultieren. Frauen geraten aber auch ganz „traditionell“ in die Wohnungslosigkeit, da auch für sie in vielen Fällen die Mietschuldenproblematik zum Wohnungsverlust führt, wobei dies bei Frauen noch dramatischer verläuft als bei Männern. Doch dahinter verbergen sich vielfältige Zusammenhänge, die auf die Spezifik weiblicher Lebenslagen verweisen:

- Weil die Ehe oder Partnerschaft gescheitert ist;
- weil sie von einem Familienangehörigen oder gar vom Ehepartner sexuell missbraucht wurden;
- weil sie in ihrem sozialen Umfeld seelischer oder körperlicher Gewalt ausgesetzt waren;
- weil sie der tradierten Rolle als Ehefrau und Mutter nicht mehr gerecht werden konnten oder wollten;
- weil sie in zu engen Wohnverhältnissen keinen Intimbereich mehr hatten;
- weil sie aus der Haft oder Kliniken für psychisch Kranke entlassen wurden;
- weil sie ihre Probleme mit Drogen oder Alkohol kompensieren wollten.

In diesen Kontexten zeigen sich traditionelle Geschlechterverhältnisse in ihren negativen und Frauen besonders benachteiligenden Wirkungen. Bei wohnungslosen Frauen kommen deshalb oft noch weitere frauenspezifische Faktoren hinzu:

- Missbrauchserfahrungen in der Kindheit und Jugend,
- Opfer männlicher Gewalt,
- kein ausreichendes eigenes Einkommen,
- ökonomische Abhängigkeit vom Ehemann oder Partner,
- die Lebenssituation als Alleinerziehende und/oder eine diskontinuierliche Erwerbsbiographie.

Allerdings dürfen diese Verursachungszusammenhänge nicht darüber hinwegtäuschen, dass derartige Beziehungsproblematiken nachhaltig von Armutslagen bestimmt werden. In neueren Studien wird zu Recht darauf hingewiesen, dass sich die vielfältigen Einzelschicksale nicht selten aus benachteiligenden Lebenssituationen erklären lassen. Dabei sind die Zusammenhänge komplexer und auch frauenspezifischer: Frauen, die zunächst in einem festen Arbeitsverhältnis standen, geben dies wegen der Familiengründung auf und beschränken sich fortan auf Gelegenheitsarbeiten; beim Eintreten der Wohnungslosigkeit, etwa weil sie eine gewaltbesetzte Beziehung verlassen haben, sind sie dann auf Sozialhilfe angewiesen. Die Ausübung ihrer traditionellen Rolle ist so aber mit verursachend für ihre schwierige Situation.

Vor diesem Hintergrund ist darauf hinzuweisen, dass die Erklärungsansätze für die Wohnungslosigkeit von Frauen in Theorien zur Armut von Frauen bzw. in die Begründungszusammenhänge für spezifische weibliche Armutsrisiken integriert sein müssen. Mit der sozialwissenschaftlichen Debatte um eine „Feminisierung der Armut" und dem Bewusstwerden eines Armutsrisikos Geschlecht ist offenkundig geworden, dass es für Frauen ein vergleichsweise hohes Risiko gibt, wohnungslos zu werden, das sich mit folgenden Faktoren skizzieren lässt (Lutz 2002):

- Einkommensarmut,
- Benachteiligung im Ausbildungssystem und auf dem Erwerbsmarkt,
- ungeschützte Beschäftigung und Wohnverhältnisse,
- durch traditionelle Rollenverteilung erzeugte Abhängigkeiten im Familienverbund,
- Überrepräsentation von Frauen bei den Alleinerziehenden,
- Altersarmut.

Die prekäre finanzielle Situation und die fehlenden materiellen Ressourcen werden meist erst bewusst, wenn die Abhängigkeit erzeugenden Bindungen nicht mehr funktionieren und die Frauen mit der Trennung bzw. Scheidung plötzlich auf sich allein gestellt sind. Sobald sie die gemeinsame Wohnung verlassen und in ungewissen Wohnverhältnissen Zuflucht suchen bzw. eine eigene Wohnung aufgrund ihrer Zahlungsunfähigkeit nicht mehr halten können, spüren sie ihre ganze Not. Aber kaum eine Frau sagt dann: Ich bin wohnungslos, weil ich arm bin und eine traditionelle Rolle ausübte. Der Wohnungsverlust wird von ihnen als Folge der Partnerschaftskonflikte und der Trennung bzw. Scheidung wahrgenommen, nicht aber als mögliches Resultat ihrer ökonomisch benachteiligten Rolle und der damit verknüpften Geschlechterverhältnisse.

Die Wohnungslosigkeit von Frauen beginnt zumeist *im Verborgenen.* Auftretende Probleme werden zunächst noch in eigener Zuständigkeit gelöst (Henschel 1992; Enders/Dragässer 2006). Hierfür haben gerade Frauen ein Repertoire an Verhaltensmustern, da sie in ihren traditionellen Rollenfestlegungen immer auch die eigentlichen Managerinnen der Knappheit waren. Als traditionelle Krisenbewältigerinnen im privaten Bereich waren und sind sie diejenigen, die schon immer der Familienarmut mit konsequenten Maßnahmen begegnet sind; auch wenn sie dabei ihre Männer am Fabriktor abgefangen und ihnen den Wochenlohn oder zumindest einen großen Teil davon weggenommen haben, da sie befürchten mussten, dass der Mann diesen am Abend noch vertrinken werde.

Diese kulturellen Bewältigungsmuster stehen natürlich auch den Frauen im Vorfeld akuter Wohnungslosigkeit zur Verfügung. Sie stellen aber bereits einen Aspekt frauenspezifischer Wohnungsnot dar. Doch sobald diese Mechanismen versagen, die Ressourcen aufgebraucht sind, die Situation sich verschlimmert, kommt es zu dramatischen Eskalationen. Ab diesem Moment stehen ihnen deutlich weniger kulturell begründete Handlungsmuster zur Verfügung als Männern, und es schlägt ihnen zudem eine kulturell vermittelte Haltung entgegen, die sie zusätzlich als Versagerinnen verurteilt, da sie nun ihrer traditionellen Rolle in Gänze nicht mehr gerecht werden. Konsequenterweise verläuft deswegen die Wohnungslosigkeit vielfach im Verborgenen, da sie sich dann an einen Mann hängen, um zumindest darin den vorherrschenden Bildern zu entsprechen, auch wenn das mit Gewalt und Prostitution verbunden ist.

11.3 „Typen“ weiblicher Wohnungslosigkeit

Die Konstruktion von Typen ist immer etwas problematisch, da der Eindruck erweckt wird, man könne Menschen in Raster einteilen. Dennoch ist es mitunter hilfreich, ein Spektrum unterschiedlicher Bewältigungsmuster aufzuzeigen, da diese für eine weitere Auseinandersetzung relevant sein können. Mit dieser Intention sollen hier die Ergebnisse einer bis heute grundlegenden Studie vorgestellt werden, die drei Gruppen herausarbeitete und einen wichtigen Versuch darstellt, die bisher diskutierten Besonderheiten weiblicher Lebenslagen in der Wohnungslosigkeit zu skizzieren, zu verdichten und zu bündeln (Enders/Dragässer 2000, Lutz 2002).

Sichtbare Wohnungslosigkeit: Diese liegt bei Frauen vor, die auf der Straße leben, dort zu sehen sind und vielfach als die eigentlichen wohnungslosen Frauen gelten. Ihnen gilt die öffentliche Aufmerksamkeit, über sie gibt es sogar einige interessante journalistische Arbeiten, die das „Elend“ darstellen und um Sympathie werben. Diese Frauen erfahren zudem eine immense öffentliche Abwertung. Sie werden stärker als Männer an ihrem Äußeren und an ihrer Kleidung beurteilt. Das Schimpfwort „Pennerin“ ist hier viel vernichtender als der männliche Begriff, sie erfahren zudem eine moralische Abwertung, da sie den schützenden und für sie vorgesehenen Raum von Ehe und Familie mutwillig verlassen haben. Doch diese Gruppe ist zahlenmäßig eher klein und im Spektrum weiblicher Wohnungsloser ein Randphänomen.

Verdeckte Wohnungslosigkeit: Diese liegt bei der Mehrzahl der wohnungslosen Frauen vor. Sie leben eher nicht auf der Straße, sondern im Verborgenen. Soweit sie sich überhaupt auf der Straße befinden, geschieht dies betont unauffällig. Sie wollen in ihrer Wohnungslosigkeit auf keinen Fall sichtbar werden, um sich eben nicht den Gewalthandlungen und den männlichen Verhaltensmustern auf der Straße zu unterwerfen. Sie entgehen damit den eben geschilderten negativen Bewertungen, begeben sich allerdings oftmals in die Abhängigkeit eines Mannes, auch wenn dies zeitlich befristet ist. Sie erhalten dadurch eine gewisse Basisversorgung und ihr Status, eine Frau zu sein, wird nicht in Abrede gestellt. Diese *„zweckorientierten Partnerschaften“* sind allerdings eine sehr prekäre Angelegenheit, da sie keinerlei Rechtsansprüche, so auf die Wohnung oder auf die soziale Absicherung über den Mann, umfassen. Doch dieses Muster scheint das frauentypische in der Wohnungslosigkeit zu sein, es verdichtet das geschlechtstypische Rollenverhalten der Frauen und die gesellschaftlichen Bilder, die ihnen entgegenschlügen, gingen sie auf die Straße. Es zeigt aber auch, dass Frauen sich ihrer Notlage schämen und versuchen, möglichst lang ohne institutionelle Hilfe auszukommen. Manche kehren mehrmals in die Partnerschaft oder in die Herkunftsfamilie zurück, die sie aufgrund eskalierender Konflikte verlassen haben oder aus der sie aufgrund von Gewalt geflohen sind.

Latente Wohnungslosigkeit: Eine weitere, auch eher kleine Gruppe stellen jene Frauen dar, die von kurzfristiger Wohnungslosigkeit bedroht sind oder in gewaltbedrohten Verhältnissen leben. Hierzu zählen auch Frauen, die in Bordellen und Hostessenwohnungen leben oder in Arbeitgeberunterkünften untergebracht sind. Diese Frauen finden immer wieder Lösungen, die das Eintreten akuter Wohnungslosigkeit verhindern.

Diese Gruppe wurde in jüngster Zeit noch durch obdachlose und wohnungslose *Frauen mit Suchterkrankungen und/oder psychischen Erkrankungen* ergänzt, die ebenfalls als eine verdeckte Zielgruppe zu verstehen sind. Deutlich wurde, dass viele wohnungslose Frauen weitaus größere persönliche und gesundheitliche Probleme haben und insgesamt physisch und psychisch stärker belastet sind als bisher angenommen (Heise/Krägeloh 2010, S. 226).

11.4 Philosophie der Angebote für wohnungslose Frauen

Es gab immer Frauen in Einrichtungen der traditionell auf Männer ausgerichteten Wohnungslosenhilfe. Doch mit der beginnenden Sensibilität für weibliche Wohnungslosigkeit und der Erkenntnis der anders gelagerten Problemstellungen wurden eigene Einrichtungen gefordert und auch aufgebaut, die sich an den speziellen Anforderungen der Frauen ausrichteten und darauf bezogene Programme, Konzepte und Angebote schufen. Ausgangspunkt und Modell für die Frauenberatung war die ambulante Beratungsstelle, in der auch immer mehr Frauen um Hilfe nachfragten. Schnell „entdeckten" Praktikerinnen, dass die Situation dieser Frauen in der doch stark von Männern dominierten und besuchten Beratungsstelle nicht sehr angenehm war. In völlig überfüllten Räumen waren sie den Belästigungen und den Attacken mitunter stark Alkoholisierter nahezu schutzlos ausgesetzt. Schnell wurde deutlich, dass Frauen nur in größter Not an einen solchen Ort kamen.

Die Frauen benötigten einen *angstfreien Zugang zu einem Hilfesystem,* das ihnen ein tägliches Hilfsangebot mit angemessener Unterstützung bieten sollte. So entstanden *frauenspezifische Räume,* insbesondere auch Wohnungen und Frauenpensionen, also Formen stationärer und teilstationärer Einrichtungen, in denen separate Beratungs- und Betreuungsangebote möglich wurden. Mit der Errichtung dieser Angebote stieg die Nachfrage, die offenkundig auf diese spezifisch weibliche Ansprache zurückzuführen war und wohl auch mit der Tatsache zusammenhing, dass die Mitarbeiterinnen ebenfalls weiblich waren und die Frauen sich offenkundig lieber Frauen als Männern anvertrauten.

Allmählich wurden spezifische Hilfen für wohnungslose Frauen zum Regelangebot des Hilfesystems. Dabei waren und sind die Themen nicht völlig andere als die in den Angeboten für männliche Wohnungslose. Auch hier ging und geht es zunächst um

- Wohnraum und Wohnen für Frauen mit der Möglichkeit einer ambulanten Betreuung;
- Arbeit für Frauen, sowohl im freien Arbeitsmarkt als auch in Form besonders geschützter Arbeitsplätze;
- Ausbau des ambulanten Angebotes bei gleichzeitiger Nachsorge nach Aufenthalten in stationären und teilstationären Einrichtungen;
- Suchtproblematiken;
- Freizeitgestaltung und Tagesstrukturierung;
- Psychiatrisierung und Entmündigung von Frauen.

Jenseits dieser Auflistung muss aber hinsichtlich der Lebenslagen wohnungsloser Frauen beachtet werden, dass die Soziale Arbeit mit Frauen konfrontiert ist, die mitunter durch *Gewalterfahrungen* geprägt und somit auch mehr oder weniger stark traumatisiert sein können. Hilfe für wohnungslose Frauen bietet vor allem einen Schutz vor Zugriffen und den *Aufbau von „Frauenräumen" mit einer spezifisch weiblichen Sozialarbeit,* die nur von weiblichen Sozialarbeiterinnen durchgeführt werden kann. Somit geht es in der professionellen Hilfe zunächst und wesentlich um Sicherheit, um die Herstellung und Stabilisierung von Beziehungen zwischen Sozialarbeiterin und betroffener Frau. Diese beruhen auf Akzeptanz und Vertrauensaufbau, es geht um die Herstellung von Arrangements, in denen die Frauen bestimmen, was sie wem erzählen wollen. Auf dieser Basis werden im Hilfeprozess offene Entwicklungen ermöglicht.

Dieser Ansatz hat vor allem auch Konsequenzen für die Beratungsprozesse selbst (Heise/Krägeloh 2010; Hassemer-Kraus 2010; Steckelberg 2011). Beratung, die in den zurück liegenden zwei Jahrzehnten immer stärker von einem lebensweltlichen Problemverstehen ausging, entwickelte sich bei wohnungslosen Frauen von einer geschlechtsneutralen zu einer *geschlechtssensiblen Beratung,* die sich zudem zu einem geschlechtsreflektierende Ansatz weiter entwickeln muss, mit dem sich zugleich eine „emanzipatorische oder frauenpolitische Haltung" verbindet: Geschlechtsreflektierend zu arbeiten bedeutet schließlich auch, die herrschenden, zum Teil uneindeutigen und sich wandelnden Normen zu Geschlecht immer wieder im Team und gemeinsam mit den Klientinnen und Klienten auf ihre Wirkmächtigkeit im Alltag hin kritisch zu durchdenken" (Steckelberg 2011, S. 40). Geschlechterrollen wirken nicht nur einengend, sondern versprechen zugleich auch Orientierung und Sicherheit – auch das gilt es zu thematisieren.

Eine geschlechtssensible und -reflektierende Beratung bezieht sich sowohl in der direkten Interaktion mit den Frauen als auch in der Erarbeitung von Lösungsstrategien auf gesellschaftlich bestehende Geschlechterverhältnisse, geschlechtsspezifische Ungleichheiten und auf Machtstrukturen zwischen den Geschlechtern. Sie verfügt über das Wissen und die regionsspezifischen Kenntnisse über das jeweilige professionelle Handlungsfeld und die Lebenslagen der Betroffenen. Das beinhaltet auch eine Parteilichkeit für die Belange und die Sichtweisen der Frauen. Es geht dabei um die Frage, ab wann es sinnvoll ist, frauenspezifische sozialarbeiterische Angebote zu vermitteln und in welcher Situation gemischtgeschlechtliche Angebote angebracht sind. Dabei ist auch zu klären, inwiefern die Unterschiedlichkeiten in der Lebenssituation von Männern und Frauen tatsächlich wahrgenommen und umgesetzt werden.

Da die Fokussierung auf Frauen eine völlige Neuentwicklung im Hilfesystem darstellte, gibt es auch keine vergleichbar großen stationären Einrichtungen, obwohl große Träger inzwischen auch spezifische Abteilungen für Frauen aufgebaut haben. Neben kleinen Fraueneinrichtungen entstehen zunehmend gemischtgeschlechtliche Angebote. In der Arbeit mit Frauen haben sich die Wohngruppe und das Konzept einer kleinen und dezentral organisierten stationären Einrichtung durchgesetzt. In größeren Wohnungen wohnen mehrere Frauen zusammen und werden von außen betreut. Dabei kann das Büro der Sozialarbeit sehr wohl im gleichen Haus liegen. Manche dieser Büros betreuen sogar mehrere dieser Wohngruppen. Aus den Besonderheiten weiblicher Wohnungslosigkeit ergeben sich spezifische Anforderungen an die konkrete Gestaltung der Hilfen, und zwar hinsichtlich einer

- konsequenten Einbeziehung der hilfesuchenden Frauen,
- Achtung der Selbstbestimmung und Mündigkeit,
- Hinwendung zu einer an den Fähigkeiten und Stärken der Frauen orientierten Hilfe,
- Hinwendung zu einer normalitätsorientierten Hilfe.

In dem Bewusstsein, dass es in der Wohnungslosigkeit frauenspezifische Probleme gibt, müssen spezifische Verläufe weiblicher Sozialisation, die eher weiblichen Nischenlösungen, die weiblichen Persönlichkeitsentwicklungen, die weiblichen Lebensentwürfe und die Lebenswelt der Frau in erforderlichem Maße in die sozialarbeiterische Arbeit einbezogen werden. Ein *klarer frauenspezifischer Arbeitsansatz* ist erforderlich, der auch nach außen wirkt, da eine sozialarbeiterische Arbeit mit Frauen immer auch parteilich ist. Dies bedeutet, dass,

- spezifische Probleme von Frauen sichtbar gemacht werden;
- für gerechtere und geschlechtersensible soziale Strukturen eingetreten wird;
- darauf gedrängt wird, Benachteiligungen von Frauen in Zusammenarbeit mit anderen Institutionen abzubauen;

- immer wieder die Gleichstellung und die Gleichwertigkeit von Männlichkeit und Weiblichkeit im Bewusstsein der Menschen und in den Strukturen des Hilfesystems eingefordert wird.

Vor diesen Hintergründen sind niedrigschwellige und zeitnahe Zugänge erforderlich, die zu einer integrierenden Beratung führen. Hierzu wurden 1998 von der BAGW Empfehlungen für *Mindeststandards* in der Arbeit mit Frauen und zur Organisation einer Beratungsstelle für Frauen in besonderen sozialen Schwierigkeiten vorgelegt:

- Beratungsstellen sollen flächendeckend angeboten werden, d. h. auch in ländlichen Regionen.
- Beratungsstellen sollten räumlich und organisatorisch getrennt von Männereinrichtungen werktäglich erreichbar und regelmäßig geöffnet sein.
- Das Angebot sollte ohne Vorbedingung sein und die Beratung sollte durch weibliche Fachkräfte erfolgen.
- Besonderes Augenmerk legte die Empfehlung auf räumliche und personelle Standards, vor allem dann, wenn Männer und Frauen in der gleichen Einrichtung untergebracht sind oder betreut werden.
- Weibliche Verläufe und Bewältigungsmuster von Wohnungslosigkeit müssen besonders reflektiert werden.

Insgesamt können deshalb reine Fraueneinrichtungen mit ihren spezifischen Ressourcen den Hilfebedarfen von Frauen besser entsprechen als dies in gemischtgeschlechtlichen Einrichtungen möglich ist, in denen diese Empfehlungen für ein frauengerechtes Angebot bisher nicht immer umgesetzt wurden. In diesen muss vor allem das wörtlich zu nehmende *Sicherheits- und Autonomiebedürfnis der Betroffenen* gewährleistet sein; dementsprechend sind folgende Voraussetzungen zu schaffen:

- ein ausgewogenes Verhältnis von Männern und Frauen,
- Betreuungsangebote für Kinder,
- Arbeitsplätze und Arbeitsmöglichkeiten auch außerhalb des hauswirtschaftlichen Bereichs,
- eigene Qualifizierungsmöglichkeiten für Frauen,
- abgeschlossene und abgetrennte Räumlichkeiten,
- keine gemeinsamen Flure,
- separate Plätze oder gar Räume zum Aufenthalt, zum Essen, zur Körperhygiene und zur Freizeitgestaltung.

Die methodische Ausgestaltung der Hilfen, die auf einem frauenspezifischen Case Management und einer entsprechend ausgestalteten Hilfevereinbarung auf der Basis eines Hilfevertrages beruht, basiert auf einer beratenden Tätigkeit, die existenzsichernde und psychosoziale Schwerpunkte haben muss (diese beiden Schwerpunkte gelten in gleicher Weise auch für Männer).

Hinsichtlich der *Existenzsicherung* geht es um

- den Erhalt von Wohnraum oder die Vermittlung von Unterkunft, Wohnmöglichkeiten und Einrichtungen;
- eine Beratung mit Blick auf finanzielle Absicherung, die den Bezug staatlicher Transferleistungen bis hin zu Kindergeld und Unterhaltszahlungen prüft;
- eine Unterstützung beim Umgang mit Behörden;
- Entschuldung und Hilfe beim Umgang mit Geld;
- die Einrichtung einer Postadresse;
- die Beschaffung von Papieren;
- die Unterstützung bei der Umsetzung rechtlicher Ansprüche, auch gegen Ehemänner;
- eine Hinführung zu beruflicher Qualifikation und die Integration in den Arbeitsmarkt.

Hinsichtlich *Psychosozialer Hilfen* geht es um

- die Hilfe beim Überdenken der persönlichen Situation;
- den Abbau überhöhter Ansprüche der Frauen an sich und andere;
- das Sichtbarmachen von Abhängigkeiten;
- die Motivation zur therapeutischen Begleitung;
- den Hinweis auf die Notwendigkeit, sich Grenzen zu setzen und Grenzen akzeptieren zu lernen;
- den Aufbau eines positiven Körperbewusstseins;
- die Stärkung von Selbstwertgefühl, Selbständigkeit, Eigenverantwortung und Konfliktfähigkeit;
- die Offenlegung und Verstärkung persönlicher Kompetenzen;
- die Hilfe bei der Entwicklung individueller Lebensperspektiven und deren Umsetzung;
- den Aufbau tagesstrukturierender Angebote;
- die notwendigen medizinischen Hilfen;
- die Unterstützung bei der Bewältigung von Verlusterfahrungen;
- den Abbau von Ängsten;
- die Herauslösung aus Isolation;
- die Anregung zur individuellen Freizeitgestaltung.

Hilfen für wohnungslose Frauen sollten sich insgesamt und zusammenfassend an folgenden *Kriterien* orientieren:

- Frauen haben das Recht auf die Gewährung von Schutz gegen psychische, körperliche und sexuelle Übergriffe;
- Frauen haben ein Recht auf die ungeteilte professionelle Kompetenz der Mitarbeiterinnen, um sich umfassend mitteilen zu können;
- Frauen haben das Recht auf einen eigenen Raum zur individuellen und gemeinschaftliche Bestärkung und als Alternative zu den traditionellen Frauenrollen;
- Frauen haben das Recht auf eigenen Raum im Sinne eines Aufenthaltsortes, sie haben vor allem das Recht auf ein eigenes Zimmer und die damit garantierte Privatheit und Rückzugsmöglichkeit;
- Frauen haben auch ein Recht auf ein Arbeitszimmer, in dem sie ihren Alltag der Selbstversorgung organisieren können;
- Frauen haben das Recht auf eine an ihrem Bedarf orientierte Sozialarbeit.

Auf eine besondere Problematik von wohnungslosen Frauen muss aber dennoch hingewiesen werden, die es in der Arbeit mit ihnen zu berücksichtigen gilt. Mitarbeiterinnen stellen immer wieder fest, dass Frauen, die zunächst den Zielen der ausgehandelten Hilfe mündlich oder schriftlich per Betreuungsvertrag zugestimmt haben, die Vertragsvereinbarungen, ihre Existenz, ihre Gesundheit, sogar teilweise ihr Leben gefährden, indem sie

- die Betreuerinnen belügen, wenn es um Männer geht;
- Schulden machen, keine pünktlichen Mietzahlungen leisten, um einen Mann finanziell zu unterstützen;
- keine Verhütungsmittel benutzen und in völlig ungeklärten Verhältnissen schwanger werden;
- Gewalt hinnehmen.

Viele der wohnungslosen Frauen definieren sich über das Familiendasein und betrachten den Mann als Ernährer, was in hohem Maße Rücksichtnahme und Selbstaufgabe implizieren kann. Das sollte nicht moralisch verurteilt werden, sondern als eine der Widersprüchlichkeiten weiblicher Lebenslagen unter Bedingungen der Wohnungslosigkeit begriffen werden, die sich aus den dargestellten Umständen ergibt.

11.5 Angebote, Optionen und Einrichtungen

Trotz der dargelegten Besonderheiten weiblicher Lebenslagen in der Wohnungslosigkeit gibt es im System der Wohnungslosenhilfe, wie bereits betont, durchaus eine nicht unbeträchtliche Zahl gemischtgeschlechtlicher Einrichtungen. Solche, die ausschließlich auf Frauen zugeschnitten sind, konzentrieren sich in Großstädten. Das Angebot ist nicht flächendeckend. Unter den nur für Frauen vorgehaltenen Angeboten überwiegen teilstationäre und stationäre Maßnahmen. Tagesaufenthalte und Fachberatungsstellen sind seltener. Auch gibt es kaum eigenständige Hilfen zur Arbeit, diese werden allerdings in einigen Einrichtungen als zusätzlicher Leistungsbereich angeboten.

Ein spezifisches Thema in der Hilfe für wohnungslose Frauen ist das Vorhandensein von Kindern, das eine besondere Herausforderung für das Hilfesystem produziert (Kühn 2011). Die Frage ist dabei immer, wie es ermöglicht werden kann, dass Frauen nicht von ihren Kindern getrennt werden, etwa wenn diese in die Obhut der Jugendhilfe kommen sollen, während die Frauen in der Wohnungslosenhilfe betreut werden. Allmählich beginnen die Jugendhilfe und die Wohnungslosenhilfe zu kooperieren, so dass Mutter und Kind in der gleichen Einrichtung Unterstützung und Hilfe erhalten können (Kühn 2011; Quapp-Politz 2011). Allerdings ist dieses Problem bis heute nicht grundlegend gelöst. Kinder werden noch immer überwiegend von ihren Müttern getrennt, wenn diese Leistungen im System der Wohnungslosenhilfe erhalten. Allerdings gibt es eine nicht unbeträchtliche Zahl von stationären Einrichtungen und ambulanten Wohnhilfen, in denen Frauen mit ihren Kindern zusammen leben können. Für die Herstellung einer möglichen Kooperation sind einige Dinge wesentlich:

- Sie gelingt nur zwischen Gleichen,
- Sie muss sich für bei beide Seiten lohnen,
- Sie benötigt gemeinsame Ziele,
- Sie ist von Personen abhängig,
- Sie benötigt Strukturen und Verfahren, die Personen schützen (ebenda, S. 43).

Auch im Hilfesystem selbst gibt es unverändert zahlreiche Hürden für Frauen mit Kindern. So sind die Möglichkeiten einer wohnungslosen Frau, mit ihren Kindern in einer Einrichtung der Wohnungslosenhilfe leben zu können, bis heute noch immer stark eingeschränkt. In reinen Fraueneinrichtungen sind die Bedingungen etwas günstiger. Allerdings ist die Betreuung der Kinder in diesen Einrichtungen bisher nicht wirklich geregelt. Bei den Einrichtungen, in denen das Zusammenleben möglich ist, geschieht die Finanzierung über den Pflegesatz, mit Mitteln des SGB VIII oder durch Spenden.

Die beschriebenen Bedarfe begründen folgende *frauenspezifische Angebote und Einrichtungen:*

Frauencafés, Tee- und Wärmestuben. Treffpunkte wie Frauencafés, Tee- und Wärmestuben sind Räume, in denen wohnungslose Frauen sich tagsüber aufhalten können. Hier finden sie Schutz vor Gewalt, sexuellen Übergriffen, Anfeindungen und Demütigungen sowie Kälte und Nässe. Sie können sich ausruhen, duschen, ihre Wäsche waschen und trocknen, sowie sich preiswert mit einer Mahlzeit und Getränken versorgen. Begegnungen mit „Leidensgenossinnen", aber auch mit nicht wohnungslosen Frauen wirken der Isolation und Vereinsamung entgegen. Gespräche und gegebenenfalls gemeinsame Aktivitäten der regelmäßigen Besucherinnen können dem Tag und der Woche Struktur verleihen und sich positiv auf die psychische Stabilität und das Selbstwertgefühl der Frauen auswirken. Sie fühlen sich mit all ihren Sorgen und Nöten angenommen. Diese Treffpunkte sind oft mit Beratungsstellen gekoppelt.

Beratungsstellen. Beratungsstellen sind Anlaufstellen für wohnungslose, von Wohnungslosigkeit bedrohte oder ehemals wohnungslose Frauen, die einer akuten Notsituation nicht gewachsen sind, etwa weil ein finanzieller Engpass zum Verlust der Wohnung geführt hat oder zu führen droht. Sie bieten Frauen die Möglichkeit, durch Fachfrauen vielfältige Hilfe zu erfahren, die auf ihre frauenspezifische Notsituation zugeschnitten ist. Erst im Verlauf des Beratungsprozesses kommt die vielschichtige Hintergrundproblematik in Form von Abhängigkeitsverhältnissen, sozialer Benachteiligung, Ausbeutung, sexuellem Missbrauch, Bindungslosigkeit und anderem zum Vorschein.

Die Hilfe umfasst erforderlichenfalls Soforthilfemaßnahmen wie die Sicherung noch vorhandenen Wohnraums, etwa durch Gespräche mit Vermietern, Hilfe bei der Regelung von Mietschulden usw., Notunterbringung durch die Beratungsstelle, Einleitung medizinischer Maßnahmen oder Vermittlung bei Beziehungskonflikten bis hin zur Unterstützung in Scheidungsverfahren und der Klärung von Sorgerechten für Kinder. Über diese Kriseninterventionen hinaus kann die Beratung der Erhellung oftmals komplexer psychosozialer Probleme der Frauen sowie ihrer allmählichen Aufarbeitung dienen. Ferner umfasst die Hilfe Maßnahmen zur finanziellen Absicherung, Beschaffung von Papieren, Suche und Erhalt einer Wohnung und/oder eines Ausbildungs- bzw. Arbeitsplatzes. Auch Hilfen zur Begegnung und Freizeitgestaltung sowie die Vermittlung an andere Institutionen sind möglich. Beratungsstellen leisten darüber hinaus

- Unterstützung im lebenspraktischen Bereich (Organisation des Alltags, Umgang mit Geld, Haushaltsführung u. Ä.);

- Unterstützung bei der Einrichtung und dem Bezug einer Wohnung;
- Erschließung von Arbeits- und Qualifikationsmöglichkeiten unter Berücksichtigung der jeweiligen Fähigkeiten und Kenntnisse;
- Bearbeitung bestehender Suchtprobleme unter Hinzuziehung fachlich qualifizierter Institutionen (Beratungsstellen und Kliniken);
- Aufarbeitung der Schuldensituation durch Kontaktaufnahme zu einer Schuldnerberatungsstelle;
- Aufarbeitung von Beziehungsproblemen und Gewalterfahrungen;
- schrittweise Integration in den Stadtteil.

Aufsuchende Hilfen. Nicht allen Frauen ist es möglich, von sich aus Hilfeangebote in Anspruch zu nehmen. Die Schwelle ist gerade für Frauen sehr hoch. Sie scheuen sich, ihre Hilfebedürftigkeit offen zu legen. Viele können durch aufsuchende Hilfen erreicht werden, die sie befähigen, Beratung und Unterstützung in Anspruch zu nehmen. Dazu ist es nötig, die betroffenen Frauen in ihren Milieus anzusprechen und ihr Vertrauen zu gewinnen. In diesem Sinne wirken auch Projekte der Gemeinwesenarbeit, die geschlechtersensibel ausgerichtet werden müssen, um in Vierteln mit einem hohen Prozentsatz wohnungsloser Menschen auch für Frauen offene und niedrigschwellige Angebote bereitzuhalten. Diese Angebote greifen konkret die jeweiligen Bedürfnisse der Betroffenen auf und können oft schon präventiv wirken. Diese aufsuchenden Hilfen können sich auch auf die nachgehende Betreuung von Frauen erstrecken, die aus Einrichtungen in eine eigene Wohnung gezogen sind, um den begonnen Prozess der Stabilisierung und Verselbständigung weiter zu begleiten und zu fördern.

Frauenübernachtungsstelle und Wohnprojekte. Neben stationären Einrichtungen für Frauen, die zumeist als kleine Wohngruppen organisiert sind, gibt es auch Wohnungen, in denen Frauen leben können, die ambulant beraten und betreut werden. Hierfür wird ein Betreuungsvertrag abgeschlossen. Sie erhalten zudem Hilfestellung bei der Anmietung und beim Bezug dieser Wohnung. Den Frauen werden darüber hinaus auch lebenspraktische Hilfen wie Organisation des Alltags, Freizeitgestaltung, Umgang mit Geld, Haushaltsführung und ähnliches angeboten. Darüber hinaus gibt es weitere Betreuungsangebote wie die Erschließung von Arbeits- und Qualifikationsmöglichkeiten, Aufarbeitung von Beziehungsproblemen und Gewalterfahrungen, Bearbeitung bestehender Suchtprobleme, Unterstützung bei behördlichen Angelegenheiten.

Frauenpensionen. Eine besondere Form des Frauenwohnens stellen die so genannten Frauenpensionen dar. Neben einer Notübernachtung zur akuten Krisenbewältigung können in diesen „Pensionen“ Frauen auf der Basis eines Betreuungsvertrages in einer Übergangszeit wohnen und betreut werden, bis eigener Wohnraum verfügbar ist. Zur Verbesserung von Wohnmöglichkeiten für Frauen bestehen zumeist *netzwerkartige Verbindungen* zwischen

- einem Frauentreff, der als Tagesangebot aufgebaut ist und zudem Beratung anbietet,
- einer stationären Einrichtung, die zugleich eine Notübernachtung für Frauen integriert,
- einem betreuten Wohnen mit individueller, ambulanter und nachgehender Beratung.

Ambulant betreutes Wohnen. Anders als Hotels oder Pensionen bietet das ambulant betreute Wohnen wohnungslosen Frauen für eine in der Regel befristete Zeit nicht nur ein gesichertes Wohnen, sondern auch ein Übungs- und Erfahrungsfeld für ihre Entwicklung. Hier werden sie akzeptiert und können mit sozialarbeiterischer Unterstützung ihre persönliche Situation klären, Schwierigkeiten abbauen und eine neue, realistische Lebensperspektive entwickeln. Sie werden beraten, begleitet und unterstützt, sowie bei Bedarf an spezielle Fachdienste weitervermittelt.

In der Gruppe, in der sich die Frauen selbst versorgen, lernen sie miteinander zu kommunizieren, Absprachen zu treffen und einzuhalten, Konflikte konstruktiv auszutragen und aufeinander Rücksicht zu nehmen. Ihre Gemeinschaftsfähigkeit wird so gestärkt. Gleichzeitig fördert die Gruppe den Abbau von Isolation und Vereinsamung der einzelnen Frauen, sowie die sinnvolle Gestaltung der Freizeit. Durch die Mitarbeit im Haushalt, bei der Essenszubereitung und Wohnungspflege und durch den verantwortlichen Umgang mit Geld erwerben die Bewohnerinnen lebenspraktische Fähigkeiten, die Voraussetzungen für ein selbständiges Leben in einer eigenen Wohnung sind.

Stationäre Einrichtungen. Nicht allen wohnungslosen Frauen kann durch die dargestellten Angebote wirkungsvoll geholfen werden. Ein Teil fällt durch alle Maschen des sozialen Netzes, auch weil die Störungen und Auffälligkeiten der betroffenen Frauen besonders gravierend sind. Oft haben sie jahrelang auf der Straße gelebt, sind psychisch sehr labil, alt oder krank. Diese Frauen können in einer klassischen stationären Einrichtung vorübergehend oder dauerhaft betreut werden. Hier werden ihre menschlichen Grundbedürfnisse befriedigt, sie können soziale Beziehungen eingehen, Vertrauen zu sich selbst und zu anderen aufbauen, vorhandene Fähigkeiten reaktivieren und wieder Hoffnung für die Zukunft gewinnen. Eine stationäre Einrichtung kann so auch für Frauen zu einer *Langzeithilfe* werden, in der sie ihren Platz in der Gemeinschaft finden und behaupten.

Mit Blick auf die Gewalterfahrungen wohnungsloser Frauen wird in der Durchführungsverordnung darauf verwiesen, dass diese gewaltbesetzten Lebensumstände zu besonderen sozialen Schwierigkeiten führen können. So entsteht eine Nähe zur Arbeit von Frauenhäusern, obwohl es unterschiedliche Zuständigkeiten gibt, die nicht in einen Topf geworfen werden dürfen. Hilfe für wohnungslose Frauen ist weitergehender als die Hilfe in Frauenhäusern. Aufgrund der Nähe zu den vielfältigen Maßnahmen der Bundes- und der Landesregierungen muss die Wohnungslosenhilfe sich immer und stetig mit diesen Maßnahmen vernetzen sowie Kontakte zu anderen Fraueneinrichtungen halten.

Übungsfragen

- Welchen Zusammenhang gibt es zwischen tradierten Geschlechterverhältnissen und der Lebenslage von Frauen auf der Straße?
- Welche frauenspezifischen Gründe gibt es für die Wohnungslosigkeit von Frauen?
- Beschreiben Sie „Typen" weiblicher Wohnungsloser.
- Was ist eine „zweckorientierte Partnerschaft"?
- Was sind „Frauenräume"?
- Skizzieren Sie Ansätze einer geschlechtssensiblen Beratung.
- Was sind die Mindeststandards für die Arbeit mit Frauen?
- Beschreiben Sie Standards für gemischtgeschlechtliche Einrichtungen.
- Weshalb sind reine Fraueneinrichtungen sinnvoller?
- Was sind Elemente eines frauenspezifischen und parteilichen Ansatzes?
- Welche Angebote für Frauen gibt es?
- Was verbirgt sich hinter dem Begriff „geschlechterblinde Männerforschung"?

Vorschläge für das Selbststudium

- Häusliche Gewalt und Gewalt gegen Frauen
- Traditionelle Geschlechterverhältnisse
- Geschlecht und Armut
- Männerrollen unter Wohnungslosen

Zum Weiterlesen

Aschenbrenner-Wellmann, B.: Diversität und Menschenrechte in der Postmoderne – Überlegungen aus sozial(arbeits)wissenschaftlicher Perspektive, in: Barz, M./Schmieder, C. (Hrsg.): Spiel-Räume gestalten. Soziale Arbeit im Rampenlicht, Stuttgart 2014

Enders-Dragässer, U./Sellach, B.: Ergebnisse des Modellprojektes, in: Enders-Dragässer u. a. (Hrsg.): Frauen ohne Wohnung, Stuttgart, Berlin und Köln 2000

Geiger, M./Steinert, E.: Alleinstehende Frauen ohne Wohnung, Stuttgart 1997

Heise, E.-M./Krägeloh, M.: Veränderte Bedarfe und Bedürfnisse wohnungsloser Frauen am Beispiel der Berliner „Notübernachtung für Frauen“, in: Gillich, S./Nagel, S. (Hrsg.): Von der Armenhilfe zur Wohnungslosenhilfe – und zurück? Gründau-Rothenbergen 2010, S. 219–227

Rosenke, W./Schröder, H.: Frauen und Wohnungslosigkeit – zur Erscheinungsweise weiblicher Wohnungslosigkeit und den Angeboten der Wohnungslosenhilfe, in: wohnungslos, 1/2006

Steckelberg, C.: Den Blick erweitern – vom geschlechtsspezifischen zum geschlechtsreflektierenden Ansatz in der Wohnungslosenhilfe, in: wohnungslos 2/2011, S. 37–40

Walther, F.: Frauenspezifische Methoden und Strukturen in der Beratung, in: wohnungslos, 1/2003

Kapitel 12
Herausforderungen für das Hilfesystem

■ In diesem Kapitel werden Herausforderungen diskutiert, die sich dem Hilfesystem in jüngster Zeit vermehrt stellen. Dabei wird es vor allem um Randbereiche des Hilfesystems sowie um neu auftretende Entwicklungen gehen. Die zentrale Frage dabei ist, wie die Wohnungslosenhilfe diesen Aufgaben begegnet, ohne ihre Identität, ihren Kernbereich, zu schwächen. Bei den hier diskutierten Herausforderungen handelt es sich um den Wohnungsnotfall, Straßenkinder, junge Volljährige, psychisch kranke Wohnungslose, die besondere Ausgangslage in Ostdeutschland und die neuen Anforderungen, die durch Leistungsvereinbarungen und durch Qualitätsdokumentationssysteme entstanden sind. Abschließend wird die Bundesbetroffeneninitiative vorgestellt, die eine Herausforderung eigener Art ist.

12.1 Wohnungsnotfall und neue Kooperationsmodelle in der Wohnungsversorgung

Der Begriff des „Wohnungsnotfalls" hebt prinzipiell die Unterscheidung zwischen Alleinstehenden und Familien auf. Das einzige gemeinsame Merkmal ist das Fehlen eines angemessenen Wohnraums. Damit wird die Aufmerksamkeit auf eine sehr große Personengruppe und deren Bedarf an institutioneller Hilfe gelenkt. Unterschiedliche Lebenswirklichkeiten bleiben freilich nur ungenügend berücksichtigt. Insbesondere die Lebensbedingungen von auf der Straße lebenden alleinstehenden Wohnungslosen werden nicht als die einer eigenen Gruppe mit einem besonderen Hilfebedarf wahrgenommen. Das hat Vorteile, es löst deren Spezifik in einer übergeordneten Betrachtung des Wohnungsnotfalls auf, lässt aber zugleich ihre spezifischen Bedarfe „verschwinden".

In der Wohnungslosenhilfe wurde schon vor einiger Zeit deutlich, dass sie sich zur Wohnungsnotfallhilfe erweitern muss. Die Klientel besteht dann vor allem aus Menschen, die im weiten *Wohnungsnotfallbegriff* definiert sind und in prekären Wohnverhältnissen leben. Dies stellt sicherlich eine große Herausforderung dar, die Innovationen fördern kann und zugleich widersprüchlich ist.

Unter Gesichtspunkten von Prävention ist eine solche Ausweitung der Klientel zweifelsohne sinnvoll. Auch stärkt diese Perspektive die ambulante Versorgung und die Tendenz, Menschen möglichst schnell in Wohnraum zu integrieren oder sie in ihrer Wohnung weiter zu betreuen. Es ist nicht auszuschließen, sondern sogar eher wahrscheinlich, dass sich hier zukünftig neue Aufgabenstellungen andeuten. Diese Entwicklung bietet Chancen und ist auch kritisch zu betrachten, da es zu Veränderungen im Kerngeschäft der Wohnungslosenhilfe führen kann, die auf der Basis der gesetzlichen Bestimmungen noch immer für Menschen in besonderen Lebenslagen mit besonderen sozialen Schwierigkeiten zuständig ist. Die Beschreibungen hierzu sind relativ eng definiert.

So ist es durchaus bedeutsam, dass die Wohnungslosenhilfe auch weiterhin Leistungen nach § 67 SGB XII erbringt. Es führt auch kein Weg daran vorbei, dass sie sich in einer weiten Fassung ihrer Zuständigkeit mit Blick auf Prävention, lebensweltliche Vernetzung und Integration zur Wohnungsnotfallhilfe erweitert, die in Kooperation mit den zuständigen kommunalen Stellen Aufgaben bei der Bearbeitung der vielfältigen Wohnproblematiken übernimmt. Sie wäre dann Einzelfallhilfe und Gemeinwesenarbeit zugleich.

In den letzten Jahren haben die Kommunen das Spektrum der Interventionsformen zur Wohnungsversorgung von Wohnungsnotfällen stetig erweitert. Neben geschützten Marktsegmenten, einem speziellen Kontingent von Wohnungen, das für Wohnungsnotfälle vorgehalten wird, wurde die Prävention durch die Einrichtung von Fachstellen enorm verstärkt. Auch wurden bestehende Obdachlosensiedlungen in Sozialwohnungen umgebaut. In der Konsequenz ging die Zahl der Betroffenen stark zurück, zugleich wurde aber auch die Wohnungslosenhilfe als eigenständiges System der Hilfen in diesem Bereich in Frage gestellt, da viele Aufgaben im Rahmen einer *Kommunalisierung der Hilfen* durch die Kommunen selbst durchgeführt werden. Dies wurde zuletzt durch die Einführung der Maßnahmen des ALG II zusätzlich verschärft, was die Wohnungslosenhilfe zur Neuausrichtung ihrer Profile zwingt.

Vor dem Hintergrund dieser Entwicklungen haben sich *Kooperationen* zwischen Trägern der Wohnungslosenhilfe und kommunalen Trägern für Aufgaben der Prävention herausgebildet, die eine schnelle Vermittlung aller Wohnungslosen in Wohnungen zum Ziel haben und sich im Rahmen regionaler Planungs- und Wohnungsversorgungsverbünde vollziehen. Die Beteiligung der Wohnungslosenhilfe an Kooperationsmodellen ist eine Chance, ihre spezifischen Aufgabenstellungen als Teil eines sozialen Hilfesystems für Menschen in besonderen sozialen Schwierigkeiten auch künftig wahrzunehmen.

Sie kann zum einen bei der Akutversorgung allein stehender Wohnungsloser ihre seitherigen Aufgaben wahrnehmen und sie zugleich optimieren, aber auch im Verbund mit anderen Akteuren neue Integrationsaufgaben erschließen. Sie kann zudem Wohnungslose mit Normalwohnraum versorgen, Präventivhilfen entwickeln, stadtteilorientiert agieren und sich an der Wohnungshilfeplanung beteiligen. Dabei können vor allem auch jenen Personen Hilfen angeboten werden, die auf Grund ihrer spezifischen Schwierigkeiten eine dauerhafte Hilfe benötigen.

Inzwischen haben sich Kooperationsbeziehungen zwischen der Wohnungslosenhilfe freier Träger, der kommunalen Wohnungslosenhilfe und der Wohnungswirtschaft besser entwickelt, was sich in verschiedenen Modellen zeigt (siehe wohnungslos 1/2010). Zugleich sehen sich die Akteure wie auch die Wohnungspolitik als solche durch den sich aktuell vielerorts zuspitzenden Mangel und die Konkurrenz verschiedener Gruppen um adäquaten, bezahlbaren Wohnraum vor neue Herausforderungen gestellt (vgl. Reichenbach in wohnungslos 4/2016; Kirchner in; Dt. Verein 2017, Fachlexikon S. 995).

Modellhaften Charakter hat das „Lotsenmodell" der Fachstelle Wohnungssicherung Karlsruhe, in dem Lotsen sich darauf konzentrieren, „die in Hotels und unbetreuten Obdachlosenunterkünften untergebrachten Personen möglichst schnell aus diesen Verhältnissen zu bringen" (Uhrig 2010, S. 7). Diese Lotsentätigkeit umfasst, in Abstimmung mit den Klienten, ein Clearing der Stärken und Ressourcen, die Suche nach der jeweils richtigen Wohnsituation und eine Begleitung.

Die freien und auch kommunalen Träger der Wohnungslosenhilfe sind besonders qualifiziert und gefordert, in Kooperationsmodellen mit der Wohnungswirtschaft und anderen Akteuren Wohnmöglichkeiten für Frauen und Männer zu entwickeln und diesen zugänglich zu machen, sie zu befähigen, Mietwohnungen dauerhaft zu halten und am gesellschaftlichen Leben teilzunehmen. Somit ist die Betonung der Wohnungsnotfallproblematik eine Herausforderung für die Wohnungslosenhilfe, die allerdings nicht zur Vernachlässigung des Kerngeschäftes, der Hilfe für extrem arme und wohnungslose Menschen, führen darf (Specht-Kittler 2005).

12.2 Angebote für junge Menschen

Die Wohnungslosenhilfe ist seit einigen Jahren vermehrt mit jungen Menschen auf der Straße bzw. in ungesicherten Unterkünften konfrontiert. Das sind zum einen *junge Volljährige*, unter denen es einen hohen Anteil junger Frauen gibt, zum anderen so genannte *Straßenkinder* (Bogumil et al. 1995; Vellmerig 2005). Können erstere auf Grund ihrer Volljährigkeit im Rahmen des SGB XII betreut werden, obwohl das SGB VIII zuständig ist, hat das Hilfesystem erhebliche Probleme mit den Straßenkindern, bei denen es sich meist um Kinder und Jugendliche zwischen 10 und 18 Jahren handelt. Insgesamt stellt diese Entwicklung eine neue *Herausforderung für das Hilfesystem* dar, die sich an einer Schnittstelle von Jugendhilfe (SGB VIII), Wohnungslosenhilfe (SGB XII) und SGB II befindet. Problematisch sind dabei vor allem die Folgen des SGB II, die vorsehen dass junge Volljährige, die ohne Arbeit sind, bis zum 25. Lebensjahr im Haushalt (der

Bedarfsgemeinschaft) der Eltern wohnen müssen und insofern keinen Anspruch auf eine eigene Wohnung haben. Die in den letzten Jahren sichtbar gewordenen Auswirkungen machen eine Umkehr des derzeit geltenden Rechts notwendig. Für Jugendliche und junge Volljährige muss das SGB VIII wieder Vorrang genießen.

Die Gruppe der wohnungslosen jungen Menschen, die als *Straßenkinder* bezeichnet werden, fallen im Gerangel zwischen Jugendhilfe und Wohnungslosenhilfe viel zu oft durch die Roste. Sie erregen nicht nur durch ihr Äußeres öffentliches Interesse, viele gehören zu auffälligen Jugendszenen wie den Punks, sie verstoßen zudem offenkundig gegen zentrale gesellschaftliche Werte, wie das Gebot der Sesshaftigkeit, der Akzeptanz elterlicher oder anderer Autoritäten und der gesellschaftlichen Forderung nach Arbeits- und Lernbereitschaft. Während die Zahl der tatsächlich auf der Straße lebenden Jugendlichen nicht allzu hoch ist, das Instrument der Inobhutnahme und andere Maßnahmen durchaus greifen, wird über eine Zunahme von Jugendlichen berichtet, die als Schulschwänzer zwar einen festen Wohnsitz haben, ihr Leben aber tagsüber auf die Straße verlegen und zur Straße hin tendieren. Darüber hinaus nimmt die Zahl „verlorener Jugendlicher“ zu (ein Begriff, den das Deutsche Jugendinstitut geprägt hat), die an Übergängen scheitern, sich den Sanktionen der ARGE entziehen und auf seltsame Weise „verschwinden“. Möglicherweise tauchen sie im Hilfesystem der Wohnungslosenhilfe wieder auf – hierauf sind Antworten zu finden (Lutz 2010).

Prinzipiell ist zwar die Jugendhilfe zuständig, die aber offenkundig *Versorgungslücken* hat. Eine besondere Brisanz entsteht dadurch, dass viele dieser Jugendlichen aus dem Betreuungssystem der Jugendhilfe selbst stammen. Es wird immer wieder von Zirkeln berichtet, in denen sich junge Menschen von Station zu Station bewegen, von Tageseinrichtungen in die Psychiatrie und auf die Straße und schließlich in ungesicherte Wohn- und Lebensverhältnisse. Sie begegnen der Wohnungslosenhilfe in ambulanten Beratungsstellen und bei der aufsuchenden Hilfe. Diese ist gefordert, die Jugendlichen in adäquate Maßnahmen zu vermitteln. Über die Art der Maßnahme entscheidet dann die Jugendhilfe, dennoch ist eine Zuarbeit der Wohnungslosenhilfe immer wieder notwendig.

Die Notwendigkeit von *Wohnhilfen für junge Volljährige* geriet seit Mitte der 1980er Jahre – durch verstärktes Auftreten von jungen Volljährigen – in den Blick des Hilfesystems. Wurden ihnen bis 1990 – abgesehen von wenigen Ausnahmefällen – nur im Rahmen der Sozialhilfe Wohnhilfeangebote zur Verfügung gestellt, so fiel der Personenkreis der 18- bis 21-Jährigen mit der Verabschiedung des neuen KJHG nun auch und vor allem in den Zuständigkeitsbereich der Jugendhilfe. Alle drei Betreuungsformen – die stationäre, die teilstationäre und die ambulante – können nun auch im Rahmen der Jugendhilfe angeboten werden. Allerdings stehen diese Hilfsangebote nicht immer sofort zur Verfügung, so dass Betroffene nach wie vor auch in Einrichtungen der Wohnungslosenhilfe betreut werden.

Wohnungsbezogene Hilfen für junge Volljährige gibt es in der Regel als „Betreutes Wohnen“ oder als „Sozial Betreutes Wohnen“ sowohl im Angebot der Jugend- als auch der Wohnungslosenhilfe. In der Jugendhilfe stehen *Jugendwohngemeinschaften* und individualisierende *Hilfen des betreuten Wohnens* zur Verfügung: Die Wohnungslosenhilfe hält für diesen Personenkreis das gesamte Angebotsspektrum bereit: das stationäre Wohnhilfeangebot für allein stehende Wohnungslose, die ambulanten Beratungsstellen und Wohngruppen (darunter solche, die speziell für junge Volljährige eingerichtet wurden).

In der Wohnungslosenhilfe ist eine besondere Sensibilität für die Belange der jungen Volljährigen entstanden, vor allem auch für junge Frauen. Neben Beratungsstellen als Anlaufstellen existieren unterschiedliche Wohnformen, darunter auch Angebote für junge Frauen. An manchen Orten sind Kooperationen zwischen Jugendamt, Wohnungslosenhilfe und anderen Hilfsangeboten wie Schuldnerberatung oder Erziehungsberatung entstanden. Dienste, die sich im Zwischenbereich von Wohnungslosenhilfe und Jugendhilfe befinden, haben „*Verselbständigungshilfen*“ für ältere Jugendliche und junge Erwachsene im Angebot, die pädagogische und existenzsichernde Hilfen verknüpfen, um so realitätsnahe Wohn- und Betreuungsformen zu schaffen, in denen sich junge Menschen entsprechend ihrer Möglichkeiten und Fähigkeiten auf ein Leben ohne Hilfe vorbereiten können. Dies wird auch dadurch möglich, dass das SGB VIII Unterstützung bis zum 21., in manchen Fällen sogar bis zum 27. Lebensjahr vorsieht.

Trotz dieser Ansätze gibt es noch große Defizite im Angebot. Eine *engere Zusammenarbeit* zwischen ARGE, Jugendhilfe und Wohnungslosenhilfe ist erforderlich. Gerade die Wohnungslosenhilfe muss diesbezüglich in die Offensive gehen. Dabei muss sie ihre Potentiale in der Hilfe zur Überwindung besonderer sozialer Schwierigkeiten stärker betonen und sich als Hilfe darstellen, die weitaus mehr trainiert als beherbergt, die lebensweltnah agiert und auch präventiv tätig ist. Allerdings kann es für diese Klientel keine einfachen Lösungen geben. Hilfen für wohnungslose Jugendliche sollten sich an drei Aspekten orientieren:

- Hilfestellungen müssen angesichts der Probleme dieses Personenkreises viel früher ansetzen. Es bedarf also einer deutlichen Stärkung präventiver Hilfen, u. a. auch durch den Ausbau von Beratungsstellen in der unmittelbaren Lebenswelt der Adressaten. Hier stellt sich eine neue Herausforderung für ambulante Beratungsstellen der Wohnungslosenhilfe.
- Es sollte ein Ausbau individualisierter Hilfen erfolgen, da mit diesen die vielfältigen Probleme der Adressaten besser aufgearbeitet und die persönlichen Voraussetzungen besser berücksichtigt werden können.
- Zum dritten bedarf es intelligenter Strategien zur Erschließung preiswerten Wohnraums, also der Nutzung auch unkonventioneller Möglichkeiten, die

die Wohnungsnot zwar nicht vollständig beseitigen, die akuten Probleme für den betroffenen Personenkreis mildern können. Hierzu kann die Wohnungslosenhilfe mit ihren vielfältigen Konzepten und Erfahrungen im Bereich der Wohnhilfen einen Beitrag leisten.

Die BAGW hat in einem Positionspapier zur Wohnungslosigkeit junger Erwachsener schon 2004 darauf hingewiesen, dass Angebote gefordert sind, die die besondere Situation der Zielgruppe berücksichtigen und vor dem Hintergrund einer sozialräumlichen Orientierung auf kommunaler Ebene eines *Gesamtkonzeptes* bedürfen, das zu einer Kooperation und Vernetzung vor allem zwischen Jugendhilfe und Wohnungslosenhilfe führt und, wenn möglich, Schwerpunktmitarbeiter für diesen Bereich benennt. Vorschläge und Projekte auf Stadtteilebene, wie „Jugendliche und junge Erwachsene erfolgreich in das Spektrum der vorhandenen Bildungs-, Ausbildungs- und Beschäftigungsmaßnahmen" vermittelt werden können, gibt es viele (Simon 2010, S. 119). Dennoch bleibt ein Bedarf an eher unkonventionellen Maßnahmen wie Jugendhilfe-Fonds, um sozialversicherungspflichtige Beschäftigung zu fördern.

12.3 Von erschöpften zu obdachlosen Jugendlichen

Nach unklaren Schätzungen lebten 2016 mehr als 20.0000 *„obdachlose Jugendliche"* auf der Straße. Sie werden als *„arme und erschöpfte Jugendliche"* verstanden und haben mitunter bereits lange Armuts- und Ausgrenzungserfahrungen, die ihr Leben und ihre Einstellungen prägten (Lutz 2015). Dieser Prozess der *„Erschöpfung"* verläuft in verschiedenen Stadien und Übergängen, die ihn beschleunigen, wenn Ausstiegsoptionen nicht greifen. Es lässt sich allerdings keine Zwangsläufigkeit feststellen, vielmehr lassen sich individuelle Kipppunkte beobachten, die oftmals durch fehlende Unterstützung und nicht verfügbare Ressourcen und Kompetenzen hervorgerufen werden.

Arme Jugendliche erlebten oftmals Armut und Gewalt schon in der Herkunftsfamilie, ihre Kontakte blieben auf das Milieu ähnlich gelagerter Lebenswirklichkeiten beschränkt, sie waren in Lebenslagen aufgewachsen, in denen sich eine Kultur der Armut und soziale Erschöpfung verfestigt hatten. Auch scheiterten sie mehrfach im Schulsystem, blieben diesem immer wieder fern, erhielten keinen qualifizierenden Schulabschluss und auch keinen Ausbildungsplatz, der Zugang zum Erwerbssystem blieb „versperrt". Schließlich war auch die Hilfesuche nicht immer von Erfolg gezeichnet, da sie im Gewirr der Jugendhilfe keine adäquaten Ansprechpartner fanden.

Die Erschöpfung der Jugendlichen verdichtet sich und kann einen Punkt erreichen, der Perspektivlosigkeit, Mutlosigkeit und Misstrauen gegenüber Hilfe hervorruft sowie das Handeln immer mehr strukturiert, dies kann sich in Formen der Selbstausgrenzung verdichten. Die soziale Erschöpfung der Jugendlichen, die zumeist in der Kindheit beginnt, kann sich im Jugendalter verdichten und sich in sozialen Phänomenen wie Obdachlosigkeit manifestieren; sie ist auch ein Ergebnis sich erschöpfender Hilfen.

Als Arbeitslose werden Jugendliche zwangsläufig zu Transferleistungsempfängern. Die Praxis des SGB kann bei Jugendlichen Arbeitslosigkeit verfestigen (Cremer 2013, S. 38 f.). Inzwischen werden vielfältige Probleme diskutiert, die sich an den Schnittstellen der sozialen Systeme bewegen, zwischen SGB VIII und SBG II, die unterschiedliche Intentionen haben, unterschiedlich finanziert werden, aber beide schwierige Jugendliche als Adressaten besitzen. Auch stellte das IAB schon 2012 fest, dass die Anordnung von Arbeitsgelegenheiten für die Integration junger Menschen eher negative Wirkungen hat (Dietz/Kupka/Lobato 2013). Bei Jugendlichen sind auf Grund von Pflichtverletzungen verschärfte Sanktionen möglich, als Hartz IV Empfänger werden sie doppelt so häufig sanktioniert, bei Verstößen kann dies häufig zur Streichung aller Bezüge führen. Es gibt Jugendliche, so die Ergebnisse weiterer Studien, die auf anhaltende Sanktionen mit Verschwinden, Abtauchen, Einstiegen in Kriminalität oder einem Rückzug in die Familie reagieren, was ihnen aber gleichfalls kaum Perspektiven vermittelt. Sanktionen, die motivieren sollen, fördern gerade das nicht.

Vorliegende Daten lassen sich als Zuspitzung der Lage von benachteiligten Jugendlichen diskutieren und sich zur These der *„verlorenen Jugendlichen“* verdichten (Skrobanek/Tillmann 2015). Verlorene Jugendliche, die im Hilfesystem und an Übergängen scheitern, sind mit stetig sich verschlechternden Teilhabechancen konfrontiert. Letztlich erschöpfen sie sich daran und werden vermehrt Ausgrenzungsrisiken ausgesetzt, die sich in sozialen und kulturellen Benachteiligungen zeigen und sich zugleich verfestigen. Bei wiederholten Misserfolgen greifen sie vermehrt zu Strategien der Selbstausgrenzung. Auch verfügen sie in ihren Lebenslagen kaum über Ressourcen für eine angemessene Bewältigung ihrer Situation. Viele von ihnen „verschwinden“ deshalb, sind zwar da, nehmen aber an keinen Maßnahmen der Arbeitsförderung mehr teil, sie sind quasi *„verloren“;* und einige „tauchen“ als „obdachlose Jugendliche“ wieder auf und erlangen mediale Aufmerksamkeit. „Verlorengehen“ ist als ein Prozess zu verstehen, der sich auf einem Kontinuum sozialer Desintegration und sozialer Ausgrenzung vollzieht.

Zwar gilt das deutsche Jugendhilfegesetz als vorbildlich und hat zur Errichtung eines engmaschigen Netzes der Unterstützung geführt, doch die Praxis sieht an einigen brisanten Stellen anders aus. Viele Jugendliche scheitern an der Unklarheit der Zuständigkeiten und werden von einer Stelle zur anderen weiter gereicht (Cremer 2013). Eine Vernetzung die oft gefordert und vielfach auf dem Papier realisiert wurde, scheint noch immer nicht zu funktionieren bzw. zu fehlen. Schwierig ist vor allem, dass es zu lange dauert, bis die Jugendämter helfen, die Arbeit der Ämter, der Kinderheime, der Notunterkünfte oder der Streetworker wird zudem nicht oder nur unzureichend koordiniert.

Offenkundig gibt es Probleme im Hilfesystem, die zu einer Verfestigung von Jugendarmut sowie von Ausgrenzung führen und zugleich den Prozess der Erschöpfung beschleunigen, indem Jugendliche schleichend das Vertrauen in die Hilfe verlieren bzw. an Zielen scheitern, die mit ihrer Lebensrealität zunächst nicht übereinstimmen. In der Konsequenz des „Scheiterns" „arrangieren" sie sich mit einem Leben am „unteren Limit", zwischen Armut, Betteln, Drogen, Kriminalität, Gewalt und Notunterkünften. Je länger dabei die Prozesse der Erschöpfung und Ausgrenzung andauern, desto eher ist Obdachlosigkeit die Folge. Daraus entstehen Diskussionsbedarfe auf verschiedenen Ebenen der Unterstützungssysteme aber auch in der Wohnungslosenhilfe, die sich dieses „neuen Phänomens" vermehrt stellen muss.

12.4 Versorgung psychisch kranker wohnungsloser Frauen und Männer

Die Einrichtungen der Wohnungslosenhilfe sind in ihrem Alltag seit Jahren zunehmend mit massiven psychischen Störungen und Erkrankungen ihrer Klienten konfrontiert, denen sie nicht wirklich und zielgerichtet begegnen können. Dabei handelt es sich zumeist um Personen, die sich an der Schnittstelle von Maßnahmen nach § 53 SGB XII in Verbindung mit §§ 90 ff. SGB IX und dem § 67 SGB XII befinden, also letztlich in beiden Hilfesystemen Betreuung finden könnten, allerdings ist die Hilfe nach § 67 SGB XII nachrangig. Zu den Personen, die trotz erheblicher psychischer Schwierigkeiten nicht oder nur unzureichend eine Hilfe nach § 53 SGB XII in Verbindung mit §§ 90 ff. SGB IX erhalten und zur Deckung der Versorgungslücke in der Wohnungslosenhilfe betreut werden, gehören u. a. Personen:

- die eine komplexe psychische Erkrankung haben, die aber auf eine Suchterkrankung reduziert wird;
- die nicht nur eine Erkrankung haben;
- die psychiatrische Hilfe ablehnen, keine Veränderungsbereitschaft zeigen oder keinen Zusammenhang zwischen ihren sozialen Schwierigkeiten und diagnostizierten psychischen Störungen sehen;
- die auf Grund ihrer persönlichen Lebenslage nicht fähig sind, psychiatrische Hilfen anzunehmen;

- die Therapiemaßnahmen abgebrochen haben;
- die hinsichtlich ihrer psychischen Schwierigkeiten versorgt sind und vorrangig Hilfen zur Bewältigung ihrer anders gelagerten besonderen sozialen Schwierigkeiten benötigen;
- die auf eine Therapiemaßnahme warten bzw. deren Situation noch ungeklärt ist, weshalb die Wohnungslosenhilfe den akuten Versorgungsbedarf decken muss (Driessen/Dilling 1997; Schild 1999; Schwarzenau 2002; Rosenke 2005).

Personen mit den angedeuteten Problemen befinden sich häufig in Einrichtungen der Wohnungslosenhilfe, die aber mitunter überfordert sind. Ohnehin schwierige Integrationsbemühungen werden zusätzlich belastet, die Effektivität der Hilfe steht zur Disposition, das Klima in den Einrichtungen wird unruhiger. Allerdings gibt es einzelne Einrichtungen, die sich auf die Betreuung psychisch kranker Wohnungsloser spezialisiert haben.

Das Problem ist sowohl von der Wohnungslosenhilfe als auch von der Psychiatrie erkannt worden. Dennoch bleibt die Herausforderung groß. Neben den Defiziten gesundheitlicher Versorgung tragen verschiedene andere Sachverhalte zum Entstehen dieser Versorgungslücke bei: So werden wohnungslose Menschen zur Akutbehandlung in eine Einrichtung der Psychiatrie eingewiesen, sie werden dort fachgerecht versorgt, doch fallen ihre zusätzlichen besonderen sozialen Schwierigkeiten als störend auf und schaden dem Behandlungserfolg. Auch erweist sich die Nachsorge als schwierig, wenn kein eigener Wohnraum zur Verfügung steht und die Betroffenen zurück in die Einrichtung oder auf die Straße entlassen werden. Vielfach erkennen wohnungslose Patienten nicht die Eigenständigkeit ihrer psychischen Probleme an und lehnen mitunter auch therapeutische Gespräche ab, fühlen sich nicht ernst genommen und unverstanden.

Manche Wohnungslose entwickeln einen *„taktischen" Umgang* mit Einrichtungen der Psychiatrie, die sie vor den bedrohlichen Bedingungen auf der Straße schützen können, indem sie ihnen Obdach, Essen und Zuwendung geben. Sie integrieren die psychiatrische Versorgung in ihr Überlebenskonzept. Die Einrichtungen wiederum sehen sich missbraucht und entwickeln ihrerseits „Taktiken", um sich vor diesen Menschen schützen oder sie sobald als möglich wieder entlassen zu können. Dies führt zu Kommunikationsproblemen zwischen beiden Hilfesystemen. Die Bedürfnisse der wohnungslosen Menschen mit psychiatrischem Behandlungsbedarf und das derzeitige Hilfeangebot scheinen nicht zusammen zu passen. Ohne eine stärkere Orientierung an der Besonderheit des Einzelfalles und einer größeren Kooperation beider Systeme wird die Versorgung kaum zu verbessern sein.

Erfolgreiche Kooperation zwischen Wohnungslosenhilfe und Psychiatrie ist gehalten, die Lebensweltnähe und die ganzheitliche Problemsicht der Wohnungslosenhilfe sowie die speziellen psychiatrischen Behandlungsformen miteinander wie folgt zu kombinieren:

- Die Hilfegewährung in Form einer psychiatrischen Behandlung erfordert grundsätzlich eine Beurteilung durch einen sozialpsychiatrischen Dienst. Dies setzt die Bereitschaft des Klienten voraus, seine Krankheit zu akzeptieren. Dies ist jedoch bei vielen nicht gegeben, somit wäre aber der Zugang zur notwendigen Hilfe verwehrt. Wichtig ist es deshalb, die Mitwirkungsgrenzen des Betroffenen zu erkennen und die Mitarbeiter der Wohnungslosenhilfe stärker zu kontaktieren. Diese sind aufgefordert, im Einzelfall auf die vorliegenden besonderen sozialen Schwierigkeiten hinzuweisen, also im Sinne des Hilfebedürftigen anwaltlich tätig zu sein.
- In der Psychiatrie müssen der Sozialdienst der Klinik und die Sozialarbeiter aus der Wohnungsloseneinrichtung in die Behandlung und in die Entlassung der Patienten einbezogen werden.
- Vereinbarungen zwischen kommunalen Behörden, der Wohnungslosenhilfe, Wohnheimen für psychisch kranke Wohnungslose und psychiatrischen Kliniken erleichtern die Absprachen über gemeinsame Hilfeplanungen. Es sollten hierfür Clearingstellen eingerichtet werden.
- Die Versorgung kann auf der Ebene der Kommunen verbessert werden. Hierzu werden die für die jeweilige Person erforderlichen Leistungen auf der Grundlage eines gemeinsamen Hilfeplans verschiedener Dienste kombiniert. Der oder die Betroffene kann dann auch in einer möglichst selbständigen Wohnform leben, hierzu ist der kontinuierliche Kontakt zu einer Fachkraft in Form einer aufsuchenden oder nachgehenden Hilfe erforderlich, die die Umsetzung des Hilfeplans überwacht. Dies kann durch eine ambulante Beratungsstelle in Abstimmung mit psychiatrischen und anderen Diensten erfolgen.

Kooperative Modelle sind zweifelsohne der Weg zur Versorgung psychisch kranker und wohnungsloser Frauen und Männer. Ein Beispiel aus Karlsruhe zeigt einen Weg; dort hatten alle Träger sozialpsychiatrischer Angebote sich abgestimmt, niemanden in die Obdachlosigkeit zu entlassen (Uhrig 2010b). Allerdings müssen die Finanzierung und die Schnittstellen genau definiert, Informations-, Abstimmungs- und Entscheidungsprozesse klar und eindeutig festgelegt werden und dürfen nicht durch fremde Einflüsse gestört werden wie persönliche Gefühle, Standesdünkel oder fachliche Kontroversen. Eine verbindliche Vernetzung der Hilfesysteme ist erforderlich, um erfolgreich arbeiten zu können.

Für das System der Wohnungslosenhilfe ergeben sich einige zusätzliche Aufgabenstellungen, die kurz skizziert werden sollen:

- Psychologische oder medizinische Beratung in der Einrichtung, also eine psychiatrieunabhängige Beratung, um über Therapiemöglichkeiten zu informieren, Ängste abzubauen und Motivation zur Aufnahme der Behandlung zu erhöhen.
- Erforderlich ist eine intensive Begleitung von Personen, die sich nicht adäquat artikulieren können, um deren Ansprüche an das Gesundheitssystem durchzusetzen. Dies kann ergeben, dass ein betreutes Wohnen nicht in Betracht kommt und insofern eine stationäre Unterbringung sinnvoller ist.
- Die ambulante Betreuung muss sich über einen längeren Zeitraum erstrecken und benötigt eine hohe Flexibilität.
- Im Hilfesystem sind Einrichtungen für „nasse“ Alkoholiker erforderlich.
- Es bedarf spezifischer und wirkungsvoller Angebote für psychisch kranke und zugleich wohnungslose Frauen.
- Das Personal der Wohnungslosenhilfe sollte sich hinsichtlich der besonderen Probleme psychisch kranker Wohnungsloser ständig zu den Standards, den Grenzen und den Übergängen des Hilfesystems informieren und qualifizieren.

12.5 Die Situation in Ostdeutschland

Mit dem Beitritt der ehemaligen DDR zur Bundesrepublik entstanden in den neuen Bundesländern auch Probleme mit obdachlosen Personen, die es offiziell in der DDR nicht gab (Lutz 1999). Folglich bestanden auch keine Hilfemaßnahmen; Einrichtungen der Wohnungslosenhilfe mussten neu aufgebaut werden. Dieser Aufbau hat sich inzwischen konsolidiert, das Hilfesystem selbst hat sich entwickelt und ist mit den gleichen Problemen konfrontiert wie in anderen Regionen.

Die noch vor wenigen Jahren feststellbare Besonderheit ostdeutscher Entwicklungen lässt sich heute kaum noch erkennen. Insofern ist eine besondere Würdigung in einem Lehrbuch auch nicht mehr erforderlich.

Dennoch ist festzuhalten: Das System einer modernen Wohnungslosenhilfe in Ostdeutschland hat eine vergleichsweise kurze Tradition, es handelt sich um eine Neuentwicklung nach der Wiedervereinigung. Das hat zu einigen sehr modernen Einrichtungen geführt, so auch in der Prävention, es hat aber auch alte Vorbehalte gegen die Klientel transportiert, die sich in der DDR mit dem Begriff des „*Asozialen*“ verbanden (Zeng 2001). So wurden Menschen bezeichnet, die außerhalb der sozialistischen Ordnung standen, irgendwie auffällig, angeblich arbeitsscheu und „verwahrlost“ waren, einen schlechten Charakter hatten und Relikte des alten kapitalistischen Systems darstellten. Diese Charakterisierung erinnert ein wenig an die Implikationen eines faschistischen Verständnisses von Nichtsesshaftigkeit und findet sich mitunter noch im Alltag der Hilfegewährung – aber auch das verschwindet allmählich.

12.6 Leistungsvereinbarung, Dokumentation, Qualität und Erfolg

Eine Einrichtung, die im Bereich der Wohnungslosenhilfe Leistungen erbringt, kann hierfür nur eine Vergütung durch die öffentlichen Träger erwarten, wenn zwischen der Einrichtung und dem Kostenträger eine Leistungsvereinbarung über Inhalt, Umfang und Qualität der jeweiligen Leistung ausgehandelt wurde. Dies wird in §§ 75 ff. SGB XII geregelt. Dabei kann die Vergütung aus Pauschalen und Beiträgen für einzelne Leistungsbereiche bestehen. Diese Vereinbarung muss dabei die wesentlichen Leistungsmerkmale festlegen, den zu betreuenden Personenkreis, sowie Art, Inhalt, Ziel und Qualität der Leistung benennen. Notwendig sind auch eine Darstellung der Qualifikation des Personals sowie der erforderlichen sachlichen und personellen Ausstattung. Die Einrichtung verpflichtet sich dazu, Hilfesuchende zu betreuen und dies nach Gesichtspunkten der Wirtschaftlichkeit zu tun. Vereinbarte Leistungen müssen geeignet, ausreichend und bedarfsdeckend sein.

Hierfür müssen die *Standards* und die Art des jeweiligen Hilfeangebotes definiert und in ihrer Bedeutung für das Ziel der Hilfe bewertet werden, was mitunter nicht einfach ist (Simon 1996). Die Leistungsvereinbarung muss dabei immer auch berücksichtigen, dass es im konkreten Hilfeprozess Modifikationen der Leistungsart geben kann, bzw. die Hilfe, um das Ziel zu erreichen, über den vereinbarten Rahmen hinausgehen muss.

Hinsichtlich des Personenkreises ist dabei nicht allgemein von Menschen in besonderen sozialen Schwierigkeiten auszugehen. Es müssen vielmehr *Zielgruppen* benannt werden, die einen qualitativ gleichen oder ähnlichen Hilfebedarf haben. Die Einrichtung muss dann in der Lage sein, für diese Personengruppen einzelfallbezogen Leistungen anzubieten. Das Ziel der Leistung ist ganz generell die Befähigung zur Selbsthilfe und muss immer auch jenen Zielen entsprechen, die im SGB XII festgelegt sind. Dabei können Maßnahmen auch der Abwendung drohender Notlagen und der Erhaltung der Wirksamkeit bereits gewährter Hilfe dienen. Die Leistungen zur Überwindung besonderer sozialer Schwierigkeiten haben aber immer das Ziel, sozial ausgegrenzten Personen die Teilnahme am Leben in der Gemeinschaft und die Führung eines menschenwürdigen Lebens durch die Normalisierung der besonderen Lebensverhältnisse zu ermöglichen.

Im Rahmen von Leistungsvereinbarungen zwischen dem Träger der Hilfe und den Einrichtungen der Wohnungslosenhilfe sind auch *Maßnahmen zur Ermittlung und Überprüfung der Qualität* erbrachter Hilfen zu etablieren. Ist es schon komplex genug, einen sinnvollen Leistungskatalog für die Wohnungslosenhilfe zu erstellen, der alles umfasst, was angeboten und auch erbracht wird, so wachsen die Schwierigkeiten, wenn es darum geht, vertragliche Vereinbarungen über Prüfverfahren zu treffen, die auch die Effektivität der Hilfen einschließen. Die *Festlegung von Leistungsstandards* erfordert die Beschreibung der Anforderungen an die Eigenschaften und Merkmale der von der Einrichtung zu erbringenden Dienstleistung. Diese Standards müssen dabei so festgelegt werden, dass deren Einhaltung und Erreichung auch begutachtet werden kann. In der Überprüfung ihrer Qualität sind sie dabei zu bewerten und auf ihre Zielgenauigkeit zu hinterfragen.

Der Hilfeprozess verläuft nicht mehr naturwüchsig, sondern wird, gemäß der Leitprinzipien Effektivität und Effizienz, rational und zielgerichtet gesteuert. Eine *Zieldefinition* ist erforderlich. Die Leistungen, die daraus resultieren, werden hinsichtlich ihrer Wirkungen überprüfbar, die Effizienz der eingesetzten Mittel wird sichtbar. Dies dient in der Regel dazu,

- Entscheidungen über Ressourcen, Ziele und Methoden im Hilfeprozess zu steuern;
- die eigene Leistung gegenüber verschiedenen Adressaten, insbesondere den Kostenträgern der Hilfe, zu legitimieren.

Dies macht eine systematische *Qualitätsdokumentation* erforderlich. Diese liefert Informationen und Wissen, die mit anderen Instrumenten nicht zu erreichen sind, und sie ist durch die Wohnungslosenhilfe in eigener Zuständigkeit zu erstellen. Hierfür sind vor allem die Verlaufsprozesse der getroffenen Hilfeplanung festzuhalten. Dokumentiert werden müssen Zielerreichung, Zielabweichung und deren Hintergründe. Diese sollte einfach und standardisiert durchgeführt werden können.

Für eine angemessene und nachhaltige Dokumentation sind Daten aus verschiedenen Bereichen zu sammeln, zu verdichten und auszuwerten:

- Zunächst einmal sind Informationen aus dem Lebenszusammenhang der Klienten zu erfassen, deren Anzahl und deren demographische und lebenslagenbezogene Merkmale. Je nach Aufgabenstellung der Einrichtung und entsprechend den Leistungsvereinbarungen und Hilfeplänen werden Kompetenzen, Einstellungen, Wohn- und Arbeitswünsche der Klientinnen und Klienten erhoben. Sowohl Fremd- als auch Selbsteinschätzungen des Klienten werden erfasst. Darüber hinaus wird auch der Verlauf des jeweiligen Hilfeplans mit seinen Erfolgen und Schwierigkeiten festgehalten.

- Auch Organisationsdaten sollten erhoben und aufbereitet werden, da so erst die Klientendaten in den richtigen Zusammenhang gestellt werden. Zu diesen gehören u. a. Hinweise zu Personal, Räumen, Ausstattung, Finanzierung und auch zum Träger der jeweiligen Einrichtung.
- Schließlich sind auch Informationen zur „Umwelt" der Einrichtung sinnvoll, da sie die wirkliche Einschätzung der Leistung verbessern helfen. Es ist nachvollziehbar, dass eine Beratungsstelle in einer Region mit sehr hoher Arbeitslosigkeit und einem sehr engen Wohnungsmarkt andere Vermittlungserfolge aufweisen kann als eine, die bessere Bedingungen in ihrem Einzugsgebiet vorfindet.
- Von großer Bedeutung für die Dokumentation ist dabei auch, dass die Datenerhebung nicht als Querschnitt erfolgt, sondern am zeitlichen Ablauf der Arbeit orientiert ist und somit Entwicklungsverläufe und Veränderungen sowie deren Hintergründe erfasst.
- Zu bedenken ist auch, dass in einer reinen Fallstatistik eine Person mehr als einmal erfasst werden kann, während in einer Personenstatistik diese nur einmal gezählt wird, es sei denn, man ergänzt dies durch die Anzahl der jeweiligen Kontakte mit der Person.

Eine daran anschließende Debatte dreht sich neuerdings um die Frage: Was ist Erfolg und wie kann man ihn messen? Diese insbesondere in der Sozialen Arbeit schwierige Frage ist zentraler Aspekt einer Studie, die mit dem besonderen Blick auf das Hilfesystem für Menschen mit besonderen sozialen Schwierigkeiten durchgeführt wurde (Gerull/Merckens/Dubrow 2009). Deren Ergebnisse sollen hier vorgestellt werden, da auch die Wohnungslosenhilfe unter starkem Erfolgsdruck arbeitet.

Die Studie stellt zunächst fest, dass in der Wohnungslosenhilfe bisher keine Erfolgs- bzw. Misserfolgskriterien ausgearbeitet wurden. Daraus resultieren die Fragen der Studie nach den Erfolgskriterien in der Hilfe nach §§ 67 ff. SGB XII: ob es überhaupt eine fachöffentliche Diskussion zu diesem Thema gibt und wie Instrumente der Erfolgskontrolle aussehen, die zu einer Optimierung der Hilfe beitragen könnten.

Die Arbeit stellt sich explizit in die jüngere Tradition einer Sozialen Arbeit, die mit Evaluationen und praxisorientierten Studien die Wirksamkeit der geleisteten Arbeit nachprüfen bzw. nachweisen will und muss. Diese Wirkungsforschung, die sich von der stark medizinisch orientierten „Evidence Based Social Work" abzugrenzen versucht, sieht gleichwohl Erfolg und Wirkung des Handelns im Zentrum.

Allerdings bleiben weitere zentrale Fragen offen, die zu klären sind: Wie misst sich Erfolg, wer definiert Erfolg, was ist Qualität, wie sichert „man" Qualität? Es stellt sich vor allem die Frage: Was ist mit denen, die keinen Erfolg „versprechen"? Werden diese an die Elendsverwaltung und die Almosenverteilung der „Zweiten Klasse" der Sozialen Arbeit verwiesen? Reicht der in der Studie versteckte Hinweis, dass es diese gescheiterten Fälle eigentlich gar nicht geben dürfte?

Jenseits dieser Fragen stellt die Studie fest, dass die Wirksamkeit durchaus mit geeigneten Forschungsmethoden untersucht und geprüft werden kann. Deutlich wird auch, dass Kriterien und Diskussionen über Erfolg sich immer an den Menschen zu orientieren haben, daran eben, ob Hilfen zu einer verbesserten individuellen Lebensführung beitragen.

Für diese Evaluationen werden nachvollziehbare Randbedingungen genannt, wie eine klare Definition des Forschungsziels, eine Kombination von qualitativen und quantitativen Methoden und einer Erfassung von Zielen, Teilzielen, Zielverschiebungen und Kriterien der Zielerreichung. Darüber hinaus wird das eigentliche Ziel der Wirkungsforschung deutlich formuliert: Der Hilfeprozess soll im Hinblick auf die erhoffte Wirkung beim Klienten optimiert werden. Dies ist insofern von Bedeutung, da es somit nicht um Rationalisierungsmaßnahmen geht, die sich vor allem in einem effektiveren Mitteleinsatz niederschlagen, sondern um eine Qualifizierung der Hilfe und der Infrastrukturen für Menschen, die um Hilfe nachfragen. In einer solchen Betrachtung steht der Mensch und nicht das System im Mittelpunkt.

Eine Auseinandersetzung mit „Erfolg" in der Hilfe nach §§ 67 ff. SGB XII eröffnet eine weit gefächerte Debatte, in der nicht nur die Vielfalt der Schnittstellen dieses Hilfesystems berührt werden (Psychische Erkrankungen, Suchtgefahren, Mehrfachproblemlagen, Jungerwachsene an der Schnittstelle von SGB XII und SGB VIII, Fragen der Grundsicherung), sondern auch die spezifischen Problemlagen, Ressourcen und Hemmnisse auf Klientenseite zur Sprache kommen. Deutlich wird, in welcher Gemengelage Kriterien für Erfolg angesiedelt sind, in welch unterschiedlichen Zuständigkeiten sie liegen und definiert werden und wie heterogen sie zugleich sind.

Letztlich geht die fachliche Diskussion um Erfolg in der Wohnungslosenhilfe um Rahmenbedingungen und Strukturveränderungen; insbesondere wenn es um Weiterentwicklung, Fortschreibung und Optimierung der Schnittstellenbereiche, die Klärung rechtlicher Zuordnungen sowie die Verbesserung kooperativer Handlungssysteme geht. In diesen komplexen Verhältnissen sind Systeme der Erfolgskontrolle in einem eher negativen Sinne betroffen, was letztlich meint, dass die Erfolgsfrage aus Sicht des angestrebten Ziels der Hilfe, der Überwindung von besonderen sozialen Schwierigkeiten, im Hilfesystem noch nicht allzu umfassend entwickelt ist.

Ferner werden angrenzende Arbeitsfelder betrachtet (Prävention von Wohnungsverlusten, Eingliederungshilfen, Therapeutische Wohngemeinschaften für

Jugendliche und Jugendhilfemaßnahmen), um hieraus Wirkfaktoren von Erfolg und Misserfolg zu gewinnen. Deutlich wird, dass Erfolg und Misserfolg in einer heterogenen Fassung sehr wohl eine große Rolle im Alltag des Hilfesystems spielen, aber eben in doch sehr unterschiedlichen Formen. Das reicht vom Erfolg, der sich als Zufriedenheit mit der Arbeit darstellt, bis zum Erfolg, der sich ganz klassisch und nachvollziehbar in Arbeit und Wohnung niederschlägt.

Interessant ist, dass es offenkundig auch zwischen den Akteuren des Hilfesystems unterschiedliche Vorstellungen von Erfolg gibt: Leistungserbringer gehen mitunter von einer absolut abweichenden Definition der Sozialhilfeträger aus. Es überrascht dabei nicht, dass Geld und Kostendruck eine zentrale Rolle zu spielen scheinen. Leistungserbringer formulieren dann, dass die Träger der Hilfe nicht sehen, dass die Hilfe mit der vordergründigen Lösung der Probleme nicht beendet ist oder dass manche Hilfeprozesse länger dauern. Und Träger unterstellen den Leistungserbringern, dass diese „mit Netzen durch die Gegend laufen", um Menschen, die auch nur irgendwie passen, in ihre Maßnahmen zu pressen. Diese Sichtweisen sind für die Entwicklung von Wirkfaktoren für Erfolg äußerst kontraproduktiv.

Die Frage nach dem Erfolg lässt sich für das Hilfesystem nicht abschließend beantworten, da es bisher keine Grundsatzdiskussion und auch keine ausgearbeiteten Kriterien gibt: „Ein funktionierendes, die unterschiedlichen Einflussgrößen beachtendes Evaluationsverfahren für die Hilfe nach §§ 67 ff. SGB XII existiert bisher nicht" (Gerull et al 2009, S. 107). Ein nicht unwesentliches Detail dabei ist, dass je nach Form der Hilfe unterschiedlich schnelle Erfolge von Seiten der Träger erwartet werden. Nicht der Hilfebedarf des Klienten steht im Vordergrund, sondern die Betreuungsintensität. Dies wird durch den Kostendruck und die Kostenfrage überlagert. Doch diese taugen nicht für die Definition von Wirkfaktoren, die Erfolg empirisch begründen und evaluieren lassen.

In ihren Empfehlungen stellt die Studie fest, dass Erfolg in der Hilfe sich ausnahmslos am Einzelfall zu orientieren hat, da das Ziel der Maßnahmen „immer die Überwindung der individuellen sozialen Schwierigkeiten" sein muss. Daraus ist nicht zu folgern, dass Erfolg den Bezug einer Wohnung meint. Erfolg stellt sich zudem erst dann ein, wenn er tatsächlich nachhaltig ist und insofern Wirkungen in der Lebensführung des Klienten hat, doch auch dies heißt nicht, dass alle Probleme auf Dauer verschwunden sind. Dieses Fazit ist nicht überraschend, es reflektiert im Grunde genommen den Stand der Fachdebatte.

Daraus sind konsequent Empfehlungen für das Hilfesystem abzuleiten, die vor allem auf die Initiierung einer Grundsatzdiskussion über Erfolg hinaus laufen und dabei u. a. die Installierung von Erfolgskontrollen, einen systematisierten Umgang mit gescheiterten Fällen, eine Flexibilisierung der Hilfen, eine Ermöglichung von Mischfinanzierungen, ein Wiederaufgreifen des Fachstellenkonzeptes oder eine bessere Vernetzung und Kooperation fordern. Diese ausgearbeiteten Empfehlungen können in ihrer klaren Diktion durchaus eine notwendige Debatte initiieren und sie können der Praxis Impulse geben, Erfolgskontrollen stärker als bisher zu installieren.

Deutlich wird, dass in einem so heterogenen und mit vielen Schnittflächen durchsetzten Arbeitsfeld Erfolg immer auch mit Prozessen der Aushandlung verbunden ist. Darum kann es nie fest stehende Kriterien geben: Diese werden vielmehr immer in einer gewissen Weise offen sein müssen, um sich den Beschleunigungs- und Veränderungsprozessen der Sozialen Welt zu stellen. Insofern müssen Erfolgskontrollen immer auch in Netzwerke eingebunden sein, die zudem lernfähig sind.

12.7 Beteiligungsstrukturen, Partizipation und Bundesbetroffeneninitiative

Die Effektivität der Wohnungslosenhilfe wird auch von ihrem *Menschenbild* bestimmt. Menschen können nur jene Potentiale entfalten, die man ihnen auch zutraut. Dies bedeutet aber, das Verständnis vom Wohnungslosen als Bürger ohne Wohnung noch stärker zu akzentuieren. Ein Verständnis von Hilfe, das auf die Ressourcen der Hilfesuchenden setzt und nicht nur deren Defizite beklagt, macht es notwendig, die Arbeit mit ihnen gemeinsam zu gestalten, sie daran zu beteiligen, sie noch mehr in die Organisation der Hilfeprozesse zu integrieren.

So hat sich die BAG Wohnungslosenhilfe in ihrem Grundsatzprogramm von 2001 schon klar zur Partizipation wohnungsloser Menschen bekannt: „Wir bejahen die Freiheit und Mündigkeit der Hilfesuchenden. Dies drückt sich aus im Respekt vor dem Wunsch- und Wahlrecht, der Freiwilligkeit der Annahme des Hilfeangebots, der gleichberechtigten Partnerschaft im Hilfeprozess und dem Selbstbestimmungsrecht der Hilfesuchenden". Zuletzt (2010) wurde dies noch einmal auf einer Fachtagung der BAGW zu Partizipation betont und ausführlich erörtert: Es geht darum, eine Plattform für die Partizipation von Wohnungslosen zu schaffen (vgl. Specht 2010).

Einbezug und Partizipation Betroffener stellen Anforderungen an

- verständliche Informationen;
- Transparenz und Offenheit der Hilfen;
- Gemeinsame Überprüfung der Ziele;
- Flexibilität und Anpassungsfähigkeit der Angebote an veränderte Bedarfe;
- gemeinsame Planung und Entwicklung;

- Stärkung der Bundesbetroffeneninitiative und die Verbreiterung ihrer Basis.

Die konsequente Einbeziehung Betroffener verändert die Hilfe dahingehend, dass Gegenkräfte und Gegenmacht zugelassen werden; Kooperation und Konsens werden wesentlich. Der Wohnungslose wird zum Bürger im zivilgesellschaftlichen Sinn. Beteiligung heißt deshalb auch, die Aktivitäten der Bundesbetroffeneninitiative (BBI) noch stärker in die Arbeit der Wohnungslosenhilfe einzubinden (Bünger/Sauer 2004).

Zu Beginn der 1990er Jahre entstand in größeren Städten Süddeutschlands eine *Initiative der Betroffenen* (Bünger/Jeckel/Kölz 2010). Eine Vereinsgründung erfolgte 1994 in Bielefeld-Bethel. Sinn und Zweck lagen dabei in der Interessenvertretung von Wohnungslosen in Deutschland gegenüber Staat, Sozialarbeit und Gesellschaft. In der Arbeit dieser BBI wurden neben Fragen zur Qualität des Hilfesystems auch folgende Themen aufgegriffen: Mitbestimmung in den Einrichtungen, Menschenrechtspolitik, gesellschaftliche Partizipation. Das Selbstverständnis der BBI liegt darin, die Entwicklungen in Verbänden und Trägern kritisch zu begleiten und sich dabei immer wieder in Sozialpolitik einzumischen (Bünger/Sauer 2004). Eigentlich ist die BBI eine NGO, die sich aus eigenen Mitteln und aus eigenen Interessen konstituiert hat.

Die BBI hat sich trotz großer Schwierigkeiten, wie mangelnde finanzielle Förderung, dauernd wechselnde Vorstände und interne Streitereien über die Jahre gehalten. Sie bearbeitet unterschiedliche *Bereiche:*

- Informationen der Öffentlichkeit sowie Veröffentlichung von Erfahrungen und Meinungen;
- Teilnahme an Veranstaltungen der Träger;
- Beteiligung an den Bundestagungen der BAG Wohnungslosenhilfe;
- Treffen mit Straßenzeitungen;
- Erarbeitung von Stellungnahmen zu sozialpolitischen Themen;
- Gespräche mit Vertretern des Hilfesystems zur Umsetzung basisnaher Konzepte;
- Mitarbeit in Fachausschüssen der BAG Wohnungslosenhilfe;
- Teilnahme am jährlichen Berbertreffen;
- Begleitung einzelner Projekte;
- Kritische Begleitung der Wohlfahrtsverbände.

Die BBI ist inzwischen ein fester *Bestandteil des Hilfesystems.* Sie wird als gleichberechtigter Partner akzeptiert und ihre Stellungnahmen finden Resonanz. Sie hat sich zu einer Instanz entwickelt, die das Hilfesystem aus Betroffenensicht begleitet und immer wieder auf Missstände und neue Herausforderungen hinweist. Es ist ein offener Dialog entstanden, der Tagungen immer wieder auflockert und Sachverhalte auf den Punkt bringt. Fachdiskussionen ohne die BBI sind mittlerweile kaum noch denkbar.

Vor diesem Hintergrund sind die Ziele der BBI, die sie u. a. in der *Berliner Erklärung vom 22. 10. 2004* verfasst haben, inzwischen zentrale Bestandteile des Hilfesystems (Bünger/Jeckel/Kölz 2010):

- Rechtsdurchsetzung statt Willkür;
- Umsetzung von Selbstbestimmung;
- Akzeptanz der Vielfalt an Lebensformen;
- Materielle Grundsicherung;
- Aufbau kommunitärer Netzwerke in der Selbstorganisation;
- Quartiersintegration durch eine adäquate Wohnraumversorgung statt einer Ghettoisierung;
- Qualifizierung der gesundheitlichen Versorgung;
- Aufbau eines Arbeitsmarktes für Wohnungslose.

Die BBI stellt eine Form der Selbsthilfe dar, die lange Zeit im Hilfesystem nicht anerkannt wurde; bedeutet dies doch, die Hilfesuchenden als kompetent und entscheidungsfähig zu erachten. Wohnungslosen wurde lange genau das nicht zugetraut. Man unterstellte ihnen, sie bedürften ständiger Fürsorge und Hilfe. Wird Selbsthilfe als möglich angesehen (Gillich 2003), dann muss das Hilfesystem auch so ausgerichtet sein, diese zu integrieren und zu verstärken.

Das aber heißt auch, sie in ihren Bürgerrechten zu sehen und diese zu ermöglichen. Eigentlich ist Partizipation damit eine „Kernaufgabe" der Wohnungslosenhilfe, die aber erst allmählich und punktuell in den Blick kommt, obwohl schon früh darauf hingewiesen wurde, dass Chancen zur Verwirklichung bürgerlicher Freiheiten und politischer Rechte wesentliche Elemente der Normalisierung sind (Szynka 2010). Zur Ermöglichung von Teilnahme an der Gesellschaft gehört auch Teilhabe und Partizipation. Das aber bedeutet Wohnungslose als Experten ihrer Situation zu sehen, sie nach ihrer Meinung zu fragen und dieser im dialogischen Umgang Raum zu lassen (Blank 2010). Nicht die „Für-Sprache" oder die „Für-Sorge" der Professionellen sollte essentiell sein, sondern die Teilhabe und Selbstgestaltung der Menschen. Hilfe ist dann, „den Betroffenen dabei zu helfen, ihre existentiellen Erfahrungen und die daraus resultierenden Forderungen zur Sprache und in die öffentliche Debatte einzubringen" (Szynka 2010, S. 42).

Diese Überlegungen lassen sich zuspitzen: Gerade in der Wohnungslosenhilfe, deren Betroffene oft kaum Perspektiven in der Arbeits- und Leistungsgesellschaft finden, „ist eine Schaffung von partizipationsermöglichenden Räumen notwendig, wo soziale Integration, Anerkennung, eine Aufgabe und Sinn konkret im Alltag erfahrbar sind" (Blank 2010, S. 52). Das sind keine Ersatzwelten, sondern die Realisierung einer menschlichen und zugleich emanzipatorischen Perspektive, die für ein offenes und solidarisches Gemeinwesen unabdingbar ist.

Wohnungslose Menschen wollen, in den Worten der Berliner Erklärung, nicht länger „Objekte fürsorglicher Belagerung" sein; sie haben sich vielmehr auf den Weg gemacht, Akteure eigener Interessen zu werden. Hilfen müssen deshalb mehr sein als die Absicherung der reinen Existenz, sie benötigen auch und vor allem diese emanzipatorischen Aspekte. Wohnungslose müssen dann auch am Alltag der Einrichtungen beteiligt, es muss ihnen *Mitbestimmung* eingeräumt werden. Dabei stellen sie mitunter auch die Frage nach der Macht in der Einrichtung und fordern andere Formen der Hilfe. Um das Selbsthilfepotenzial der Betroffenen zu nutzen, müssen deren Fähigkeiten zum Überleben auf der Straße anerkannt werden.

12.8 Unzureichende Datenlage und Forschungsbedarf

Die Beforschung des komplexen Handlungsfeldes Wohnungslosenhilfe ist in Deutschland nicht weit gediehen. Es gibt keineswegs in allen Bundesländern valide Daten und Erkenntnisse über Umfang, Struktur und Hilfen für Menschen in Wohnungsnotlagen, geschweige denn auf Bundesebene.

Die von den Verbänden vielfach und vehement geforderte Wohnungsnotfallstatistik auf Bundesebene wurde noch 2016 von der Bundesregierung abgelehnt (Antrag auf Einführung einer bundesweiten Statistik der Bundestagsfraktion Bündnis 90/Die Grünen (BT-Drucksache 18/7547)). Dabei war bereits 1988 vom Statistischen Bundesamt in einer Machbarkeitsstudie Sinnhaftigkeit und Machbarkeit einer bundesweiten Studie bejaht worden. Die seit dem 1.1.2011 erneuerte landesweite Wohnungsnotfallstatistik des Landes Nordrhein-Westfalen zeigt, dass auch eine bundesweite Wohnungsnotfallstatistik möglich ist.

Nach Einschätzungen der Bundesarbeitsgemeinschaft Wohnungslosenhilfe (BAG W) verfügt lediglich Baden-Württemberg über eine aktuelle Untersuchung aus dem Jahr 2015 (Ministerium für Soziales und Integration Baden-Württemberg (Hg.): Wohnungslosigkeit in Baden-Württemberg. Untersuchung zu Umfang, Struktur und Hilfen für Menschen in Wohnungsnotlagen. Stuttgart 2015). Allerdings hat es in Bayern Ende 2014 eine Pilotstudie zur Erfassung der Zahl der wohnungslosen Menschen im Freistaat gegeben, die ähnlich wie die GISS-Studie in Baden-Württemberg als Vorbereitung zur (möglichen) Einführung einer Wohnungsnotfallstatistik auf Landesebene konzipiert war. Die Ergebnisse der Testerhebung wurden Ende 2015 im Rahmen des „Berichts zur Sozialen Lage in Bayern 2014“ vom Bayerischen Staatsministerium für Arbeit und Soziales, Familie und Integration veröffentlicht (Bayerisches Staatsministerium für Arbeit und Soziales, Familie und Integration: Berichts zur sozialen Lage in Bayern 2014)

Im Jahr 2019 wurde schließlich ein „Gesetz zur Einführung einer Wohnungslosenberichterstattung sowie einer Statistik untergebrachter wohnungsloser Personen“ ins Gesetzgebungsverfahren eingebracht. In Stellungnahmen der Wohlfahrtsverbände wurde der Referentenentwurf zum Gesetzesvorhaben einer jährlichen bundesweiten Erhebung grundsätzlich begrüßt: „Kritisch anzumerken ist jedoch, dass mit dem Begriff einer Wohnungslosenberichterstattung nahegelegt wird, dass tatsächlich die Menschen ohne Wohnung Gegenstand der Erhebung sind. In der Begründung des Entwurfs wird auf die Definition des Europäischen Dachverbandes FEANTSA (ETHOS – Europäische Typologie für Wohnungslosigkeit) Bezug genommen. Aus dem dort aufgeführten Katalog werden wesentliche Elemente aber ausgespart. Es sollen Daten erhoben werden über Personen, denen zum Stichtag wegen Wohnungslosigkeit Räume zu Wohnzwecken überlassen oder Übernachtungsgelegenheiten zur Verfügung gestellt worden sind. In der geplanten Umsetzung stellt sich die Wohnungslosenberichterstattung als Übernachtungsstatistik für einen Teil der Betroffenen dar. Der vorliegende Gesetzentwurf führt zu einer systematischen Untererfassung wohnungsloser Menschen (Diakonie Deutschland/EBET e. V. 2019). Insbesondere kritisieren Diakonie Deutschland/EBET e. V. in ihrer Stellungnahme das Fehlen von Betroffenenpartzipation (ebenda).

Das Gesetz in seiner 2020 in Kraft getretenen Form ist aus fachlicher Sicht nicht mehr als ein Einstieg, der hinsichtlich seiner Wirkung sorgfältiger Beobachtung und Weiterentwicklung bedarf.

Später Forschungsbeginn

Zu Wohnungslosigkeit, Wohnungsnotfällen sowie zu Konzepten und Vorschlägen für eine adäquate, menschenwürdige Hilfe für den betroffenen Personenkreis existiert eine Vielzahl an Denkschriften und Empfehlungen zur Ausgestaltung der Hilfe. Zu den wichtigsten jüngeren Datums gehören die „Darmstädter Erklärung“ (Evangelische Obdachlosenhilfe 2013), eine Positionierung der Diakonie Deutschland (2014), in der sie die wachsenden Kalamitäten am Wohnungsmarkt zum Ausgangspunkt eines wohnpolitischen Forderungskatalogs nimmt, ferner die aktuelle Denkschrift der Bundesarbeitsgemeinschaft Wohnungslosenhilfe (2015) sowie die an Kostenträger und Politik gerichteten sozialrechtlichen Klarstellungen des Deutschen Vereins für öffentliche und private Fürsorge (2015).

Forschung, vor allem eine, die sich auf deutschlandweite oder zumindest länderbezogene Entwicklungen bezieht, war vor der Wiedervereinigung nahezu unbekannt.

Erste empirische Befunde flossen mit Beginn der Neunzigerjahre in landesbezogene Berichte ein. Exemplarisch sind zu nennen:

- der Landessozialbericht Nordrhein-Westfalen: Wohnungslosigkeit und Obdachlosigkeit (MAGS NRW 1993),
- die GISS-Studie „Wohnungsnotfälle in Schleswig-Holstein“ (1994),
- die als BSU-Studie bekannt gewordene Erhebung über Stand, Qualität und Weiterentwicklung der Wohnungslosenhilfe in Baden-Württemberg (Landeswohlfahrtsverbände Baden und Württemberg-Hohenzollern 1993),
- ferner der Bericht zur Versorgungssituation alleinstehender Wohnungsloser in der Stadt Bremen (Arbeitsgemeinschaft der Freien Wohlfahrtsverbände Bremen 1993).

Derartige landes-, städte- oder sozialraumbezogene Studien häuften sich in den Jahren nach 1998.

Eine erste bundesweite Bestandserhebung wurde 1996 von Simon vorgelegt. Auf der Basis von Befragungen der freien Träger sowie der damals als Kostenträger fungierenden Städte und Landkreise wurden eine heterogene, unübersichtliche Praxislandschaft und uneinheitliche Hilfegewährungen beschrieben (ebenda S. 54 ff.) Festgestellt wurde ferner, dass die in der alten Bundesrepublik entwickelten Standards keinen Eingang in die neu entstandenen Hilfen der ostdeutschen Länder gefunden hatten (ebenda).

Forschung zu Fragen der Wohnungslosigkeit blieb im Hochschulsektor stets randständig. Neben Simon sind hier insbesondere Roscher und Lutz sowie für die letzten Jahre vermehrt Gerull zu nennen. Der Jurist Roscher hat vor allem sozialrechtliche Aspekte der Hilfen nach § 72 bzw. nach §§ 67 ff. bearbeitet (zuletzt: Roscher 2015). Lutz widmete sich vorrangig den besonderen Lebenslagen ausgesuchter Gruppen wohnungsloser Menschen (ex.: Lutz 2000, Lutz 2001).

Der Forschungsverbund Wohnungslosigkeit, und hier vor allem die in der Gesellschaft für innovative Sozialforschung und Sozialplanung e. V. (GISS) zusammenarbeitenden Wissenschaftler V. Busch-Geertsema, J. Evers und E. U. Ruhstrat, haben nach 1995 zahlreiche Expertisen vorgelegt, die auf empirischen Grundlagen basierten. Exemplarisch seien als frühe Beispiele genannt:

- Wohnungslosigkeit in der Bundesrepublik Deutschland (Busch-Geertsema/Ruhstrat 1995)
- Wohnungslosigkeit in Sachsen-Anhalt (Busch-Geertsema/Ruhstrat 1997)
- Wichtig waren auch deren erste europäischen Vergleichsstudien, mittels derer Wohnungslosigkeit und Wohnungslosenhilfe im Vergleich ausgesuchter Länder dargestellt wurden (ex.: V. Busch-Geertsema 2001).

Neuere Forschung

Sichtet man die jüngere Forschung, so wird deutlich, dass sich Universitäten und Fachhochschulen weitgehend aus diesem Forschungsfeld verabschiedet haben.

Von Simon, Blumensath, Frömmert und Saryaeva wurde 2009 eine weitere Bestandserhebung für Sachsen-Anhalt vorgelegt, die belegt, dass zwar eine Vielzahl einfacher Angebote wie Suppenküchen und Kleiderkammern eingerichtet wurden, jedoch noch immer eine landesweite Gesamtplanung und qualifizierende Hilfen fehlen.

In der jüngsten Zeit reduziert sich Präsenz von HochschullehrerInnen in diesem Forschungsfeld im Wesentlichen auf die ASFH-Professorin Susanne Gerull.[7] Aus der Vielzahl ihrer einschlägigen Studien seien exemplarisch ihre für Berlin erstellte Studie „Wege aus der Wohnungslosigkeit" (Gerull 2016) sowie ihre Mitwirkung an der vergleichenden europäischen Forschung zur Lage wohnungsloser Frauen in Europa (Van den Dries/Mayock/Gerull/van Loenen/van Hulst/Wolf 2016) genannt. Daneben existiert eine überschaubar gewordene Praxisforschung, die sich auf wechselnde Themen richtet:

Puhlmann/Wiese (2013) gehen der Frage nach, wie eine gelingende Kooperation zwischen Trägern der Obdach- und Wohnungslosenhilfe und den Jobcentern geschaffen werden kann. Günthner/Sartorius/Simon (2013) untersuchen mit dem „Freudenstädter Modell" ein Programm, mit dem eine ganzheitliche Verbesserung der Gesundheit sowie der individuell erfahrbaren Lebensqualität erreicht werden kann; darin sind auch Menschen in Bedarfslagen gem. §§ 67 ff. SGB XII im Blick. Uwe Schwarze (2013) hat in einer kleinen Studie schwedische Straßenzeitungsprojekte auf ihren Nutzen für Wohnungslose untersucht. Wiederum Gerull (2014) nahm für sieben europäische Länder einen Vergleich der Häufigkeit von Wohnungsräumungen aufgrund von Mietschulden vor. Für Nordrhein-Westfalen untersuchten Busch-Geertsema, Evers und Ruhstrat im Rahmen einer landesweit angelegten Erhebung Möglichkeiten der Prävention von Wohnungslosigkeit (2015 a, 2015 b). Sie gelangen dabei zu bewährten Vorschlägen wie den deutlichen Ausbau präventiver Hilfen und eine (noch) stärkere Kooperation der relevanten Akteure (Wohnungslosenhilfe, Jobcenter, Wohnungswirtschaft, soziale Dienste der Justiz). Bereits 2014 erstellte Ergebnisse zur Wohnungslosigkeit in Baden-Württemberg konnten von Evers/Ruhstrat erst 2016 einer breiteren Fachöffentlichkeit vorgestellt werden.

Die vorliegenden Hinweise dokumentieren, dass neben der meist länderbezogenen Auftragsforschung nur zu wenigen ausgesuchten Themen geforscht wird.

---

7 V. Busch-Geertsema, in vielfältiger Weise in der wohnungslosenbezogenen Forschung ausgewiesen, ist nebenamtlicher Honorarprofessor der Heriot Watt Universität Edinburgh.

Eine inhaltliche und methodische Korrelation zu anderen Forschungen existiert in der Regel nicht.

Die weitgehende Abstinenz der Hochschulen in der Forschung zur Obdach- und Wohnungslosigkeit hängt maßgeblich mit der Berufungspraxis der Hochschulen zusammen. Drei im Abstand von vier bis fünf Jahren durchgeführte ganzjährige Erhebungen zu sämtlichen Ausschreibungsprofilen der Ausbildungsstätten sozialer Arbeit (zuletzt: Simon 2012) belegen, dass so gut wie keine ExpertInnen mit Kenntnissen über dieses Arbeitsfeld gesucht werden. In der jüngsten Erhebungsphase (Laufzeit 8/2016 bis 8/2017) konnte für die ersten acht Monate der wiederum einjährigen Laufzeit aus bislang knapp 150 Ausschreibungen keine einzige identifiziert werden, die Bezüge zu diesem Arbeitsfeld aufweist.

Forschungsberichte:

Arbeitsgemeinschaft der Freien Wohlfahrtsverbände Bremen (Hrsg.), Bericht zur Versorgungssituation alleinstehender Wohnungsloser in der Stadt Bremen, Bremen1993

Bundesarbeitsgemeinschaft Wohnungslosenhilfe e. V. (Hrsg.), Nationalen Strategie zur Überwindung von Wohnungsnot und Armut in Deutschland, Berlin 2014

V. Bursch-Geertsema, Follow-up studies on rehoused people in selected European countries. Overview of existing research and guidelines for field work under the IMPACT project, Bremen 2001

V. Busch-Geertsema/U.-E. Ruhstrat, Wohnungslosigkeit in der Bundesrepublik Deutschland, Bremen 1995

V. Busch-Geertsema/U.-E. Ruhstrat, Wohnungslosigkeit in Sachsen-Anhalt, Bielefeld 1997

V. Busch-Geertsema/J. Evers/U.-E. Ruhstrat, Prävention von Wohnungslosigkeit. Ergebnisse einer landesweiten Untersuchung in Nordrhein-Westfalen, in: wohnungslos, Heft 1/2015 a

V. Busch-Geertsema/J. Evers/U.-E. Ruhstrat, Prävention von Wohnungslosigkeit. Handlungsempfehlungen auf Grundlage einer landesweiten Untersuchung in Nordrhein-Westfalen, in: wohnungslos, Heft 2/2015 b

Deutscher Verein für öffentliche und private Fürsorge e. V. (Hrsg.), Leistungsberechtigte in besonderen sozialen Schwierigkeiten bedarfsdeckend unterstützen. Empfehlungen des Deutschen Vereins zur Anwendung der Hilfe nach §§ 67 ff. SGB XII, Berlin 2015

Diakonie Deutschland (Hrsg.), Gewährung von Wohnraum als Teil eines menschenwürdigen Existenzminimums, Berlin 2014

J. Evers/E.-U. Ruhstrat, Wohnungslosigkeit in Baden-Württemberg, in: wohnungslos, Heft 2/2016

Evangelische Obdachlosenhilfe in Deutschland e. V. (Hrsg.), Darmstädter Erklärung: Wohnungspolitische Forderungen der Evangelische Obdachlosenhilfe in Deutschland e. V., Darmstadt 2013

S. Gerull, Wohnungsräumungen aufgrund von Mietschulden im europäischen Vergleich, in: wohnungslos, Heft 3/2014

S. Gerull, Wege aus der Wohnungslosigkeit. Eine qualitative Studie für Berlin, Berlin 2016

M. Günthner/W. Sartorius/T. Simon: Leben in Balance trotz Arbeitslosigkeit. Handlungsansätze, empirische Befunde und Rahmenbedingungen des Freudenstädter Modells. Freiburg 2013

K. Hauprich/T. Lukas, Angsträume obdachloser Menschen, in: wohnungslos, Heft 4/2018

R. Lutz, Straßenkinder: mediales Ereignis oder reales Phänomen?, in: C. Butterwege (Hrsg.), Kinderarmut in Deutschland, Frankfurt/M. 2000

R. Lutz, Langzeitfälle und Langzeithilfen, Bielefeld 2001

MAGS NRW (Hrsg.), Landessozialbericht Wohnungsnot und Obdachlosigkeit, Düsseldorf 1993

P. Neupert, Wohnungsnot im Wandel? Aktuelle Daten und Entwicklungen aus dem Dokumentationssystem zur Wohnungslosigkeit, in: wohnungslos, Heft 4/2018

S. Puhlmann/B. Wiese, Kooperation zwischen Trägern der Obdach- und Wohnungslosenhilfe und Jobcentern: Wie eine Zusammenarbeit gelingen kann, in: wohnungslos, Heft 1/2013

F. Roscher, Wohnungslosenhilfe nach §§ 67 ff. SGB XII bei „komplexen Problemlagen" noch nötig?, Berlin 2015

W. Rosenke/R. Jordan, Ergebnisse der Hilfesystemerhebung 2012. Konsequenzen für eine zukünftige Hilfesystemerhebung und die weitere Entwicklung des Dokumentationssystems zur Wohnungslosigkeit, in: wohnungslos, Heft 4/2018

J. Schlembach, Ergebnisse einer qualitativen Untersuchung zur Partizipation in der Wohnungsnotfallhilfe aus Betroffenensicht, in: wohnungslos, Heft 4/2017

U. Schwarze, Straßenzeitungsprojekte und ihr Nutzen für Wohnungslose in Schweden – zwischen universalistischer und selektivistischer Wohlfahrtspolitik?, in: wohnungslos, Heft 4/2013

T. Simon (Hrsg.), Standards in der Wohnungslosenhilfe, Ergebnisse einer bundesweiten Untersuchung, Bielefeld & Oberrot 1996

T. Simon, Wer bildet heute und künftig für die Soziale Arbeit aus? Ergebnisse der vierten Ganzjahresauswertung, in Forum Sozial Heft 4/2017–1/2018

T. Simon, S. Blumensath, C. Frömmert, R. Saryaeva (Hrsg.), Ausgeschlossen. Wohnungslosigkeit und Wohnungslosenhilfe in Sachsen-Anhalt, Halle 2009

L. van den Dries/P. Mayock/S. Gerull/T. van Loenen/B. van Hulst/J. Wolf, Mothers who experience Homelessness, in: P. Maydock/J. Bretherton (Hrsg.), Women's Homelessness in Europe, Basingstocke 2016

Übungsfragen

- Was sind die Kriterien des Wohnungsnotfalls?
- Wie sehen Angebote für junge Volljährige aus und wo liegen dabei die Probleme?
- Was sind die Probleme psychisch kranker Wohnungsloser?
- Welche Lösungen sieht das Hilfesystem für psychisch kranke Wohnungslose vor?
- Was will die Berliner Erklärung?
- Welche Bedeutung haben Leistungsvereinbarungen und Dokumentation?

- Was bedeutet es, Hilfesuchende beteiligen zu wollen?
- Wie lässt sich Erfolg überprüfen?

Vorschläge für das Selbststudium

- Straßenkinder
- Sucht und Armut, Psychische Erkrankungen bei Wohnungslosen
- Leistungsvereinbarungen, Qualität und Erfolg
- Selbsthilfe als Konzept

Zum Weiterlesen

Bünger, R./Sauer, R.: Die Bundesbetroffeneninitiative BBI zwischen Basisinteressen und professionellem Mandat, in: wohnungslos, 3/2004

Gerull, S./Merckens, M./Dubrow, C.: Erfolg in der Hilfe für Menschen mit besonderen sozialen Schwierigkeiten, Uckerland 2009

Fischer, J./Lutz, R. (Hrsg.): Jugend im Blick, Weinheim 2015

Reichenbach, M.-T.: Solidarität oder Abgrenzung? – Konzeptionelle Überlegungen zur „Konkurrenz zwischen wohnungslosen und geflüchteten Menschen, in: wohnungslos, 4/2016

Schwarzenau, M.: Medizinische Versorgung Wohnungsloser in Deutschland, in: wohnungslos, 1/2002

Sellner, A./Roden, G.: Qualität der Wohnungslosenhilfe, in: wohnungslos 2/1998

Simon, T./Blumensath, S./Frömmert, C./Saryaeva, R.: Ausgeschlossen. Wohnungslosigkeit und Wohnungslosenhilfe in Sachsen-Anhalt, Halle 2009

Szynka, P.: Partizipation und (Selbst-)organisation in der Wohnungslosenhilfe, in: wohnungslos 2/2010, S. 41–44

Thabe, S.: Kommunale Wohnungsnotfallhilfe – Entwicklungen eines neuen Arbeitsfeldes, in: wohnungslos, 2/2000

Walter-Hamann, R.: Dienstleistung- und Kundenorientierung als neue Qualitätsmerkmale der Wohnungslosenhilfe?, in: wohnungslos, 3/1999

Kapitel 13
Träger und Finanzierung der Hilfe und Lobbyorganisationen

■ Die lange Geschichte der Wohnungslosenhilfe schlägt sich auch im Vorhandensein traditionsreicher Fachverbände nieder, die aufgrund der historischen Wurzeln des Arbeitsfeldes meist eine konfessionelle Ausrichtung besitzen. Das unterscheidet die Mehrzahl der Fachverbände von der bundesweit operierenden Dachorganisation, der Bundesarbeitsgemeinschaft Wohnungslosenhilfe. Neben der Beschreibung der Trägerstruktur und der Lobbyarbeit für wohnungslose Menschen wird in diesem Kapitel auch die Finanzierungssystematik der deutschen Wohnungslosenhilfe umrissen.

13.1 Zur Trägerstruktur

Die heutige Trägerlandschaft wird stark von ihrer historischen Entwicklung geprägt. Die Mehrzahl der Träger, Einrichtungen und Hilfeverbünde hat konfessionelle Wurzeln, was sich in einer ausgeprägten Dominanz von Einrichtungen niederschlägt, die dem Diakonischen Werk oder dem Caritasverband angehören. Auch wenn es sich um rechtlich selbständige Träger handelt, sind diese häufig den beiden konfessionellen Wohlfahrtsverbänden angeschlossen. Die einzelnen Träger der kommunal oder regional ausgerichteten Hilfeangebote sind zum Teil Mitglied in mehreren Fachverbänden, etwa dann, wenn – wie in Westfalen oder Niedersachsen – zusätzlich regional bzw. landesweit ausgerichtete Dachorganisationen existieren.

Im Folgenden sollen die einzelnen Fachverbände dargestellt werden.

Evangelischer Bundesfachverband Existenzsicherung und Teilhabe e. V. (EBET) – Wohnungsnotfall- und Straffälligenhilfe

Die Evangelische Obdachlosenhilfe in Deutschland e. V. wurde 1886 unter dem Namen „Deutscher Herbergsverein" als Dachorganisation der bereits existierenden evangelischen „Wanderarbeitsstätten", „Arbeiterkolonien" und „Herbergen zur Heimath" gegründet. 1967 in „Evangelischer Fachverband für Nichtsesshaftenhilfe" und 1988 in „Evangelische Obdachlosenhilfe e. V. umbenannt, führt der Fachverband seinen jetzigen Namen bis 2015. Die Evangelische Obdachlosenhilfe in Deutschland e. V. (EvO) und die Evangelische Konferenz für Straffälligenhilfe

(EKS) haben sich am 2.6.2015 zum Evangelischen Bundesfachverband Existenzsicherung und Teilhabe e.V. (EBET) – Wohnungsnotfall- und Straffälligenhilfe zusammengeschlossen. Der Fachverband vertritt die Interessen und Anliegen, die bisher separat von den beiden Fachverbänden EKS und EvO wahrgenommen wurden.

Die über 70 Mitglieder sind die jeweiligen Landesfachverbände der Diakonischen Werke, viele kleinere und einzelne große, der Diakonie angehörige Träger der Obdach- und Wohnungslosenhilfe, andere Fachverbände und freikirchliche Werke, verschiedene Stiftungen, Mietervereine und einzelne Persönlichkeiten aus Forschung und Wissenschaft. Der EBET ist ein eingetragener Verein unter dem Dach des Evangelischen Werks für Diakonie und Entwicklung – Diakonie Deutschland (Früher: Diakonisches Werk der EKD). Dort ist – mit Sitz in Berlin – auch die Geschäftsstelle, die auf Bundesebene bei Diakonie Deutschland mit deren Fachreferat „Hilfen in besonderen Lebenslagen" verbunden ist. Ferner ist der EBET Mitglied in der Bundesarbeitsgemeinschaft Wohnungslosenhilfe (BAGW).

Adresse:
Evangelischer Bundesfachverband Existenzsicherung und Teilhabe e.V. (EBET)
Caroline-Michaelis-Str. 1
10115 Berlin

Katholische Arbeitsgemeinschaft Wohnungslosenhilfe (KAGW)

Seit 1983 bündelt die in diesem Jahr gegründete Katholische Arbeitsgemeinschaft Wohnungslosenhilfe (KAGW) die unter dem Dach des Deutschen Caritasverbandes angebotenen Hilfen für wohnungslose Menschen. Daneben sind die Bundesebenen des Deutschen Caritasverbandes, des Sozialdienstes Katholischer Frauen, der Katholische Verband für Soziale Dienste in Deutschland (SKM) sowie die jeweiligen Diözesan-Caritasverbände feste Mitglieder. Mit diesen liegt die Zahl der Mitgliedsorganisationen bei rund 50. Auf Bundesebene ist die KAGW in der Bundesarbeitsgemeinschaft Wohnungslosenhilfe (BAGW) organisiert. Die Geschäftsstelle befindet sich in Freiburg und liegt beim zuständigen Fachreferat des Deutschen Caritasverbandes.

Adresse:
Katholische Arbeitsgemeinschaft Wohnungslosenhilfe
Karlstraße 40
79104 Freiburg

Bundesarbeitsgemeinschaft Wohnungslosenhilfe e. V. (BAGW)

Die Bundesarbeitsgemeinschaft Wohnungslosenhilfe wurde 1954 unter dem Namen „Bundesarbeitsgemeinschaft Nichtsesshaftenhilfe" gegründet und stellt die wichtigste Fach- und Lobbyorganisation der Wohnungslosenhilfe in Deutschland dar. Der jetzige Namen wurde 1991 auf der Mitgliederversammlung beschlossen. Mitglied sind alle anderen bundesweit ausgerichteten Fachverbände, aber auch öffentlich-rechtliche Träger von sozialen Diensten und Einrichtungen für wohnungslose Menschen nach §§ 67 ff. SGB XII.

Die BAGW hat eine Reihe von Fachausschüssen eingerichtet, in denen neben einer hilfreichen Vernetzung fachliche Standards zu den verschiedenen Segmenten des Hilfesystems entwickelt werden (→ Schaubild „Organisationsstruktur BAG Wohnungslosenhilfe e. V.).

Organisationsstruktur BAG Wohnungslosenhilfe e. V. (Quelle. Tympel 2006, mit freundlicher Genehmigung der BAGW, überarbeitet 2017)

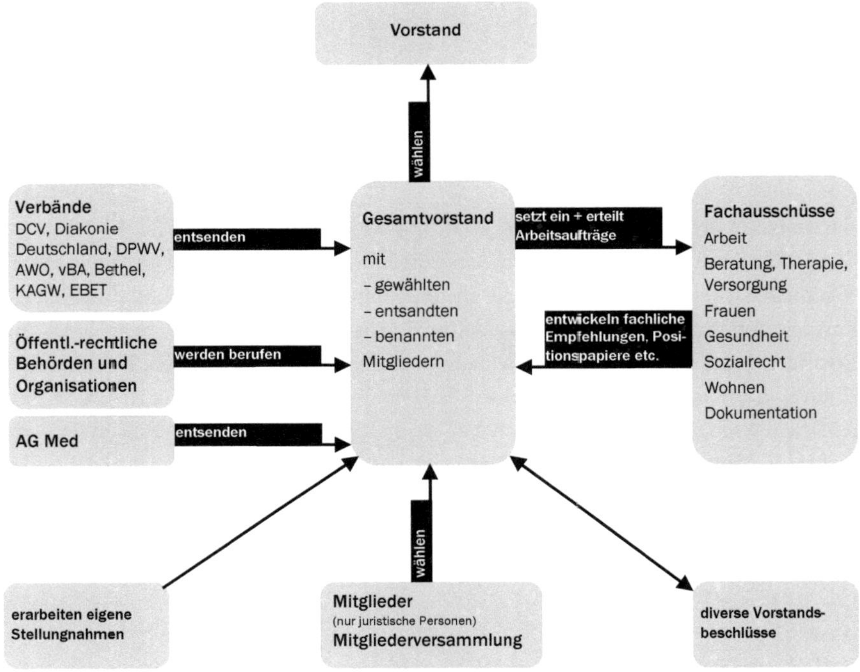

Die BAG Wohnungslosenhilfe leistet Koordinations- und Integrationsaufgaben für die kommunale und frei-gemeinnützige Wohnungslosenhilfe, bzw. deren

Hilfen in Wohnungsnotfällen und vertritt die Interessen der wohnungslosen und sozialausgegrenzten Menschen sowie der Wohnungslosenhilfe. Sie koordiniert auf Bundesebene die Kommunikation und den fachlichen Austausch über fachübergreifende Probleme mit angrenzenden Hilfesystemen der Sozialarbeit und den Sozialleistungsträgern der Sozial-, Gesundheits- und Wohnungspolitik sowie den Akteuren der Gesellschafts- und Sozialpolitik. Unter ihrem Dach finden sich öffentliche und freie Träger der Wohlfahrtspflege ebenso wie Selbsthilfeorganisationen der wohnungslosen Menschen.

Der BAG Wohnungslosenhilfe angeschlossen ist ein 2001 gegründeter Förderverein der Wohnungslosenhilfe in Deutschland e. V.

Adresse:
Bundesarbeitsgemeinschaft Wohnungslosenhilfe e. V. (BAGW)
Bayernstraße42
10115 Berlin

Regionale und landesweit ausgerichtete Fachgremien und Verbände

Neben bundesweit ausgerichteten Dachorganisationen existieren mit dem Westfälischen und dem Niedersächsischen Herbergsverband noch zwei regional ausgerichtete Fachverbände, deren Ursprung in Zusammenschlüssen evangelischer Arbeiterkolonien, also stationärer Hilfe, liegt. Das wird heute noch daran sichtbar, dass der Westfälische Herbergsverband als Fachausschuss der Diakonie Westfalen fungiert.

Neben den in die Strukturen der Wohlfahrtsorganisationen eingebundenen Fachverbänden existieren auf Landesebene in der Mehrzahl der Bundesländer Fachgremien. Hier ist zu unterscheiden zwischen Fachgremien (Ausschüssen) der Wohlfahrtsverbände und Gremien, die von den Landeswohlfahrtsverbänden, Landschaftsverbänden oder den Landessozialministerien eingerichtet wurden.

13.2 Die Finanzierung der Wohnungslosenhilfe

Bis Mitte der 1990er Jahre verfügte die Wohnungslosenhilfe – zumindest in den alten Bundesländern – über eine Finanzierungsstruktur, die, abgesehen von gelegentlichen Anpassungen der Betragshöhen, über annähernd 30 Jahre nur wenig Veränderungen erfuhr. Auf der Basis des § 72 BSHG (alte Fassung vor 2005) wurde die bis Ende der 1980er Jahre dominante stationäre Hilfe in der Regel auf der Basis von Pflegesätzen finanziert, die zwischen dem Träger der Hilfe selbst oder der Liga der freien Wohlfahrtspflege und dem überörtlichen Kostenträger ausgehandelt wurde. Dies unterschied die auf dem BSHG basierende Wohnungslosenhilfe von der Obdachlosenhilfe, die – bei durchaus häufig vergleichbaren Lebenslagen der Betroffenen – von der Kommune zu finanzieren war, in welcher der obdachlos gewordene Mensch in den letzten sechs Monaten vor Auftritt der Obdachlosigkeit seinen Wohnsitz hatte. Das alte Pflegesatzwesen hatte den Nachteil, dass die Träger im Jahresverlauf auftretende Deckungslücken häufig nicht vom Kostenträger erstattet bekamen, während entstandene Überschüsse an die überörtlichen Kostenträger abzuführen waren.

Speziell in der Wohnungslosenhilfe hatten Erträge der eigenen Wirtschaftsbetriebe dämpfenden Einfluss auf die Höhe des Pflegesatzes, da zumindest die großen stationären Einrichtungen über Arbeitsgelegenheiten (früher häufig in der Landwirtschaft, später vermehrt Landschaftspflege, technische Fertigungen und Montagearbeiten) verfügten, die Erlöse erzielten.

Besondere Probleme bestanden von Beginn an für die vom Pflegesatzwesen unabhängigen ambulanten Hilfen, etwa in Form der Fachberatungsstellen. Dieses vom Hilfesystem in den 1970er Jahren erkämpfte und seit Mitte der 1980er Jahre bundesweit verbreitete Segment war von Anfang an meist nie kostendeckend finanziert und vom Zustandekommen komplementär aufgebauter Finanzierungssysteme abhängig, an denen sich in unterschiedlicher Weise Städte, Landkreise und die überörtlichen Träger (Landeswohlfahrts- und Landschaftsverbände, Landesämter oder direkt die Sozialministerien) beteiligten.

Mit der Verabschiedung des „2. Gesetzes zur Umsetzung des Spar-, Konsolidierungs- und Wachstumsprogramms“ (2. SKWPG) wurden mit Wirkung zum 1. Januar bzw. zum 1. Juli 1994 einschneidende Veränderungen der Gewährleistungsprinzipien von Sozialhilfe in stationären und teilstationären Einrichtungen vorgenommen. Ziel dabei war eine bessere Steuerung, vor allem aber die Begrenzung von Hilfegewährungen in Heimen (Hermann/Messinger/Simon 1995, S. 3). Nach Ablauf einer bis 1996 gültigen Übergangsregelung übernahm der Kostenträger die bei der Hilfegewährung in Einrichtungen entstehenden Kosten nur, wenn zuvor eine Vereinbarung über Inhalt, Umfang und Qualität der Leistungen abgeschlossen wurde. Dabei wurde das bis dahin gültige Kostendeckungsprinzip von einem budgetierten Pflegesatz abgelöst, der „prospektiv“, also in die Zukunft gerichtet war. Erlösausfälle aufgrund von Belegungsschwankungen wurden nun als Risiko dem Anbieter der Hilfe zugewiesen. Auf der anderen Seite mussten Mehrerlöse nicht wie bisher an den Kostenträger rückerstattet werden.

Auf der Basis des prospektiven Pflegesatzwesens wurde damit begonnen, die geleistete Hilfe nun nicht mehr in pauschalierten Pflegesätzen für alle Hilfesuchenden zu gewähren. Während das alte BSHG entweder die Hilfe nach § 72 BSHG (Fassung vor 2005), Leistungen der Alten- und der Krankenhilfe, sowie die schwächer betreute Form einer „Hilfe zum Lebensunterhalt im Heim“ kannte, wurden nun – in den Bundesländern voneinander abweichend – verschiedene Leistungstypen bestimmt, die unterschiedlich vergütet wurden.

Exemplarisch sei hier auf Baden-Württemberg verwiesen, wo nach 2000 für die Wohnungslosenhilfe erstmals Leistungstypen begründet wurden. In der derzeit aktuellen Fassung des zugrunde liegenden Rahmenvertrages werden folgende Leistungstypen ausgewiesen:

III 1.1 Stationäre Hilfe *ohne* internes tagesstrukturierendes Angebot,
III 1.2 Stationäre Hilfe *mit* internen Angeboten der Tagesstrukturierung,
III 1.3 Stationäre Hilfen *ohne* interne Angebote der Tagesstrukturierung für Personen mit Suchtproblematik, psychischen und/oder somatischen Beeinträchtigungen,
III 1.4 Stationäre Hilfen *mit* internen Angeboten der Tagesstrukturierung für Personen mit Suchtproblematik, psychischen und/oder somatischen Beeinträchtigungen,
III 1.5 Stationäre Langzeithilfen,
III 2.1 Teilstationäres Wohnen,
III 2.2 Teilstationäre Hilfen für Personen mit Suchtproblematik, psychischen und/oder somatischen Beeinträchtigungen,
III 3.1 Tagesstrukturierende Maßnahme in Form eines Arbeitsangebotes,
III 3.2 Tagesstrukturierende Maßnahme in Form einer nicht auf wirtschaftliche Ergebnisse ausgerichteten Beschäftigung,
III 4.1 Intensiv betreutes Wohnen in ambulanten Wohnprojekten,
III 4.2 Intensiv betreutes Wohnen in ambulanten Wohnprojekten mit internen Angeboten der Tagesstrukturierung,
III 4.3 Intensiv betreutes Wohnen für Personen mit Suchtproblematik, psychischen und/oder somatischen Beeinträchtigungen in ambulanten Wohnprojekten,
III 4.4 Intensiv betreutes Wohnen für Personen mit Suchtproblematik, psychischen und/oder somatischen Beeinträchtigungen in ambulanten Wohnprojekten mit internen Angeboten der Tagesstruktur.

Erst 2006 wurden für betreutes Wohnen und die niedrigschwelligen Aufnahmehäuser eigene Leistungstypen geschaffen, für Tagesstätten und Fachberatungsstellen steht dies noch aus. Die Finanzierung der ambulanten Hilfen bleibt somit unverändert problematisch. Wenn eine entsprechende Übereinkunft erzielt werden konnte, wurde diese vertraglich entsprechend den Bestimmungen nach § 53 SGB X vereinbart. Diese öffentlich-rechtlichen Verträge sind nicht schiedsstellenfähig und haben den großen Nachteil, dass sie teils zeitlich befristet angeboten werden. Dadurch ergibt sich für die Leistungserbringer in manchen Fällen ein erhebliches bis existenzielles Risiko, denn eine Nichtverlängerung könnte insbesondere kleine, finanzschwache Träger in erhebliche wirtschaftliche Probleme bringen. Es bleibt die paradoxe Situation, dass die vorrangigen, ambulanten Angebote (§ 13 (1) SGB XII) häufig von den Kostenträgern als „Freiwilligkeitsleistungen" nach dem Zuwendungsprinzip finanziert, deutlich risikobehafteter sind, als stationäre Hilfen, denen eine qualifizierte, schiedsstellenfähige Leistungsvereinbarung gem. § 75 SGB XII zu Grunde liegt.

Als Folge der sogenannten „Hartz-Gesetze" wurden die bis 2005 in § 72 BSHG und seither in §§ 67 ff. SGB XII geregelten Hilfen im Rahmen der Verlagerung der Gesamtzuständigkeit mit Wirkung zum 1. 1. 2005 vom überörtlichen Sozialhilfeträger auf die Kommunen abgewälzt. Als Folge der geänderten Bestimmungen des SGB II wurde das mittlerweile gut ausgebaute System der in die Wohnungslosenhilfe integrierten Arbeitshilfen drastisch ausgedünnt. Sozialversicherungspflichtige Beschäftigung im sogenannten „Zweiten Arbeitsmarkt" wich Ein-Euro-Jobs.

Eine dramatische Veränderung der Finanzierungssystematik resultiert aus dem am 1. August 2006 in Kraft getretenen SGB-II-Fortentwicklungsgesetz. Die darin enthaltene Änderung des § 7 Abs. 4 hat dazu geführt, dass Bewohner stationärer Einrichtungen ab diesem Stichtag keine Leistungen nach SGB II mehr erhalten, sofern die Einrichtung die Gesamtheit der Lebensführung gestaltet, was in diesen Fällen zur Folge hat, dass die um ihre Bundeszuschüsse gebrachten kommunalen Kostenträger immer weniger bereit sein werden, stationäre Hilfen zu gewähren. So haben in Baden-Württemberg die kommunalen Kostenträger bereits angekündigt, für erwerbsfähige Hilfebedürftige künftig keine Kostenübernahmeerklärungen für stationäre Hilfe mehr auszustellen. Um den drohenden Kollaps der stationären Einrichtungen zu verhindern, wurden zwischen 2006 und 2008 Versuche unternommen, die bisherige stationäre Hilfe in neue Formen der Betreuung zu überführen, etwa als „Intensiv betreutes Wohnen" bzw. „Intensiv betreutes Wohnen für Personen mit Suchtproblematik, psychischen und/oder somatischen Beeinträchtigungen". Hierfür wurde die Schaffung entsprechender neuer Leistungstypen vorgeschlagen.

Deutliche Verschlechterungen ergeben sich für die Förderung von sozialversicherungspflichtiger Beschäftigung von Langzeitarbeitslosen. Durch das „Gesetz zur Verbesserung der Eingliederungschancen am Arbeitsmarkt" wurden die Mittel für eine aktive Arbeitsmarktpolitik der Bundesregierung im Zeitraum zwischen 2011 und 2014 um bis zu 30 Milliarden reduziert (siehe Exkurs VIII im 10. Kapitel).

Die Finanzierung der Wohnungslosenhilfe, die für viele Einrichtungen bis Ende des letzten Jahrtausends vorwiegend auf den Pflegesatzerstattungen des überörtlichen Trägers der Sozialhilfe basierte, wird immer mehr zu einer mit

Risiken verbundenen „Patch-Work-Finanzierung". Exemplarisch sei dies für den großen süddeutschen Träger „Erlacher Höhe" dargestellt, der in sieben Landkreise Baden-Württembergs ein breites Spektrum an Hilfen anbietet, was im Jahr 2020 zu einem Ertrags- und Kostenvolumen von ca. 22 Millionen Euro führte:

Tabelle: Finanzierung des Hilfeverbundes (Planzahlen) „Erlacher Höhe" 2020 (Quelle: Erlacher Höhe 2020)

Herkunft der Mittel	Prozentualer Anteil des Gesamtertrages
Leistungsvergütung nach Leistungstypen	50,6 Prozent
Erträge aus Arbeitsleistungen (Betriebe)	19,7 Prozent
Zuschüsse von Kommunen, Jobcentern, Europäischem Sozialfonds	18,6 Prozent
Mieterträge (Wohnungen, die vom Träger – etwa in den Bereichen Altenwohnen oder Nachsorge – an KlientInnen vermietet sind)	2,4 Prozent
Kirchliche Mittel, Spenden, Sonstige	8,7 Prozent

13.3 Lobbyarbeit für wohnungslose Menschen

Die traditionsreichen Fachverbände der Wohnungslosenhilfe agierten bis weit in die 1970er Jahre hinein eher strukturkonservativ und waren gemäß des lange gültigen Prinzips „Man schlägt die Hand nicht, die einen nährt" nur wenig bereit, Missstände und Problemlagen anzuprangern, die aus politischen oder administrativen Vorgaben resultierten. Dies hat sich in den letzten 25 Jahren soweit verändert, dass sowohl die Fachverbände als auch zahlreiche Träger und Einrichtungen sich an öffentlichkeitswirksamen Kampagnen zugunsten einer verbesserten materiellen und rechtlichen Stellung ihrer Klientel beteiligen.

Auf *Bundesebene* nehmen erwartungsgemäß die BAG Wohnungslosenhilfe und die bundesweit operierenden konfessionellen Fachverbände eine führende Rolle ein. Dabei ist festzustellen, dass die Einwirkung auf anstehende Gesetzgebungsverfahren eher weniger erfolgreich ist – wie jüngst zu sehen bei dem trotz massiver Interventionen verabschiedeten SGB II-Fortentwicklungsgesetz. Auf der anderen Seite wurden auf Bundesebene immer wieder öffentlichkeitswirksame Kampagnen initiiert, die auf die besonderen Umstände von Armut und Unterversorgung hinweisen, so etwa Kampagnen gegen Armut, die „Nacht der Wohnungslosen" oder „Der Sozialstaat gehört allen!".

Wirkungsvoll waren in der Vergangenheit immer wieder kommunale Einmischungsstrategien. Diese führten sowohl zur Reduzierung von Benachteiligungen für einzelne Wohnungslose als auch zur gelegentlichen Verhinderung von repressiven Straßensatzungen oder anderen ordnungspolitischen Instrumenten zur Vertreibung von Armen und sonstigen Randgruppen aus dem öffentlichen Raum (Simon 2001).

Im i. d. R. zweijährigen Turnus lobt der Evangelischen Bundesfachverband Existenzsicherung und Teilhabe e. V. (EBET) – Wohnungsnotfall- und Straffälligenhilfe den *Verbogenen Paragrafen* aus, einen medial beachteten Negativpreis. Der Verbogene Paragraf ist ein symbolischer Preis, der als „Wanderpokal" an Sozialleistungsträger mit kritikwürdiger Rechtsvollzugspraxis überreicht wird. Die etwa 50 cm hohe Metallskulptur besteht aus einem Männchen, das mit Energie ein Paragrafensymbol verbiegt. In Wahrnehmung der Interessen der Leistungsempfänger von Arbeitslosengeld, beobachtet der EBET (vor 2015 die EvO) laufend die tatsächliche Umsetzung und Realisierung von Rechtsansprüchen Sozialleistungsberechtigter in allen Teilen der Bundesrepublik und erhält durch Rückmeldungen und Beobachtungen Kenntnis von defizitären und rechtswidrigen Verwaltungsvollzügen.

Im Rahmen der an Bedeutung gewonnenen Armutsberichterstattung auf Bundes-, Landes- und kommunaler Ebene sind die verschiedenen Träger- bzw. Verbandsebenen der Wohnungslosenhilfe als „Experten für Armut" beteiligt, wodurch ihre Lobbyfunktion weiter gestärkt worden ist. Dennoch bleibt nüchtern festzustellen, dass es auch im 21. Jahrhundert enorm herausfordernd bleibt, in der reichen Gesellschaft Deutschlands wirksame Lobbyarbeit für einkommensarme, wohnungslose oder langzeitarbeitslose Menschen zu organisieren. Noch haben nicht alle verstanden, dass Menschenwürde das Recht umfasst, Rechte zu haben!

Übungsfragen

- Was sind die Gründe für die Dominanz konfessioneller Träger in der Wohnungslosenhilfe?
- Welche Aspekte sind bei der Finanzierung von Hilfeangeboten aus Leistungserbringerperspektive wichtig?
- Nennen Sie mögliche Aufgabenstellungen für Dachorganisationen der Wohnungslosenhilfe auf Landes- und Bundesebene.
- Recherchieren Sie die Gestaltungsprinzipien der Finanzierung von Wohnungslosenhilfen für das Bundesland, in dem Sie derzeit leben.
- Welche Ideen haben Sie für neue Modelle einer Lobby für Arme?

Vorschläge für das Selbststudium

- Träger und Verbände der Wohnungslosenhilfe
- Sozialarbeit als Lobbyarbeit
- Für die Wohnungslosenhilfe gültige Finanzierungsprinzipien

Zum Weiterlesen

www.bagw.de
www.caritas.de
www.diakonie.de
www.evangelische-obdachlosenhilfe.de
www.kagw.de

Kapitel 14
Programmatiken und aktuelle Diskurse der Wohnungslosenhilfe

■ In diesem Kapitel werden aktuelle Diskussionen gebündelt, die sich um die zukünftigen Programmatiken der Wohnungslosenhilfe angesichts des sozialpolitischen Wandels herausgebildet haben. Wichtig wird darin eine Betrachtung des Wohnungsnotfalls als mögliche Ausweitung des Hilfesystems. Auch werden Bezugspunkte extremer Armut und das öffentliche Bild der Wohnungslosen reflektiert. Dabei wird in einem Exkurs zur „Zwei-Klassen-Sozialarbeit" die Zukunft des Hilfesystems grundsätzlich thematisiert, um anschließend Positionen des neuen Grundsatzprogramms einer „bürger- und gemeindenahen Wohnungslosenhilfe", das die BAG Wohnungslosenhilfe vorgelegt hat, in einigen wesentlichen Aspekten zu diskutieren. Abschließend werden Thesen zur Zukunft der Wohnungslosenhilfe vorgestellt, die eine Verdichtung aktueller Beiträge in Fachpublikationen sind.

14.1 Rahmenbedingungen der Wohnungslosenhilfe

Die politischen Rahmenbedingungen für die Soziale Arbeit verändern sich seit einiger Zeit. Dabei scheint die Zeit eines staatszentrierten sozialpolitischen Modells mit vollständiger Finanzierung und Trägerschaft durch den Staat bzw. die Kommune sowie öffentlicher Planung und Standardisierung zu Ende zu gehen (Dahme et al. 2003). Der Wohlfahrtsstaat steht finanziell unter Druck und stellt immer weniger Geld bei wachsenden sozialen Problemen zur Verfügung. Zugleich führen soziale Ungleichheit und eine andauernd hohe Arbeitslosigkeit zu Problemverschärfungen. An die Stelle eines aktiven Sozialstaates, der soziale Rechte der Bürger ernst nahm und deren Risiken absicherte, tritt ein aktivierender Sozialstaat, der Leistung an eine Gegenleistung knüpft (Gillich/Nagel 2010). Darin haben zugleich neue Formen der Elendsverwaltung Konjunktur.

Mit diesen Entwicklungen treten neue und vor allem betriebswirtschaftliche Konzepte auf, die neue Bedingungen für die Hilfesysteme definieren. Das Prinzip der Eigenverantwortung, die Konkurrenz- und Marktfähigkeit der Träger sowie Leistungsvereinbarungen und Qualitätsmanagement sollen Prinzipien der Effizienz und der Kostenneutralität bzw. Kostenreduktion zum Durchbruch verhelfen. Das bedeutet in der Praxis einen restriktiveren oder auch wettbewerblicheren Umgang bei der Mittelverteilung. Notwendige Leistungen werden öffentlich ausgeschrieben, Qualität muss nachgewiesen werden. Es entsteht ein Zwang zur differenzierten und verstärkt individualisierten Hilfe, die hinsichtlich ihrer Zielerreichung vor allem durch Wirkungskontrollen und Qualitätsdokumentation ihre Legitimation immer neu beweisen muss. Gefordert werden auch kostengünstigere Lösungen.

Dies kann möglicherweise sogar eine Konzentration der Hilfen auf nur jene Hilfesuchenden nach sich ziehen, bei denen ein Erreichen des Ziels eher wahrscheinlich ist. Tendenzen zu einer „Zwei-Klassen-Sozialarbeit" sind erkennbar, die zu einer verschärften Ausgrenzung und der Verdrängung der Schwächsten in ein reines Versorgungssystem führen. Dort erhalten sie aber eine nur noch minimale Grundversorgung. Eine Zunahme ehrenamtlich organisierter Hilfsangebote wie Tafeln, Suppenküchen, Möbellager und Kleiderkammern deutet darauf hin.

Weitere und noch fatalere Entwicklungen sind zudem in der erneut mit moralisierendem Unterton geführten Debatte über die persönliche Verantwortlichkeit zu sehen, die bereits im Begriff der „faulen Arbeitslosen" kulminierte (Lutz 2005 a). So wird, wie schon früher, ohne dies wirklich in dem behaupteten Umfang belegen zu können, die Erschleichung von Transferleistungen diskutiert. Dabei wird das Bild von Menschen gezeichnet, denen die Motivation zur Arbeitsaufnahme fehle und die von staatlichen Versorgungsstrukturen, mithin auch von Sozialer Arbeit, abhängig seien und sich darin sogar angenehm eingerichtet hätten. Diese Haltung wolle man nun durch die Maßnahmen des aktivierenden Sozialstaates aufbrechen (Kessl/Otto 2002).

Im gesellschaftlichen Denken findet eine *Normalisierung von Armut* statt. Armut wird nicht mehr als sozialpolitischer Skandal, sondern zunehmend als Ärgernis wahrgenommen (Lutz 2005 b). Allenfalls die Armut von Kindern – und neuerdings die kommende Altersarmut von Menschen, die ein langes Leben gearbeitet haben – erregt noch ansatzweise öffentliches Aufsehen; der Armut breiter Teile der Bevölkerung wird, trotz steigender Betroffenheit und immer wieder aufflammender sozialpolitischer Debatten, kaum noch große Aufmerksamkeit gewidmet (Lutz 2005 c; 2010). Ernsthafte und nachhaltige Maßnahmen zur Prävention und zur Linderung sind nicht zu erkennen. Die Gesellschaft scheint sich auf Armut einzustellen.

Das wird auch daran deutlich, dass von *extremer Armut* gesprochen wird, die einer absoluten Armut nahe kommt; einer Armut also, die nicht nur das soziale Leben bedroht, sondern die gesamte Existenz, selbst das körperliche Überleben, in Frage stellt. Straßenkinder, wohnungslose Menschen, die auf der Straße leben, Menschen, die nicht über ausreichend Nahrung und Bekleidung verfügen und vor allem Kinder, die in äußerst schwierigen und auch vernachlässigten Verhältnissen leben, gelten als extrem arm. Jenseits einer empirisch belegbaren Tendenz zu diesen Armutsformen wird mit dem Begriff „extreme Armut" ein

Segment herausgegriffen, das relative Armut unterschichtet. Damit aber wird das weit gefasste Segment relativer Armut als weniger schlimm, als weniger extrem und somit als weniger bedrohlich erachtet, sie wird zum Normalzustand, den Menschen durchaus ertragen können und in dem man sich noch einigermaßen einrichten kann. Was wollt ihr denn, heißt es, es gibt Menschen, denen geht es weitaus schlechter und denen müssen wir zuerst helfen.

Aus dieser Entwicklung resultiert eine höchst problematische Einteilung ausgegrenzter und armer Menschen nach jenen Kriterien, die wir aus einer historischen Betrachtung von Armut und Ausgrenzung kennen: Es wird wieder viel stärker über „würdige" und „unwürdige Arme" diskutiert. Darin ist eine neuerliche Betonung angeblich moralischer Defekte angelegt. Es kommt zu einer Subjektivierung von Armut, die als *Schuld bzw. Nichtschuld* codiert wird (Lutz 2005 a; 2010).

In dieser neuen Wahrnehmung und Interpretation von Armut wird auch der Kontrollaspekt betont. Schließlich, so der Tenor, muss sich die Gesellschaft vor den Auswirkungen extremer Armut schützen. Dies zeigt sich u. a. an der Zunahme der *Gefahrenabwehrverordnungen* in Städten, die eine lange Tradition fortsetzen und auch neu beleben; in ihren Ursprüngen gehen sie auf die Bettel- und Armenordnungen des späten Mittelalters zurück. Mit diesen will man „aggressives Betteln", eine zumeist weite und nicht wirklich fest gelegte Definition, in Innenstädten verhindern, vor allem will man die sichtbare Armut kontrollieren und notfalls verbieten, wenn sie zum öffentlichen Ärgernis wird (Simon 2001). Ähnliches findet sich auch im Bereich öffentlich zugänglicher Gebäude, die sich aber im Privatbesitz befinden, wie Bahnhöfe oder Einkaufsmalls. Armut wird kaum noch als ein soziales Problem verstanden, dem mit Sozialarbeit zu begegnen ist. Sie wird als „Gefahr für die öffentliche Ordnung" eingestuft, vor der man sich schützen muss, notfalls mit polizeilicher Gewalt. Man nimmt sie als gegeben hin, will sie eigentlich gar nicht mehr beseitigen, möchte aber auch nicht mit ihr konfrontiert werden.

Damit korrespondiert eine *neue Schamhaftigkeit der Armut,* die vermehrt dazu führt, dass Betroffene sich in der Tat verstecken. Das wird auch für die Wohnungslosenhilfe relevant, da sich Menschen nicht mehr an das Hilfesystem wenden, sondern am Rande der Gesellschaft Nischen suchen, in denen sie einigermaßen „unentdeckt" überleben können. Die Ausgrenzung der wirklich Schwachen, die einer konsequenten und mitunter langwierigen persönlichen Hilfe bedürften, um sie im Sinne neuer Aktivierungsstrategien fordern zu können, wird verschärft. Es mehren sich zudem die Anzeichen, dass mit der Zunahme gesellschaftlicher Armut auch eine Zunahme extremer Armut befördert wird. So kann es in Zukunft wieder mehr Menschen geben, die marginalisiert sind, bzw. auf der Straße leben.

Diese Entwicklungsoptionen könnten in ihrer Gesamtheit für die Wohnungslosenhilfe fatal sein; ihre Existenz als eigenständiges Hilfesystem könnte auf dem Spiel stehen. Es besteht die Gefahr, dass es in diesen Bedrohungsszenarien mit seinem seitherigen Selbstverständnis randständig zu werden droht, da professionelle Hilfen für extrem Arme nur noch dann finanziert werden, wenn die Mitwirkungsbereitschaft erkennbar ist und das Ziel der Hilfe auch nachvollziehbar erreichbar scheint. Und es sind zudem vermehrt präventive Maßnahmen der Wohnungsversorgung in kommunaler Steuerung erkennbar, allerdings mit sehr großen, regionalen Unterschieden.

Dies könnte zwangsläufig die Vernachlässigung jenes Personenkreises nach sich ziehen, der eigentlich seit seiner Entstehung zur Stammklientel des Hilfesystems gehört und von vornherein schon immer weniger Chancen im gesellschaftlichen Kontext hatte: die akut Wohnungslosen, die schon seit längerer Zeit auf der Straße leben oder sich bereits über Jahre im Hilfesystem befinden. Das alles hat zur Folge, dass sich das Hilfesystem *neu verorten* muss, in der Prävention, in der ambulanten Betreuung in Wohnungen, in nachgehenden Hilfen oder in Langzeithilfen. Bestandteil dieser Neuverortung muss eine stärkere Einmischung sein. Das Hilfesystem hat dafür Sorge zu tragen, dass es nicht wieder zu dem wird, was es früher war, wovon es sich in einem „Häutungsprozess“ emanzipierte: individuelles Verschuldungsprinzip, kein Rechtsanspruch auf Hilfe, Almosen als Basis, Hilfe als rein stationäre Maßnahme für Gescheiterte (Gillich/Nagel 2010).

Exkurs XV: Zwei-Klassen-Sozialarbeit

Überholt geglaubte Praktiken sind wieder da: Suppenküchen, Tafeln, Kleiderkammern, kostenloses Mittagessen für Kinder, Arbeitslosenfrühstück, „Restaurant des Herzens“ und weitere Instanzen der karitativen Notversorgung haben sich seit einiger Zeit als Basisversorgung für Menschen herausgebildet, die in Armut bzw. in extremer Armut leben (Lutz 2005 b; 2010). Sie erfahren eine immer größere Nachfrage, so auch durch wohnungslose Menschen. Sie sind unbestritten wichtig und stellen ein neues und essentielles Element im System sozialer Hilfen dar; das ehrenamtliche Engagement der Akteure verdient die Hochachtung und den Respekt aller, die sich damit beschäftigen. Gäbe es diese Angebote nicht, würde sich das Elend schlagartig erhöhen. Dennoch greifen derartige Angebote zu kurz. Zum einen sind diese keine professionelle Soziale Arbeit, die Integration zum Ziel hat, es sind Gaben und Almosen, die lediglich versorgen und kaum zur Aktivierung bzw. zur Selbstorganisation der Menschen beitragen. Sie befähigen nicht, sie lindern allerhöchstens Elend. Zum anderen zeigt sich auch hierin die Normalisierung von Armut, der nicht mehr wirksam begegnet, sondern in ihren Auswirkungen allerhöchstens begrenzt werden soll. Deshalb muss die Bedeutung dieser Hilfen in ihrer Logik verstanden werden.

Dieses neue Management des Elends bedient zunächst eigentlich nur das schlechte Gewissen einer reichen Gesellschaft, wie es bereits für die gesellschaftliche Almosenpraxis seit dem frühen Mittelalter analysiert wurde. Der Reiche gibt Almosen, um auch weiterhin in seinem Reichtum beruhigt leben zu können. Armut erhält funktional eine alte neue Bedeutung: Über die Gabe an den Armen kann sich eine wohlhabende Gesellschaft entlasten. Allerdings fragt diese dabei kaum noch, woher die Armut kommt. Sie ist da, sie gehört zum Leben wie der Wohlstand auch. Dass das eine mit dem anderen etwas zu tun haben, gar von ihm ausgelöst oder zumindest verstärkt worden sein könnte, interessiert kaum noch jemanden, schon gar nicht jene, die spenden und sich darüber freuen, dass sie ein gutes Werk getan haben.

Das Fatale ist nun, dass diese Instanzen der Basisversorgung einerseits notwendig sind, sie verteilen ja nicht nur dringend benötigte materielle Güter, sie geben ja auch menschliche Wärme. Andererseits schreiben sie das Elend fest, indem sie es nur noch verwalten, das Elend jener nämlich, die in ihrer Marginalisierung verweilen und eigentlich keine Chancen mehr haben, ihren Verhältnissen zu entkommen. Mit dem regelmäßigen Almosen werden diese Menschen noch mehr abhängig von dieser Gabe. Sie werden zu Nehmenden, die auf die nächste Mahlzeit und ähnliches warten, und verlieren allmählich ihre letzten Kompetenzen, Ressourcen und Fähigkeiten, sich selbst zu helfen. So wird Armut verfestigt und die Menschen werden noch stärker marginalisiert. Damit konnte man sich vielleicht noch in früheren Zeiten abfinden. In einer modernen Gesellschaft kann dies nicht der Maßstab für Hilfen sein.

Die Notwendigkeit der Tafeln, Suppenküchen und aller neu entstehenden Almosendienste liegt – bei aller berechtigten Kritik daran (vgl. Selke 2015) – ja auf der Hand: Immer mehr Menschen verfügen nicht mehr über das erforderliche Geld, sich ein würdevolles Leben gestalten zu können. Nicht dass sie hungern und frieren würden, aber ihre Bekleidung bedarf der Erneuerung, die nicht finanzierbar ist, ihre Mahlzeiten sind mitunter knapp bemessen. Diese erlebte und zugleich bedrängende Knappheit kann das Ergebnis gering bezahlter Tätigkeiten sein – „working poor" ist inzwischen ein etablierter Begriff; Niedriglöhne auf unterschiedlichen Niveaus sind der Normalzustand für mehrere Millionen Menschen. Diese finanzielle Unterversorgung kann aber auch daraus resultieren, dass die Hilfen des Staates, der noch immer das Existenzminimum garantieren soll, inzwischen einfach zu gering ausfallen.

Bisher musste Bedürftigkeit, die über zugesicherte Leistungen und bestehende Einkommensverhältnisse hinausging, mit dem Staat bzw. dessen autorisierten Vertretern verhandelt werden. Dies verlief in der Anonymität von Amtsstuben und Büros. Es fiel kaum auf, dass es trotz aller Versorgung Menschen gab, die für ein würdevolles Leben noch immer zu wenig hatten. Zu diesen gehörten auch Wohnungslose, die sich fernab vom Hilfesystem aufhielten. Nun aber vergrößert sich dieses Segment in den unteren Lagen der Gesellschaft und verlagert sich zudem immer stärker in die Öffentlichkeit: Durch den Ausbau von Tafeln und ähnlichem werden Armut und Bedürftigkeit auf eine neue Art öffentlich. An den Schlangen vor den barmherzigen Diensten sieht man wieder, dass es Not im Lande gibt.

Die Instanzen der Basisversorgung erzeugen Ambivalenz: Zum einen nimmt die Bedürftigkeit von immer mehr Menschen zu, sie sind neben staatlicher Unterstützung nun auch auf das angewiesen, was diese Notdienste ihnen anbieten; zum anderen zeigt sich darin aber auch ein Paradigmenwechsel im Verständnis von Armut und den Reaktionen hierauf. Bisher sorgte der Staat durch Steuern und Sozialpolitik für eine Umverteilung unterschiedlicher Einkommen und ließ damit jenen Menschen ein wenig mehr an Gleichheit zukommen, die als Benachteiligte galten.

Ziel des Sozialstaates war und ist zwar noch immer der soziale Ausgleich zwischen Wohlstand und Armut. Diese Umverteilung nimmt er noch immer vor, doch er reduziert jene Mittel drastisch, die bei denen ankommen, die davon profitieren sollten. Neben ihrer fortbestehenden Funktion als öffentliche Aufgabe wird die Armutsbekämpfung stärker zu einer zusätzlichen Privatangelegenheit. Die Verknappung staatlicher Mindestleistungen nimmt zunehmend die Zivilgesellschaft in die Pflicht, weitere, originär solidarische Leistungen zu erbringen. Die Muster „Barmherzigkeit" und „Almosen" werden neu aktiviert. Dies geht einher mit jenem Aktivierungsparadigma, das Ressourcen befördern und vernetzen soll, das vielfältige Aktivitäten in der Zuständigkeit der Menschen motivieren will, die dazu beitragen, Benachteiligung ohne staatliche Hilfen zu regulieren. Insofern sind die Tafeln ein wohl geordnetes und hoch modernes Produkt, das Aufgaben des Staates stärker in die Zuständigkeit der Bürger verlagert.

Wenn man diese Politik, die mit den Inhalten der AGENDA 2010 und des SGB II, sowie dem Slogan „Fördern und Fordern" verknüpft ist, in ihrer Konsequenzen tatsächlich ernst nimmt, werden in Zukunft möglicherweise nur noch jene Menschen eine effektive und professionelle Hilfe erhalten, die von ihrer Biographie, ihrer Persönlichkeit und ihren Lebenslagen her die Gewähr dafür bieten, dass sie motiviert, fähig und bereit sind, sich für sich selbst zu „engagieren", um das Ziel der Hilfe zu erreichen und unabhängig von Leistungen des Staates zu leben. Dies kann durch eine Analyse von Stärken und Schwächen, durch ein Profiling, festgestellt werden. Soziale Arbeit spaltet sich dann aber noch stärker, als bislang in eine Zwei-Klassen-Sozialarbeit.

Diese weist zwei Elemente auf, die sich konträr gegenüberstehen. Zum einen eine professionelle und individuelle Beratung und Betreuung auf einer sozialwirtschaftlichen Basis, die jene Förderung und Unterstützung bietet, die zur Zielerreichung der Hilfe, zur adäquaten Umsetzung des Hilfeplans, notwendig sind. Daneben existiert eine Grundversorgung durch Suppenküchen, Tafeln, Kleiderkammern,

Almosen und kommunale Notunterkünfte, die in großem Umfang ehrenamtlich oder auf einem eher niedrigen professionellen Niveau organisiert und angeboten wird, deren Ziele lediglich Versorgung und Linderung, kaum aber Aktivierung und Integration sind.

Mit dem sich abzeichnenden Ende des doppelten Mandats wird die gesellschaftliche Funktion Sozialer Arbeit klarer: Aktivierung und Training der Fähigen und Erfolgversprechenden auf der einen, Versorgung und Verwaltung des Elends auf der anderen Seite (Lutz 2011). Ersteres ist für die Träger und Einrichtungen auch weiterhin lukrativ, da es über Leistungsvereinbarungen abgerechnet werden kann. Es ist zudem methodisch hoch professionalisiert und wird durch die derzeitigen Reformen verstärkt. Das Andere lebt von niedrigen Budgets, von Spenden, von Almosen und wesentlich von Niedriglöhnen, die auch in der Sozialen Arbeit zunehmen, und vom Ehrenamt; dieses wird durch die Reformen „neu" entwickelt. Für die Klientel der Wohnungslosenhilfe kann dies eine Verstärkung ordnungsrechtlicher und polizeilicher Maßnahmen bedeuten, die in den Gefahrenabwehrverordnungen ja schon angelegt sind.

14.2 Auswirkungen einer „Zwei-Klassen-Sozialarbeit" auf die Wohnungslosenhilfe

Die skizzierten Programme haben besondere Auswirkungen auf das System der Wohnungslosenhilfe. Zu fragen wäre dann durchaus, weshalb Sozialarbeit in Notunterkünften und in kommunalen Asylen für allein stehende Wohnungslose noch notwendig ist. Betrieben werden sie ehrenamtlich, billige Wachdienste öffnen und schließen, Tafeln und andere versorgen mit notwendigen Gütern, während ebenfalls billige Reinigungsdienste säubern und entsorgen – wird es heftig, kommt die Polizei.

Darüber hinaus könnte die Wohnungslosenhilfe durch diese Entwicklungen sogar zu gewissen Teilen in ihrer Existenz stark bedroht sein. Historisch wie aktuell ist sie ein Angebot, das sich um die Bedürfnisse, um die Würde und die Verwirklichung der Rechtsansprüche extrem Armer bemüht. Doch gerade in dieser Klientel gibt es eine Vielzahl von Menschen, die nicht rasch durch professionell gestaltete Maßnahmen oder eine Aktivierung zu eigenem Engagement integrierbar werden. Mitunter dauert dies lange und bei einigen ist zunächst nur eine Vermeidung weiterer Verschlimmerung erreichbar.

Sicherlich hat das Hilfesystem schon seit längerer Zeit Erfahrungen mit dem Kostendruck und mit der Legitimation eigener Leistungen und Tätigkeiten. Dennoch könnte diese Tendenz zur Zwei-Klassen-Sozialarbeit die Wohnungslosenhilfe spalten. Auf der einen Seite gäbe es dann eine *effektive und professionell organisierte Hilfe,* die am Einzelfall orientiert wäre; auf der anderen Seite formt sich, in Zusammenarbeit mit Tafeln und ähnlichem, ein Low-Level-System der *Basisversorgung,* das für jene zuständig bliebe, deren Ressourcen als nicht ausreichend interpretiert würden, um eine baldige und nachhaltige Integration zu gewährleisten.

Dies könnte eine stärkere *Konzentration* auf den *Wohnungsnotfall,* auf *Prävention* und Wohnraumversorgung und auf kurzfristige *Erfolge* versprechende Klienten in ambulanten Beratungsstellen mit sich bringen, während sich stationäre Einrichtungen entweder unter Aufgabe ihrer seitherigen Identität stärker spezialisieren müssten, auf alte und pflegebedürftige Wohnungslose, auf psychisch Kranke, auf Langzeitfälle. Oder sie verkommen zu wenig professionalisierten Einrichtungen der Notversorgung, die sich umfänglich den „Gescheiterten" widmen.

Das Hilfesystem muss sich diesen Tendenzen stellen und nach Antworten auf diese Herausforderungen suchen. Dabei muss es sich immer wieder vergegenwärtigen, dass es eine politische „*Anwaltsfunktion*" zu erfüllen hat, „die sich nicht nur auf die Durchsetzung der Rechte Einzelner richtet, sondern auf die Thematisierung sozialer Probleme, auf die Vertretung von Anliegen und Interessen von Menschen in Wohnungsnot in der Öffentlichkeit und gegenüber der Politik" (Gillich/Nagel 2010, S. 11). Dabei ist es verpflichtet, die Menschen darin zu unterstützen, ihre Handlungsmöglichkeiten zu erweitern.

14.3 Grundsätze einer bürger- und gemeindenahen Wohnungslosenhilfe

Reaktionen auf sich ändernde Randbedingungen liegen seit einiger Zeit in der Weiterentwicklung der Wohnungslosenhilfe zu einer „*bürger- und gemeindenahen Hilfe*", wie es die BAG schon 2001 formulierte (BAG Wohnungslosenhilfe 2001).

In der Wohnungslosenhilfe sind verbesserte lebensweltbezogene Sensorien aufgebaut worden, um auch Hilfeoptionen für jene anbieten zu können, die in Nischen leben und sich weitab der Zugänge zum Hilfesystem befinden. Zugleich muss sie weiterhin ihre Fähigkeit zur Prävention verbessern. Dies aber geht nur mit einer *in den Lebenslagen präsenten Hilfe,* die als professionelle Leistung zu legitimieren ist. Dabei muss sich das System auch weiterhin ausdifferenzieren und methodisch neuen Anforderungen anpassen. Das macht immer wieder *neue Allianzen im Quartier* und in der Region erforderlich.

Es gehört zum Selbstverständnis des Hilfesystems, das die Stärkung der Selbsthilfekräfte befördern und, dabei auf die Würde der sozial ausgegrenzten und wohnungslosen Menschen Bezug nehmend, deren prinzipielle Freiheit berücksichtigen will. Dieses Selbstverständnis muss essentieller Inhalt aller Optionen im Hilfesystem sein. Es führt weg vom Blick auf Defizite und öffnet den *Weg zu Ressourcen,* die es zu befördern gilt, damit ausgegrenzte Menschen wieder in Selbstorganisation und freier Gestaltung ihres Alltags besser als zuvor leben können. Damit ist die Herstellung eines *gelingenderen Alltags* gemeint, der über eine fallorientierte biographische Arbeit sowie die dadurch mögliche Neubewertung und Neugestaltung der Umwelten erreicht werden kann. Dies macht die Überwindung der Ausgrenzung durch die Öffnung von spezialisierten Diensten, vor allem eine ambulante Arbeit im Alltag der Betroffenen erforderlich.

Eine moderne Wohnungslosenhilfe muss deshalb zum einen weiterhin Grundsicherung und Grundversorgung anbieten, das ist und bleibt ihr Kerngeschäft. Sie muss zum anderen den Bereich der *Prävention* und der sozial-integrativen Hilfen im Quartier noch stärker und in Kooperation mit anderen Akteuren erschließen. Das beinhaltet eine *Erweiterung zum Wohnungsnotfall* hin. Eine moderne Wohnungslosenhilfe hat deshalb ein *Zentrum und zwei Randbereiche,* wobei die Randbereiche sich als zukunftsfähige Erweiterungen des Kerns darstellen:

- Sie ist zunächst lebensraumbezogene Prävention, die an der Wohnungsnotfallproblematik arbeitet.
- Sie ist in erster Linie Fallarbeit auf der Basis des § 67 SGB XII, die sich an Menschen richtet, die unterschiedliche Straßenkarrieren aufweisen. Diese geschieht in ambulanten und in stationären Einrichtungen, als Rechtsdurchsetzung, als Notfallhilfe, als Grundversorgung, als Beratung und als Langzeithilfe.
- Sie ist schließlich lebensraumbezogene Integration und arbeitet in vernetzten Strukturen des Gemeinwesens.

Mit Blick auf Integration und Prävention ist die Öffnung der ambulanten Dienste für Wohnungsnotfälle sinnvoll. Das macht Absprachen mit Sozial- und Wohnungsämtern bezüglich der Wohnungssicherung und -versorgung notwendig. Hier ist die Weiterentwicklung von Leistungsarten erforderlich, die klar definierte Schnittstellen zwischen den Hilfesystemen, klare Hilfeaufträge und verbindliche Kooperationsmodelle festlegen.

Die Wohnungslosenhilfe muss darüber hinaus, wie schon betont, eine *neue politische Anwaltschaft* entwickeln. Sie erlebt die Notlagen und deren Wandel unmittelbar und sie erkennt die Fehler und Lücken im System der Hilfen, die Notlagen verfestigen. Sie muss Reaktionen und weitere Hilfen einklagen. Die Kommunen sind verstärkt in die Pflicht zu nehmen, für ihre Wohnungsnotfälle auch tatsächlich zu sorgen. Gleichzeitig sind Öffentlichkeitsarbeit und die Bildung einer *Lobby für Ausgegrenzte und Arme* mehr denn je erforderlich, da sich Armut und Ausgrenzungsprozesse zu normalisieren beginnen. Die Wohnungslosenhilfe ist eine bürger- und gemeindenahe Soziale Arbeit, die sich ihren alten Aufgaben neu stellt und sich neuen öffnet.

Mit den Begriffen *Bürger* und *Gemeinde* verabschiedet sich die Hilfe theoretisch und praktisch von ihrem bisherigen Sonderstatus und der von ihr gepflegten Eigenständigkeit, damit aber auch von einer Klientel, die am Rande stand. Bürger- und Gemeindenähe postuliert, dass die Wohnungslosenhilfe in das alltägliche Leben einkehrt und sich so auch dort verortet. Der postulierte Veränderungs- und Transformationsprozess bedeutet deshalb auf der Seite des Bürgers Bedarfsorientierung, Differenzierung der Hilfen nach Bedarfsgruppen, Erreichbarkeit der Hilfen sowie eine präventive Orientierung. Auf der Seite der Gemeinde stehen die klare Diktion des Vorrangs ambulanter Hilfen, eine stärkere Kommunalisierung und Regionalisierung, eine verbindliche Hilfeplanung, Dezentralisierung, Koordination und Vernetzung unterschiedlicher Akteure. Und schließlich sind Kooperationen mit den Jobcentern essentiell, um das Ziel der Integration in den Arbeitsmarkt nicht aus den Augen zu verlieren.

Die Hilfe wird, wie es bereits in vielen Regionen üblich ist, noch mehr kommunal finanziert und auch organisiert werden. Dies kann trotz der darin angelegten Probleme eine Chance für das Hilfesystem sein, da es als System kommunaler Hilfen viel direkter in den Quartieren und in Vernetzungen agieren kann und muss. Gefahren liegen zweifellos darin, dass eine kommunale Zuständigkeit zu einem stärkeren Abbau, bzw. einer unterschiedlichen Ausgestaltung der Hilfen führen kann, was den „Sozialtourismus" der Betroffenen fördert.

14.4 Wohnungspolitik gegen Wohnungslosigkeit

Die BAGW hat vor dem Hintergrund der diskutierten Entwicklungen und im Vorgriff darauf schon im März 2006 ein *Wohnungspolitisches Programm* beschlossen, das als oberstes Ziel die Sicherstellung einer *menschenwürdigen Wohnraumversorgung* formuliert. Menschenwürdig ist ein Wohnraum dann, wenn er physisch bewohnbar, nicht baufällig, gesund, rechtlich abgesichert, dauerhaft und nicht überbelegt ist sowie Schutz vor Gewalt bietet.

Wohnungspolitik muss für alle Menschen eine bedarfsgerechte und preiswerte Wohnraumversorgung sicherstellen, um ihren Beitrag zur Verbesserung der Wohn- und Lebensbedingungen auch in Armutsquartieren zu leisten. Hierzu muss Wohnungslosigkeit verhindert, aktuell Wohnungslose müssen unmittelbar mit Wohnraum versorgt und unzumutbare Wohnverhältnisse müssen beseitigt werden. Kein Mensch kann gegen seinen Willen dazu gezwungen werden ohne Unterkunft auf der Straße zu schlafen. Hierzu ist auch weiterhin die Verhinderung von Wohnungsverlusten notwendig, entsprechende Maßnahmen müssen erhalten und möglicherweise ausgebaut werden. Dies bedeutet auch die konsequente Umsetzung des Präventionsgedankens, der im SGB II und im SGB XII geregelt ist. Können Wohnungsverluste dennoch nicht verhindert werden, hat die Ersatzbeschaffung von Wohnraum oberste Priorität.

Um den Zugang zum regulären Wohnungsmarkt für wohnungslose Haushalte sicherzustellen, sind verbindliche und vertraglich abgesicherte Kooperationen zwischen öffentlich geförderten Wohnungsbaumaßnahmen, den Kommunen, den Jobcentern und den Trägern sozialer Dienste notwendig. Auf diese Weise können auch wieder vermehrt Kontingente von Wohnungen (geschützte Marktsegmente) gebildet werden, die der Klientel der Wohnungsnotfallhilfe vorrangig zur Verfügung stehen; dem steht im Jahr 2020 allerdings die vielerorts massive Verknappung von bezahlbarem, angemessenem Wohnraum entgegen.

Persönliche Hilfen im Wohnraum müssen als eigenständiger Leistungstyp erhalten und weiter entwickelt werden. Dies umfasst auch Maßnahmen zur Förderung und zum Erhalt intakter Nachbarschaften. Die Grundlage hierfür sind Stadtentwicklungskonzepte sowie kommunale Netzwerke und Kooperationen. Die Hilfe ist daher, neben ihrer Orientierung am Einzelfall, mit Blick auf den Sozialraum um Dimensionen der Stadtteil- und Quartiersentwicklung, der Beförderung bürgerschaftlichen Engagements und des Aufbaus von Basis- und Selbsthilfeorganisationen zu erweitern.

14.5 Sozialraumorientierung

Die skizzierte Programmatik führt notwendigerweise zu einem lokal verorteten, fachlich differenzierten und sozialstrukturell eingebundenen Hilfesystem, das stärker als bisher *sozialräumlich agiert.* Auch wenn sich die Vorstellung sozialräumlicher Konzepte in der Wohnungslosenhilfe erst langsam durchsetzt: es gibt eine Fülle von Ansätzen, die genau das tun (Kooperationen, Einbezug des Umfeldes der Einrichtungen, Einmischung in die Politik etc.). So ist lediglich der Blick zu schärfen, um die Möglichkeiten der Sozialraumorientierung zu sehen. Das bedeutet nicht nur die Entwicklung eigener Formen, sondern vor allem eine Kooperation mit bestehenden Ansätzen von Quartiermanagement und anderen Formen der sozialräumlichen Arbeit.

Das Konzept Quartiersmanagement ist, wie dargestellt, ein städtisches Beteiligungskonzept, das Kooperationen, Vernetzungen und Hilfeverbünde aufbaut und moderiert. Mittlerweile hat sich die Vorstellung von einem Sozialraummanagement entwickelt, mittels dessen in einem Quartier Ressourcen aktiviert, aber auch Dienstleistungen entwickelt, koordiniert und abgestimmt werden sollen. Die „Idee" und die Praxis von Sozialraumkonferenzen, die alle Akteure eines Sozialraums zu Absprachen und Evaluationen regelmäßig an einen Tisch bringt, steht als kommunalpolitische Innovation in der kritischen Auseinandersetzung einer „Integrierten Sozialraumplanung" (Hammer et al 2010).

Das vielfach diskutierte Sozialraummanagement wird darin als Ressourcen-Management verstanden, als ein moderierendes System, das Synergieeffekte sucht und nutzt. Die Entwicklung von Projekten, die Vermittlung in der Bürgerschaft, die Unterstützung von Aushandlungsprozessen und die Moderation von Dialogen sind Maßnahmen, die sowohl zur Prävention als auch zur Intervention bei Wohnungsnotlagen dienen können, die im Quartier auftreten bzw. dort gelöst werden können. Sozialraumkonferenzen stimmen derartige Prozesse ab und steuern diese zugleich. Hier werden dann auch Konzepte einer Sozialraumbudgetierung diskutiert und umgesetzt, die in der Zuständigkeit bzw. unter Beteiligung lokaler Akteure Gelder verteilen und einsetzen.

Für die Wohnungslosenhilfe, die ganz eng mit den Stadtteilbüros, den Quartierszentren und mit den Akteuren des Quartiers- oder Sozialraummanagements zusammenarbeiten kann, besteht die Chance, sich den Zielen einer Kommunalisierung und Regionalisierung der Hilfen zu nähern. Dies könnte über den koordinierten und vernetzten Aufbau von Hilfen im Quartier geschehen, die am Bedarf orientiert sind, die Hilfesuchende als Bürger vor Ort ankommen lassen will und die zugleich auch aufsuchende Krisenhilfe ist. Damit verbunden ist die Chance, sich stärker als bisher vor Ort vernetzen und eine rein fallbezogene Arbeit lebensweltbezogen unterlegen zu können.

Mit der Sozialraumorientierung eng verknüpft ist die „Empowerment-Perspektive" des Community Organizing (Szynka 2010). Darin ist ein Wechsel des professionellen Verständnisses angelegt, das nicht mehr die individuellen Defizite des Wohnungslosen betont, sondern jenseits einer individualisierenden Problembeschreibung die Handlungsfähigkeit im soziokulturellen Umfeld entwickeln will. Dieser Weg vom „Fall zum Feld" gibt auch der Wohnungslosenhilfe eine neue Perspektive, die sie stärker im Quartier verankern kann (Blank 2010).

Für die Zukunft des Hilfesystems wird es wesentlich sein, wie sich das Verhältnis zwischen Einzelfallhilfe, Gemeinwesenarbeit, Stadtentwicklung und lokaler Sozialpolitik gestaltet.

14.6 Zukunft der Wohnungslosenhilfe?

Hat die Wohnungslosenhilfe eine Zukunft oder wird sie sich allmählich in anderen Hilfesystemen wiederfinden? Wie wirkt die sich vielerorts verstärkende Wohnungsnot auf das Hilfesystem aus? Sozialpolitische Umbrüche und die darauf bezogenen programmatischen Debatten stellen eine Herausforderung für die Wohnungslosenhilfe dar, die durchaus an die Substanz geht. Das ist Gegenstand vieler Tagungen und aktueller programmatischer Veröffentlichungen. So symbolisierten der Titel und die Debatten einer Jahrestagung 2011 – „Allzuständig? Lückenbüßer? Scharnier?" – doch eine Situation, in der die eigene Identität fragil zu werden schien. Zugleich ist wahrnehmbar, dass die Diskussion in den Verbänden zu solchen Fragen durchaus aktiv geführt wird. Aus einer Zahl Publikationen seien beispielhaft einige Erklärungen und Positionieren genannt, die in der jüngeren Fachdiskussion entstanden sind:

- Diakonisches Werk der Ev. Kirche in Deutschland: Gewährung von Wohnraum als Teil eines menschenwürdigen Existenzminimums, Berlin 2014.
- Bundesarbeitsgemeinschaft Wohnungslosenhilfe e. V.: Nationale Strategie zur Überwindung von Wohnungsnot und Armut in Deutschland, Berlin 2014.
- Evangelischer Bundesfachverband Existenzsicherung und Teilhabe e. V. (EBET) – Wohnungsnotfall- und Straffälligenhilfe: Erklärung zur aktuellen Situation von Menschen ohne Wohnung in Deutschland, Berlin 2015.
- Deutscher Verein für öffentliche und private Fürsorge e. V.: Leistungsberechtigte in besonderen sozialen Schwierigkeiten bedarfsdeckend unterstützen. Empfehlungen des Deutschen Vereins zur Anwendung der Hilfe nach §§ 67 ff. SGB XII, Berlin 2015.
- Evangelischer Bundesfachverband Existenzsicherung und Teilhabe e. V. (EBET) – Wohnungsnotfall- und Straffälligenhilfe. Positionspapier: Nothilfen reichen nicht: Obdachlose Menschen haben Anspruch auf eine Wohnung – und mehr! Berlin 2019.

Aus der Fachdebatte lassen sich vier aktuelle und zukünftige Problemfelder ableiten, was auf eine weiter bestehende Eigenständigkeit hindeutet:

- Der Ziel- und Endpunkt der Hilfe kann nicht einzig die Vermittlung in Wohnraum sein; das Hilfesystem ist vielmehr mit zwei Zielgruppen konfrontiert: mit aktuell Wohnungslosen und mit Menschen, die vom Wohnungsverlust bedroht sind. Dabei sind die Letzteren differenzierter zu betrachten. Es handelt sich um Menschen im Vorfeld der Wohnungslosigkeit. Andere befinden sich in der „Nachsorge", nachdem sie, durch das Hilfesystem vermittelt, in eine eigene Wohnung gezogen sind. Für beide Zielgruppen finden sich im § 34 SGB XII und in den §§ 67–69 SGB XII klare Rechtsgrundlagen. Die Wohnungslosenhilfe kann dieses Feld nicht allein den kommunalen Fachstellen überlassen.

- Wohnungslosenhilfe gemäß §§ 67 ff. ist eine eigenständige Hilfeart im SGB XII und muss es bleiben. Sie stellt bei Vorliegen der Voraussetzungen einen einklagbaren Rechtsanspruch dar, der nicht durch andere „Einzelkomponenten" (z. B. aus dem SGB II) ersetzt werden kann. Diese Eigenständigkeit ist unabdingbar für angemessene, wirksame, zeitnah zu erbringende und komplexe Hilfe für Menschen in Wohnungsnot.
- Das Hilfesystem kann nur durch eine gezielte Politik der geschlechtssensiblen Ausrichtung ihrer Angebote die Akzeptanz ihrer Hilfen wahren und ausbauen. Hierzu gehört auch, dass neben einer weiteren Intensivierung des Diskurses über Frauen in Wohnungsnot auch die Besonderheit männlicher Lebenslagen neu betrachtet wird. Dies betrifft vor allem die Reflexion der Zugehörigkeit wohnungsloser Männer zu männerdominanten Bereichen, sowie der männerspezifischen Deutungsmuster ihrer Situation.
- Neben einem weitergehenden Ausbau zielgruppengerechter und kultursensibler Angebote nach Geschlecht, Bedarfen und Lebensalter muss auch künftig das „Kerngeschäft" im Blick bleiben: die Arbeit mit aktuell Wohnungslosen und den vom Wohnungsverlust bedrohten Menschen. Dafür muss das Hilfesystem aber am Leitbegriff der Wohnungslosenhilfe festhalten, da nur so die Einheit in der Vielfalt gewahrt werden kann. Weder eine Auflösung in andere Hilfesysteme der Sozialen Arbeit hinein, noch die Integration in eine rein kommunale Wohnungsnotfallhilfe eröffnet für Wohnungslose und vom Wohnraumverlust bedrohte Menschen Zukunftsperspektiven.

Ein Wandel der tradierten ambulanten, teilstationären und stationären Hilfen ist im Gange und steht weiter an. Die Hilfe muss sich an individuellen Bedarfen, Intensitäten und der notwendigen Dauer orientieren. Das Hilfesystem ist gehalten, seine Optionen unabhängig von den klassischen Hilfeformen weiter zu entwickeln und anzubieten. Das macht Vernetzung und Hilfeverbünde notwendig und hat eine klare Philosophie: Das Ziel aller Hilfe ist das Ankommen vor Ort, die soziale Integration der Hilfesuchenden als Bürgerin und Bürger in der Zivilgesellschaft.

Das Hilfesystem muss immer neu eigene Leistungstypen der Prävention entwickeln und diese in einer verbindlichen Kooperation mit den Fachstellen und anderen Akteuren umsetzen. Hierzu kann die Wohnungslosenhilfe einen Leistungstyp „Aufsuchende Krisenhilfe zur Verhinderung von Wohnungsverlusten" beisteuern sowie eine „hauswirtschaftliche Beratung" anbieten oder eine „begleitende Sozialarbeit", die zur Vermeidung von Wohnraumverlusten effektive Hilfestellung leisten kann.

Wesentlich und innovativ wäre unverändert, die alten Grenzen zwischen der Hilfe für Alleinstehende und der Hilfe für Familien allmählich aufzulösen. So würden strukturelle Abgrenzungen zwischen Wohnungslosen und Obdachlosen abgebaut und es könnte sich ein Hilfesystem für wohnungslose Menschen unabhängig von Familienstand und der Haushaltsstruktur herausbilden.

In aktuellen Publikationen finden sich auch Fragen, denen sich eine politisch agierende und vernetzte Wohnungslosenhilfe stellen muss – nicht nur um zu „überleben", sondern um sich den neuen Herausforderungen zu öffnen und sie zu bewältigen (Schröder 2008; Gillich/Nagel 2010):

- Wie werden Menschen in Wohnungsnot von wachsender Armut, Ausgrenzung, Prekarität, Erschöpfung und Segregation geprägt und was hat das für Folgen für das Hilfesystem?
- In welchen Kooperationen und mit welchen Maßnahmen kann die Hilfe auf sozialstrukturelle und sozialstaatliche Veränderungen reagieren?
- Wie geht das Hilfesystem damit um, dass es inzwischen vielfältige Schnittstellen zu anderen Hilfetypen und Hilfeformen gibt?
- Wie kann es Sensoren für die stetigen Veränderungen in den Rechtsgrundlagen der Sozialpolitik entwickeln?
- Welche Finanzierungsmöglichkeiten gibt es zukünftig für innovative und kooperative Projekte – so im Gesundheitsbereich?
- Wie kann der eigene Anspruch, Anwalt für extrem Benachteiligte zu sein, in Zukunft gesichert werden?
- Welche Angebote muss es für Menschen geben, die das Ziel einer gesellschaftlichen Normalität kaum mehr erreichen und wie können deren Integration und Teilhabe, deren Rechte und deren Würde sichergestellt werden?
- Wie lässt sich die Selbstorganisation der Betroffenen stärken und lassen sich deren Organisationen noch mehr einbinden?
- Wie können die Renaissance individueller Schuldzuweisungen, einer Normalisierung der Armut und einer zunehmend entmündigenden Praxis zurückgewiesen werden?
- Wie gestaltet sich das Verhältnis zur Praxis der Tafeln und anderer Nothilfen?
- Wie wird sich die Wohnungslosenhilfe auf die kommende Altersarmut einstellen?
- Wird die Wohnungslosenhilfe zu einer „neuen" Armenhilfe?
- Wie können sich die Träger politisch stärker einbringen?
- Wie positioniert sich die deutsche Wohnungslosenhilfe in Europa hinsichtlich der dort wachsenden Probleme?

- Was bringen die aktuell brisanten Entwicklungen wie der Brexit, zunehmende Nationalismen und Spaltungstendenzen in der EU für die Zukunft einer europäischen Dimension von Wohnungslosenhilfe mit sich?

Übungsfragen

- Was wird unter extremer Armut verstanden?
- Was meint eine „Normalisierung" der Armut?
- Welche Funktion haben Gefahrenabwehrverordnungen?
- Was meint „Management des Elends"?
- Welche Elemente und welche Bedeutung hat eine „Zwei-Klassen-Sozialarbeit"?
- Was ist das Zentrum und was sind die Randbereiche einer zukünftigen Wohnungslosenhilfe?
- Was ist unter politischer Anwaltschaft zu verstehen?
- Was verbirgt sich hinter einer Hilfe in Form eines Entwicklungsprozesses?
- Welche Beiträge leistet Sozialraummanagement für das Hilfesystem?
- Was sind die drei aktuellen und künftigen Problemfelder?
- Wie könnte der allmähliche Wandel der Wohnungslosenhilfe aussehen?
- Wie verändern sich Anforderungen an Wohnungslosenhilfe durch Zuwanderung?

Vorschläge für das Selbststudium

- Relative und extreme Armut
- Umbau des Sozialstaates
- Geschichte der Mahlzeitennothilfe
- Lernende Organisation
- Sozialraumorientierung und Soziale Stadt
- Zukunft der Wohnungslosenhilfe

Zum Weiterlesen

BAG Wohnungslosenhilfe (Hrsg.): Für eine bürger- und gemeindenahe Wohnungslosenhilfe, Bielefeld 2001

Deutscher Verein für öffentliche und private Fürsorge: Leistungsberechtigte in besonderen sozialen Schwierigkeiten bedarfsdeckend unterstützen. Empfehlungen des Deutschen Vereins zur Anwendung der Hilfe nach §§ 67 ff. SGB XII, Berlin 2015

Gillich, S./Keicher, R. (Hrsg.): Suppe, Beratung, Politik. Anforderungen an eine moderne Wohnungsnotfallhilfe, Heidelberg 2016

Gillich, S./Nagel, S. (Hrsg.): Von der Armenhilfe zur Wohnungslosenhilfe – und zurück?, Gründau-Rothenbergen 2010

Lutz, R.: Bürger- und gemeindenahe Wohnungslosenhilfe – Konsequenzen des neuen Grundsatzprogramms, in: Theorie und Praxis der Sozialen Arbeit, 1/2004

Lutz, R.: Erschöpfte Sozialarbeit? Eine Rekonstruktion ihrer Rahmungen, in: neue praxis, 2/2005 (a)

Selke, S. in: Gillich, S./Keicher, R. (Hrsg.): Suppe, Beratung, Politik. Anforderungen an eine moderne Wohnungsnotfallhilfe, Heidelberg 2016

Schröder, J. (Hrsg.): Ist soziale Integration noch möglich? Die Wohnungslosenhilfe in Zeiten gesellschaftlicher Spaltung, Bielefeld 2008

Specht-Kittler, T.: Die Zukunft der Wohnungslosenhilfe, in: wohnungslos, 1/2005

Literatur

Aderhold, D.: Nichtseßhaftigkeit, Köln 1970

AG Streetwork: Qualitätsstandards für Streetwork in der Wohnungslosenhilfe, in: wohnungslos, 1/1999

Arbeitsgemeinschaft der Freien Wohlfahrtsverbände Bremen (Hrsg.): Bericht zur Versorgungssituation alleinstehender Wohnungsloser in der Stadt Bremen, Bremen1993

Ayaß, W.: Die Wanderfürsorge im Nationalsozialismus, in: Scheffler; J. (Hrsg.): Bürger und Bettler. Materialien und Dokumente zur Geschichte der Nichtseßhaftenhilfe in der Diakonie, Bielefeld 1987

BAG Wohnungslosenhilfe: Pressemitteilung: Bilanz eines Jahrzehnts der direkten und strukturellen Gewalt gegen Wohnungslose, in: wohnungslos, Heft 4/2000

BAG Wohnungslosenhilfe: Für eine bürger- und gemeindenahe Wohnungslosenhilfe, Bielefeld 2001

BAG Wohnungslosenhilfe: Sicherstellung der medizinischen Versorgung wohnungsloser Männer und Frauen, in: wohnungslos, 4/2003

BAG Wohnungslosenhilfe, Positionspapier: Wohnungslosigkeit junger Erwachsener – Gemeinsame Herausforderung für Wohnungslosenhilfe und Jugendhilfe, in: wohnungslos, 4/2004

BAG Wohnungslosenhilfe, Positionspapier: Psychische Erkrankungen bei wohnungslosen Frauen und Männern, Bielefeld 2006

BAG Wohnungslosenhilfe: Grundsatzpositionen, Berlin 2017a

BAG Wohnungslosenhilfe: Pressemitteilung: Gewalt gegen wohnungslose Menschen bleibt alltägliches Problem – mindestens 17 Todesfälle im Jahr 2016 in Deutschland, in: wohnungslos, Heft 1/2017b

BAG Wohnungslosenhilfe: Gewalt gegen und unter Wohnungslosen in Deutschland, 1989 bis 2019, Berlin 2019

Barz, M./Schmieder, C. (Hrsg.): Spiel-Räume gestalten. Soziale Arbeit im Rampenlicht, Stuttgart 2014

Bayerisches Staatsministerium für Arbeit und Sozialordnung, Familie, Frauen und Gesundheit: Sozialhilferichtlinien des Bayerischen Städtetages, des Bayerischen Landkreistages und des Verbandes der bayerischen Bezirke, in: Allgemeines Ministerialblatt, Nr. 23/1994

Becker, U./Hohnerlein, L./Klemm, I.: Arbeiten und Qualifizieren – eine wenig beachtete Aufgabe des Hilfesystems für wohnungslose Frauen, in: wohnungslos, 1/2006

Becker T., Wohltätige Rechtsextreme?, in: Die Tageszeitung vom 12.09.2019

Behnsen, S.: Vom Luxus der Kommunikation – „Networking“ in Wohnungslosenhilfe und Gesundheitssystem, in: wohnungslos, 1/2002

Bellwinkel, R.: Zum Rahmenkonzept „Ambulante Hilfe für alleinstehende Wohnungslose in besonderen sozialen Schwierigkeiten (Nichtseßhafte) in Bayern“, in: Bayerischer Wohlfahrtsdienst, Heft August/September 1994

Berliner Senat: Mitteilung über die Fortschritte in der Tätigkeit des Senats zur Wiedereingliederung von Obdachlosen und der Verhinderung drohender Obdachlosigkeit, Berlin 1993

Bettermann, G.: Ich war achtzehn Jahre als ich loszog, in: Künstlerhaus Bethanien (Hrsg.): Wohnsitz: Nirgendwo, Berlin 1982

Birk, U.-A. u. a.: Bundessozialhilfegesetz. Lehr- und Praxiskommentar, 4. Auflage, Baden-Baden 1994

Birk, U.-A. u. a.: Bundessozialhilfegesetz. Lehr- und Praxiskommentar, 6. Auflage, Baden-Baden 2003

Birk, U.-A. u. a.: Bundessozialhilfegesetz. Lehr- und Praxiskommentar, 7. Auflage, Baden-Baden 2005

Blank, B.: „Das man mich nach meiner Meinung fragt, das bringt mir was!" Die Interdependenz von Empowerment, Teilhabe und Ressourcenförderung, in: wohnungslos 2/2010, S. 44–48

Blumensath, S.: Draußen in Berlin. Geschichten von Mausepaul und anderen Wohnungslosen, Freiburg 2011

Bodelschwingh, F. von: Meinen lieben Brüdern von der Landstraße, Bielefeld 1901, in: Scheffler, J. (Hrsg.): Bürger und Bettler. Materialien und Dokumente zur Geschichte der Nichtseßhaftenhilfe in der Diakonie, Bielefeld 1987

Bodelschwingh, G. von: Friedrich von Bodelschwingh. Ein Lebensbild, Bielefeld 1922

Bogumil, J.: Die Kellerkinder der Bildungsexpansion. Bildungsschwache junge Erwachsene als Adressaten sozialstaatlicher Politik. Eine kommunale Fallstudie am Beispiel der Entwicklung in Dortmund zwischen 1982 und 1992. Dissertation am Fachbereich Erziehungs-, Sozial- und Geisteswissenschaften der FernUniversitat Hagen, Sinzheim 1995

Bogumil, J./Elker, J./Flach, S./Schwinger, E.: Wohnhilfen für junge Volljährige. Die Praxis des neuen Kinder- und Jugendhilfegesetzes. Eine empirische Untersuchung im Bereich des Landschaftsverbandes Westfalen-Lippe, Bielefeld 1995

Bogumil, J./Reketat, H./Schwinger, E.: Junge Erwachsene im Abseits – Möglichkeiten bedarfsgerechter Wohnhilfen, Bielefeld 1995

Braune, P.: Die Wanderfürsorge im Dritten Reich, Goslar 1933, in: Scheffler, J. (Hrsg.): Bürger und Bettler. Materialien und Dokumente zur Geschichte der Nichtseßhaftenhilfe in der Diakonie, Bielefeld 1987

Braune, P.: Gegenwärtige Lage und neue Ausrichtung der Wanderfürsorge, ohne Ort, 1936, in: Scheffler, J. (Hrsg.): Bürger und Bettler. Materialien und Dokumente zur Geschichte der Nichtseßhaftenhilfe in der Diakonie, Bielefeld 1987

Brender, B.: Hilflos wohnungslos. „Erlernte Hilflosigkeit" in der Sozialen Arbeit, Lage 1999

Brenner, R. u. a.: Vernetzung und Integration. Neue Wege in der Wohnungslosenhilfe, Materialien zur Wohnungslosenhilfe, Heft 24, Bielefeld 1994

Brühl, A. u. a.: Sozialgesetzbuch II. Buch (SGB II) Grundsicherung für Arbeitssuchende. Gesetzestext, Erläuterungen und Informationen für Betroffene, Berater und Behörden, 1. Auflage, Frankfurt/M. 2004 (LPK-SGB II)

Brühl, A.: SGB II und SGB X II aus der Sicht der Wohnungslosenhilfe, in: wohnungslos, 1/2004

Bujard, O./Lange, U.: Sozialhilfe als Ausfallbürge?, Köln 1975

Bundesarbeitsgemeinschaft für Nichtseßhaftenhilfe (BAG-NH): Grundsatzprogramm für die Nichtsesshaftenhilfe und die Arbeit der BAG-NH, Bielefeld 1986

Bundesarbeitsgemeinschaft Wohnungslosenhilfe e. V. (Hrsg.): Nationalen Strategie zur Überwindung von Wohnungsnot und Armut in Deutschland, Berlin 2014

Bundesarbeitsgemeinschaft Wohnungslosenhilfe e. V.: Nationale Strategie zur Überwindung von Wohnungsnot und Armut in Deutschland, Berlin 2014

Bundesarbeitsgemeinschaft Wohnungslosenhilfe e. V.: Grundsatzpositionen. Rechtsverwirklichung der Hilfen nach §§ 67–69 SGB XII. Berlin 2017

Bundesbetroffeneninitiative wohnungsloser Menschen e. V. (BBI): Berliner Erklärung: Soziale und politische Partizipation angesichts der Demontage des Sozialstaates, Berlin 2004

Bundesanzeigerverlag: Bundesgesetzblatt vom 12. 03. 2020, Bonn 2020

Bundesministerium für Arbeit und Sozialordnung (Hrsg.): Lebenslagen in Deutschland. Der 4. Armuts- und Reichtumsbericht der Bundesregierung, Berlin 2013.
Bundesregierung der Bundesrepublik Deutschland (Hrsg.): Armuts- und Reichtumsbericht der Bundesregierung, Berlin 2005
Bundesverfassungsgericht: Urteil vom 5. November 2019 – 1 BvL 7/15 – Sanktionen im Sozialrecht
Bünger, R./Jeckel, W./Kölz, D.: Erwartungen der Bundesbetroffeneninitiative und der Wohnungslosen an die Wohlfahrtsverbände und die Wohnungslosenhilfe, In: Gillich/Nagel 2010, S. 92–98
Bünger, R./Sauer, R.: Die Bundesbetroffeneninitiative BBI zwischen Basisinteressen und professionellem Mandat, in: wohnungslos, 3/2004
Busch-Geertsema, V.: Follow-up studies on rehoused people in selected European countries. Overview of existing research and guidelines for field work under the IMPACT project, Bremen 2001
Busch-Geertsema, V./Evers, J./Ruhstrat, U.-E.: Prävention von Wohnungslosigkeit. Ergebnisse einer landesweiten Untersuchung in Nordrhein-Westfalen, in: wohnungslos, Heft 1/2015 a
Busch-Geertsema, V./Evers, J./Ruhstrat, U.-E.: Prävention von Wohnungslosigkeit. Handlungsempfehlungen auf Grundlage einer landesweiten Untersuchung in Nordrhein-Westfalen, in: wohnungslos, Heft 2/2015 b
Busch-Geertsema, V./Ruhstrat, U.-E.: Wohnungslosigkeit in der Bundesrepublik Deutschland, Bremen 1995
Busch-Geertsema, V./Ruhstrat, U.-E.: Wohnungslosigkeit in Sachsen-Anhalt, Bielefeld 1997
Busch-Geertsema, V./Ruhstrat, E.-U.: Neue Entwicklungen bei der Organisation von Hilfe in Wohnungsnotfällen, in: wohnungslos, 1/2004
Butterwegge, C.: Hartz IV und die Folgen. Auf dem Weg in eine andere Republik?, Basel 2015
Butterwegge, C.: Armut, Köln 2016
Castel, R.: Die Metamorphosen der sozialen Frage. Eine Chronik der Lohnarbeit, Konstanz 2000
Conty, M. u. a.: Nachsorge – Nachbetreuung – Versorgung mit Wohnraum, Materialien zur Wohnungslosenhilfe Heft 13, Bielefeld 1990
Cremer, Georg: Was hilft gegen Armut? Freiburg 2013
Dahme, H.-J./Otto, H.-U./Trube, A./Wohlfahrt, N. (Hrsg.): Soziale Arbeit für den aktivierenden Staat, Opladen 2003
Davier, B. von: Aspekte interkultureller Kompetenz in der Wohnungslosenhilfe, in: Gillich/Nagel 2010, S. 130–138
de.wikipedia.org/wiki/Tiny_House_Movement,
Der Paritaetische (Hrsg.): Armutsbericht 2016. http://www.der-paritaetische.de/armutsbericht/empirischergebnisse/?layout=cybpkzxmxvkhswi%2C, aufgerufen am 23.07.2016).
Der Senator für Gesundheit, Jugend und Soziales Bremen: Bremische Ausführungsbestimmung zu § 72 BSHG, Bremen 1989
Deutscher Gewerkschaftsbund: Arbeitsmarkt aktuell Juni 2015, Berlin
Deutscher Städtetag (Hrsg.): Sicherung der Wohnungsversorgung in Wohnnotfällen und Verbesserung der Lebensbedingungen in sozialen Brennpunkten. DST-Beiträge zur Sozialpolitik. 1987, Heft 21
Deutscher Verein für öffentliche und private Fürsorge (Hrsg.): Kleinere Schriften des Deutschen Vereins für öffentliche und private Fürsorge: Zur Verfassungsmäßigkeit von Bestimmungen des JWG und des BSHG, Frankfurt/M. 1967

Deutscher Verein für öffentliche und private Fürsorge e. V. (Hrsg.): Leistungsberechtigte in besonderen sozialen Schwierigkeiten bedarfsdeckend unterstützen. Empfehlungen des Deutschen Vereins zur Anwendung der Hilfe nach §§ 67 ff. SGB XII, Berlin 2015

Deutscher Verein für öffentliche und private Fürsorge: Leistungsberechtigte in besonderen sozialen Schwierigkeiten bedarfsdeckend unterstützen. Empfehlungen des Deutschen Vereins zur Anwendung der Hilfe nach §§ 67 ff. SGB XII, Berlin 2015

Deutsches Ärzteblatt: Medizinische Versorgung Obdachloser. Ohne Netzwerk unmöglich. 2004, Jg. 101, Ausgabe 43

Diakonie Deutschland (Hrsg.): Gewährung von Wohnraum als Teil eines menschenwürdigen Existenzminimums, Berlin 2014

Diakonie Deutschland/EBET e. V. (Hrsg.): Gemeinsame Stellungnahme zum Referentenentwurf des Bundesministeriums für Arbeit und Soziales zu einem Gesetz zur Einführung einer Wohnungslosenberichterstattung (Wohnungslosenberichterstattungsgesetz) vom 08. 08. 2019

Diakonisches Werk der Ev. Kirche in Deutschland (Hrsg.): Zur Rechtsstellung einkommensarmer Menschen und den notwendigen Änderungen im SGB II, Diakonie-Texte 07.2009, Berlin 2009

Diakonisches Werk der Ev. Kirche in Deutschland (Hrsg.): Gerechte Teilhabe an Arbeit. Diakonische Position zur aktuellen Arbeitsmarktpolitik, Diakonie-Texte 12.2010, Berlin 2010

Diakonisches Werk der Ev. Kirche in Deutschland (Hrsg.): Rechtssicherheit und Fairness bei Grundsicherung nötig. Diakonie-Umfrage ergibt: SGB-II-Rechtsansprüche regelmäßig nicht umgesetzt, Diakonie-Texte 05.2012, Berlin 2012

Diakonisches Werk der Ev. Deutschland (Hrsg.): Gewährung von Wohnraum als Teil eines menschenwürdigen Existenzminimums, Berlin 2014

DIE ZEIT 15/2020

Driessen, M./Dilling, H.: Psychische Störungen bei Wohnungslosen – angloamerikanische Untersuchungen zu Epidemiologie und Versorgung. In: Psychiatrische Praxis. 1997, Heft 24

EACEA (Hrsg.): „About the Education, Audiovisual and Culture Executive Agency". Europa web portal. Retrieved 21 July 2007. European Commission. „Lifelong Learning Programme". Europa web portal. Retrieved 21 July 2007, aufgerufen 28. 03. 2020

EBET e. V. (Hrsg.): Positionspapier des EBET e. V. Nothilfen reichen nicht: Obdachlose Menschen haben Anspruch auf eine Wohnung – und mehr! Berlin 2019

Edtbauer, R./Kievel, W.: Grundsicherungs- und Sozialhilferecht für soziale Berufe, München 2011

Egner, B.: Akteursnetze im Politikfeld Wohnen, in: Schader-Stiftung (Hrsg.): Wohnungspolitik in Deutschland. Positionen. Akteure. Instrumente. Verfasst von: Egner, B./Georgakis, N./Heinelt, H./Bartholomäi, R. C., Darmstadt 2004

Elsner, I./Proske, R.: Der fünfte Stand. Eine Untersuchung über Armut in Westdeutschland, in: Frankfurter Hefte 8/1953

Enders-Dragässer, U.: Frauen in dunklen Zeiten – persönliche Berichte vom Wohnungsnotfall: Ursachen – Handlungsspielräume – Bewältigung, in: wohnungslos, 1/2006

Enders-Dragässer, U./Sellach, B.: Der „Lebenslagen-Ansatz" aus der Perspektive der Frauenforschung, in: Zeitschrift für Frauenforschung, 4/1999

Enders-Dragässer, U./Sellach, B.: Ergebnisse des Modellprojektes, in: Enders-Dragässer u. a. (Hrsg.): Frauen ohne Wohnung, Stuttgart, Berlin und Köln 2000

Epskamp, S.: Wohnhilfe, Prävention und kommunale Wohnungsversorgung, in: wohnungslos, 1/2004

Erber, H.: Standort der Pflege in der Medizinischen Versorgung wohnungsloser Menschen, in: wohnungslos, 1/2002
Erbstösser, M.: Ketzer im Mittelalter, Leipzig 1984
Erlacher Höhe (Hrsg.): Arm sein in einem reichen Land, Großerlach 2006
Evangelische Obdachlosenhilfe in Deutschland e. V. (Hrsg.): Darmstädter Erklärung: Wohnungspolitische Forderungen der Evangelische Obdachlosenhilfe in Deutschland e. V., Darmstadt 2013
Evangelischer Bundesfachverband Existenzsicherung und Teilhabe e. V. (EBET) – Wohnungsnotfall- und Straffälligenhilfe: Erklärung zur aktuellen Situation von Menschen ohne Wohnung in Deutschland, Berlin 2015
Evangelischer Fachverband für Nichtseßhaftenhilfe (Hrsg.): Nichtseßhaftenhilfe, Stuttgart 1974
Evers, J.: Wohnungslosenhilfe zwischen Innovation und Tradition. Von der Nichtsesshaftenüber die Wohnungslosen- zur Wohnungsnotfallhilfe, in: wohnungslos, 3/1999
Evers, J./Ruhstrat, E.-U.: Wohnungslosigkeit in Baden-Württemberg, in: wohnungslos, Heft 2/2016
Fager, S.: Wege in das Hilfesystem. Zentrale Ergebnisse zur Situation von nichtdeutschen Obdachlosen aus der Hamburger Obdachlosenstudie 2009, in: wohnungslos 1/2011, S. 4–7
Fichtner, J.: Männliche Wohnungslosigkeit sehen: Theorie und Erforschung einer scheinbaren Selbstverständlichkeit, in: wohnungslos, 2/2004
Fichtner, J.: Zielgruppen- und Bedarfsforschung für eine integrative Wohnungs- und Sozialpolitik. Forschungsbericht Teil 1: „Dass die Leute uns nich' alle über einen Kamm scheren". Männer in Wohnungsnot. Eine qualitative Untersuchung von Deutungsmustern und Lebenslagen bei männlichen Wohnungsnotfällen, Frankfurt/M. 2005
Fichtner, J.: Wohnungslose Männer in Statistik, Selbstberichten und sozialstaatlichem Handeln, in: wohnungslos 2/2009, S. 49–55
Forschungsverbund Wohnungslosigkeit und Hilfen in Wohnungsnotfällen: Hilfesystemforschung. Teil IV: Zur Wirksamkeit persönlicher und wirtschaftlicher Hilfen bei der Prävention von Wohnungslosigkeit, in: wohnungslos, 1/2005
Frankfurter Verein für Soziale Heimstätten e. V. (Hrsg.): 75 Jahre Arbeit. Vom Verein für Arbeitsstätten zur Werkstatt Frankfurt, Frankfurt/M. 1986
Freire, P.: Pädagogik der Unterdrückten, Reinbek 1973
Friedrich-Ebert-Stiftung (Hrsg.): Gesellschaft im Reformprozess, Berlin 2006
Frölich, N.: Die ambulante Wohnungslosenhilfe im Wandel, in Gillich/Nagel 2010, 77–86
Geiger, G.: Die Verlorenen der Arbeitsgesellschaft und das Projekt der Integration. Beispiel: Wohnungslose im Straßenmilieu, Münster 2004
Geiger, M./Steinert, E.: Alleinstehende Frauen ohne Wohnung, Stuttgart 1997
Geißler, H.: Die neue soziale Frage, Freiburg 1980
Geist, R.: Der Kunde als revolutionärer Agitator, o. O. 1929, in: K. Trappmann: Landstraße, Kunden, Vagabunden, Frankfurt/M. 1980
Geremek, B.: Geschichte der Armut, München & Zürich 1988
Gerull, S./Merckens, M./Dubrow, C.: Erfolg in der Hilfe für Menschen mit besonderen sozialen Schwierigkeiten, Uckerland 2009
Gerull, S.: Wohnungsräumungen aufgrund von Mietschulden im europäischen Vergleich, in: wohnungslos, Heft 3/2014
Gerull, S.: Wege aus der Wohnungslosigkeit. Eine qualitative Studie für Berlin, Berlin 2016
Gerull, S. u. a.: 1. Systematische Lebenslagenuntersuchung wohnungsloser Menschen. Eine Studie der ASH Berlin in Kooperation mit EBET e. V., Berlin 2018

Gillich, S.: Selbsthilfe Wohnungsloser: Anmerkungen zu einem strapazierten Begriff, in: wohnungslos, 1/2003
Gillich, S.: Anmerkungen zu einer am Sozialraum orientierten Wohnungslosenhilfe, in: Gillich/Nagel 2010, S. 52–67
Gillich, S./Keicher, R. (Hrsg.): Bürger oder Bettler – Soziale Rechte von Menschen in Wohnungsnot im Europäischen Jahr gegen Armut und soziale Ausgrenzung, Bielefeld 2012
Gillich, S./Keicher, R. (Hrsg.): Suppe, Beratung, Politik. Anforderungen an eine moderne Wohnungsnotfallhilfe, Heidelberg 2016
Gillich, S./Keicher, R./Kirsch, S. (Hrsg.): Alternativen zu Entrechtung und Ausgrenzung, Freiburg 2019
Gillich, S./Nagel, S. (Hrsg.): Von der Armenhilfe zur Wohnungslosenhilfe – und zurück? Gründau-Rothenbergen 2010
Gillich, S./Nieslony, F.: Armut und Wohnungslosigkeit. Grundlagen, Zusammenhänge und Erscheinungsformen, Köln 2000
Gilmore, D.: Mythos Mann. Rollen, Rituale, Leitbilder, München und Zürich 1991
Goetzens, M.: Regionale Vernetzung der medizinischen Ambulanzen in der Region Rhein-Main-Saarland, in: wohnungslos 3/2009
Gosdschan, S. u. a.: Alkoholabhängigkeit und Wohnungslosigkeit, Materialien zur Wohnungslosenhilfe Heft 52, Bielefeld 2002
Götz, Susanne/Ludwig-Mayerhofer, Wolfgang/Schreyer, Franziska: Sanktionen im SGB II: Unter dem Existenzminimum; IAB-Kurzbericht, 10/2010 Nürnberg
Gräser, H.: Gibt es Armut in der Bundesrepublik?, in: Marxistische Blätter, Heft 5/1970
Greiff, R./Schuler-Wallner, G. (Hrsg.): Mehr als ein Dach über dem Kopf, Weinheim und München 1990
Gronau, D./Jagota, A.: Ich bin Stadtstreicherin. Über das Leben obdachloser Frauen, Frankfurt am Main 1994
Günthner, M./Sartorius, W./Simon, T: Leben in Balance trotz Arbeitslosigkeit. Handlungsansätze, empirische Befunde und Rahmenbedingungen des Freudenstädter Modells. Freiburg 2013
Haasis, H. G.: Banditen als verkannte Rebellen, in: ders., Die Spuren der Besiegten, Band I, Reinbeck 1984
Hagen, C.: Wege aus der Sozialhilfe – Wege aus der Armut, Dissertationsschrift, Frankfurt 2003
Hammel, M.: Ist Betteln illegal?, in: wohnungslos 2/1998
Hammer, V./Lutz, R./Mardorf, S./Rund, M. (Hrsg.): Gemeinsam leben – gemeinsam gestalten. Zugänge und Perspektiven Integrierter Sozialraumplanung, Frankfurt am Main 2010
Hartmann, H.: Sozialhilfebedürftigkeit und „Dunkelziffer der Armut“, Stuttgart 1981
Hassemer-Kraus, M.: Frauen in Wohnungsnot, in: wohnungslos, 3/2004
Hassemer-Kraus, M.: Wohnungslose Frauen: Bedarfsorientierte Hilfe am Beispiel der Zentralen Frauenberatung in Stuttgart, in: Gillich/Nagel 2010, S. 228–237
Heise, E.-M./Krägeloh, M.: Veränderte Bedarfe und Bedürfnisse wohnungsloser Frauen am Beispiel der Berliner „Notübernachtung für Frauen“, in: Gillich/Nagel 2010, S. 219–227
Helfferich, C.: Gewalt: Arbeit mit traumatisierten Klientinnen, in: wohnungslos, 1/2003
Henke, M.: Die ambulante Hilfe – niedrigschwellig, billig, ehrenamtlich, in: wohnungslos, 4/1997
Henschel, A. (Hrsg.): Obdachlosigkeit und Wohnungsnot unter weiblichem Blickwinkel, Bad Segeberg 1992

Hermann, P./Messinger, B./Simon, T.: Finanzierung in der Wohnungslosenhilfe unter besonderer Würdigung der Auswirkungen der Neuregelungen in den §§ 3, 93 und 94 BSHG, Freiburg 1995

Herms, J.: Fortdauerndes Unrecht. Im Nationalsozialismus als „Asoziale" verfolgte haben bis heute keinen Platz im öffentlichen Bewusstsein und Gedenken, in: wohnungslos, Heft 3/2016

Hesse, H.: Die Morgenlandfahrt, 1932, Neuauflage Frankfurt 1973

Hinz, P./Simon, T./Wollschläger, T. (Hrsg.): Streetwork in der Wohnungslosenhilfe, Baltmannsweiler 2000

Holtmannspötter, H.: Plädoyer zur Trennung von dem Begriff Nichtseßhaftenhilfe, in: Gefährdetenhilfe, Heft 4, 1982

Huinink, J./Schröder, T.: Sozialstruktur Deutschlands, Konstanz 2008

info.diakonie.de/infothek/veroeffentlichungen/detail/normenkontrollverfahren/

Institut der Deutschen Wirtschaft Köln ((IW): Studie: Armut in der Wohlstandsgesellschaft – auch eine Frage der Definition, Köln 2006

Institut für Arbeitsmarkt – Das Magazin des Instituts für Arbeitsmarkt- und Berufsforschung. Nürnberg: 27.09.2019,

John, W.: … ohne festen Wohnsitz …, Bielefeld 1988

Jordan, R.: Ausländer und Menschen mit Migrationshintergrund in der Wohnungslosenhilfe, in: wohnungslos 1/2011, S. 1–4

Jost, K.: „Dieser wunderbare Reichtum, der Jugend heißt" oder: die Armut fängt bei den Kindern an, in: Unterwegs auf neuen Lern- und Erziehungswegen, Heft März 1998

Junge, H.: Gemeinwesenarbeit in der Wohnungslosenhilfe, in: wohnungslos, 2/2003

Kessl, F./Otto, H.-U.: Aktivierende Soziale Arbeit. Anmerkungen zur neosozialen Programmierung Sozialer Arbeit, in: neue praxis 5/2002

Kiebel, H. u. a.: … und führet sie in die Gesellschaft, Großerlach 1991

Kiebel, H.: „nichtsesshaft" – Ein Begriff wird in Kürze 100 Jahre alt, in: Gefährdetenhilfe, 1/1993

Kiebel, H.: Streetwork mit Wohnungslosen, in: Klose, A./Steffan W. (Hrsg.): Streetwork und mobile Jugendarbeit in Europa, Münster 1997

Killmaier, A./Ujma, F.-A.: Lebensweltkonzept – Orientierung für die ambulante Wohnungslosenhilfe, Materialien zur Wohnungslosenhilfe Heft 33, Bielefeld 1997

Klemm, H./Kurz, M./Monzer, M.: Krankenpflegestation für Wohnungslose, in: wohnungslos, 2/1998

Kolping, A.: Für ein Gesellen-Hospitium, Köln 1852, in: J. Scheffler (Hrsg.): Bürger & Bettler. Materialien zur Geschichte der Nichtseßhaftenhife in der Diakonie, Bielefeld 1987

Krafeld, F. J.: Geschichte der Jugendarbeit, Weinheim und Basel 1984

Krahmer, U.: Einleitung zum LPL-BSHG, 6. Auflage, Baden-Baden 2003

Kühn, K.: Wohnungslose Frauen mit Kindern in einer Einrichtung der freiverbandlichen Wohnungslosenhilfe – Praxis und Problemanzeige, in wohnungslos: 2/2011, S. 41–42

Künstlerhaus Bethanien (Hrsg.): Wohnsitz: Nirgendwo, Berlin 1982

Kunz, S. (Hrsg.): Und morgen ohne stationäre Hilfen?, Materialien zur Wohnungslosenhilfe Heft 50, Bielefeld 2001

Kunz, S. (Hrsg.): Früher war die Zukunft besser, Materialien zur Wohnungslosenhilfe Heft 56, Bielefeld 2005

Landesamt für Soziales und Versorgung des Saarlandes (Hrsg.): Vorläufige Richtlinien für die Gewährung von Leistungen nach dem BSHG für den Personenkreis außerhalb von Anstalten, Heimen oder gleichartigen Einrichtungen, Saarbrücken o. J.

Landschaftsverband Rheinland: Empfehlungen und Hinweise des Landschaftsverbandes Rheinland für die Gewährung von Hilfe nach § 72 BSHG durch den überörtlichen Träger der Sozialhilfe, Köln 1994

Landschaftsverband Westfalen-Lippe: Hinweise des Landschaftsverbandes Westfalen-Lippe für die Gewährung von Hilfe nach § 72 BSHG durch den überörtlichen Träger der Sozialhilfe, Münster 1994

Liga der freien Wohlfahrtspflege in Baden-Württemberg e. V. (Hrsg.): Positionspapier zu Leistungen nach SGB II und SGB XII, Stuttgart 2005

Liga der freien Wohlfahrtspflege in Baden-Württemberg e. V. (Hrsg.): Liga Stichtagserhebung 2018, Stuttgart 2019

Linse, U.: Wanderpropheten der 20er Jahre, in: Künstlerhaus Bethanien (Hrsg.): Wohnsitz: Nirgendwo, Berlin 1982

Lippert, J./Simon, T.: Wohnungslosenhilfe und Recht – Zur Reform des Bundessozialhilfegesetzes, in: Simon T. (Hrsg.): Standards in der Wohnungslosenhilfe. Ergebnisse einer bundesweiten Untersuchung, 2. Aufl., Bielefeld und Oberrot 1997

Lompe, K. (Hrsg.): Die Realität der neuen Armut. Analysen der Beziehungen zwischen Arbeitslosigkeit und Armut in einer Problemregion, Regensburg 1997

Lutz, R.: WeibsBilder. Frauenvorstellungen nichtseßhafter Männer, Frankfurt 1987

Lutz, R.: Pädagogik der Wohnungslosen, in: neue praxis, 3/1996

Lutz, R.: Wohnungslosigkeit und Segregation. Aktuelle Trends in Ostdeutschland, in: wohnungslos 3/1999

Lutz, R.: Armut, Wohnungslosenhilfe und Wohlfahrtsstaat, in: Berthold, M., (Hrsg.): Armut und Obdachlosigkeit in Deutschland – Wie modern ist unser Staat (MzW Heft 45), Bielefeld 2000 a

Lutz, R.: Die Wohnungslosenhilfe am Scheideweg, in: Theorie und Praxis der Sozialen Arbeit, 9/2000 b

Lutz, R.: Straßenkinder: mediales Ereignis oder reales Phänomen?, in: C. Butterwege (Hrsg.), Kinderarmut in Deutschland, Frankfurt/M. 2000 c

Lutz, R.: Langzeitfälle und Langzeithilfen, Bielefeld 2001

Lutz, R.: Wohnungslose Frauen – Zur gesellschaftlichen Konstruktion „besonderer Lebenslagen", in: Hammer, V./Lutz, R. (Hrsg.): Weibliche Lebenslagen und soziale Benachteiligung, Frankfurt am Main 2002

Lutz, R.: Bürger- und gemeindenahe Wohnungslosenhilfe – Konsequenzen des neuen Grundsatzprogramms, in: Theorie und Praxis der Sozialen Arbeit, 1/2004

Lutz, R.: Erschöpfte Sozialarbeit? Eine Rekonstruktion ihrer Rahmungen, in: neue praxis, 2/2005 a

Lutz, R.: Zwischen Suppenküche und Protest, in: Die Gemeinde, 12/2005 b

Lutz, R.: Kindgerechter Armutsbegriff, in: R. Lutz (Hrsg.): Kinderberichte und Kinderpolitik, Oldenburg 2005 c

Lutz, R.: Kinderarmut. Eine sozialpolitische Herausforderung, Oldenburg 2010

Lutz, R.: Das Mandat der Sozialen Arbeit, Wiesbaden 2011 a

Lutz, R.: Jugendarmut – Ursachen und Folgen, in: Sozialmagazin 2/2011 b

Lutz, Ronald: Erschöpfte Jugendliche. Auf dem Weg in die nächste Generation armer Menschen, in: Fischer, Jörg/Lutz, Ronald (Hrsg.): Jugend im Blick, Weinheim 2015

LWV Sachsen: Rundschreiben Nr. 8/1994: Durchführung des Bundessozialhilfegesetzes (BSHG). Hilfe nach § 72 BSHG – „Hilfe zur Überwindung besonderer sozialer Schwierigkeiten", Leipzig 1994

MAGS NRW (Hrsg.): Landessozialbericht Wohnungsnot und Obdachlosigkeit, Düsseldorf 1993
Mailänder, K.: Schluß mit dem Bettel und allem unnützen Wandern, o. O., 1938, in: Scheffler, J. (Hrsg.): Bürger und Bettler. Materialien und Dokumente zur Geschichte der Nichtseßhaftenhilfe in der Diakonie, Bielefeld 1987
Mair, H./Hohmeier, J. (Hrsg.): Wohnen und Soziale Arbeit, Opladen 1993
Malyssek, J./Störch, K.: Wohnungslose Menschen. Ausgrenzung und Stigmatisierung, Freiburg 2008.
Marx, K.: Das Kapital, London 1867, Stuttgart 1969
Mergler, O./Zink, G.: Kommentar zum BSHG, 4. Auflage, Stuttgart 2002
Ministerium für Soziales und Integration Baden-Württemberg (Hrsg.): Wohnungslosigkeit in Baden-Württemberg. Untersuchung zu Umfang, Struktur und Hilfen für Menschen in Wohnungsnotlagen, Stuttgart 2015
Monzer, M./Alex, S.: Unterstützungsmanagement am Ende der Hilfekette. Unterstützung ehemaliger Wohnungsloser im Individualwohnraum, in: wohnungslos, 2/1999
Monzer, M.: Alle sprechen von Vernetzung und Kooperation – Was macht die ambulante Hilfe?, in: wohnungslos, Heft 2/2000
Müller, N.: Die Wohnungslosenhilfe als Kooperationspartner der Wohnungswirtschaft im Rahmen einer sozialen Stadtentwicklung, in: wohnungslos, Heft 3/2000
Müller, S.: Armut in der BRD – Eine Herausforderung für die Sozialarbeit o. O., 1983, in: Diakonisches Werk Württemberg e. V. (Hrsg.): Arbeitsmappe Armut, Stuttgart 1985
Münder, J.: Sozialgesetzbuch II. Grundsicherung für Arbeitssuchende. Lehr- und Praxiskommentar, 1. Auflage, Baden-Baden 2004
Münder, J.: Sozialgesetzbuch II. Grundsicherung für Arbeitssuchende. Lehr- und Praxiskommentar, 4. Auflage, Baden-Baden 2011
Münster, V./Winkler, G.: Regionalisierung der Wohnungslosenhilfe in München, in: wohnungslos, Heft 1/1999
Mylonas, B.: Die Straßensozialarbeit mit alleinstehenden Wohnungslosen vor neuen Aufgaben, in: wohnungslos, Heft 3/2005
Neuffer, M.: Case Management. Soziale Arbeit mit Einzelnen und Familien, Weinheim 2007
Niedrig, H.: 5 Millionen Sozialhilfeempfänger, in: Theorie und Praxis der sozialen Arbeit, Heft 8/1995
Niedrig, H.: Annähernd 6 Millionen Sozialhilfeempfänger 1996, in: Theorie und Praxis der sozialen Arbeit, Heft 7/1997
Notz, G.: Beschäftigungspolitische Strohfeuer. Die geschlechterspezifischen Auswirkungen der Hartz-Gesetze, in: wohnungslos, Heft 1/2005
Papenheim, H.-G. u. a.: Verwaltungsrecht für die soziale Praxis, 17. Auflage, Frechen 2004
Perik, M. u. a.: Arm dran. Armut – sozialer Wandel – Sozialpolitik, Marburg 1995
Perthes, C. T.: Die Lage der Wandergesellen und das Bedürfnis nach neuen Herbergen, o. O. 1856, in: Scheffler, J. (Hrsg.): Bürger und Bettler. Materialien und Dokumente zur Geschichte der Nichtseßhaftenhilfe in der Diakonie, Bielefeld 1987
Pohlmann-Rohr, B.: „… mehr als ein Dach über dem Kopf“ – Von der Frauenpension zur Frauengenossinnenschaft, in: wohnungslos, Heft 3/1996
Pollich, D.: Opferwerdung wohnungsloser Menschen. Ein Überblick zum Stand der Forschung zu Theorien, Methoden, Opfern und Tätern, Working Paper 11 des Institutes für interdisziplinäre Konfliktforschung der Universität Bielefeld, Bielefeld 2017

Pollikeit, W.: Die grundlegenden Forderungen zur gesetzlichen Regelung der Wanderfürsorge, München 1935, in: Scheffler, J. (Hrsg.): Bürger und Bettler. Materialien und Dokumente zur Geschichte der Nichtseßhaftenhilfe in der Diakonie, Bielefeld 1987
Puhlmann, S./Wiese, B.: Kooperation zwischen Trägern der Obdach- und Wohnungslosenhilfe und Jobcentern: Wie eine Zusammenarbeit gelingen kann, in: wohnungslos, Heft 1/2013
Quapp-Politz, R.: Kooperationsvereinbarung zwischen Jugendhilfe und Wohnungsnotfallhilfe für Eltern mit Hilfebedarf gem. § 67 SGB II, in: wohnungslos, Heft 2/2011
Regionalverband Nordschwarzwald (Hrsg.): Ermittlung des Wohnraumbedarfes für die Region Nordschwarzwald bis 2040, Pforzheim 2019
Reichenbach, M.-T.: Solidarität oder Abgrenzung? – Konzeptionelle Überlegungen zur „Konkurrenz zwischen wohnungslosen und geflüchteten Menschen, in: wohnungslos, Heft 4/2016
Reifferscheid, G.: Langzeithilfen für ältere (pflegebedürftige) wohnungslose Menschen,
Riebl, R./Kuhn, A.: Die Anfänge der Gewerkschaften in Esslingen bis 1878, Esslingen 1979
Rohrmann, E.: Ohne Arbeit – ohne Wohnung. Wie Arme zu „Nichtsesshaften“ werden, Heidelberg 1987
Romaus, R.: Alleinstehende wohnungslose Frauen in München – ausgewählte Ergebnisse einer empirischen Untersuchung, in: Gefährdetenhilfe 3/1990
Romaus, R./Gaupp, B.: Psychisch Kranke in der Wohnungslosenhilfe, Materialien zur Wohnungslosenhilfe Heft 54, Bielefeld 2003
Roscher, F. in Münder u. a.: Sozialgesetzbuch XII. Lehr- und Praxiskommentar, 7. Auflage, Baden-Baden 2005
Roscher, F.: Rechtsansprüche nach SGB XII und die „Empfehlungen des Städtetags Baden-Württemberg zur Weiterentwicklung des Systems der Wohnungslosenhilfe“. Eine Stellungnahme, Esslingen 2011
Roscher, F.: Wohnungslosenhilfe nach §§ 67 ff. SGB XII bei „komplexen Problemlagen“ noch nötig?, Berlin 2015
Rosenke, W.: Weibliche Wohnungsnot, in: wohnungslos, 3/1996
Rosenke, W.: Erhebung über den Bestand und den Standard kommunaler Übernachtungsmöglichkeiten für wohnungslose Frauen, in: wohnungslos, 1/1999
Rosenke, W. (Hrsg.): Kooperation – Vernetzung – Bündnisse, Materialien zur Wohnungslosenhilfe Heft 47, Bielefeld 2001
Rosenke, W.: Migration und Wohnungslosigkeit, in: wohnungslos, 2/2003
Rosenke, W.: Straßenzeitungen – Ein Angebot für Wohnungslose, in: wohnungslos, 3/2004
Rosenke, W.: Medizinische Hilfen für wohnungslose Männer und Frauen, in: wohnungslos, 4/2005
Rosenke, W./Schröder, H.: Frauen und Wohnungslosigkeit – zur Erscheinungsweise weiblicher Wohnungslosigkeit und den Angeboten der Wohnungslosenhilfe, in: wohnungslos, 1/2006
Roth, J.: Armut in der Bundesrepublik, Hamburg 1979
Rothschuh, M.: Gemeinwesenarbeit als Herausforderung für die Wohnungslosenhilfe, in: Gillich/Nagel 2010, S. 68–76
Ruhstrat, E.: Lebenslagen und Klientel im Wandel, in: wohnungslos 3/1999
Sachße, C./Tennstedt, F.: Geschichte der Armenfürsorge in Deutschland, Stuttgart 1980
Salustowicz, P./Wölffel, G./Oldenburg, E.: Rückkehr zur Normalität, Bielefeld 1999
Sanders, K./Weth, H. U. (Hrsg.): Armut und Teilhabe: Analysen und Impulse zum Diskurs um Armut und Gerechtigkeit, Wiesbaden 2008
Sartorius, W.: Nur Netzwerke überleben, in: wohnungslos, 1/2002

Sartorius, W.: Die mit SGB II verbundenen Änderungen der rechtliche Stellung von Wohnungslosen, unveröffentlichtes Manuskript, Erlach 2005
Sartorius, W. (Hrsg.): Wer wenig im Leben hat, braucht viel im Recht: Beiträge zur Rechtsberatung und Rechtsverwirklichung im SGB II, Reutlingen 2009
Sartorius, W./Weth, H.-U. (Hrsg.): Rechtsstaat, Markt und Menschenwürde. Herausforderung Armut und Migration, Freiburg 2016
Scheffler, J. (Hrsg.): Bürger und Bettler. Materialien und Dokumente zur Geschichte der Nichtseßhaftenhilfe in der Diakonie, Bielefeld 1987
Schellhorn, W. u. a.: Das Bundessozialhilfegesetz. Kommentar, Neuwied 1993
Scherling, J.: Zukunftsdimension in der Menschenrechtsbildung, Weinheim/Basel 2019
Schild, W.: Versorgung von psychisch kranken wohnungslosen Männern und Frauen, in: wohnungslos, 1/1999
Schleicher, M.: Quartiersmanagement – entspannter Wohnungsmarkt. Ist die Fachstelle jetzt überflüssig oder erhält sie eine neue Aufgabe?, in: wohnungslos, 3/2000
Schneider, S.: Interkulturelle soziale Arbeit in offenen und niedrigschwelligen Einrichtungen der Wohnungslosenhilfe, in: wohnungslos 1/2011, S. 15–19
Schorsch, G.: Vagabundentum und Vagabunden, in Scheffler, J. (Hrsg.): Bürger und Bettler. Materialien und Dokumente zur Geschichte der Nichtseßhaftenhilfe in der Diakonie, Bielefeld 1987
Schröder, H.: Immer mehr jüngere Wohnungslose in der BRD? Zur Altersstruktur der Wohnungslosen in der BRD, in: wohnungslos, 2/2004
Schröder, J. (Hrsg.): Ist soziale Integration noch möglich? Die Wohnungslosenhilfe in Zeiten gesellschaftlicher Spaltung, Bielefeld 2008
Schuler-Wallner, G. u. a.: Wohnungshilfen für alleinstehende Obdachlose, Materialien zur Wohnungslosenhilfe Heft 2, Bielefeld 1987
Schwarz, D./Weidner, A.: Die soziale Situation Obdachloser, in: Kritische Justiz, Heft 4/1970
Schwarze, U.: Straßenzeitungsprojekte und ihr Nutzen für Wohnungslose in Schweden – zwischen universalistischer und selektivistischer Wohlfahrtspolitik?, in: wohnungslos, Heft 4/2013
Schwarzenau, M.: Medizinische Versorgung Wohnungsloser in Deutschland, in: wohnungslos, 1/2002
Seidel, A.: Leistungstypen – Überlegungen zu möglichen Zuordnungsverfahren, in: wohnungslos, 4/1999
Sellach, B.: Qualitätsstandards in der Wohnungslosenhilfe für Frauen, in: wohnungslos, 2/1998
Sellach, B.: Zukunftsperspektiven in der Wohnungslosenhilfe, in: wohnungslos, 2/2005
Sellner, A./Roden, G.: Qualität der Wohnungslosenhilfe, in: wohnungslos 2/1998
Siebel, W.: Armut oder Ausgrenzung, in: Leviathan 1/1997
Simon, T.: Die Kommunalpolitik der KPD in der Weimarer Republik, in: Alternative Kommunalpolitik, Heft 5/1989
Simon, T.: Vagabundenkongress und Vagabundenkunstausstellung 1929, in: Simon, T. (Hrsg.): Treibgut. Ein Erlacher Lesebuch aus der Lebenswelt von Wohnungslosen, Bielefeld 1991
Simon, T. (Hrsg.): Standards in der Wohnungslosenhilfe, Ergebnisse einer bundesweiten Untersuchung, Bielefeld & Oberrot 1996
Simon, T. (Hrsg.): Standards in der Wohnungslosenhilfe. Ergebnisse einer bundesweiten Untersuchung, Oberrot und Bielefeld 1996, 2. Auflage 1997
Simon, T.: Erheblicher Sprengstoff. Sozialpolitik und Sozialverwaltung in Ostdeutschland, in: Alternative Kommunalpolitik, Heft 3/1999

Simon, T.: Rahmenbedingungen und fachliche Standards in der Wohnungslosenhilfe, in: Hinz, P./Simon, T./Wollschläger, T. (Hrsg.): Streetwork in der Wohnungslosenhilfe, Baltmannsweiler 2000

Simon, T.: Wem gehört der öffentliche Raum? Zum Umgang mit Armen und Randgruppen in Deutschlands Städten, Opladen 2001 a

Simon, T. (Hrsg.): Zu Problemen der Wohnungslosenhilfe in den neuen Bundesländern, Materialien zur Wohnungslosenhilfe Heft 48, Bielefeld 2001 b

Simon, T.: Jugendhilfeplanung für den Landkreis Schönebeck, Teil III: Jugendsozialarbeit, unveröffentlicht, Magdeburg 2003

Simon, T.: Jugendliche auf der Straße, in: Witte, M. D./Sander, U. (Hrsg.): Erziehungsresistent?. „Problemjugendliche" als besondere Herausforderung für die Jugendhilfe, Baltmannsweiler 2006

Simon, T.: Hilfen für wohnungslose alte Menschen, in: Blonski, H.: Die Vielfalt des Wohnens im Alter, Frankfurt/M. 2009

Simon, T.: Pädagogische Antworten auf die Wohnungslosigkeit Jugendlicher und junger Erwachsener, in: Gillich, S./Nagel, S. (Hrsg.): Von der Armenhilfe zur Wohnungslosenhilfe – und zurück? Gründau-Rothenbergen 2010

Simon, T.: Soziale Arbeit: Wer bildet künftig aus? Ergebnisse der dritten Jahresstudie, in: Forum Sozial, Heft 4/2012

Simon, T.: Rechtsextremismus und gruppenbezogene Menschenfeindlichkeit im Feld der Wohnungslosen und ihrer Hilfen, Forum Sozial, Heft 1/2020

Simon, T., Blumensath, S., Frömmert, C., Saryaeva, R. (Hrsg.): Ausgeschlossen. Wohnungslosigkeit und Wohnungslosenhilfe in Sachsen-Anhalt, Halle 2009

Skrobanek, J./Tillmann, F.: DropOut oder Verlorene Jugendliche. Junge Menschen jenseits institutioneller Anbindung, in: Fischer, J./Lutz, R. (Hrsg.): Jugend im Blick, Weinheim 2015, S. 199–220

Sonnenberg, A./Strodtmann, A.: Und es geht doch! Kooperationsvereinbarungen zwischen der Wohnungslosenhilfe und den Argen/Jobcentern in der Region Hannover, in: Gillich/Nagel 2010, S. 245–250

Specht-Kittler, T.: Die Gewalt nimmt zu – Abhängigkeit und Gewalterfahrung von wohnungslosen Menschen, in: wohnungslos, Heft 1/1994

Specht-Kittler, T.: Wohnungslosenhilfe in der Krise, in: wohnungslos, Heft 4/1997

Specht-Kittler, T.: Nichtsesshaften- und Obdachlosenhilfe – Wohnungslosenhilfe – Wohnungsnotfallhilfe, in: wohnungslos, 2/2004

Specht-Kittler, T.: Die Zukunft der Wohnungslosenhilfe, in: wohnungslos, Heft 1/2005

Specht-Kittler, T.: Thesen zu Partizipation, Selbstorganisation und Selbsthilfe wohnungsloser und von Wohnungslosigkeit bedrohter Menschen, in: wohnungslos, Heft 2/2010

Spelmeyer, A.: Der nichtseßhafte Mensch. Buchbesprechung, in: „Der Wanderer", Jahrg. 1938

Spelmeyer, A.: Das Wandern der Handwerksgesellen. Referat auf der gemeinsamen Tagung der Wanderfürsorgeverbände in Bielefeld 1936, in: Scheffler, J. (Hrsg.): Bürger und Bettler. Materialien und Dokumente zur Geschichte der Nichtseßhaftenhilfe in der Diakonie, Bielefeld 1987

Staiger, M.: Straßenzeitungen vor der schwierigen Aufgabe der Konsolidierung, in: wohnungslos, Heft 4/1998

Statistisches Bundesamt: Kinderarmut – Altersarmut (Abbildung) 2003, in: Stange, E.-M.: Soziale Schieflage wird vertieft – der Osten abgehängt, in: Erziehung und Wissenschaft, Heft 4/ 2003

Statistisches Bundesamt: Registrierte Arbeitslose in Deutschland, www.destatis.de/indicators/d/arb110ad.htm, Zugriff vom 6. 10. 2005

Statistisches Landesamt Baden-Württemberg: Erster Armuts- und Reichtumsbericht Baden-Württemberg, Stuttgart 2015

Staatsministerium Baden-Württemberg: Pressemitteilung Nr. 46/2020 vom 7. 4. 2020

Steckelberg, C.: Den Blick erweitern – vom geschlechtsspezifischen zum geschlechtsreflektierenden Ansatz in der Wohnungslosenhilfe, in: wohnungslos 2/2011, S. 37–40

Süddeutsche Zeitung vom 08. 04. 2019

Strunk, A.: Anforderungen an eine zukünftige Wohnungslosenhilfe, in: wohnungslos 3/1999

Sweeney-Riethmüller, B.: Streetwork in der Nichtseßhaftenhilfe, in Gefährdetenhilfe, Heft 1/1989

Szynka, P.: Die Zentrale Beratungsstelle als Moderator regionaler Vernetzung, in: wohnungslos 3/2009, S. 86–89

Szynka, P.: Partizipation und (Selbst-)organisation in der Wohnungslosenhilfe, in: wohnungslos 2/2010, S. 41–44

Thabe, S.: Kommunale Wohnungsnotfallhilfe – Entwicklungen eines neuen Arbeitsfeldes, in: wohnungslos, 2/2000

Thie, S./Bieritz-Harder, R./Conradis, W. (Hrsg.): Sozialgesetzbuch XII. Lehr- und Praxiskommentar, 9. Auflage, Baden-Baden 2011

Thomé, H., Präsentation zum SGB II, o. O. 2016

Thüringer Ministerium für Soziales und Gesundheit: Sozialhilferichtlinien des Thüringischen Landkreistages und des Gemeinde- und Städtebundes Thüringen, Erfurt 1992

Trabert, G.: Medizinische Versorgung wohnungsloser Menschen – ein vergessenes Thema?, in: Gillich, S./Nagel, S. (Hrsg.): Von der Armenhilfe zur Wohnungslosenhilfe – und zurück? Gründau-Rothenbergen 2010

Uhrig, W.: Standards niedrigschwelliger Angebote der Wohnungslosenhilfe, in: wohnungslos 4/1997

Uhrig, W.: Lotsen aus der Wohnungslosigkeit, in. wohnungslos 1/2010a

Uhrig, W.: Angebote für psychisch kranke wohnungslose Menschen in Karlsruhe, in: wohnungslos 3-4/2010b

van den Dries, L./Mayock, P./Gerull, S./van Loenen, T./van Hulst, B./Wolf, J.: Mothers who experience Homelessness, in: Maydock, P./Bretherton, J. (Hrsg.), Women's Homelessness in Europe, Basingstocke 2016

Velmerig, T.: Hilfsangebote für junge Erwachsene an der Schnittstelle von BSHG und KJHG, in: wohnungslos, 3/2005

Verbraucherzentrale Bundesverband/Deutscher Caritasverband/Deutsches Rotes Kreuz/Diakonisches Werk der EKD (Hrsg.): Schuldenreport, Berlin 2006

Wagner, W.: Die nützliche Armut, Berlin 1982

Wallner, C.: Zwischen den Systemen – junge Frauen in prekären Lebenslagen, in: wohnungslos, 3/2005

Walter-Hamann, R.: Unternehmen mit Zukunft … Von der Wohnungslosenhilfe zum regionalen Hilfeverbund, Materialien zur Wohnungslosenhilfe Heft 37, Bielefeld 1998

Walter-Hamann, R.: Dienstleistung- und Kundenorientierung als neue Qualitätsmerkmale der Wohnungslosenhilfe?, in: wohnungslos 3/1999

Walther, K.: Frauenspezifische Methoden und Strukturen in der Beratung, in: wohnungslos, 1/2003

Wendt, P.: Lehrbuch Soziale Arbeit. Weinheim, Basel 2018

Winkler, G.: Perspektiven der ambulanten Wohnungslosehilfe, in: wohnungslos, 2/2000
www.iab-forum.de/die-einfuehrung-eines-sozialen-arbeitsmarktes-fuer-langzeitarbeitslose-war-ein-wichtiger-schritt/
www.bagw.de/de/themen/statistik_und_dokumentation/statistikberichte/index.html
www.bagw.de/de/themen/zahl_der_wohnungslosen/index.html
www.bundesverfassungsgericht.de/SharedDocs/Entscheidungen/DE/2019/11/ls20191105_1bvl000716.html
www.de.statista.com/statistik/daten/studie/166338/umfrage/anzahl-der-schuldner-in-deutschland
www.destatis.de/DE/Themen/Gesellschaft-Umwelt/Einkommen-Konsum-Lebensbedingungen/Lebensbedingungen-Armutsgefaehrdung/Tabellen/einkommensverteilung-silc.html
www.deutschlandfunk.de/wohnraummangel-verbaende-fordern-mehr-geld-fuer-sozialen.766.de.html?dram:article_id=448324
www.die-wohnraumoffensive.de/home/
www.ebet-ev.de/nachrichten-leser/erste-systematische-untersuchung-der-lebenslagen-wohnungsloser-menschen.html
www.esf.de/portal/DE/Foerderperiode-2014-2020/Foerderschwerpunkte/inhalt.html,
www.erlacher-hoehe.de/aktuelles/corona-pandemie-erfordert-erhoehung-der-grundsicherung
www.evangelisch.de/inhalte/154573/11-01-2019/regierung-hat-weiterhin-keinen-ueberblick-ueber-obdachlosigkeit
www.faz.net/aktuell/gesellschaft/menschen/schaetzungsweise-100-000-wohnungslose-frauen-in-deutschland-15777842.html
www.haufe.de/immobilien/wirtschaft-politik/sozialer-wohnungsbau-stagniert-auf-niedrigem-niveau_84342_492260.html
www.iab-forum.de/die-einfuehrung-eines-sozialen-arbeitsmarktes-fuer-langzeitarbeitslose-war-ein-wichtiger-schritt/
www.kinderarmut-hat-folgen.de
www.o-ton-arbeitsmarkt.de/o-ton-news/umfrage-des-bmas-welche-arbeitgeber-beteiligen-sich-am-sozialen-arbeitsmarkt
www.o-ton-arbeitsmarkt.de/rubrik/datenbank/leistungsempfaenger,
www.pestel-institut.de/themenbereiche/wohnungsmarkt
Zeng, M.: „Asoziale" in der DDR, Münster 2001
Ziegler, J.: Der Hass auf den Westen. Wie sich die armen Völker gegen den wirtschaftlichen Weltkrieg wehren, München 2009

Weitere zu empfehlende Links:

www.diakonie.de
www.caritas.de
www.evangelische-obdachlosenhilfe.de
www.kagw.de
www.o-ton-arbeitsmarkt.de
www.pestel-institut.de
www.bagw.de

Stichwortverzeichnis

A

B